老い

上

— 新装版 —

シモーヌ・ド・ボーヴォワール

La Vieillesse | Simone de Beauvoir

朝吹三吉 訳

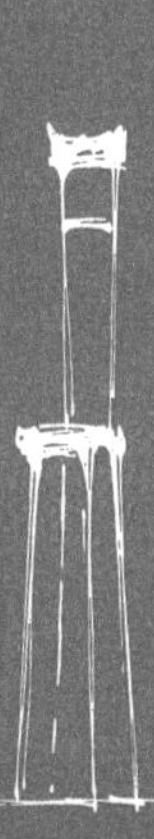

人文書院

老い

上巻

目次

序……五

はじめに……一五

第一部　外部からの視点

第一章　生物学からみた老い……二三

第二章　未開社会における老い……四六

第三章　歴史社会における老い……一〇一

第四章　現代社会における老い……二五一

序

仏陀《ブッダ》がまだシッダルタ太子であったころ、父によって立派な宮殿のなかに閉じこめられていたが、馬車にのって近隣を散策するために幾度かそこから脱け出した。最初に外出したとき、彼は一人の男に出会ったが、その人間は身体が不自由で、歯がぬけ落ち、皺だらけで、頭は禿げ、腰は曲がり、杖にすがって何かぶつぶつ呟き、全身がふるえていた。彼が驚くと、御者が老人とはなんであるかを彼に説明した、「なんという不幸だろう」と太子は叫んだ、「われわれ弱くて無知な存在が、青年特有の傲慢に酔って、老いに気づかないとは！　さあ、家にすぐ戻ろう。遊びや娯しみなどなんになろう、わたしは未来の老いの住家《すみか》なのだから。」

仏陀は老人のなかに彼自身の運命を見た、なぜなら、人間たちを救うために生まれた彼は、人間の境涯のすべてをわが身に引き受けることを望んだからである。この点において彼はふつうの人間たちと異なっていた、彼らは自分たちに快くない様相には眼をつむろうとするのだ。とくに老いに対してそうである。アメリカでは人びとは死者という言葉をその語彙から削除した、彼らは、親しき故人という言葉を用いる。そして同様に、老齢を連想させる話題をいっさい避ける。今日のフランスにおいても、それは禁じられた主題である。私が『事物の力』〔邦題『或る戦後』〕の最終部でこの禁忌《タブー》を破ったとき、なんとひどい非難を浴びせられたことか！　私が自分は老境にさしかかっていると認めたことは、老いがすべての女性を待ちかまえており、その多くをすでに捉えているということだ、と人びとからみなされたのである。優しい口調で、あるいは怒りをこめて、多くの、とくに年取った人が私にくりかえし言った、老いなどというものは存在しない！　ただほかの人たちほど若くない人がいるというだけのことだ、と。社会にとって、老いはいわば一つの恥部であり、それについて語ることは不謹慎なのである。女性、子供、青年についてはあらゆる分野においておびただしい書物が存在する。しかし、専門書以外は、老いについて言及したものはきわめて稀である。ある連載漫画の作者はその登場人物のなかに祖父母のカップルを入れたために、大量の描き直しを余儀なくされた、「年寄は消せ」と命じられたのだ*。私が老いについての評論を書いていると言うと、多くの場合、人は声をあげて言う、「なんという考えでしょう！……でもあなたは老いてなんかいないじゃありませんか！……なんて陰気な主題だ！……」

しかし、それだからこそ、私はこの書物を書くのである、共謀の沈黙を破るために。消費社会は、不幸の意識を幸福の意識によってとって代わらせ、罪障感はもってはならないとしてこれを否認する、とマルクーゼは言っている。われわれはこの消費社会の安穏さを攪乱する必要がある。老いた人たちに対して、この社会はたんに有罪であるだけでなく、犯罪的でさえあるのだ。それは発展と豊富という神話の背後にかくれて、老人をまるで非人《パリア》のように扱う。老人の比率が世界でもっとも高いフランスにおいて——人口の一二パーセントが六五歳以上である——彼らは貧窮、孤独、疾患と絶望に追いやられている。北米合衆国においても彼らの境涯はそれ以上ではない。この野蛮を、その表看板として掲げる人道主義的道徳と両立させるために、支配階級は彼らを人間とはみなさないという便利な立場をとる。しかしもし人が彼らの声を聞いたならば、それがまぎれもなく人間の声であると認めざるをえないであろう。私は読者にぜひともこの声を聴いてもらいたい。私は彼らが追いこまれている状況と、この状況を彼らがいかに生きるかを叙述したいと思う、私は彼らが頭脳《あたま》と心のなかで実際に思っていること——それらはブルジョワ文化の虚言、神話、きまり文句によって歪曲されている——を述べるつもりである。

彼らに対する社会の態度は、もともときわめて偽善的なのだ。一般に社会は老年を明確に区別された年齢層とはみなさない。思春期の危機は初期青年《アドレサン》と成人とのあいだに一線を画すことを可能にし、この境界線がときに恣意的であるとしても、わずかの差があるだけで、一八歳から二一歳までのあいだに青年は大人《おとな》の社会にはいることを認められるのである。そしてほとんどつねに「通過〔移行〕の儀式」がこの昇格《プロモーション》にともなう。それに対し、老年のはじまる時期は明確に定められておらず、時代《とき》と場所《ところ》によってさまざまである、そして新しい社会的身分《ステータス》を定める「移行の儀式」が行なわれるところはどこにもない。** 政治の面では、個人は一生のあいだ同じ義務をもちつづける。民法は一〇〇歳の者と四〇歳の者とのあいだになんの区別ももうけない。法学者たちは、病理学的な場合《ケース》を除いて、老齢者の責任能力は青・壮年者と同様に完全であると考えている。*** 事実上、彼らは特別なカテゴリーとはみなされていない、もっとも彼らのほうもそれは望まないだろうが……。子供や初期青年向けの書物、定期刊行物、見世物、テレビやラジオの放送は存在するが、老人を対象としたものは存在しない。**** これらすべての領域において、人びとは彼らをよ

* 一九六八年一〇月一二日号の『アルザス新報』紙上でフランソワ・ガリーグが報じている。

** いくつかの社会では個人が六〇歳とか八〇歳に達したことを記念する祝賀の会が催されるが、それらには新しい身分への入社式《イニシエーション》の性格はない。

*** 検事総長モルネは、ペタン裁判の論告を開始するにあたって、法は年齢についていかなる斟酌もしないことを法廷に想起させた。ここ数年来、裁判に先行する「人定質問」において刑事被告人の老齢が強調されることはあるが、それもたんに特殊事情の一つとしてとりあげられるにすぎない。

**** 『ラ・ボンヌ・プレス』社は老齢者向けの定期刊行物を発行しはじめたが、これは実際的な情報や忠告《アドバイス》をあたえるだけである。

り若い成人たちと同一視している。しかるに、こと彼らの経済的身分《ステータス》を決定する段になると、人びとは彼らが一つの異なった種族に属していると考えるらしい、というのは、彼らに涙金ほどの施しを恵んでやるだけで義務を果したと感じるところを見ると、人びとは老人を他の人間たちとは同じ必要も同じ感情ももっていないとみなしているにちがいないからだ。この都合のいい幻影を、経済学者や立法者は退役者が現役の者にとっていかに重荷であるかを嘆くとき、世間に流布する。彼らの言うことを聞いていると、まるで現役の者たちは未来の退役者ではないかのようであり、老齢者の世話を制度化することは自分自身の未来を保証することではないかのようだ。労働組合の人びとはこの点、見誤ってはいない、彼らが要求を提出するとき、つねに定年退職の問題に大きな部分を当《あ》てている。

老人たちはいかなる経済的勢力をも構成しないので、彼らの権利を主張する手段をもたない。搾取者の利益は、労働者と非生産者の連帯を断ち切って、非生産者が何人によっても擁護されないようにすることにある。ブルジョワ的考え方によって社会に流布している神話や常套句は、老人とは他者であると人びとに思わせようと努めている。「人生は、充分に長い年月のあいだ生きつづける青年たちを、老人と呼ばれる者にするのだ」とプルーストは言った。老人たちは彼らがそうでありつづける人間の美質や欠点を保持するのである。このことを世論は無視したがる。老人が若い人びとと同じ欲望、同じ感情、同じ要求を示すと、彼らは世間の非難を浴びる。老人の場合、恋愛とか嫉妬は醜悪あるいは滑稽であり、性欲は嫌悪感を起こさせ、暴力は笑うべきものとなる。彼らはあらゆる美徳の手本を示さねばならない。なによりも、超然とした心境が要求される。人びとは彼らが明澄な心をもっていると断言し、そう決めることによって、彼らの不幸に対して無関心でいることを正当化するのだ。世人が老人たちに押しつける彼らの崇高化された姿、それは白髪の後光をおびた、経験豊かな尊敬すべき賢者のイメージであり、人間的境涯をはるか高所から見おろす者、である。もし彼らがこのイメージから遠ざかるならば、彼らはたちどころに人間の境涯以下に転落する、すなわち、第一のイメージに対立するのは、くり言を言い、たわけた振舞いをして子供たちにさえばかにされる、気違い老人、のイメージである。いずれにしろ、彼らの美徳あるいは汚醜によって、彼らは人間性の埒外に位置する者なのである。したがって人間の生活に必要であると考えられる最小限のものを人びとは平然と彼らに拒むことができるのだ。

この、社会の埒外への追放を、われわれは極端に押し進める結果、それをわれわれ自身に向けるにいたる、すなわち、われわれはやがてそうなるであろうところの老人のなかに自分を認めることを拒否するのである。「おそらく、人生のあらゆる現実のなかで（老いは）われわれがそれについてもっとも長いあいだたんに抽象的な概念しかもたない現実である」とプルーストは正しくも注意した。あらゆる人間はやがて死ぬべき存在である、そして彼らはそのことについて思いをはせる。彼らの多くの者は老人となる、しかしこの転身をあらかじめ考える者はほとんどいない。これほど予期されてしかるべきものはなく、老いほど思いがけなく来るものもない。青年たちは彼らの未来について訊かれるとき、とくに若い娘たちは、人生をおそくも六〇歳でとめる。そのある者は言う、「わたしはそこまで行けるとは思わない、その前に死ぬでしょう。」さらに「わたし、その前に自殺してしまう」と言う者さえいる。成人は、あたかもけっして老いることがないかのように振舞う。勤労者は定年退職の時がくると、しばしば茫然となる、しかしその日付はあらかじめ定められていて、彼はそれを知っていたのであり、その心構えはできていたはずなのだ。ところが現実は——真剣に政治的意識をもっている場合を除き——この知識は最後の瞬間まで他人《ひと》事《ごと》と思われていたのである。

その日が来ると、そしてすでにそれに近づくと、人はふつう老いのほうが死よりはましだと思う。しかしながら、まだ距離がある場合は、われわれがもっとも明晰に考えるのは死のほうなのである。死はわれわれの直接的可能事の一つであり、あらゆる年齢においてそれはわれわれを脅かしている。われわれはそれに近接することもあり、しばしばその恐怖を感じる。これに反し、人は一瞬のうちに老いるのではない。若いときも壮年のあいだも、われわれは仏陀のように、自分がすでに未来の老いの住家となっているとは考えない。老いはわれわれにとって永遠と混同されるほど長い時間《とき》によって距てられており、この遠い未来はわれわれには非現実的なものと思われるのだ。それに、死は何ものでもない。人はこの虚無を前にして形而上学的眩暈を感じるかもしれないが、ある意味でそれは人を安心させる、それは問題を提起しないのだ。「私は存在しなくなるだろう。」しかし私はこの消滅のなかにおいても私の自己同一性《アイデンティティ》を保持しているのである。* 二〇歳のとき、四〇歳のときに、老いた自分を考えることは、自分を別の者〈他者〉と考えることである。あらゆる変身には何かしら恐ろしいものがある。子供のとき、いつかは自分も大人に変化するということを感じて、私は茫然となり、強い不安にさえ捉えられた。しかし自分自身のままでありたいという願望は、若年期にはふつう成人の身分《ステータス》という著しい利点によって償われる。これに対し、老いは不面目なことと思われる、すなわち、元気を保っていると言われる人びとにおいてさえ老いのもたらす肉体的荒廃は誰の眼にも明らかなのだ。というのも人間《ひと》という種は年月による変化がもっとも顕著な種であるからだ。諸動物は脇腹がやせ、衰弱するが、変貌はしない。われわれは変貌する。美しい若い女性の傍に未来の鏡のなかの彼女の姿、すなわち、彼女の母親を見るとき、われわれは胸が痛む。レヴィ゠ストロースが報告するところによれば、ナンビクワラのインディヤンたちは「美しくて若い」ということをただ一つの語で言い表わし、「老いて醜い」ということをやはり別の一つの語で言い表わすという。われわれの未来の姿として、老人たちがわれわれに示すイメージを見ても、われわれは信じられないのである、われわれの内部のある声が、それはわれわれには起こらないだろう、と不条理にもささやく、すなわち、それが起こるときはもはやわれわれではない、ということだ。それがわれわれに襲いかかるまでは、老いは他者にしかかかわりのないことなのである。それだから、われわれが老人のなかにわれわれの同類を見ないようにすることに社会が成功するのも理解できるのである。

しかし、ごまかすのはやめよう。われわれの人生の意味は、われわれを待ち受けている未来のなかで決定されるのだ。われわれがいかなる者となるかを知らないならば、われわれは自分が何者であるかを知らないのだ。この年老いた男、あの年老いた女、彼らのなかにわれわれを認めよう。もしわれわれの人間としての境涯をその全体において引き受けることを欲するならば、そうしなくてはならない。そうすればただちに、われわれは老齢の不幸を無関心に是認しなくなるであろう。それがわれわれにもかかわりのあることだと感じるであろう、事実、それはわれわれにかかわりのあることなのだ。老齢者たちの不幸は、われわれがそのなかで生きている搾取の体制《システム》を白日のもとにさらす。自分で自分の生活を立てることのできない老人はつねに〔社会にとって〕重荷と感じられてきた。しかし一定の平等が支配する共同体においては――農耕的共同体の内部、あるいはある種の未開種族の社会では――壮年の者は、それを知りたくはないながらも、今日彼が老人に課している境涯こそ明日の彼の境涯となることを知っている。これが、各地の田舎にそのさまざまな変形《かたち》がみられる、グリムの童話の意味である。一人の農夫が彼の年老いた父を家族から離れたところで、小さな木の飼桶を食器として食べさせていた。ある日、自分の子供が小板を集めているのを見つける、「これは父さんが年取ったときのためだ」と子供が言った。ただちに、祖父《おじいさん》はふたたび一家の食卓につくようになった……。長い目でみた彼らの利益と、即座の利益とのあいだに、共同体の現役の成員《メンバー》はいろいろな妥協策を考え出す。必要に迫られるある種の未開人は、余儀なく年老いた両親を殺す、やがては自分も同じ運命になることを覚悟のうえで。これほど極端でない場合は、将来への見通しと、子としての感情が利己心を緩和する。資本主義的世界においては、長い眼でみた利益はもはや作用しない、というのは大衆の運命を決定する特権者たちは、大衆の運命をやがて分けもつおそれがないから

* それゆえ、不滅の魂をもつと信じている人びとにとってはこの自己同一性はいっそう保証されている。

だ。他方、人道主義的な感情も、偽善的おしゃべりにもかかわらず、これには介入しない。経済は利得を基盤とし、全文明は事実上これに従属している。人びとが人的資源に関心があるのは、それが収益をもたらすかぎりにおいてなのである。その後は、ただ棄てるだけだ。「機械類がきわめて短期間に時代おくれとなるこの変動の世界においては、人間があまり長く仕事に従事してはならない。五五歳を過ぎた者はすべて廃品とされるべきである」と最近*ある学会の席上でケンブリッジの人類学者リーチ博士が言った。

「廃品」という言葉が彼の言わんとするところをよく言い得ている。人びとは、定年退職は自由と閑暇の時であるとわれわれに語り、詩人たちは「港に到着した甘美さ」を讃えた。**これらは恥知らずな虚言《うそ》である。社会は大多数の老人にじつに惨めな生活水準を課すので「老いて貧しい」という表現はほとんど冗語法〔老いているというだけで貧しいことは自明の理〕といえるほどである。逆に、貧窮者の大部分は老人である。閑暇は定年退職者に新しい可能性を開いてはくれない。彼がようやく強制から解放されたとき、人びとは彼がその自由を活用する手段をとりあげるのである。彼は孤独と倦怠のなかで無為に生きるべく運命づけられる、たんなる屑として。人間がその最後の一五年ないし二〇年のあいだ、もはや一個の廃品でしかないという事実は、われわれの文明の挫折をはっきりと示している。この明白な事実は、われわれの咽喉元《のどもと》をしめつけるはずである、もしわれわれが老人たちを動きまわる屍とみなすのではなく、それぞれ人間の生活をその背後にもつ人間と考えるのならば……。この人間を毀損する体制《システム》、これがわれわれの体制にほかならないのだが、それを告発する者は、この言語道断《スキャンダル》な事実を白日の下に示すべきであろう。そのもっとも恵まれない人びとの境涯に努力を集中することによってこそ、人はある社会を根底から揺さぶることに成功するのだ。カスト制度を崩壊させるために、ガンディーは賤民たちの境涯に手をつけたし、

* この文章は一九六八年一二月に書かれた。
** この表現はラカン〔一七世紀のフランスの詩人〕のものである。

封建的家族制度を破壊するために、共産主義中国は女性を解放した。人間たちがその生涯の最後の時期において人間でありつづけるように要求することは、徹底的な変革を意味するであろう。そのような結果を獲得するためには、体制を無傷のままに放置して、たんに限定された改良によるだけでは不可能である。労働者の搾取、社会の細分化、高踏的御用知識人《マンダリナ》の専用と化した文化の貧困、これらが非人間化された老年という結果をもたらしているのだ。この悲惨な事実は、すべてをその出発点から再検討しなければならないことを示している。それだからこそ、この問題はこのように注意深く隠蔽されているのだ。そして、それだからこそ、この沈黙を破ることが必要なのである。私はそのために読者の協力を求めたい。

はじめに

私はこれまで老いについて、あたかもこの語がはっきりと定義された一つの現実を意味するかのように、語ってきた。実際には、人間《ひと》という種に関する場合、老いを明確に規定することは容易ではない。それは生物学的現象である、つまり、年取った人間の肉体はいくつかの独自な様態を呈する。それはまた心理学的な結果も招来する、すなわち、ある種の行動は正しくも老齢を特徴づけるものと考えられている。あらゆる人間的状況と同様、老いは実存的規模をもっている、すなわち、老いは人間の時間に対する関係を変え、したがって世界に対する、そして彼自身の歴史《みのうえ》に対する彼の関係をも変える。他方、人間は決して自然状態において生きる者ではなく、老年期においても他のすべての年齢においてと同様、彼の身分《ステータス》は彼が所属する社会によって課せられるのである。老いの問題を複雑にするのは、こうしたいくつかの観点の緊密な相互依存ということである。今日では周知のように、生理学的事実と心理学的事実を別々に考察することは抽象的なことであり、それらは相互に規制し合うのだ。そして以下にみるように、老年においてはこの関係はとくに明瞭であって、老いとはすぐれて心身医学の領域に属するものなのである。しかしながら、個人の心情生活とよばれるものは、彼の実存的状況の照明によってしか解明されえない。したがって彼の実存的状況もまたその肉体に影響をあたえ、その逆でもある、すなわち、個人の時間に対する関係は、彼の肉体がどの程度に衰退しているかによって異なって感得されるのである。

さらに、社会は老人それぞれの特質、たとえば彼が無能であるとか、経験豊かであるとか、を考慮して彼の位置や役割を定めるのであり、逆に、個人は彼に対する社会の実際的・思想的《イデオロギー》態度によって条件づけられるのである。したがって、老いのさまざまな様相を分析的な仕方で叙述するだけでは充分ではない。それぞれの様相は他のすべての様相に作用をおよぼすと同時にそれらから影響を受けるのであり、この循環性の際限ない運動のなかで老いを捉えなければならないのである。

　それゆえ、老いについての研究はあらゆる分野にわたって行なわれることを目指さねばならない。私の主要な目的が今日のわれわれの社会における老人たちの境涯に照明をあてることであるのに、未開といわれる共同体において老人にあたえられている身分や、世界史のさまざまな時代における彼らの状況について、多くのページをあてるのをみて、人は驚くかもしれない。しかし、老いが生物学的運命としては超歴史的事実であるとしても、この運命が社会的背景《コンテクスト》にしたがって多種多様に生きられることは疑いないし、逆に、ある社会において老いが有する意味あるいは無《ノン》=意味《サンス》は、その社会全体を問題に付すのである、なぜなら、老いをとおしてこそそれ以前の人生全体の意味あるいは無意味が開示されるからである。われわれの社会について判断を下すためには、それが選択した解決方法を、さまざまな場所や時代において他の社会が採用した解決方法と比較対照する必要がある。この比較によってこそ、老人の境涯がもつ不可避的なものをとり出し、どの程度までまたいかなる代価を払えばその困苦を和らげることができるかを考え、したがってわれわれがそのなかで生きている体制の責任がその点いかなるものであるかを明らかにすることができるであろう。

　すべて人間の状況は、その外部性において——つまり他者の眼に映る姿において——と、その内部性において、すなわち主体がそれを乗り越えつつ身に引き受ける様態において、考察することができる。他者にとっては、老人は知識の対象であり、彼自身にとっては、彼は自分の状態について一つの生きられた経験〔体験〕をもつ。本書の第一部においては、私は第一の観点を採用し、生物学、民族学、歴史、現代の社会学等が老いについてわれわれに教えるところを検討しよう。第二部においては、年取った人間が自己の身体に対する、時間に対する、他者に対する関係をいかに内面化する〔内的経験として自覚する〕かを、叙述したいと思う。この二つの調査のいずれによっても老いというものを定義することはできないだろう、むしろその反対に、われわれは老いが互いに他に還元できない多種多様の相貌をもつことを認めるであろう。今日と同様、歴史の全過程において、一人の人間が老いによっていかに捉えられるかは、階級闘争によって規制されている。老いた奴隷と老いた〔アテネの〕貴族とのあいだには、また、惨めな年金を給付される元労働者とオナシスのごとき富豪とのあいだには、深い距りがある。個人による老いの相違には、健康状態、家族、その他、ほかにも原因がある。しかし一方は大多数の者を含み、他方はごく小数の者にかぎられる老人の二つのカテゴリーは、搾取者と被搾取者の対立がつくり出すのである。老いをその一般性において扱うと主張するあらゆる議論は斥けられねばならない、なぜならそうした議論はこの二者間の断絶を隠蔽する傾向をもつからである。

一つの疑問がただちに生じる。老いは静止状態の事実ではなく、ある推移の到達点であり、その継続である。では、この推移とはいかなるものであるか？　換言すれば、老いるとはいったい何を意味するのか？　老いるという観念は変化という観念に結びついている。しかし胎児の、嬰児の、小児の生も不断の変化である。このことから、ある人びとが言ったように、われわれの一生は緩慢な死であると結論すべきであろうか？　断じてそうではない。そのような逆説は生命の本質的な真実を見逃している、すなわち、生命とは、各瞬間において均衡が失われては取り戻される不安定な統一組織《システム》であり、無活動《イネルシー》こそ死と同義語なのである。生命の法則、それは変化すること、である。老化を特徴づけるのは、変化のある種の形態、すなわち、不可逆で不利な変化、凋落である。アメリカの老年学者ランシングは老化を定義して、「ふつう時間《とき》の経過にともない、成熟期の後に明瞭となり、不可避的に死に到達する、不利な変化の漸進的推移」であるという。

しかしただちに一つの困難に気づく、すなわち、不利という言葉はどういう意味なのか？　それは価値判断を含んでいる。進歩あるいは退歩という観念は一定の目標との関連においてのみ存在する。マリエル・ゴワチェルは、後輩の選手たちよりもうまくスキーで滑れなかった日に、スポーツの次元で、自分を老いたと感じざるをえなかった。生きるという事業のなかでこそ、年齢の位階《ハイア》順位《ラーキー》が設定されるのであり、それゆえ、規準ははるかに不確かとなる。人生がいかなる目的を目指すかを知らなければ、どのような変化がこの目的から遠ざかり、あるいはそれに近づくかを決定することはできない。

　人間のなかでその肉体《オルガニスム》だけを考えるならば、問題は単純である。すべて有機体《オルガニスム》は存続することを目指す。そのため、有機体は自己の均衡が危うくなるたびにそれを取り戻さなければならず、外部からの攻撃に対して自己を防衛し、外界にもっとも大きくもっとも堅固な足がかりをもつことが必要なのだ。この展望のなかでは、有利、可不可なし、有害などの言葉は明白な意味をもつ。生まれてから一八歳ないし二〇歳ぐらいまでは、肉体《オルガニスム》の発達はその存続の可能性を増大させる方向に向かっている。それはより強力になり、抵抗力を増し、諸機能は増大し、それがなし能う事は増加する。個人の肉体的能力の総体は二〇歳のころにその成長の絶頂に達する。それゆえ、はじめの二〇年間においては、肉体の変化は全体として有益なのである。

　ある種の変化は、有機的生の増進も減退も招来せず、したがって可も不可もない、たとえば幼年期に起こる胸線の退化であり、また個人の必要量をはるかに上回る脳神経元《ノイロン》の減退である。

　不利な変化は、きわめて早くから起こる。視力調節の順応可能域は一〇歳から狭小となる。聴取可能な音の高さの限度は初期青年期《アドレサンス》以前にすでに低下する。直接記憶のある種の形態は一二歳から衰える。キンゼーによれば、男性の性的能力は一六歳を過ぎると減少しはじめる。しかしこうした減損はきわめて限られたものであり、小児や青年の成長が上昇線をたどることを妨げない。

　二〇歳を過ぎると、そしてとくに三〇歳以後になると、諸器官の退行がはじまる。この時期から早くも老化と言うべきであろうか？　そうではない。人間においては、肉体も純粋な自然ではない。諸器官のいろいろな減損や変質や衰退は、全体の調整や習慣による無意識的な行動、実際的・知的な知識によって補われうるのである。いろいろな欠陥がまだ散発的で容易にとりつくろえるあいだは、老化ということは言わない。そうした欠陥が重大になり不治となるとき、肉体は脆弱になって多かれ少なかれ自由がきかなくなる、そのときこそ肉体は凋落すると明確に言うことができるのだ。

しかし個人全体を考えるならば、問題ははるかに複雑になる。人は最盛期に達したのちに下り坂となる、では最盛期をいつと定めるべきか？　肉体と精神は、相互依存的であるにもかかわらず、厳密に平行した進化をたどりはしない。個人によってはその肉体的衰弱がはじまる以前に、精神的に著しい減損をこうむる場合がある。その逆に、肉体的失墜のさなかに重要な知的能力を獲得する者もある。このどちらにより高い価値をあたえるべきであろうか？　これに対する答は人によって異なるであろう、その人が肉体的能力と精神的能力のいずれにより多くの価値をおくかによって、あるいはさらにこの両者の調和のとれた均衡に価値をおくかによって、異なるであろう。そうした、何に価値をおくかという選択にしたがって、個人や社会は異なった年齢間の位階順位《ハイアラーキー》をいろいろと設定するのであり、いままでのところ万人によって受けいれられているものは一つもない。

子供はその可能性の豊富さ、習得の量、印象の新鮮さなどによって成人に勝る、しかしそれだからといって子供が年を重ねることによって衰退すると判断するのに充分であろうか？　フロイトはある程度までこの意見だったらしい、「健康な小児の輝やくばかりの知能と、平均的成人の知的衰弱さとのあいだにある悲しむべき対照を考えてごらんなさい」と彼は書いた。それはモンテルランがしばしば展開した考え方でもある。「少年期の天才が消えるとき、それはふたたび戻らない。人はつねに言う、毛虫から蝶が生まれる、と。人間の場合は、蝶が毛虫となるのだ」と『死せる王妃』のなかのフェラントは言う。

二人とも、少年期に高い価値をあたえる個人的理由——それぞれきわめて異なる理由であったが——をもっていた。彼らの意見はしかし一般には認められていない。成熟という言葉が示すように、ふつう人びとはできあがった人間を少年や青年より優越した者と考えている。彼は知識や経験や能力を獲得したのだ。科学者、哲学者、作家などはふつう人間の最盛期《アクメ》を人生のなかほどにおく。*彼らのなかの少数の者は、まさに老年期を人生のもっとも恵まれた時期とみなす、彼らによれば、老いは経験と知恵と安らかさをもたらすのだ。人生には凋落はないというのである。

人間にとって進歩あるいは退歩とはなんであるかを定義することは、なんらかの目的を規準とすることを意味する。しかしいかなる目的もア・プリオリに、絶対的にはあたえられていない。それぞれの社会はその固有の諸価値を創造する、それゆえ社会的背景《コンテクスト》のなかでこそ凋落という言葉は明確な意味を見いだすことができるのである。

以上の検討は私が前述《さき》に述べたことを確認する、すなわち、老いは全体的に捉えることによってのみ理解しうるのであり、それはたんに生物学的事実であるだけでなく、文化的事実なのである。

* ヒポクラテスによれば人間が頂点に達するのは五六歳のときである。アリストテレスは肉体の完成は三五歳のときであり、魂の完成は五〇歳とする。ダンテによれば、人は四五歳で老境にさしかかる。今日の工業的社会が勤労者を定年退職させる年齢は一般に六五歳である。私は本書で六五歳およびそれ以上の人びとを老いた人間、年取った人間、老人と呼び、その他の者について言及する場合は、その年齢を明記しよう。

第一部　外部からの視点

第一章　生物学からみた老い

前述《さき》にみたように、生理学的次元においては老衰の概念は一つの明瞭な意味をもっている。存続の可能性が減少するとき、肉体は凋落に向かうのである。昔から、人間はこのような変化の宿命を意識していた。その原因を、人間が古代以来さがし求めてきたことをわれわれは知っている。しかしそれに対する解答は、医学が生についてもつ総体的な考え方によって左右されてきた。

エジプトおよびすべての古代の諸国民においては、医学は呪術と混同されていた。古代ギリシアにおいても、医学ははじめは宗教的形而上学、あるいは哲学から解放されてはいなかった。医学がその独自性を獲得したのは、ようやくヒポクラテスからである。それは一つの学問、そして一つの技術となったのであり、経験と推理によってたてられる。ヒポクラテスは、血液、粘液、黄胆汁、黒胆汁という四つの体液に関するピタゴラスの理論を自分の観点から採用した、そして病気はこれらの要素の平衡が破れることに起因し、老いもまたそうであると考えた。彼は老いが五六歳ではじまるとした。人生の諸段階を自然の四季に比較し、老年を冬に比較したのは彼が最初である。彼はその著作類、とくに箴言のなかに、老人たちについての正確な観察をいくつか収録した。（老人は若者よりも食物の必要は少ない。彼らのかかる障害は、呼吸困難、咳の発作をひき起こすカタル、排尿困難、関節の痛み、腰痛、眩暈《めまい》、卒中、悪液質、全身的な瘙痒症、嗜眠症である。彼らは内臓や眼や鼻から水分を排出する。彼らはしばしば白内障にかかる。視力は低下し、聴力も衰える。〕すべての領域において、彼は老人たちに節制をすすめるが、しかし活動は中断しないようにと忠告する。

ヒポクラテスの後続者たちは凡庸であった。アリストテレスは、実験ではなく思考にもとづいた数々の見解を押しつけた。彼によれば生命の条件とは身体の内部の熱であり、老衰は冷却と同一視された。ギリシア人たちが有機体の諸現象を説明した諸概念――気質、体液、体液の混合、プノイマ――を、ローマは継承した。マルクス・アウレリウス治下のローマにおける医学的知識は、ペリクレス時代のギリシア以上には進歩していなかった。

ガレノスが古代医学の全般的総合をなしとげたのは、ようやく二世紀のことであった。彼は老いを病気と健康の中間とみなす。老いは正確には病理学的状態ではないが、しかし老人のすべての生理的機能は弱まり衰えているのだ。彼はこの現象を、体液の理論と体熱の理論との折衷によって説明している。体熱は体液で養われており、身体の水分が脱けて体液が蒸発するとき、体熱も消滅するという。その著書『ジェロコミカ』のなかで、彼はヨーロッパにおいて一九世紀まで尊重された養生法を提示している。極端をもって極端を制すの原則にしたがって、老人の身体を暖め湿らせる必要があると彼は考え、老人は暖かい湯に入浴し、ぶどう酒を飲み、活動的でなければならないとする。彼は老人に詳しい食餌上の注意を数多くあたえる。彼は手本として、八〇歳でもなお老人たちを往診し、政治の集会にも加わった老医アンティオコスと、百歳近くまで健康を保った老文法学者テレフォスとをあげている。

数世紀のあいだ、医学は彼の仕事を敷衍するにとどまった。権威主義的で、自分の不可謬性を確信する彼は、人びとが議論するより信ずることを好んだ時期に勝利をおさめたのだ。とくに、ギリシア・ローマ文化に対してオリエントから渡来した一神教が確立された時期と環境のなかで、彼は生きていた。彼の理論には宗教性が深く刻印されている。彼は唯一なる神の存在を信じている。彼は肉体を魂の物質的道具とみなす。キリスト教の教父たちは彼の見解を採用し、ユダヤ人も、回教化したアラブ人も同様にした。このために、中世を通じて医学の発展はほとんど皆無であり、したがって老いについてもよく知られないままであった。しかし、やはりガレノスの信奉者であるイブン・スィーナーは一一世紀に、老人の慢性疾患と精神障害について興味ぶかい指摘を行なった。

スコラ哲学者たちは生命をランプの油が養う炎と比較することに執着した。魂は中世においてしばしば炎として表象されたから、これは神秘的イメージである。世俗的な面では、医者たちの大きな関心は治療することよりも予防することにあった。西欧医学が生まれて発達したサレルノ〔イタリアの都市〕の医学校では、「健康と長寿の法」を精密に研究しようと努める。多くの文献がこの主題についていろいろと展開を試みる。一三世紀に、老いを病気とみなしたロジャー・ベーコン*は、クレメンス六世のために老年期の摂生法を書いたが、そのなかで錬金術に大きい場所をあたえた。しかし彼は、視力を拡大鏡で修正する考えをもった最初の人であった。〔拡大鏡は彼の死後間もなく一三〇〇年にイタリアで製造された。義歯の使用はすでにエトルスク人に知られていた。中世においては、動物や若者の死体から歯を取って義歯にしていた。〕一五世紀の終りまで老いに関する著書はことごとく養生法である。モンペリエ〔フランスの都市〕の医学校もまた「健康法」を編纂している。一五世紀の終りにイタリアでは、諸芸術のルネッサンスと並行して科学の復興が起こる。医師ゼルビは、老いの病理にあてられた最初の専門の論文である『ジェロントコミー』を書いている。しかし彼にはなんの創見もない。

ルネッサンスの初頭に著しく進歩した医学部門は解剖学である。千年ものあいだ、人間の身体を解剖することは禁じられていた。一五世紀の終りには、それは多少とも公然と行なうことが可能になる。近代解剖学の創始者がレオナルド・ダ・ヴィンチであったのは、注目すべきことだが予想外ではない。画家として彼は人体の表現に熱情的な関心を寄せ、人体を正確に知ることを望んでいたのだ。「わたしは、充分にして真実の知識を得るために、一〇体以上の死体を解剖した」と、彼は書いた。事実、生涯の終りには、三〇以上の死体を解剖していたが、なかには老人のそれもまじっていた。彼は多くの老人の顔と身体をデッサンしたが、また自分自身の観察にもとづいて、老人の内臓や動脈も描いた。〔彼はさらに自分で観察した解剖学的変化をも書きとめたが、それらの手

* この点、彼は古代においてテレンティウスによって表明された意見と同じであった。

記はずっと後になって、ようやく世に知られた。）

解剖学は、その大家であるヴェサリウスとともに進歩しつづける。しかし他の医学部門は停滞状態にある。科学はいぜんとして形而上学に浸透されているのだ。人文《ユマ》主義《ニスム》は伝統に対して戦おうと試みるが、それから解放されるにはいたらない。パラケルススは一六世紀に、近代的思考への傾向から、自分の書物をラテン語ではなくドイツ語で書いた。彼には斬新で注目すべき若干の洞察があるが、それらは混淆した理論のなかに低迷している。彼によれば、人間とは「化学的組成物」であり、老いは自家中毒の結果であるという。

この時代まで、老いにあてられた著作は予防的衛生しか心がけておらず、診断と治療については散漫な指示しか存在しなかった。ヴェネツィアの医者ダヴィド・ポミスがはじめてこれらの問題を秩序正しく明晰にとり扱った。老年性疾病に関する彼の叙述のあるもの、とくに高血圧に関するものはきわめて正確で徹底している。

一七世紀には、老いについての多数の著作があるが、興味に乏しい。一八世紀にも、なおガレノスは弟子をもち、ゲラルト・ファン・スウィーテンもその一人である。彼は老年を一種の不治の病いとみなす。彼は錬金術あるいは占星術に霊感を受けた治療法を嘲ける。彼は老齢によってひき起こされる解剖学的変化のいくつかを正確に叙述する。しかし、ブルジョワジーの勃興、ブルジョワジーが信奉する合理主義や機械論が、イアトロ化学療法l'iatrophysique という新しい学派の創設にみちびく。ボレルリやバリーヴィは、医学のなかにラ・メトリーの諸観念を導入する、すなわち身体は一個の機械であって、円筒形と紡錘形と車輪の総合であり、肺はふいごである。したがって老年については、彼らはギリシア・ローマの機械論者の理論*——有機体は、長期間使われると損耗する機械のように破損する**——をふたたび採りあげる。この命題は一九世紀まで擁護者をもちつづけ、この時期にむしろ最大の流行をみた。しかし「損耗」という概念はつねにきわめて漠然とした概念にとどまった。他方、シュタールは生気論《ヴィタリスム》という名前で知られる理論を創始したが、それによると、人間のなかには、ある活力原理、ある本質が存在し、その衰弱が老いを、その消滅が死をもたらす、とする。

伝統の擁護者と近代理論の擁護者とのあいだに、多くの内容空虚な論争が交わされた。医学は重大な理論的困難をかかえていた。医学はもはや昔の体液の病理学には満足できず、しかも新しい基盤をまだ発見していなかった。つまり袋小路の状態にあったのだ。それでも、実験をかさねながら医学は進歩していった。死体解剖はふえ、解剖学は長足の進歩をとげていた。老いの研究はこれらから恩恵を受けた。ロシアでは、保健局長官のフィッシャーがガレノスと縁を切り、諸器官の老化による退行を組織的に叙述した。彼の書物は不充分なところはあるが、時代を画した。一七六一年に公刊されたイタリア人モルガーニの膨大な著作もまた同様にきわめて重要であった。彼ははじめて、臨床的徴候と屍体解剖の際の観察とのあいだに相関関係を設定した。一つの章が老いに関する記述にあてられた。

一八世紀の最後の一〇年間に、この主題について一九世紀と二〇世紀の諸発見を予見する三冊の書物が公刊されている。アメリカの医者ラッシュは自身の観察にもとづいた大部の生理学的・臨床的研究を発表した。ドイツ人フーフェラントもまたある論説のなかに多数の興味ぶかい観察記録を集めて、ひじょうな人気をかちえた。彼は生気論者《ヴィタリスト》であった。各有機体には時間の経過とともに枯渇するある種のエネルギーが具わっていると、彼は想像した。当時のもっとも重要な著作は、一七九九年に公刊されたザイラーの著作であった。それは全巻が老人の解剖学的記述にあてられ、剖検所見に拠っている。それには独創性が欠けているが、しかし数十年のあいだもっとも評価の高い臨床上の参考文献であった。一九世紀なかごろまでこれは使用された。

一九世紀初頭に、モンペリエの医師たちはいぜんとして生気論に賛同しつづけていた。***しかし医学は、生理学とあらゆる実験科学の進歩の恩恵に浴しはじめた。老いに関する研究は正確にまた組織的になった。一八一七年にロスタンは老人の喘息を研究し、それと脳障害との関連を発見した。プリュスは一八四〇年に、もろもろの老

* たとえばデモクリトスやエピクロス。

** この同一視はまったく誤っている。諸器官は、消耗するどころか、機能することによって己れを維持するのであり、活動を停止すれば萎縮するのである。

*** 体液説は、放棄されはしたが、神話的次元において存続していた。ファラデーは有名な講演のなかで、老いと死を、ゆらめきそして消える蠟燭の焔にたとえた。このイメージは今日でも人びとのうちに生きつづけている。

年性疾病について最初の系統立った論考を書いた。

老年病学《ジェリアトリー》が――まだこの名前は付けられていなかったが――真に存在しはじめるのは、ようやく一九世紀の中期からである。老年病学は、フランスにおいて多数の老人が集められていた大規模な施療院《オスピス》の創設によって助長された。ラ・サルペトリエールはヨーロッパ最大の施療院であり、八〇〇〇人の病人を収容していたが、そのなかの二ないし三〇〇〇人は老人だった。老人たちはビセートル〔施療院兼養老院〕にも大勢いた。したがって彼らについて臨床的事実を集めるのは容易になった。ラ・サルペトリエールを最初の老年病研究の中心とみなすことができよう。シャルコーはここで老いについての有名な講演を行なったが、これは一八八六年に出版されて大きな反響をひき起こした。そのころ、類型的で興味をひかない多数の養生法が公刊された。けれども全般的にいって、予防医学は治療医学に席をゆずり、人びとはそれ以後、老人たちを治癒することを心がけた。これは、最初にフランスで、ついで他の国々で老人がますます多数になっていった事実によっても促進され、医者たちは彼らの患者のなかに、老年の肉体的基盤に発達する退行的疾病の数が増すのをみたのである。すでにシャルコーの書物以前に、一八四七年にはペノックの著作、一八五二年にはレヴェイエ＝パリーズの論文が発表されたが、それらのなかで彼らは老人における脈搏数と呼吸のリズムを研究した。一八五七年と一八六〇年のあいだにガイストは、ドイツ、フランス、イギリスで老年病学について発表された諸文献のすぐれた集成を出版した。

一九世紀の終りと二〇世紀に、研究は増加した。ボワ＝テシエは一八九五年に、ロージエは一九〇八年に、ピクとバマムールは一九一二年に、それぞれフランスにおいて重要な総合的著作を公刊した。同様に、ドイツにおけるビュルガーの著作や、アメリカにおいて一九〇八年に発表されたミノットとメチニコフの諸論文や、一九一五年における動物学者チャイルドの論文もきわめて重要だった。それ以前の時代と同様、幾人かの学者はまだ老化現象をただ一つの原因によって説明することを望んでいた。一九世紀の終りに若干の学者は、老衰が性腺の退行によるものであると主張した。コレージュ・ド・フランスの教授ブラウン＝セカールは、七二歳で、モルモットと犬の睾丸のエキスを自分に注射したが、永続的な効果はなかった。やはりコレージュ・ド・フランスの教授であるヴォロノフは、老人に猿の性腺を移植することを考案したが、失敗に終わった。ボゴモレッツはホルモンを基礎とする若返りの血清を製造しようと望んだが、これも失敗した。一方メチニコフは、老衰は自家中毒の結果であろうという考えを近代的な形においてふたたびとりあげた。カザリスは「人はおのれの動脈と同じ年齢をもつ」と断定し、この考えは二〇世紀初頭に大いに流行した。彼は動脈硬化を老化の決定的要因と考えたのである。もっとも流布した考えは、老化が新陳代謝の減少に由来するというものであった。

老年病学の父とみなされているのは、アメリカ人ナシャーである。老年についての研究の重要な中心地だったウィーンに生まれた彼は、子供のころニューヨークに来て医学の勉強をした。学生のグループとともにある養老院を訪れたとき、彼は一人の老女が教授にさまざまな苦痛を訴えているのを聞いた。教授は彼女の病気とは高齢のことであると説明した。「どうしたらいいのでしょうか？」とナシャーは質問した。「どうしようもないよ」と教授は答えた。この返答にひじょうなショックを受けたため、ナシャーは老年期の研究に献身することを決意した。ウィーンへ帰ると彼はある養老院を訪れたが、そこにいる老人たちの長命と健康に驚いた。「小児科医が子供たちを扱うように、われわれは高齢の患者を扱っているからだ」と、医師たちが言った。このことがやがて彼に医学の特殊な部門を創設させたのであり、彼はそれを老年病学 gériatrie と命名した。一九〇九年に彼は最初のプログラムを発表した。一九一二年に、彼はニューヨーク老年病学協会を設立し、一九一四年にはこの問題に関する新しい書物を出版した。彼は出版者をみつけるのに苦労した、なぜなら、人びとはこの主題が興味あるものとは思わなかったからである。

老年病学と並行して、老年学 gérontologie と今日呼ばれている学問が最近になって発達した。これは老いの病理ではなく、老化〔加齢〕の過程そのものを研究するのである。今世紀のはじめには、老いについての生理学的研究は、他の仕事の副産物にすぎなかった。すなわち、動植物の生命を研究するにあたって、年齢がもたらす変化に対して人びとは副次的に関心をもったのである。青年期と初期青年期が多くの専門的著作の対象となったのに対し、老年期はそれじたいとしては研究されなかった、その理由の大部分は私が前述《さき》に指摘したタブー*によるものである。それは不愉快な問題だったのだ。一九一四年から一九三〇年にいたる期間、この問題については、フランスでその着想が広い読者層に普及したカレルのいくつかの仕事のほかは重要なものはほとんど提出されなかった。彼は、老いとは細胞の新陳代謝の産物に起因する自家中毒である、という古い考え方に戻っている。

その後、状況は変わった。アメリカにおいて、高齢者の数は一九〇〇年と一九三〇年のあいだに二倍となっていたし、一九三〇年と一九五〇年のあいだにはさらに二倍となった。社会の工業化は多数の老人たちを都市に集中させ、その結果さまざまな重大な問題が起こった。これを解決するために多くのアンケートが行なわれ、老人たちへの関心が高まり、人びとは老人とは何であるかを知ろうと望んだ。一九三〇年以来、生理学と心理学と社会学の分野において、研究は発展した。これらの研究は同様に他の諸国でも進展した。一九三八年にはキエフで老化現象についての国家的な会議が開催された。同年フランスにおいてはバスタイとポリアッティの大部の総合的著作、ドイツにおいては最初の専門的定期刊行物が創刊された。一九三九年には、イギリスの学者と医学教授からなるグループが、老年に関する研究の国際的団体を設立することを決定した。アメリカでは、カウドリーの記念碑的書物『老化の諸問題』が出版された。

第二次大戦中、研究の歩みは遅くなった。しかし戦争が終わるとすぐ、研究は続行された。一九四五年には老年学協会がアメリカに設立され、一九四六年には老年に関する第二の専門の定期刊行物が発刊された。すべての国でこの種の出版物は増加した。イギリスではナフィールド卿が、膨大な基金をもつナフィールド財団を創立した。この財団は老年病学とともにイギリスにおける老人たちの境涯についても研究している。フランスではレオン・ビネの推進によって、老いについての研究が新しい飛躍を遂げた。国際老年学会が一九五〇年にリエージュで創設された。この学会は、国際会議を同年にリエージュで、一九五一年にミズーリ州のセント・ルイスで、一九五四年にロンドンで、そしてそれ以後は多くの他の国で開催した。大多数の国で研究団体が形成された。一九五四年にアメリカで作製された老年学に関する書誌学的インデックスは、一九〇〇〇の参照例を示した。デストレム博士によると、現在ではこの数を二倍にする必要があるという。フランスについていえば、一九五八年にフランス老年学会が組織され、同じ年にブルリエール教授が指導する老年学研究・調査センターが設立された。いくつかの重要な論文がフランスで出版された、すなわちグライーとデストレムの論文は一九五三年に、ビネとブルリエールのそれは一九五五年に公刊された。『フランス老年学雑誌』Revue française de gérontologie が一九五四年に創刊された。最後に、老年の諸問題に対処するための、公衆衛生人口省所属の特別委員会がパリに設立された。アメリカでは、シカゴ大学が一九五九年と一九六〇年に三つの論文を出版したが、これらは、アメリカと西ヨーロッパにおける、個人的かつ社会的観点からみた、老年についての真の総合的著作である。

　老年学は、生理、心理、社会の三つの面において発達した。これらすべての領域において、老年学は同一の実証的方針に忠実である、すなわち、問題はもろもろの現象が生ずる理由を説明することではなく、その徴候をできるかぎり正確に、総合的に叙述することなのである。

＊

近代の医学は、生理的老化の原因がなんであるかを決定しようとはもはや主張しない。それは老化を誕生や成長や死と同じように、人生の過程に内在するものとみなしている。マッケイによって鼠に施行された実験**について、エスコフィエ＝ランビオット博士は興味ぶかい注釈を述べた、「それゆえ老化、ついで死は、エネルギー消費の一定の段階や、心臓の鼓動の一定の数と関連するのではなく、成長と成熟の定められたプログラムが終りに達したときに起こるのである。」つまり老いは機械的な事故ではないということだ。リルケの言う「各自が果実

＊　アメリカの老年学者ビレンは、老いに関する研究は「不安を惹起する」可能性がある、と指摘している。しかし今日では科学はそのようなことは度外視して進む、と彼は言う。

＊＊　マッケイは実験によって、若いころに「食餌のカロリー上の制限」によって成長をおくらされた鼠は、通常の食餌をあたえられた鼠よりはるかに長生きすることを証明した。そうした栄養不良の鼠の一匹は、通常の鼠の平均寿命の倍ちかくも生きた。

のなかの核のように自分のなかにもっている」死と同様に、各有機体は、最初の出発点から、自己の成就の不可避な帰結として、老いを内に含んでいると思われるのである。*

老いは、生命をもつすべての存在に共通する一過程である、と現在では考えられている。人びとは最近まで、細胞そのものは不死であって、ただ細胞間の組合せが年月とともに崩壊してゆくのであろう、と信じていた。カレルはこの学説を主張し、それを証明したと信じていた。しかし最近の実験は、細胞もまた時間とともに変質することを明らかにした。アメリカの生物学者オージェルによれば老齢は、一般に蛋白質の生成を決定しそれを正確に機制する組織に衰弱をもたらすのであるという。しかし生化学の領域に属するこれらの研究はまだあまり進んでいない。

人間において、老化を生理学的に特徴づけるもの、それはデストラム博士が「組織の悪しき変化」と呼ぶところのものである。新陳代謝が活発に行なわれている組織の総量が減る一方、代謝機能の不活発な組織、すなわち間質性膠質織維組織の総量が増加するのであり、これらは脱水作用と脂肪変性をまねく。また、細胞の新生能力の著しい減退がある。実質細胞に対する間質組織の増加は、腺と神経系統の次元においてとくに顕著である。これは主要諸器官の退行とある種の機能の衰弱を招来し、それらは死にいたるまで衰えつづける。いくつかの生化学的現象が起こる、すなわち、ナトリウムや塩素やカルシウムの増加、カリウムやマグネシウムや燐や蛋白質合成の減少などである。

個人の外見は変容し、他人が見ても彼の年齢がおおよそ——数年のちがいはあっても——判るようになる。髪は白くまばらになる、もっともその原因は知られておらず、頭髪の毛根の非染色体化の真相はいぜんとして未知のままである。体毛は、ある部分——たとえば老齢の女性の顎——では繁茂しはじめるが、全体としてはやはり白くなる。脱水作用とそれにつづく下層の真皮組織の弾力性喪失によって、皮膚には皺がよる。歯はぬけおちる。一九五七年八月に、アメリカでは、二一六〇万人の歯のぬけた老人が数えられた、すなわち、全人口の一三パーセントにあたる。歯がなくなることは、顔面の下部の収縮を招く結果、鼻は——弾性組織の萎縮が原因となって垂直に垂れ下がり――顎に近づく。皮膚の老人性増殖が上眼瞼《うわまぶた》の肥厚化をもたらす一方、目の下のたるみは深く落ちこむ。上唇は薄くなり、耳殻は大きくなる。骨骼もまた変化する。脊椎の円盤は圧縮され、椎体は圧しつぶされる、四五歳から八五歳のあいだに上半身は男性において一〇センチ、女性において一五センチ低くなる。肩幅は減り、骨盤の幅は増す。胸部は矢尻形に変形する傾向をみせ、これはとくに女性において著しい。筋肉の萎縮および関節の硬化は運動障害をひき起こす。骨骼は粗鬆化する、すなわち骨の緻密な実質が海綿状に、また脆弱になってくる。それゆえ、身体の重量をささえる大腿骨頸部の骨折がしばしば起こるのである。

　心臓にはあまり変化はないが、機能が衰える。心臓は適応能力をしだいに失い、当人はそれをいたわるために活動を制限しなければならない。循環系統は影響を受ける。動脈硬化は老化の原因ではないが、そのもっとも共通した特徴のひとつである。それを誘発するものが何であるかは正確には知られていない。ホルモンの不均衡である、とある者は言い、血圧の過多である、と他の者は言う。一般に、おもな原因は脂肪体の新陳代謝障害にあると考えられている。その結果はさまざまである。ときにはそれは脳を侵す。いずれにしても脳の血液循環は緩慢になる。血管は弾性を失い、心臓からの流出量は減り、循環の速度は遅くなり、血圧は増す。もっとも、成人にとってきわめて危険な高血圧は、高齢者にとってはそれほど危険でないことに注意する必要があろう。脳による酸素の消費は減少する。胸郭は硬化し、二五歳では五リットルである肺活量が八五歳では三リットルに低下する。筋肉の力は衰える。運動神経は刺激を伝える速度が緩やかになり、反応も遅くなる。腎臓と消化腺と肝臓は退行する。感覚の諸器官は障害を受け、適応能力は減少する。老眼は老人にみられるほとんど普遍的な現象であり、視力は「低下し」、識別機能は衰える。聴覚においても事情は同じで、しばしば聾にまでいたる。触覚、味覚、嗅覚も以前より鈍くなる。

＊　言うまでもなく、各種の事故や変異のために、プログラムが完了する以前に、生命が絶たれることはある。とくに人間の場合がそうで、生物学的運命だけを切り離して研究することは抽象的であろう、なぜなら人間はけっして自然状態で生きることはなく、彼がそのなかに身を置く社会が彼の発達を規制するのだから。

内分泌腺の退行は、老化のもっとも一般的で顕著な結果の一つであり、性器官の退行をともなう。最近、この点について、若干の確実な事実が明らかにされた*。老人においては、精子の特別な異常は存在しない。理論的には、老人の精液による卵子の受胎は無限に可能である。精子形成の停止についての一般的な法則はなく、ただ特殊なケースがあるだけである。しかし勃起は若年のときよりは二倍ないし三倍も遅い。（きわめて高齢においてさえ観察される起床時勃起には性的な性格はない。）勃起は長いあいだ射精なしで保たれることが可能となる、この制御は、一方において性交に関する長い経験と、他方において性的反応の強さの減少に由来するからである。オルガスムの後、収縮は極度にはやく、高齢者は新しい性的刺激に対して若者よりもはるかに長く拒絶反応を保ちつづける。

若者においては、射精は二段階にわたって展開する。すなわち摂護腺尿道への精液排出と、尿道を通過して尿道口および外部へ向かう精液の前進とである。第一の段階では、当人は射精が不可抗的に起きるのを感じる。一般に老人はこのようなことを感じない。二つの段階がただ一つに還元され、老人はしばしば排出というよりも漏出といった印象をもつのである。年齢を重ねるにつれて射精と勃起の可能性は減少し、やがて消滅さえする。しかし勃起不能は必ずしもつねに性欲の消滅をもたらすとはかぎらない。

女性においては、かなり若い年齢で生殖能力は急激に中断される。これは、他のあらゆる面においては徐々に進む老化現象のなかで例外的な唯一の事実であり、五〇歳ごろに月経閉止という唐突な断絶として起こるのである。卵子排出と月経の定期的循環が停止し、卵巣は硬化する。女性はもはや生殖することができない。性ステロイド**の消滅と性器官の退行が起こる。

老人たちが眠れないというのは、一般に信じられている偏見である。実際には、一九五九年にフランスの養老院で行なわれた調査によると、彼らは一夜に七時間以上眠る。しかし、彼らの多数に睡眠障害が認められる。彼らは寝つきが悪いか、早く目がさめるか、あるいは睡眠が短い目覚めでたびたび中断されるかする。こうした異常は、生理学的、生物学的、心理学的なさまざまな原因による。八〇歳以後は、ほとんどの者が昼間うとうとと居眠りをする。

　高齢者における諸器官の退行は全体として疲れやすさを招来し、これは誰もまぬがれない。肉体的な努力は狭い限界のなかでしか許されない。高齢者は若者よりも感染に対して抵抗力が強いが、彼の弱化した組織は外界からの攻撃に対して防御力が減退し、諸器官の退行によって、攻撃に抵抗することを可能にする安全度の余裕が減少する。医者のなかには、老いを病気と同一視する者さえいる。ルーマニアの著名な老年病学者アスラン女史が、最近***イタリアにおけるインターヴューで語ったことがその例である。私はこの混同が正しいとは思わない。病気は事故であるし、老年は生の法則そのものなのである。しかし「年老いて病弱だ」というのはほとんど冗語法《プレオナスム》なのだ。「老い、この要約された病弱さ」とペギーは書いた。サミュエル・ジョンソンも「わたしの病気は喘息と水腫だが、それよりも癒りにくいのは、七五歳という年齢だ」と言った。ある医者が、眼鏡をかけている老齢の女性にたずねた、「あなたは近視なのですかそれとも老眼なのですか？」――「わたしは老いなのです、ドクター。」


老いと病気のあいだには相互的関係がある、すなわち、病気は老衰をはやめ、一方、高齢は病理学的諸障害、とくに高齢の特徴であるもろもろの退行過程へと傾向づける。「純粋な状態における老年」と名づけうるものに出会うことはきわめて稀である。高齢者たちは慢性の多くの病的状態におちいっているのだ。

　もし一〇〇人の老齢の病人と一〇〇人の若い病人とを考察するならば、医師の診療を受け、あるいは薬品を買う者の比率は、後者のほうがはるかに高い。他方、老人が人口で占める割合は一二パーセントにすぎない。しかしフランスの病院において、老人は入院者の三分の一を示しており、日によっては病人の半ば以上を占めるが、これは彼らが他の者よりも長期間とどまっているからである。アメリカでは、一九五五年に、老人は人口の一二分の一にすぎなかったが、病院のベッドの五分の一が彼らによって占められていた。一九五五年にカリフォルニ

＊　とくにマスターズとジョンソンによって一九六六年にその著作『性的反応』のなかで発表された。
＊＊　内分泌腺によって産出されるもの。
＊＊＊　この文章は一九六九年十月に書かれた。

アにおいて行なわれた調査は、医師の診療を受ける度数は年齢とともに増すことを示した。その数は、老人においては人口の総体における比率よりも五〇パーセント以上多く、老齢の女性における数が男性におけるそれの二倍に達している。病院のなかに数多く見いだされるのもやはり女性である。女性は男性よりも長命であることは事実だが、しかし一生をつうじて病気であることもはるかに多いのである。* 全体からみると、アメリカにおいては、慢性の病人の数は高齢者においては他の者よりも平均して四倍以上も多い。オーストラリアとオランダで行なわれた調査も類似の結果を示した。

高齢者がとくに悩むのは、「はっきりしない不快感」とリューマチである。アメリカのある統計は、主要な老年病は関節炎とリューマチと心臓病であることを示している。別の統計は、心臓病と関節炎とリューマチと腎炎と高血圧と動脈硬化をあげている。さらに別の統計は、調整機能の混乱、リューマチ、そして呼吸・消化・神経系統の病気をあげている。リヨンで老人の入院患者を研究したヴィニャ博士は、彼らのかかる病気はその頻度の順に列挙すれば、心臓＝血管の疾病、呼吸器の疾病、精神障害、生理的消耗、血管の疾病、神経系統の疾病、癌、** 運動器官の障害、消化障害であるという結論に達した。老いはとくに心身相関の領域であるため、諸器官の病気もまた心理的要因に緊密に左右されるのである。

事実、多くの場合をつうじて、この二つの系列の原因を区別することは不可能である。たとえば、老人において比較的多い事故についてもそうである。事故は、注意とか知覚のような知的能力と、無関心とか投げやりとか強情というような情緒的態度とによって構成されるある種の行為の結果なのである。しかし他方、事故の大部分は方向感覚の障害や眩暈や筋肉の硬さや骨骼の脆さによって説明されうるのだ。それゆえここで事故について次のことを指摘するのが適当であろう。「国民健康調査」National Health Survey が調査したグループにおいては、男性の三三パーセント、女性の二三パーセントが、一日あるいはそれ以上の期間にわたる障害をひき起こす事故をその一年間に経験していた。四五歳から五五歳の者では、一〇万人について一年に平均五二の事故が数えられている。七五歳を越えると、平均数は三三八に上昇する。とくに多いのは屋内での転落（倒）であり、これはときとしては死を招く。老人たちは、歩行が困難であり、よく見えないので、交通事故の犠牲にもなる。彼らの多くは外出をあきらめる。

若干の調査は、老人たちの健康について楽天的な情報を提供しているが、調査担当者が彼らの使用する言葉にどれほど正確な意味を付与しているかを知る必要があるだろう。一九四八年にシェルドンが、六〇歳以上の四七一人を対象としてアメリカで作製した健康状態に関する報告によれば、二九・三パーセントだけが正常以下であったが、そのなかに多数の八〇歳台の高齢者がみいだされた。彼らの二・五パーセントはベッドに寝たきりであり、八・五パーセントは家におり、二二パーセントは自宅の付近にだけ外出し、四六パーセントの被対象者が完全に正常であり、二四・五パーセントは驚くほど頑健であったという。なるほどそうかもしれない。しかしシェルドンはいかなる規準を基にして以上のように言うのだろうか？　それは四〇歳台の人間を対象とした場合にも用いる規準だろうか？　おそらくそうではあるまい。もっと正確な報告が、一九五五年にシェフィールドで行なわれたアンケートによって提供されているが、それによれば、六一歳以上の四七六人の対象のうち、女性の五四・九パーセント、男性の七一・二パーセントがなお完全な活動力をもっていた。オランダにおいても、一九五四年と一九五七年に類似の結果がみいだされた。たしかに活動はある程度まで健康でなければなしえない。しかし多くの心理的、社会的理由によって、健康が害われていても活動を継続することがあるのだ。

すべての観察によって明らかな事実は、同年齢の被調査者間にみられる重要な差異である。年数だけの年齢と生物学的年齢とが一致しないのはよくあることである。肉体上の外見は生理学的検査よりもわれわれの年齢について多くを教える。年齢は万人に同一の重みでのしかか

＊　北米合衆国において「国民健康調査《ナショナル・ヘルス・サーヴェイ》」が明らかにしたところによれば、一九五七―五八年度には四五歳から六四歳までの者は疾病によって平均二五日就寝（ないし家居）を余儀なくされ、六五歳以上の者は五〇日、七五歳以上では七二日であった。

＊＊　癌は年齢そのものとは関係がない。癌が一般に五〇歳から八〇歳のあいだに起こるのは、発癌物質の作用様態に由るのである。癌による死亡率が高いのは、今日では医学が他の多くの疾病に対しては有効に闘うが、癌を克服するにはいたっていないからである。

るわけではない。老衰は、とアメリカの老年学者ホーウェルはいう、「各人が同じ速さで降ってゆく斜面ではない。それは、ある者が他の者よりも早く転げ落ちる不揃いな階段である。*」早期に患者のあらゆる器官を老いさせる「早発性老衰《プロジェリア》」という病気も存在する。**一九六八年一月一二日に、カナダのチャサムの病院で一〇歳の幼女が死亡したが、彼女は完全に九〇歳の女性のような外観を呈していた。彼女の兄弟のひとりは、一一歳のとき同じ病気で死亡している。デナール＝トゥレ博士は、四五歳で諸器官の老衰による退行の結果死亡した、ある女性の例を私に話してくれた。こうしたごく稀なケースを別にしても、老衰が早いか遅いかは、健康、遺伝、環境、感情、過去の習慣、生活水準など多くの要因に左右される。老衰はまた、どの機能が最初に害われるかによって、千差万別の形をとる。老衰はある場合には漸進的な推移であり、他の場合にはそのときまで年齢《とし》相応にあるいはそれより若く見えていた者が突然「老けこむ」こともある。病気、ストレス、近親者の死、重大な失敗などがあったとき、諸器官が急激に害われるのではなく、それらが弱っていたのを隠していた機構が崩れるのだ。実際には患者は身体のなかに老化をすでにこうむっていたのだが、それを習慣による無意識的行動とかあるいは熟慮された行為によって巧みに補っていたのだ。それが突然、もはやこれらの防御手段に訴えることができなくなり、彼の潜在的な老いが表《おもて》にあらわれるのである。この精神的な転落は諸器官に影響をおよぼして、死を招来することにもなる。六三歳のある女性の例を私は聞いたが、彼女はきわめて元気で治療の際のはげしい苦痛にも勇敢に耐えていた。ところがインターン生がうっかりして、彼女は癒らないだろうと告げたため、一挙に二〇歳も老け、苦痛も増大したという。たとえば訴訟に敗れるというような深い落胆によって、六〇歳の人間が急に身心ともに老衰した人間に変わることがある。

　もし、このようなショックに会うことなく、良好な健康状態がつづくならば、逆に、かなり高齢まで失われた諸能力を補うことに成功する場合もある。豊かな経験による技術と、自分の身体を正確に知っているため、スポーツ選手のなかには長いあいだ良好なコンディションを保つ者がいる。フットボールの国際競技出場者テッド・メレディスは、五二歳でもまだ選手に選ばれていた。ウージェーヌ・ルノルマンは六三歳で水泳の模範競技を行ない、ボロトラは五六歳でテニスのチャンピオンだった。

むかしは、個人の精神的進化と肉体のそれとのあいだに歴然とした対照がしばしば存在していた。モンテスキューはこの分離を嘆いた、「人間の境涯はなんと不幸なものだろう！　精神がやっと成熟の域に達したと思うと、肉体は衰えはじめるのだ！」ドラクロワはその『日記』のなかに記している、「年齢によって得られる精神の力と、同じくその結果である肉体の衰えは、つねにわたしを驚かすことであり、それは自然の摂理の一つの矛盾であるように思われる。」

医学の進歩は状況を変えた。多くの障害と病気から守られているため、肉体は長期間無理がきくようになった。精神が平衡と活力を保持しているかぎり、ふつう肉体を健康状態に保つことができ、精神が打撃を受けると、肉体も害われるのである。逆に、肉体的生命力がひどく害われると、知的能力は動揺する。いずれにしても、知的能力は身体の種々の変化によって害される。メッセージは以前よりも遅く伝達され、しかも受信器官の性能が減退するので、歪められる。脳の機能は以前よりも柔軟でなくなり、前述《さき》にみたように酸素の消費量が減る。ところで血液の酸化作用の低下は、直接的記憶力と記銘能力の減少を招き、観念化作用の弛緩、容易な心的操作における不規則性、そして、たとえば幸福感あるいは意気消沈のようなはげしい情緒的反応をもたらす。老化現象もまた、ゴルトシュタインが外傷の結果として起こる脳障害について語っているあの「非限局性の毀損」の一例として考えることができよう。この後者の場合も同様に、脳細胞の減少が起こるのだ。しかし脳細胞は豊富なので、もし状況が患者に過度の努力を要求しなければ、彼はこれに容易に対処できる。しかしもし彼の生活に平衡を狂わせることが起これば、彼は破局におちいるおそれがある。いずれにしても、知的な努力は彼を疲れさせる。仕事の能力や注意力は、少なくとも七〇歳以後は衰える。

＊　「時間《とき》の速度《リズム》そのものさえ、人によって速くなったり遅くなったりすることがある」とプルーストは記した。

＊＊　この病気が存在するということは、何か明確な老化の原因――現在では未知の――が存在するのではないかと考えさせる。したがって、もしそれが発見されたならば、老化の作用を阻むこと、少なくとも著しく遅らせることができるようになるかもしれない。

老年学者たちは、老いの心理に関する研究において、その生理を研究するのと同一の方法を採用している。彼らは被験者を外部から扱う。彼らは主として精神測定法を基礎とする。この方法はきわめて異論の余地があるように思われる。テストを受ける者は人工的な状況におかれ、得られた結果はまったく抽象的であって、実際の生きた現実とはきわめて異なったものである。事実、ある人間の知的反応は彼のおかれた状況の総体に依存しており、家庭内の紛争がそのときまで早熟だった子供を一時的にも愚鈍にしてしまうことがあるのは、よく知られている。この書物の後半で老人たちの心理を研究するとき、私は前述した円環性の原理にしたがって、生物学的・実存的・社会的コンテクストに結びつけつつ、全体的視野のなかでそれを行なうつもりである。ここでは、老年学者たちが達成した成果について正確な観念を読者にあたえることを目的としているので、彼らの方法がいかなるものか、また彼らがいかなる結果に到達したと考えているかを、指摘するにとどめる。

一九一七年に、アメリカ軍当局は、士官候補生たちの知的水準を定めたいと考え、この目的のために最初の知能テストが案出された。それ以後、この種の研究は増加した。一九二七年に、ウィロビーはアメリカ軍で用いられた若干のテストをふたたび採りあげ、スタンフォード大学周辺の家族のグループに適用した。ジョーンズとコンラッドは、一九二五—一九二六年に、ニューイングランドで一一九一人の被験者に試みた結果を集録した。こうした研究はアメリカやドイツやイギリスで続行されている。一九五五年に、フランスではシュザンヌ・パコーが、二〇歳から五五歳までの鉄道従業員四〇〇〇人と、一二歳半から一五歳までの見習いたちの反応を研究した。最近、ブルリエール教授はサント＝ペリヌで、知能を対象とする「テストの一組」をつくりあげた。たとえば被験者に対しては以下のことが要求される、すなわち、一連のデッサンのなかの誤りを指摘すること、迷路のなかでもっとも早く出られる順路を示すこと、不完全なデッサンを完成すること、類似のものを集め相違するものを分けること、同義語に下線を引き、意味が少し異なる場合はそのニュアンスを示すこと、文字や番号の組合せを操作すること（記号のテスト）、幾何学的図形を記憶で再構成すること、合図に反応すること、行動と性格《パーソナリティ》に関連するいくつかの断定に「真」または「偽」と答えること、鏡に映してデッサンすること、などがそれである。このテストの結果、直接的記憶力はほとんど害われていないが、具体的記憶力（きわめてよく知られた主題に関する）は、三〇歳から五〇歳のあいだに低下することが確認された。論理的な事柄についての記憶力もまた同じである。もっとも悪化しているのは、たとえば一つの言語の習得のような新しい組合せの形成を含む記憶力である。さらに被験者たちの教養水準によっても大きな差異がある。グロニンゲンにおいて三〇〇〇人を対象として行なわれた記憶力テストによれば、誰でも高齢とともに記憶力は衰えるが、頭脳を使う仕事に従事する人のほうが手を使う仕事に従事する人よりもその程度は少なく、かつての熟練労働者のほうが不熟練労働者よりも少なく、まだ働いている人のほうが退職者よりも少ないと認められた。

　運動神経反応については、それがもっとも敏速で正確なのは二五歳であり、速さと正確さは三五歳を過ぎると減少し、四五歳以後はさらに減少する。精神操作の速さに関しては、一五歳までは進歩し、一五歳から三五歳までは安定し、その後は減少する。六〇歳以上の被験者は、時間の制限のある知能テストに対する反応は成績が悪いが、時間の制限のない場合は青壮年に匹敵し、凌駕することさえある。高齢者たちは新しい状況に適応するのは、きわめて困難である。つまり既知の諸事情ならばやすやすと再構成するが、変化には抵抗する。新しいセット set と呼ばれるもの――つまり新しい精神的指向や態度――を身につけることには大きな努力が要求されるのだ。彼らはそれまでに身につけた習慣の奴隷であって、柔軟さに欠けている。セットが一度採用されると、それを放棄することが困難となる。そのセットにはもはやまったく適さない問題に直面しても、彼らはそれに固執する。したがって彼らの習得能力はきわめて乏しい。適応を必要とするすべての能力、たとえば観察、抽象と総合、統一と構成力などは三五歳以降は衰え、それらを維持するための訓練をしない場合はとくにはなはだしい。暗算の能力や空間構想力は、論理に従って推理する力と同様、低下する。語彙については、従来のテストの結果は作為的なものである。無教養な人たちにおいては、語彙の数は六〇歳以後は貧しくなるが、高い知的水準の被験者の場合では、同一の程度が保たれ、ときとしては豊富にさえなる。総体的にいって、しっかりと身についている知識、語彙、言葉や数の直接的記憶力あるいは構造的記憶力はほとんど変化しない。要するに個人においては、老化してゆく流動的で適応性を必要とする潜在的部分と、老化することのない獲得された機構《メカニスム》から成る結晶化した部分とが存在するのだ。

テストと統計の総体からは、ある重要な結論が生まれる、すなわち、被験者の知的水準が高ければ高いほど、彼の諸能力の減少度は少なく、緩やかなのだ。もし彼が記憶と知能を使うことをやめなければ、それらの能力を無傷のまま維持できる。私は先へいってこの問題をふたたび取りあげるであろうが、個人の知性と記憶は、人生への彼の注意、現実世界への関心や彼の計画の総体と関連づけることによってのみ説明がつくのである。しかしここでは、若干の高齢者は若い人よりも有能な場合があるということを指摘するだけにとどめておこう。事実、多くの知的な仕事は年齢の制限にかかわりなく達成されている。熟練、技術、判断力、仕事の組織力などは、記憶の欠陥や疲れやすさや適応の困難を補うことができるのだ。多くの高齢者は、最後まで活動的でありまた明晰でありつづける。

とはいえ、彼の肉体と同様、そして肉体とのかかわりにおいて、老人の精神状態は脆弱であり、精神障害のケースは、若い人たちよりも数が多いのである。* アメリカの国立精神衛生研究所の報告によれば、同じ年齢グループに属する一〇万人の被験者のうち、精神障害者の数は、一五歳以下では二・三人、二五歳と三四歳のあいだでは七六・三人、三五歳と五四歳のあいだでは九三人、老人においては二三六・一人を数える。スウェーデンでは、七万の住民のうち、語の厳密な意味における老年性痴呆のケースは九〇〇〇を数える。アメリカにおける精神障害者の数は、一九四〇年と一九五〇年のあいだに全体として四倍に達しており、老人たちの精神病院への入院数は九倍になっている。その理由の一部は、そこを頼ることに若いころよりもためらわないからである。スウェーデンでは、二五年以来変化がない。

現在、老人たちはむかしよりも機能減退がひどくない。完全臥床《ねたきり》の老人は数が少なくなっている。いくつかの年齢別グループを比較すると、もっとも高齢の者のなかに反＝凋落の徴候に出会うことさえあり、そのわけは、ひじょうな長命を保つ者には、最初から例外的な健康が潜在的にあったと考えられるからである。とはいえ、一般的な規則として、ある時期からすべての個人は機能の低下をみる。「美しい老年」とか「みずみずしい老年」とか言われるとき、その意味するところは、高齢者が肉体的にも精神的にも一つの平衡をみいだしているということであり、彼の肉体や記憶力や精神運動の適応能力が若い者と同じであるということではない。長く生きる人間は、誰も老いからまぬがれられない。それは不可避で不可逆的な現象なのである。

老いはつねに死に行き着く。しかし病理学的要素が介入せずに、老いがひとりでに死を招来することは稀である。ショーペンハウアーは、明確な原因なしに衰死した、きわめて高齢な人を幾人か知っていたと主張している。ドロール教授は、一人の百歳の老女が徒歩で病院へ来て、ひじょうな疲労を感じたから死ぬためにベッドを欲しいと言った話を記している。彼女は翌日に死んだ、そして死後解剖の結果いかなる器官的障害も発見されなかったという。しかしこれはほとんど唯一の例である。いわゆる「自然」死——事故による死と対照して——と呼ばれるものも、実際にはなんらかの器質的衰退によって誘発されたものなのである。

人類は他の哺乳類よりも長命である。しかし私は信頼に値する資料によるものとしては、一〇五歳を越えた者はただひとりしか知らない、それはグロッサの村で生きている一〇八歳のアントワーヌ＝ジャン・ジョヴァンニ**の例である。人びとは一般に、長命には遺伝が直接あるいは間接的な役割を果たしていると、確証はないながらも、信じている。しかし他の多くの要素も介入するのであり、その一つとしてまず性別がある。すべての動物において、牝は牡よりも長く生きる。フランスでは女性は平均七年以上も男性より長く生きる。次に生育の状況、栄養、環境、経済的条件などが作用する。

これら後の諸要素は、老衰に対してきわめて重要な影

* 精神病については、老人の境涯をその全体において検討したのちに、後章で述べたい。

** この事実は一九六九年の初頭に『フランス＝ソワール』紙によって報道された。ジョヴァンニは一八六〇年八月一日にコルシカ島のジカヴォで生まれ、一生をグロッサで過ごした。なお付録I、下巻三一九頁参照。

響を及ぼす。老年学者たちはこのことを多くの調査のなかで明らかにした。前述《さき》に引用したシェフィールドで行なわれた調査は、健康が生活水準に深く依存することを示した。ブルターニュの農民や漁夫についてブルリエール教授の調査班が行なった研究も、それを明らかにしている。ふつう田舎には都会よりも美しい老年が多く存在すると言われているが、事実は、調査されたすべての被験者たちは同じ年齢の裕福なパリ市民より健康ではなかった。*

このように経済的要因が果たす役割は、老年学の限界を示している、というのは老年学はいまのところ個人の老衰を生物学的に定義しているからである。老年学が到達した成果はきわめて価値の高いものであり、それを参照せずに老年を理解することは不可能である。しかしそれだけでは不充分なのだ。老いの研究において、それらの成果は抽象的な一時期をのみ表わしている。ある人間の老化現象は、つねに社会のさなかで生じるのであり、それはその社会の性質と、当人がそこで占める地位とによって深く左右されるのだ。経済的要因そのものも、それをおおう社会的、政治的、イデオロギー的上部構造から切り離されてはならない。絶対的に考えられた場合、生活水準もまた抽象物にすぎないのである。同一の財産をもっていても、貧しい社会では金持とみなされ、富んだ社会では貧しいとみなされるであろう。したがって老いの現実と意味を理解するには、異なる時代と場所で、老人たちにどのような地位が割り当てられているか、彼らについて人びとがどのように考えているかを検討することが不可欠なのだ。このような比較対照による利益は、前述《さき》に述べたように、老人の境涯において何か不可避な

* 社会保障加入者一七〇〇〇人を対象として、一九六九年にマルセイユでデザンティ教授によってなされた研究は、職種によって老いの進行が異なることを示した。消耗の度合の多い順に列挙すると以上のようになる。

——初等、中等および技術教育の教員。
——高級管理職。
——中級管理職。
——医療ならびに社会事業従事者。
——中央および地方自治体公務員。
——運転手、出張販売人、失業者。
——事業主。
——奉仕業務従業員。
——職工長、熟練工、専門技術労働者。
——人夫。

ものがあるか？　どの程度まで社会はそれに責任があるか？　というもっとも根本的な問題に対して、解答をあたえないまでも、少なくともそれを垣間見ることを可能にする点にある。われわれはその検討をまず、歴史のない、あるいは「未開」と人が呼ぶ社会からはじめよう。

第二章　未開社会における老い

たとえどれほど粗野なものであろうとも、なんらかの文化をもたない人間の集団は存在しない。人間が自分で製作した道具の助けをかりて行なうもろもろの活動は一つの労働を構成し、それを基にして少なくとも社会組織の萌芽がつくりあげられる。それゆえ人間にとって自然状態の老いとはどのようなものであろうかと想像を試みることはやめよう。しかし——この場合においてさえ自然という言葉は論争の余地があるのだが——動物においてどのようなことが起こるかを観察することはできるだろう。多くの種において——その発達の程度が高ければ高いほどそうであるが——年をとって経験の豊かな動物《もの》は大きな威信を享受している。彼らは経験をとおして得たさまざまな知識を仲間のものに伝えるのだ。集団のなかで各自が占める位階は、その年齢の数と直接に比例する。動物学者はこの点について数多くの興味ぶかい観察を報告してきた。こくるま烏《がらす》においては、若い鳥が恐怖を示しても他のものは注意を払わないが、もし年老いた雄の鳥が警告を発するときには、みな飛びたつという。仲間の鳥に敵を知ることを教えるのは、経験をつんだ老こくるま烏なのだ。動物学者ヤークスの協力者たちが一頭の若いチンパンジーに、複雑な器具装置を使ってバナナを手に入れることを教えたが、仲間のチンパンジーは一匹もそれを真似ようとはしなかった。同じことを、老齢の、つまり位階の高いチンパンジーに習得させると、他のものはことごとく彼を観察し、そして模倣した。原則として彼らは上の位階の仲間しか真似ない。

類人猿のような、われわれにもっとも近い動物において起こることを観察するのはとくに興味ぶかい。すべての群において、年取った牡は牝や若いものに対して支配的な役割を果たしている。ときには、何匹かの牡のグループが権力をにぎっていて、牝を分配し、ときとしてはボスは一匹だけで、彼が分配に同意する。この二つの場合とも、支配する牡たちが闘争を起こすことはなく、彼らは自然死をとげる。しかしまた、最年長の牡が牝たちを独占することがあり、若い牡猿たちは彼に気づかれぬように牝に近づくのであり、しかもきびしい制裁の危険をおかさねばならない。五〇歳でもなお頑健な老牡は、野獣が襲ってくるときには、牝や仔を守る。年と力を得るにつれて、若い牡猿たちは彼に反抗する。彼らは彼のすきをうかがう。彼は衰えてゆく。もっとも恐るべき武器である彼の歯は折れ、そして腐る。そして、彼が野獣と戦って疲れ果てたときとか、あるいは自然に老衰するとかして、若い猿たちが時機が来たと感じると、なかで年長のものが彼に飛びかかる。しばしば彼は殺されるか、傷ついて死ぬ。軽い傷を受けただけであっても、年老いた猿は負けたことを悟り、恐怖をいだく。彼は、彼を攻撃したものが首長《かしら》となったグループから離れ、以後は孤独に生きる。彼は食べるのに苦労し、老いぼれてゆく。そのとき彼はしばしば野獣の餌食となる。あるいは死病にかかり、あるいは病弱となって自分の要求をみたすことができずに、飢えて死ぬ。若い牡たちが彼を厄介ばらいするときには、まだ頑健なのだ。したがって彼は共同体にとって重荷ではないのだが、そのわけは、一つには彼がまだ活動しているからであり、二つにはこの共同体が豊かな社会であると考えられるからでもある。つまり種族がそのなかで発展できる豊かな自然があり、移動が容易であるときには、その社会にとって食糧の問題は存在しないのだ。年老いた牡が手荒く扱われるのは——彼の後継者もそうなるであろうが、それは——彼が牝たちを独占し、また若い猿たちに暴政をしいたからである。年老いた牝猿たちはどんな場合でも殺されることはなく、種族が彼女らの世話を引き受ける。

われわれは、他の多くの種《しゅ》においてと同様に、人間社会においても経験、つまり積み重ねられた知識が老人の切り札であることをみるであろう。われわれはまた、老人がしばしば、多かれ少なかれ無慈悲に集団から追放されるのもみるであろう。しかしその場合、老齢のドラマは、性的な次元ではなくて経済的な次元で起きるのだ。老人とは、類人猿におけるように、もはや闘争することのできない個人のことではなく、もう働けなくなって穀つぶしとなった者のことである。彼の状況はたんに生物学的与件にのみ依存するのではけっしてなく、さまざまな文化的要因も介入するのだ。牝たちを独占する類人猿にとっては、老いとは絶対的な不幸であって、彼を同類の意のままの状態にし、外界からの攻撃に対して自分を守ることを不可能にするものである。老いは非業の最期、あるいは孤独な老衰をまねく。これに対し、人間の共同体では、老いというこの自然の災厄は、たとえ微弱な程度であろうと反自然の性格をつねに有する文明に組みこまれており、したがって老いの意味はそれによって強く修正されることがある。それで、ある種の社会では、彼らが肉体の力を失ったときにも、暴力から老人たちを守る威信のおかげで、女性たちを独占する場合がみられる。

とはいえ、周囲の状況がどうであろうと、生物学的与件は残る。各個人にとって、老いは彼が恐れる衰頽をまねく。それは、若者や成人が考える男性的理想、女性的理想に反するものである。それで、彼にとってごく自然な態度は、老いが不能や醜悪や疾病として定義されるかぎりにおいて、老いを拒否することである。他人の老いもまたただちに嫌悪をひき起こす。このような基本的反応は、たとえ社会の風習によって抑圧されているときでも存続する。これこそ、その多数の例をこれからみるであろう矛盾の根源なのである。

*

すべての社会は、生きること、そして生きながらえることをめざす。それで、青春と結びついた活力と豊饒を称揚し、老年の疲弊と不毛を恐れる。このことは、とくにフレーザーの労作のなかで明らかにされた。多くの共同社会において、と彼はいう、首長は「神性」の化身として崇められているのであり、この神は彼の死後は後継者の肉体に宿るであろうと考えられているが、もしこの際、神性が老齢によって衰えているならば、もはや共同体を有効に守ることはできなくなるであろうから、衰弱がはじまる前に首長を殺さねばならないのだ。このようにフレーザーは、古代におけるネミの司祭の殺害を説明し、また今世紀の初頭にはまだ白ナイル地方のシリュク族においてみられた殺害――病気や衰弱や無能力の最初の徴候で首長は殺された*――の理由としている。同様に、コンゴーの司祭シトゥメは、健康が害われたと認められるやいなや殺された。もし彼が自然に死んだとすれば、それは彼の力が枯渇したためであり、したがって神も彼とともに衰死し、世界はすぐに滅びたであろう。同様に、カリカットの王も殺された。力の盛りに殺されると、首長は後継者に元気な魂を伝えるのだ。

フレーザーによれば、類似の信仰にみちびかれて、フィジー島や多くの他の土地では、老人たちが進んで自殺する。彼らは、この世を去るときの年齢で〔あの世で〕生きつづけることができると考えている、それで彼らは、それが永遠に自分の境涯となると考える老衰を待たないのだ。

これらの慣習は、多くの観察者によれば、ディンカ族**が実行するという「生きながらの埋葬」のそれとともに考えられねばならない。ある種の老人たち――雨乞祈禱師や銛打ちの名人など――は共同体におけるその役割がきわめて重要であるため、共同体の生存の責任を引き受けているものと考えられ、彼らは衰えの徴候を示すやいなや、生きながら埋葬されるのであり、その儀式に彼らは喜んで参加する。もし、彼らがその息を肉体の内部にとどめたまま埋葬されるのではなく、自然に最後の息を

* エヴァンズ・プリチャードはフレーザーの解釈に異議を唱えた。彼によれば、この種族は南・北の二地域に分かれており、その両地域に一つずつ王家が存在し、この両血統から交互に王が選ばれる。王は、種族の昔からの両地域の利益が集約されている偉大なる祖先の化身なのである。王の殺害という観念のなかには、逆に、社会の分断があらわれている。この考えは、国に災厄が起こった場合、その原因は王の力の減少にあるとし、人びとはもう一方の王家の当主に反逆するようにすすめることを意味する。事実、災厄が起こると、反逆が行なわれ、王は非業の最期をとげた。王制は職能と個人とのあいだの矛盾を体現し、この矛盾は伝統的な弑逆によって解決されたのだ。この説明はフレーザーの解釈より複雑ではあるが、それを完全に否定するものとは思われない。力の減少は直接には老化に結びつけられてはおらず、老化は反逆を正当化するための理由として挙げられうるものではあるが、反逆そのものは社会組織のなかに不断の可能性として内在しているのである。とはいえ、どちらの説においても、老いが否定的な意味を付与されていることには変りがない。

** 人口ほぼ九〇万人の種族で、スーダンの南部に住む。

吐きだして死ねば、共同体の生命はそれといっしょに消滅するであろうと考えられていた。それゆえ死の祭式は、逆に、共同体にとって一種の甦りであり、生の原理の若返りなのである。

時の経過は疲弊と老衰をもたらす。この確信は復活の神話や祭式のなかにあらわれており、それらは反復型のあらゆる社会、古代社会、未開社会、さらにそれより発達した農耕社会、においてきわめて大きい役割を果たしている。これらの社会を特徴づけているのは、技術が進歩しないこと、時間《とき》の経過が未来を告げるものとしてではなく、若さから遠ざかってゆくものとして考えられていることであり、したがって若さをふたたびとり戻すことが問題なのだ。多くの神話は、自然や人類が生存しまた永続する力を持つのは、ある特定の瞬間《とき》に若さがそれに返されたからだと考える、すなわち、旧い世界が滅ぼされて、新しい世界が出現したというわけである。バビロニア人たちが想像したこともこれであり、人類は大洪水にのみこまれたが、やがて水面にあらわれた大地にふたたび人類が繁殖したという。この神話は聖書のなかにも見いだされる。ノアはアダムの再来であり、箱舟の動物たちはエデンの園の動物たちの再来にほかならず、虹は新時代の開始を示すものである。現在、太平洋の周囲に住んでいる人びとは、祭式上の過ちを犯した結果、大地が洪水に浸されたのだと考えており、部族は自己の起源を、破局から逃れた伝説的人物にあると考えている。ナイル河の増水で周期的に肥沃となる大地は、エジプト人たちに不断の甦りという観念を示唆した。植物の神オシリスは、毎年、収穫とともに死ぬが、穀物の芽生え時に、彼はかぎりなく甦る青春のみずみずしい活力にあふれて再生するのである。*

数多くの祭式は、一定の周期の期間内に経過した時間を抹殺することを目的としたし、いまもなおそうしている。つまり人はそのことによって、年月の重みから解放された生存を、新たに開始することができるのである。バビロニア人においては、新年の儀式が行なわれるあいだ、《天地創造》の詩が朗読された。ヒッタイト人においては、テシュプ神と蛇との戦い、そして、この神に世界を秩序だて支配することを可能にした、彼の勝利が再演された。数多くの地方では、旧年の終りは、それが清算されることを意味する行事によって区切りがつけられる。旧年の身代わりとして何かが焼かれ、火が消されて新たな火が点される、また原初の混沌《カオス》を再現する乱痴気騒ぎが爆発する。社会の階級組織の転倒であるサトゥルヌス祭〔無礼講〕もまた既成の秩序の否定を目標としていた、すなわち、社会と世界は解体するが、そのとき原初の新鮮さのなかで再創造されるのだ。これらの祝祭は、年の初めだけでなく一年の経過につれて展開するのであり、たとえば春の祝祭は、この季節に宇宙の若返りという意味をあたえる。また新しい君主の即位は、しばしば新時代の開始とみなされている。シナの皇帝は玉座にのぼるときに新しい暦を定めたが、これは旧い秩序が崩壊して別の秩序が生まれたことを意味した。日本における神道儀式の慣習の一つを説明するものも、この甦りの観念にほかならない、すなわち、神社は周期的に全体が建て直されなければならず、備品や装飾もすっかり更新されるのである。とりわけ、この宗教の中心である伊勢大神宮は、二十年ごとに再建〔造替、遷宮〕が行なわれている。持統女帝（六八六—六九七）によって実施された第一回の再建以来、そこへ近づくための御橋や一四の付属神殿〔別宮、摂社〕とともに五九回も建て直されてきた。神道の神殿は、個人と世界全体とを結ぶ血族関係的《コンサンギニテ》かかわりを積極的に示しており、建物を再建することは、時の経過がこの絆を弱くするのを妨げるためなのである。さらにいっそう意味ぶかいのは、フレーザーによって描かれた、共同体が自己の内部から老いを追い払う所作《ふり》をする儀式である。かつてイタリア、フランス、スペインにおいて、四旬節《カレーム》の第四日曜日には、「年老いた女性の鋸挽き」が行なわれ、ほんものの年老いた女性を真二つに挽くふりをするのだった。こうした似非の死刑執行の最後のものは、一七四七年にパドヴァで行なわれた。他の場合では、老人を象《かたど》る人形が実際に焼かれた。

すなわち反復型の社会は、神話の次元において、自然や諸制度の疲弊をおそれ、それから身を守ろうとするのだ。そうした社会にとって問題なのは、新しい未来をめざして進むことではなく、祭儀をくりかえして絶えずそ

＊ バンバラ族は、人類が死からまぬがれていた黄金時代を夢みて、その時代には人生は老年から幼年への不断の回帰であったと考える。老人たちは樹のうえに登って血管をひらき、血を空にして降りてくる。すると若年者たちが彼らの体毛をむしりとり、打擲した。老人は気を失い、七歳の小児に戻るのであった。

の生気を甦らせることにより、現在の規範となる尊崇すべき過去を無傷のままに保つことなのだ。

しかし共同体が生身《なまみ》の個人を対象とするときには、問題はまったく別のものとなる、すなわち、共同体は彼らとのあいだにさまざまな現実的関係をつくりあげなければならないのだ。もちろん老いは嫌悪すべきものであって、追放される。しかし老人が集団の老化を表現しないときは——これが一般の場合だが——、ア・プリオリに彼を抹殺すべき理由はない。彼の社会的身分はそれぞれの状況に応じて経験的に定められるであろう。老齢のために非生産的となった老人は、〔社会の〕重荷となる。しかしすでに述べたように、ある種の社会では、成人は老人の運命を決めることによって自分自身の未来をも選びとるのだ。それで彼は自分の利益を長期にわたって考慮する。また、きわめて強い感情の絆が彼を年老いた両親に結びつけていることもありうる。他方、老人は年を重ねるにつれて、社会にとってきわめて有用な資格を獲得する。動物の社会より複雑な人間の未開社会は、知識をさらにいっそう必要とし、それは口誦による伝承だけが伝えることができるのである。古老がその記憶力によって知恵《シアンス》の保持者であり、過去の思い出を保ちつづけているならば、彼は尊敬をかちえるであろう。そのうえ、彼はすでに死者たちの世界に片足を突っこんでおり、そのため彼は現世と彼岸の世界の仲介者の役割を果たすように運命づけられ、それが彼に恐るべき力を授ける。こうしたいくつかの要因が介入して彼の社会的身分を決定する。さらに未開種族においては、六五歳に達する者は稀であり、その数は人口の三パーセントを越すことがほとんどないことに注意しよう。一般に、五〇歳台の者は老人、しかもひじょうな老人とみなされている。この章において私は、集団が老人とみなす者——そして多くの場合彼らは生理学的にもそうであるが——を老人、年取った人、古老と呼ぶことにする。

彼らの状況を研究するにあたって、私は民族学者たち《エトノローグ》の著作に依拠するであろう。私は主に、社会人類学研究所から好意的に閲覧を許可されたヒューマン・リレイション・エーリヤ・ファイルズを利用した。そこに収集された情報はときにはきわめて古く、ときには不完全であるか価値が不確かである。それゆえ、ここでは慎重な態度が必要である。観察者たちがある共同体を叙述するとき、その社会のもろもろの価値を自分のものとして信奉する者はほとんどない。彼らはその社会を自分自身の文明をとおして認識し、判断するのであり、彼の文明の規準や風俗習慣から自由に離れうるとは考えていない。また老いについて、その観察を綜合的に組織だてている者は稀である、つまり彼らもこの問題にあまり関心をもっておらず、互いに矛盾するものでないとしてもしばしば理解に苦しむ事実を彼らは提示している。私は、老人の状況について収集された諸事実《データ》を、当該社会の全体的構造に結びつけるように努めよう。見本の採集という作業が多分に恣意的であるおそれがあることは私も知っているが、統計もやはりそうであり、統計は何事も解明しない。しかし比較と対照という方法を用いるならば、いろいろな意味ある関係を明らかにすることは望めるであろう。

未開人は、その生活条件によって、それぞれ狩猟—採集民、牧畜民、あるいは農耕民である。前二者は移動集団《ノマード》〔遊牧民〕であり、第三のカテゴリーの者は定住者であるが、また、いくつかの定着地を有する牧畜民や、森林の異なった部分を順次開墾する農耕民のような、半—遊牧民もいる。私は彼らを分類する際、その労働様式と環境によって行なうつもりであり、地理的位置にしたがっては行なわない。オーストラリアとアフリカの食物採集民のあいだには、アフリカの採集民と同じ地方の農耕民とのあいだにみられる以上の類似が存在するのである。

*

ある共同体によって創られた神話とその共同体の実際の風習とのあいだには、しばしば大きな距離がある。この事実は、未開社会における老人の役割に関する場合、とくに顕著である。もっとも恵まれない社会において、神話のなかで老いが称揚されることが多い。エスキモー人においては、ひとりの老人が奇跡的に救われる話を多数の伝説が語っており、彼を厄介払いしようと企てた者には恐ろしい罰が加えられる。他の物語では、老人は権力のある魔法使い〔呪術師〕、発明家、医療者として描かれている。未開人はしばしば神々を活力と知恵にあふれる偉大な老人として表現する。エスキモー人においては、女神ネルウィクは、死者の霊たちとともに水のなかに住むきわめて年老いた女性であるが、呪医師《シャーマン》が彼女の髪の毛を梳きに来るまでは海豹《あざらし》の漁師を保護することを拒むことがある。他の場所では、風を規制するのは老婆である。ホピ族においては、家内工業を発明したのは年老いた蜘蛛-女である。こうした例は豊富にある。しかし、実際の風習はこれらの寓話からは少しも影響されていないことを、われわれはみるであろう。

極度の貧困は予測の能力を失わせる、つまり現在が命令し、未来は現在のために犠牲にされる。気候がきびしく、状況が苛酷で、資源が不充分なとき、人間の老いはしばしば獣のそれに似ている。シベリア北東部で半-遊牧生活を送るヤクート族においても、事情はそのようなものであった。彼らは家畜と馬を飼養し、凍てついた冬と酷暑の夏に耐えねばならなかった。彼らの大部分は、一生のあいだ飢えに苦しんだ。

このような原初的な文明においては、知識や経験はなんの役にもたちえなかった。宗教はほとんど存在せず、呪術がかなりの役割を演じ、シャーマニズムが発達していた。* シャーマンの啓示と秘儀伝授は、一般にかなり早い年齢に行なわれたが、獲得された力は時間の経過によっても衰えない。老人たちのなかで、ただ老齢のシャーマンだけが尊敬されていた。家族は家父長制であった。父親は家畜を所有していた。彼は子供たちの上に絶対の権威を行使し、彼らを売ったり殺したりすることができた。娘たちはしばしば厄介ばらいされた。もし息子が父親を侮辱したり服従しないときは、父親は息子の相続権を奪った。頑健であるかぎり、父親は家族の者を縮みあがらせていた。彼が衰えるやいなや、息子たちは財産を奪いとり、多かれ少なかれ彼を死ぬままに放置した。幼少年期に虐待されていた彼らは、年老いた両親にはまったく憐れみをもたなかった。自分の母親を虐待することを責められたあるヤクート人は答えた、「彼女はうんと泣くがいい！　そしてひもじい思いをするがいいんだ！彼女は何度もわたしを泣かせたし、わたしの食物のことでこぼしていた。彼女はちょっとしたことでわたしを打《ぶ》ったのだ。」　ヤクート族とともに二〇年間も亡命生活を送ったトロスチャンスキーによれば、老人たちは自分の家から追い払われて、物乞いせざるをえなくなり、あるいは息子たちの奴隷にされて、なぐられたり、はげしく働くように強制された。別の観察者シェロシェフスキーは次のように報告している、「裕福な家庭においてさえも、皺だらけで、半裸か全裸の、生きた骸骨たちが隅に身をひそめているのをわたしは見たが、彼らは他国者《よそ》がいないときだけ、そこから姿をあらわしてかまどに近づき、子供たちと食物の残りを奪いあうのだった。」 これが遠い親類になるとなおさら状況は悪い。「彼らはわれわれを、まるで人間ではなくて獣同然に、寒さと飢えで徐々に死ぬままに片隅に放っておく。」 こうしたおそろしい運命から逃れるために、彼らはしばしば心臓を短刀で刺して殺してくれと息子に頼むのだった。食糧の窮乏、低い文化水準、そして家父長的きびしさから生じる両親への憎悪、こうしたことのすべてが老人たちに悪く作用した。

　日本文明に影響される以前の日本のアイヌ族においても、類似の状況がみられた。彼らの社会もまたきわめて原始的なものであり、気候はひじょうに寒冷で、彼らの食糧——生《なま》の魚肉を主食とする——は不充分だった。彼らは地面に眠り、器具はわずかしかもたず、熊を狩り、漁をした。老人たちの経験は彼らにあまり役だたなかった。彼らの宗教は粗野なアニミズムであり、神殿も祭式もなかった。ただ神々を祭るためにイナオと呼ばれ神聖なものとみなされる柳の枝を立てるだけで満足していた。* 彼らは若干の歌を知っていたが、祭典も儀式ももたなかった。彼らの主要なほとんど唯一の気晴らしは酒に酔うことだった。つまり老人たちは伝達すべき伝承をもたなかったのだ。さらに、母親は子供たちを疎略に扱い、彼らは思春期を過ぎると母親に対してもはやまったく愛着を示さなくなる。両親たちは年老いてしまうと、子供た

＊　呪術と宗教の境界はかなり不確定である。どちらも超自然的な諸力を支配しうると主張する。モースによれば、宗教は超自然的諸力を共同体の福祉のためにしか利用しないが、これに対して、呪術はしばしば社会的規模をもつが、超自然的諸力をそれを捉えることのできる個人の利益のために、そしてときには有害な方法で悪用することがある、とする。レヴィ＝ストロースによれば、宗教はもろもろの自然法則の人間化であり、呪術は人間行為の自然化であるとする、すなわち、両者は〔一つの全体を構成する〕二つの要素であり、つねに共存するが、ただ両者の割合が場合によって異なるのである。呪術はたとえどんなものでも、少しの宗教性は含んでいる。超自然なるものは、自分に超自然的力があると考え、自分の超人間的な諸力を自然に付与する人間集団にとってのみ存在するのである。

ちから疎略に扱われた。女性たちは生涯をつうじて賤民扱いされ、苛酷に働かされ、祈禱には参加できず、年齢を重ねるにつれて彼女たちの運命はさらに悪化していった。ランダー*は一八九三年にある小屋を訪れたときの模様を語っている、「近づいてゆくと、わたしは白い髪の堆積と、長い鉤爪を生やした細い人間の足そっくりな二本の手のようなものを発見した。数本の魚の骨が地面に散らばり、この一隅には汚物が積み重なっていた。恐ろしい悪臭がただよっていた。わたしはこの髪の堆積の下に呼吸音を聞いた。わたしはその髪の毛の塊りに触れ、かきわけると、うなり声がして、骨ばった二本の細腕がわたしのほうへ伸びて、わたしの腕をつかんだ。……老婆はもう骨と皮ばかりで、長い髪と長い爪のために見るもおそろしいものに変じていた。……彼女はほとんど目が見えず、耳が聞こえず、口もきけなかった。彼女はあきらかにリューマチにかかっており、そのため両腕と両足が硬ばり、癩の痕跡があった。彼女は見るもおそろしい、厭わしくまた辱しいものであった。同じ小屋のなかに暮らす息子や村の者たちからは、冷遇も厚遇もされていなかった。彼女はただ廃物であり、そして廃物としてとり扱われていたのだ。ときどき、魚が投げあたえられた。」

　窮乏が極端になると、それは決定的な要因となる、すなわち、あらゆる感情は窒息させられるのだ。ボリヴィアの森林に暮らすシリオノ族は、嬰児の多くがえび足の状態で産まれるが、決して殺すことはない。彼らは子供たちを愛し、子供たちから愛される。しかしこの半-流浪民は絶えず飢餓に苦しんでいる。彼らは野蛮の状態で暮らし、ほとんど裸のままで、装飾品も道具もない。彼らはハンモックのなかで眠り、弓はつくるが、丸木舟はもたず、歩いて移動する。彼らはもはや火をおこすことさえ知らず、自分たちといっしょに火をもちはこぶ。彼らは家畜ももっていない。雨季のあいだ、彼らは埃っぽい小屋にうずくまっている。そして若干の植物を栽培するが、主として野生の野菜と果物を食べる。乾季には、魚を釣ったり狩猟をする。彼らは神話も呪術ももっておらず、数えることも時間を測ることも知らない。彼らは社会的・政治的な組織ももたず、裁きを行なうものはいない。そして食糧のことでさかんにけんかをするが、各自は自分の生命のために戦うだけである。このような生活はきわめて苦労が多いので、三〇歳になると力は衰え、四〇歳で消耗してしまう。そのとき子供たちは両親を疎略に扱い、食糧を分配するときに彼らを忘れる。老人たちは歩行がおそく、遠出のさまたげとなる。ホルムベルクは次のように語っている、集団移動の前日、「わたしの注意は、ハンモックのなかに横たわり、話すこともできないほど病気な老婆に向けられた。わたしは村の首長に彼女をどうするのかとたずねた。彼は彼女の夫に訊けとわたしに言い、夫は彼女をそこで死ぬままにしておくと言った。……翌日、村全体は彼女にさよならも言わずに出発した。……三週間後……わたしはハンモックとその病人の遺骸を見いだした。」

シリオノ族ほど物資に欠乏してはいないが、上部ガボンに住む約一二万七〇〇〇人のファング族は、大部分が不安定な状況で暮らしている。白人によって多少ともキリスト教に帰依し文化に浴した彼らは、すでに失われもはや適当ではなくなった慣習と、まだできあがっていない近代的倫理とのあいだの、過渡的段階にある。

長いあいだ彼らは生存に必要な食糧を、軍事的・経済的征服によって獲得していた。古老たちは政治権力を保持していたが、遠征を指揮するのは若年者たちの会議だった。遠征が必然的にもたらす移動は階級的組織の設定を妨げ、したがって彼らは現在でもまだ首長が絶えず変わる社会を構成している。彼らはしばしば移動するいくつかの村落にふりわけられている。現在の彼らの主要な活動は狩りと漁である。またおもにココアを栽培して多少の繁栄を享受する定住の農民も存在する。これらいくつかの共同社会のなかで、もっとも富裕な者たちがもっとも尊敬されている。彼らの宗教——その大部分はキリスト教に破壊されたが——は、祖先への礼拝にもとづいており、それは籠のなかに保存された祖先たちの頭蓋骨の仲介をとおして行なわれた。したがって籠の所有は権力を授けるわけであり、その所有権は父子相伝、あるいは知的・精神的能力によって獲得された。その際、高齢は一つの切り札だったが、能力ほど重視されず、しかもあまり高齢すぎてはならないという条件がついていた。年家族の首長には現役の成人たちの年長者がなった。年老

* “Alone with the hairy Ainu”『毛ぶかいアイヌ族のなかにただ一人暮らして』。ランダーより好意的なバチェラーの著書も、アイヌ族についてほぼ同じ叙述をしている。

いた両親たちは彼とともに暮らし、彼らがいぜんとして「真の男性」や「真の女性」であるかぎり、ある程度の精神的権威を保っていた。とはいえ女性たちは大きな権威をもつことはけっしてなく、生殖または生産のたんなる道具にすぎず、年老いてからは、魔女とみなされる者は恐れられたが、それは彼女を傷つける両刃の剣となる危険があった。彼女たちの衰運は早い時期に、つまり子供が産めなくなるとすぐ、はじまる。一方、男性は、孫たちが生まれて同じ屋根の下で住むころ、つまり五〇歳ごろに絶頂期に達する。それから、彼らの力が衰えると、古老たちは威信をまったく失う。ファング族の考えでは、人生は幼年時代から壮年期にかけては上昇曲線を描き、つぎにこの曲線は最低の段階まで降り、それからまた死を越えてふたたび上昇するという。富や呪術の知識が老衰を補うことはある。しかし全体としては老人は公共生活から除外されており、社会の余白で生きているにすぎず、なんの尊敬も受けない。老いぼれると、彼らは軽蔑され、死んだ後もその頭蓋骨は祭式に用いられない。もし彼らに子供がないときには、彼らの境涯はさらにきびしくなる。キリスト教への改宗者のなかでさえ、彼らはひじょうに疎略にされて悲惨であり、とりわけ寡婦がそうだ。かつては集団移住の際に彼らは森に遺棄された。現在でも、一つの村が他の場所へ移動するとき、彼らは完全な窮乏のなかにとり残される。彼らは自分の運命を受けいれ、しかもそれを冗談の種にすると言われている。ある者は「人生に疲れた」と宣言し、生きながら焼かれる。ときには彼らを厄介払いするのは彼らの後継ぎたちである。

トンガ族は移動民ではない。このバンツー族の一種は、南アフリカの東海岸の不毛の土地に住んでいる。住民は分散している。土地は首長に属し、彼は共同体の成員にそれを分配する。各自は、自分自身で行なうか、あるいは彼の妻たちに行なわせる仕事——というのは多くの務めが儀式的に女性だけに課されるのである——の成果について絶対の主人である。彼らはとうもろこしや果実や野菜を栽培し、牛や山羊を飼育する。彼らは狩りをし漁をする。また木の彫刻や陶器も少し製作する。彼らの民間伝承は踊りと歌を含んでいる。彼らは豊作の時期とともに、洪水あるいは蝗の大群による飢餓をも経験する。食事は共同である。まず最初は夫、それから子供、そして妻、という順序で支給され、原則として病人や老人にも食事は分けられる。老人たちはほとんど考慮を払われない。経済的に無力となった彼らは情愛の念を起こさせることはほとんどないのだ。子供たちは三歳から一四歳まで祖父母らといっしょに暮らすが、行き当たりばったりに成長するよう放置される。彼らはいつも飢えていて、盗みをはたらき、少年たちの成年式はひじょうにきびしい試練である。それから、男女両性の若者たちは、彼らに予定された小屋のなかで共同生活をする。彼らは両親とはほとんど関係をもたず、彼らをなげやりに育てた世代に対して怨みをいだいている。成人になると、彼らは年取った人びとに対して粗暴な態度を示す。祖父母と共同で暮らすことを余儀なくされる子供たち自身も、老人たちを愛さない。そして老人たちをばかにして、彼らに割り当てられた食物を食べてしまう。トンガ族は文化的社会的伝統をほとんどもたず、古老たちの記憶はなんの役にも立たない。宗教は原始的なものである。家族のなかで先祖に生贄を捧げるのは年長の兄である。先祖たちはときおり夢のなかに姿をあらわし、人びとは「お告げの骨」という方法で彼らの意志を訊ねる。年老いた女性たちは、ある種の祭式でしばしば淫猥な身振りで歌ったり踊ったりする。彼女らはもはやある種のタブーには服さず、彼女らと思春期に達しない少女たちだけが犠牲用に殺された鹿の肉を食べることができる。両者とも女性という性の呪いからまぬがれているが、男性たちの共同社会にも属していない。このように独特な位置をもつために、老いた女性はある種の超自然的危険を恐れる必要がなく、村や戦士の武器を浄める役目を任される。しかし彼女がもはや畑を耕すことができなくなると——彼女は体力がつづくかぎり耕作に専念するのだが——、彼女は共同体の重荷となり、その老衰は軽蔑される。老齢の男性たちが祭式をとり行なうことはしばしばある。しかしそれだけでは彼らに威信をあたえるのに充分ではない。トンガ族でもっとも尊敬される者は、もっとも肥満し、もっとも強壮で、もっとも富裕な者である。富裕になるためにに、男は幾人もの女性と結婚するが、それは働くのはおもに女性だからである。したがって夫は食物を豊富にもち、子供たちに御馳走してやり、家族以外の者を接待し、人びとから尊敬され、崇められ、多大の影響力をもつ。しかし妻たちが死に、自分も皺がよってやせほそり、衰え、貧しくなると、彼はもはや一個の廃物にすぎず、人びとが苛々しながら我慢する重荷でしかないのだ。自分の子供からなんらかの献身が示される者は稀である。総体的に、彼らの境涯はきわめて不幸であり、彼らはそれを嘆く。村が移動するとき、老人たちは見捨てられる。戦争のあいだに彼らの多数が死ぬ。恐慌状態の際には、他の者は逃げるが、彼らは森に隠れ、結局は敵にみつけられて虐殺されるか、飢えて死ぬかのいずれかである。

しかしながら、大部分の社会は老人たちを獣同然にのたれ死にさせるわけではない。*彼らの死は祭式にとりまかれ、彼らの死を彼らに要求し、あるいはそれについて彼らの同意を求めるふりをする。これは、たとえば、ヤクート族と同じほど苛酷な状況で生きる、北シベリアのコーリヤク族のあいだで行なわれていた。**彼らの唯一の資源は、彼らがステップの彼方此方を連れ歩く馴鹿の群であった。冬の寒さはきびしく、長い行進によって老人たちは消耗する。体力が尽きても生き残ることを希望する者は稀だった。不治の病人が殺されるように、彼らも殺された。このことは彼らにはきわめて自然に思われるので、コーリヤク族は自分たちの手腕を自慢げに語った。彼らは槍やナイフで一突きに殺せる身体の場所を示すのだった。複雑で長い祭式の後、全共同体の目の前で殺害は行なわれた。

白人の交易商人と関係をもっていたシベリアの部族チュクチ族のうち、漁で生活している者たちは食物の獲得がきわめて困難だった。奇形あるいは育てるのがむずかしいと思われる子供たちは、産まれたときに殺された。老人のなかには白人との交易をして小さな蓄えをつくることに成功し、尊敬されている者もあった。しかし他の老人たちは共同体の重荷であり、人びとから苦労の多い生活をさせられていたので、死を選ぶように言われると彼らはやすやすと説得された。彼らを讃えて盛大な祭りが催され、彼らはそれに参加した。彼らは海豹《あざらし》を食べ、ウイスキーを飲み、歌い、太鼓をたたいた。息子または若い弟が死を宣告された者の背後にこっそり回り、海豹の背骨で縊り殺した。

ホピ族、クリークおよびクロー・インディアン、南アフリカのブッシュマン族においては、村はずれにその目的のために建てられた小屋に老人を連れてゆき、そこにわずかの水と食物を置き、彼を遺棄するのが慣習《しきたり》であった。資源がきわめて心もとないエスキモー人においては、老人たちは雪の上に寝てそこで死を待つように勧められる。あるいは遠出の漁にさいして彼らは大浮氷群のうえに置き忘れられるか、雪小屋のなかに閉じこめられ、そこで凍え死ぬのだ。グリーンランドの、アンマサリクのエスキモー人たちは、自分が共同体にとって重荷であると感じると、自殺する慣習があった。ある夜、彼らは公衆の前で一種の懺悔を行ない、二、三日後に海豹の皮《カ》製《ヤ》の舟《ク》に乗って、帰らぬ旅へと出発するのだった。＊＊＊ポール＝エミール・ヴィクトールの物語るところによれば、カヤクに乗ることができないある病人は、海に投げこんでくれと頼んだ、溺死こそ他界に移る最短の道であるから。彼の子供たちはそれを実行したが、衣服のために彼は浮かんだ。すると彼をひじょうに愛していた娘のひとりが、いとも優しい声で言った。「とうさん、頭を水に突っこみなさい、そうすると道がもっと近くなるよ。」

　多くの社会は、老人たちがまだ頭脳がはっきりしていて身体が頑健であるかぎりは彼らを尊敬するが、老いぼれて耄碌すると厄介払いをする。アフリカで半＝遊牧生活を送るホッテントット族もその一例である。各家族はそれぞれ小屋と家畜を所有し、成員間の絆は緊密である。「お祖父さん」、「お祖母さん」という言葉は、親族関係以外でも使われる愛情の用語であり、北欧伝説《サガ》や民話も老人たちへの畏敬の念を表明している。彼らは早くから衰え、五〇歳で老人となる。彼らはもはや働けなくなり、養ってもらう。彼らの経験と知識は共同体に利益をもたらすのだ。彼らの意見は部族会議に諮られ、参考にされる。その高齢は超自然の諸力に対して彼らを保護しているとみなされるので、彼らは社会生活において独特できわめて重要な役割を果たすことができる。とくに彼らは通過〔移行〕の儀式を司る。移り変わりの状況——最近に夫をなくしたとか、病気から回復したとかいう状況

＊　一九四五年に公刊された、その総合的著作 “The role of the aged in primitive society”『未開社会における老人の役割』のなかで、シモンズが指摘するところによれば、この観点から研究を行なった三九の種族のうち、老人が等閑《なおざり》にされ遺棄されるのがふつうである種族は一八にのぼり、それらはたんに移動集団だけでなく、定住社会をもふくんでいる。

＊＊　シベリア地方に住む未開種族の現在の状況については、資料がほとんどない。

＊＊＊　R. Gessain による。

――にある個人は、そのときもはやいかなる集団にも属さない。彼は危険な立場にあるし、有害でもある。彼はイナウなのである。その場合、ただ人生のあらゆる年齢を経て、善悪の彼岸にある者たちだけが、罰を受けることなく彼に近づき、彼を共同体に復帰させることができるのだ。しかしそれにはさらに彼らもイナウと同一のカテゴリー内の者であることが必要で、妻をなくした者は同様に妻をなくした者の、また重い病気にかかって癒った者は回復期の病人の、世話をするのである。少年の成年式に関しては、すべての老人に資格があたえられている。それゆえ、共同体の緊密性が保たれるのは、老人たちのおかげなのだ。それにもかかわらず、能力が失われて役に立たなくなると彼らはなおざりにされる。それだけでなく――少なくとも一九世紀初頭までは*――息子が彼らを厄介払いする権利を要求し、それは必ず許された。そのとき老人に別れを告げる村に対して息子は祭りをとり行ない、老人は牝牛の背に乗せられ、遠く離れた小屋まで人びとは付き添って行く。その場所に、彼はわずかの食物とともに遺棄される。彼は飢え死にするか、野獣に殺された。これは主として貧しい階層における慣習だったが、ときおり富裕階級においても行なわれたのは、老人たち――とくに老婆――には魔力があるとみなされ、恐れられたからである。

　ウィニペグ湖〔カナダ〕の近くに住む北部オジブワ族は、現在では白人の文明の影響を多く受けている。しかし今世紀の初頭には、彼らはまだ往昔の慣習を保っていて、まだ壮健な老人と「老いさらぼえた者」とのあいだには驚くべき社会的地位の相違があった。彼らは冬には寒い地方に住んでいるが、気候は健康によく、土地は豊饒で米や野菜や果物を産出する。諸家族は夏、五〇〇人から二〇〇〇人までの人間をいれるキャンプの形で集まるが、冬には散りぢりになり、小さなグループごとに、毛皮獣の狩猟に従事し、その皮を売る。子供たちに対する待遇はきわめてよく、彼らは三歳か四歳になってやっと乳離れし、母親たちは彼らをどこへでもいっしょに連れて行く。子供たちには多くの愛情が示され、けっして罰を受けない。彼らはきわめて自由に生活している。総体に、この社会では誰一人いじめる者もいじめられる者もいない。病人は忍耐強く世話される。隣人の気持を損ねまいというこの気づかいは、部分的には彼が不気味に思われることに由来する。すなわち、人びとは妖術にかけられるのを恐れるのである。宗教は、とくに呪いに対して人びとを護り、個人の利益に奉仕することを目的としている。

祖父母たちはふつう両親とともに暮らし、いろいろと勧告をする。新生児に名前をつけるのは彼らの一人である。彼らは孫と「冗談を言い合う関係」にある。祖父は孫息子を、祖母は孫娘を対等に扱う。彼らは互いにからかい、また互いに用事をしてやる。こういったことは、小児が老人を敬う妨げにはならず、彼らはすべての老人を敬うように教えられる。老人たちは壮年者とともに部族会議に参加し、敬意を示される。この尊敬はかなり外面的なもので、言葉のうえだけである。しかし、いくつかの部族においては、薬草を研究する「大医師会」が存在し、彼らの考えるところでは、薬草のある種のものは健康と長命を保証するという。若い連中はそこに導かれて古老たちから奥儀を伝授される。老人は大きな呪力を所有して危険であると考えられている。ときには彼らは司祭として祭式を司どる。また彼らのなかから「触れまわり役」が選ばれ、夜のあいだに翌日の仕事の予定を告げ、いろいろと注意をあたえる。健康がともなっているかぎり、長命は尊敬される。長命は美徳と薬草類によって獲得されると考えられている。

ひじょうな高齢に達して無能力となる場合、彼らに対する処遇は家族によって大いに異なる。しかし老人たちがなおざりにされ、そのうえ彼らに割り当てられた食物を若者たちが盗むということさえよくある。彼らは呪力を失ったとみなされ、もはや恐れられない。村から離れたところ、あるいは無人島のうえの、一軒の小屋に見捨てられることもあった。もし彼らの親類の一人が救おうと望んだとしても、彼は嘲笑され、妨害された。彼らは一般にむしろ公の場所で殺されることを好んだ。人びとは祭りを催し、長柄のパイプを吸って睦みあい、葬送の歌を歌い、踊り、さらに歌い、それから息子は鉞の一撃で父親を殺した。

民族学者は、老人たちが自分に課せられる死をたやすく受けいれると好んで主張する。つまり、それは慣習で

＊　この風習についての記述はいずれも一九〇〇年以前のものである。

あり、子供たちはそれ以外の振舞いはできないし、おそらく老人たち自身もかつては自分の両親を殺したであろうし、彼らは自分たちのために繰りひろげられる祭典を名誉と感じさえする、というのだ。しかしこのような楽天的な考えは、どの程度まで真実であろうか？　それを知ることはむずかしい。この問題についての参考資料はきわめて少ない。私はそうしたものを二つみつけた。第一は、ひじょうに美しい日本の小説『楢山節考』であり、そのなかで深沢七郎は実際の事実に着想を得て一人の老婆の死を描いている。日本のいくつかの僻地では、かなり最近まで、村が極貧だったので、生きのびるために人びとはやむをえず老人たちを犠牲にしたといわれる。彼らは「死出の山」と名づけられた山のうえまで運ばれ、そこに遺棄された。

物語の発端で、模範的な自己犠牲と信仰の持主であり、息子の辰平に愛されている、七〇歳ちかい老婆おりんは、道で楢山節*が歌われるのを聞く。その歌のなかでは、三年経つと人は三年老いると語られている。これは老人たちに、「巡礼」の時が近づいたことを悟らせるためなのだ。死者の祭りの前日、「山へ行く」ことが決まっている者たちは、自分たちの両親をも同様に山へ連れて行った村の人たちを招く、それは一年のなかでただ一度の大祭であり、人びとはもっとも貴重な食物である白米を食べ、酒を飲む。おりんはこの年に祭りをする決心をする。彼女の準備はすべて終わり、そのうえ息子は再婚し、家の世話をするための女性は確保された。彼女はまだ元気で、働き、歯は全部残っていた。これさえも彼女にとっては気がかりの種である、というのは食物に不足する村では、彼女の年齢でまだなんでも嚙めるというのは恥ずかしいことなのだ。彼女の孫の一人は歌をつくり、そのなかで彼女のことを三三本の歯をもった老婆と呼んでばかにし、子供たちはみなでそれを歌う。彼女はその二本の歯を石で砕くことに成功するが、ひやかしは止まない。年上の孫は結婚して、いまでは家のなかに二人の若い女性がいるようになり、彼女は自分が無益であると感じ、ますます巡礼を想う。彼女が決心を告げると、息子と嫁は泣く。祭りが行なわれる。彼女は山で雪が降るようにと望む、というのはそれはあの世で快く迎えられることを意味するからだ。夜が明けると、彼女は一枚の板の上に横になり、辰平が背中にかつぐ。習慣どおりに彼らは村をこっそり離れ、もはや一言も話さない。彼らは山をよじのぼる。頂上に近づくと、岩々の根元に死体や骸骨が見える。烏がうろついている。頂上は骨でおおわれている。息子は地面の上に老婆をおく。彼女は持参したむしろを岩の根元にひろげ、握り飯を一個置いて、そこに坐る。彼女は一言も発しないが、息子を追いかえすためにはげしい身振りをする。彼は泣きながら遠ざかってゆく。彼が降りてゆくあいだに、雪が降りはじめる。彼は母親にそれを知らせるために、とって返す。頂上にも雪が降っており、彼女は白い雪片ですっかりおおわれ、お経を唱えている。彼は彼女に向かって叫ぶ、「おっかあ、雪が降って運がいいなあ。」彼女はふたたび立ち去るように合図をし、彼は行ってしまう。彼は母親を心から愛しているが、その孝心は社会があたえる枠のなかで展開するのだ。必要がこの慣習を課したのである以上、おりんを山の頂きに運ぶことによってのみ、彼は献身的な息子であることを示しうるのだ。

伝統に合致し、神々から愛《め》でられるこの死とは対照的に、小説は、老またやんの死を物語っている。彼は七〇歳を過ぎたが山に向かって出発する用意をしない。彼の息子はしかし彼を厄介払いしたがっている。息子は楢山の祭りの日に一本の縄で彼をしばる。父は縄を歯で食いちぎり、この行為によって息子や共同体や神々との「関係」を断って、逃げる。しかし息子は彼を捕える。翌日、辰平が山を下りて来ると、崖の端に頭から足の先までしばられた老人をみつける。息子は彼をまるで古い菰包みであるかのように深淵に投げこみ、烏どもが谷に襲いかかってゆく。これは不名誉な死である。息子は犯罪人のように振舞ったが、父親は神々が望んだ慣習から逃れようと欲したことによって、このような運命に値したのだ。

この場合、犠牲となる老人たちがまたやんのような仕方、つまり恐怖と反抗による反応を示すことが多いか、あるいはそうではないのか、人は知りたいと思う。深沢がこの小説のなかでこの老人にきわめて重要な位置をあたえているのは、その態度が例外的ではなくて代表的であると思われたからであろう。むしろおりんの教化的な服従のほうが例外であったのかもしれない。

老人たちが自分の不幸な運命をしばしば呪ったことを

＊　これは老人たちを遺棄する山の名であり、楢の木の生《は》えた山の意。

証明する驚くべき参考資料がある、それは、はるか昔に〔コーカサス地方の〕オセート人によってつくられ、口承でチェルケス人に伝えられたナルト族の叙事詩である。いくつかの詩句*は、自分を脅かす死刑執行を前にした老人たちの苦悩を語っている。ナルト族はオセート人の神話的祖先であり、オセート人は彼らの風俗習慣をナルト族に投影した。ナルト族の叙事詩によると、彼らはある山の頂上から麓まで段階上に並んだ三つの部族にふり分けられていた。上段を占めていたのは戦士たちであり、下段には「金持」が、中腹には聡明という特性をもち、最高の権威を保つアレガテたちがいた。すべてのナルト族は公共的関心事についての討議と、宗教的性格をもつ祝宴のためにはアレガテのところへ集まった。祝宴の途中で、「老人殺害協議会」によって定められた三部族の老人たちが死刑に処せられた。彼らは毒を飲まされるか撲殺された。大プリニウスとポンポニウス・メラは、北部オセート人と同種のスキタイ人においても、老人の殺害が行なわれたことを語っている。もし人生《サテイエタス》に対する《ヴイタエ》飽満によっても一定の岩の上から海へ飛びこむ気になれない老人は、力ずくで突き落とされたという。ナルト族の叙事詩も自分の意志による死について、類似のケースを描いている、「ウリズマエグは年老いていた。彼は若いナルト人たちの笑いものとなり、彼らは彼に痰を吐きかけ、彼の服で矢の汚れをふきとるのだった。……彼は死のうと決心した。彼は馬を殺し、その皮で袋をつくらせてそのなかにはいり、海に投げこませた。」しかしふつうは殺される老人は同意していたわけではなく、宗教と法律にもとづく共同体の掟に服しただけだ。老人たちは尊敬されて重要な役を果たしていたが、ひじょうな高齢に達すると、叙事詩の語るところによれば、ナルト族は「老人たちを幼い子供のように揺りかごのなかに結びつけ、眠らせるために子守歌を歌って聞かせた。」

嫁が舅に〔歌う〕

お眠り、お眠り、わたしの王子、お父さま
お眠り、お眠り、わたしの小さいお父さま
……もしもあなたが眠らないと、わたしの小さい
お父さま、
アレグたちのところへ連れてってもらいますよ。

嫁が姑に〔歌う〕

お眠り、お眠り、わたしの王女さま、

お眠り、お眠り、わたしの王女、お母さま。

もしもあなたが眠らないと、わたしの年取ったお母さま、

アレグたちのところへ連れてってもらいますよ。

老婆——

わたしをアレグたちのところへ連れてかないでおくれ、ああ、わたしの黄金の王女さま！

あそこでは老人たちを殺すのだ……

他の場面では、ひとりの老人が妻と対話している、

妻——

悪い嫁が苦しめる！

彼らがあんたをアレグたちのところへ連れていかなきゃいいが！

アレグたちのところへ連れてかれた者は

山の頂上から谷のなかへ投げこまれる。

夫——

一度ぐらい口をふさぎなさいよ、おまえ！

彼らがわしを連れてくことを考えていなくても

お前が言うのを聞いて思いつくかもしれないよ。

なんどもくりかえして言うと本当に起こるということだ。

ああ！　一度おまえから逃げ出すことができたらな！

（ちょうど彼を運びに来た男たちに）

野獣の口にわしを食べさせろ！

他の一場面は二人の老夫婦の最後の言い争いを物語っている、

老人を殺す者の集会で首長がたずねた、『おまえたち二人のなかで年を取ってるほうはだれだ？』『婆さんのほうがもちろん年を取っているさ』と夫は小声

＊　これらはデュメジルが『神話と叙事詩』のなかで報告している。

で言う。すると小さな老婆はもうがまんができず、揺りかごのひもを切りそうなほど足をばたばたさせて、火のついたようにしゃべりだす。『ああ！　神さまがわたしに罰をおあたえなさったんだ！　あんたみたいなことを言うなんて人間にできるだろうか？　殺される時期が来たとき、わたしのほうが年を取ってると言うなんて。……もしみなさんがわたしの言うことを疑うなら、わたしたちの歯をよく見てください。わたしの歯はまだ抜けてないが、彼のは二度も三度も抜けたんだ……』

集会は彼らの歯をよく見て、夫のほうが年を取っていると決定した。彼はぶつぶつ言いながら運ばれ、ビールを飲まされ、谷に投げこまれた。

老人を敬う今日のオセート人たちは、叙事詩のなかのいくつかのエピソードを変更した。老人の殺害を邪悪なたくらみとして表現し、祖先からの習慣の実施とはされていない。祝宴もたけなわのころ、若い英雄があらわれて老人を助けるのである。

ごく貧しい未開種族で老人たちを抹殺しないものもある。そうした老人たちを前述の諸例と比較して、この差異はどこに由来するかを理解することは興味ぶかい。沿海地方の者とは反対に、内陸のチュクチ族は老人たちを敬っている。コーリヤク族と同様、彼らは北部のステップ地帯で馴鹿の群をあちこちと連れ歩く。彼らは生活がきわめて苛酷なので早くから老いぼれてしまうが、老齢による衰弱のために社会的失墜を招くことはない。家族の絆はひじょうに緊密である。家族を支配し、家畜を所有するのは父親である。彼は死ぬまでそれらの所有権を保持する。なぜ、そのような経済的権力が彼に授けられているのだろうか？　それはもちろん共同体の総体がどういう考え方であるにせよその点に自分の利益を見いだしているからである、より若い成人たちが自分たちもいつか同様にすべてを奪われると考えて嫌悪の情を起こすからであるにせよ、あるいは彼らが望ましいと考えている社会的安定がこの慣習によって保証されると考えるにせよ……。とくに——そしておそらくこの場合はこれであるかもしれない——老人はしばしば結婚における財産の分配において重要な役割を果たしており、家畜群——

あるいは土地――を所有することは、それらを多くの婿と息子たちに慣習どおりに分配する義務があることを意味するのだ。所有者であるよりはむしろ、彼は彼の富の正当な相続人たちに対する調停者なのである。したがって彼らのなかの誰にとっても、ヤクート族のような粗野な種族におけるように、彼から財産を奪いとるということは問題にならないのだ。いずれにせよ、老人はその所有者でありつづける富によって、大きな威信が授けられている。ほとんど耄碌していても、なおキャンプを指揮することがあり、移住と夏のキャンプ設営を決めるのである。キャンプを変えるとき、老人たちは他の者といっしょに橇のなかにすわる。もし雪がなければ、若者たちが肩にかついで運ぶ。ボゴラスの語るところによると、彼らの一人は春ごとにウォルヴェレネ河へ行き、北氷洋の村の商人から道具類を買った。彼はでたらめに買い、狩猟用のナイフのかわりに食卓用のナイフをもって帰った。若者たちはおうように笑った、「あの気ちがい老いぼれめ！　しかし仕方がないさ。年寄だもんな。」ボゴラスはまた、びっこで松葉杖をつきながらも、いぜんとして家畜と一家の主人である六〇歳の男の例をあげている。彼は毎年市《いち》にゆき、酒を買うために所持金をほとんど使ってしまった。それでも彼は敬われていた。

フエゴ島の海岸に住む約三〇〇〇人のヤーガン族*は、現在知られているもっとも原始的な種族の一つに数えられ、斧も釣針も炊事道具も陶器ももたない。彼らは食物の貯蔵をしないので、**その日暮しを余儀なくされている。彼らは遊戯も祭式も真の宗教ももたず、ただある至高の存在とシャーマンの力を漠然と信じている。それでも犬やカヌーは所有しており、狩猟と漁撈をしながら水上を移動して暮らす。彼らは頑健であるが、生活状態はきわめて不安定で、ほとんどつねに飢え、すべての時間を食糧を捜すことで過ごす。彼らは世帯ごとの家族に分かれているが、活動しない時期にはキャンプで集団生活を営む、しかしこれを統轄する上位の権威は存在しない。裁

＊　私は彼らについて現在形で叙述するが、彼らは今日では消滅した。彼らについての観察は一九世紀末のものである。

＊＊　食物を貯蔵することはすでにかなり高い文化を意味する。そうする共同体はたんに存続すること以外の目的を意図することができるのである。後述するように、インカ族はいくつも巨大な穀物倉をもっていた。

きをする者もいない。彼らは子供が多いが、それが彼らの生きがいであり、子供たちを熱愛し、祖父母たちもまた孫をかわいがる。嬰児殺しが行なわれるのは、母親が夫に捨てられたときか、あるいは新生児が奇形で異常の場合だけであり、そのケースはきわめて稀である。少年と少女はひじょうに優遇され、彼らは両親を心の底から愛し、キャンプにおいては両親と同じ小屋に住むことを熱望する。この愛情は、両親が高齢となってもつづき、老人たちはすべて尊敬されている。食物は共同社会の全体に分けられ、老人たちは最初に支給され、小屋のなかで最上の場所があたえられる。彼らはけっして孤独に放置されず、子供たちのうちかならず一人は彼らの世話をする。彼らはけっしてばかにされない。意見は傾聴され、もし賢明で善良であれば、彼らは大きな精神的威信を保持する。老寡婦で家長となる者もあり、人びとは彼女に厳格に服従する。老人たちの経験が共同社会に役立つのだ、たとえばどのようにして食物を手に入れ家事のやりくりをするかを、彼らは知っている。文字に書かれない法律を伝え、人びとにこれを守らせるのは彼らにほかならない。彼らは立派な手本を示し、教育をし、必要に応じては悪事をする者を罰する。

この彼らの社会的身分は調和的な全体のなかに組み入れられている。ヤーガン族はその苛酷な環境にみごとに適応している。彼らは同胞とのつきあいを好み、互いに訪問しあい、助けあい、進んで他所者《よそもの》を歓迎する。彼らの場合、生活のための戦いは苦しいが、利己主義的な貪欲さは見られない。瀕死の病人の苦痛を短縮するために、安楽死を実行することは彼らにもある。だがその病人の状態が絶望的で、みなが同意することが必要である。

ヤーガン族の風俗習慣を叙述した観察者たちは、その牧歌《なごやか》的な性格が何に由来するかは説明していない。しかし彼らと同様のケースはほかにもあるのだ。アリューシャン族においても同様に、その不安定な状況にもかかわらず、老人たちの境涯は幸福である。その理由はおそらく、彼らの経験に対して共同体が認める価値と、とりわけ子供たちと両親とを結びつける相互の愛情であろう。アリューシャン族とは、アリューシャン群島に住む、骨組のがっしりして頑健なモンゴル人である。彼らはカヌーで移動し、漁をして暮らす。彼らは鯨と発酵した魚の頭を食べる。彼らは食糧の貯蔵をせず、わずかの食糧しかないのに、これを浪費する。彼らは耐久力があり、何日ものあいだ食糧なしで過ごすことができる。彼らは食糧を全共同体で分けあい、小屋のなかで生活する。働きぶりは緩慢であるが、器用で疲れを知らない。すぐれた記憶力をもち、ロシアの家内工業を模倣したり、チェス遊戯をすることができる。観察者は彼らを怠け者と判断したが、それは彼らが商業的社会と同じ価値規準をもっていないからである。彼らは富を蓄積したいとは考えないのだ。富裕者は尊敬されるが、それは富裕者になることを可能にしたその技術的熟練のためであって、彼らの所有物のためではない。しかし女性を飾る宝石はきわめて高価なものであり、天然水晶あるいは他の宝石を捜しに行くために彼らはときおり大がかりな探検をする。彼らは踊りや見世物や祝宴といった祭典を催す。宗教はほとんどないが、シャーマンの力を信じている。彼らにおいては嬰児殺しはきわめて稀である。子供たちに深い愛情をいだき、子供のためにはなんでもし、自分のもっている最上のものをみなあたえてしまう。息子または甥を失って絶望のあまりに自殺する男もある。一方、子供たちは両親を敬い、その晩年の苦労を和らげようと努める。両親を見捨てることは恥辱であり、彼らを助け、すべてを彼らと分け合い、必要とあれば自分を犠牲にする。とくに母親に対しては、彼女が病弱で老衰していても献身的である。このように両親を優しくとり扱い、彼らの助言を聞きいれるなら、それは報いられるであろう、すなわち、魚は豊富にとれ、長寿が保証されるであろう。〔両親が〕長寿を保つこと、それは子孫たちに立派な模範をあたえることなのである。高齢な老人たちは若者に知識を授け、それぞれの村には若者を教育する一人あるいは二人の老人がいて、たとえくどくどと同じことを話しても、尊敬をもって傾聴されていた。彼らは暦の番をする役目を負うている(つまり月の日を示すマッチ棒の置き場所を変えるのだ)。老婆たちは病人の看護をし、人びとから信頼されている。全体として、経済と肉親の愛情とのあいだには幸福な平衡が保たれていた。自然は充分な資源を供給しているので、両親は子供たちを充分に養うことができ、また彼らの世話をする暇がある。一方、子供たちも年老いた両親に不自由はさせない。

われわれがこれまで検討してきた社会は、初歩的な技術しかもたず、宗教は、そして呪術さえも、とるにたらない役割しか果たしていない。しかし経済生活がより豊富な知識を要求するとき、また自然に対する戦いがそれほど苦しくなく、自然とのあいだに一定の距離をとることが可能になるとき、呪術と宗教は発展する。そのとき老人の役割はいっそう複雑になり、ときには強大な力を所有するようにもなる。そのもっとも典型的な例がアランダ族の場合であり、宣教師の到着する以前の彼らは正真正銘の老人政治を行なっていた。アランダ族は、オーストラリアの森林のなかでほとんど裸で暮らしている狩猟・採集民である。彼らは、ときには困難な時期もあるが、一般に食物は充分摂っている。各家族は、一人の男性と、一人あるいは数人の妻と、子供たちと数頭の犬からなり、数家族が一つに集まってトーテム集団をなす。母親が他の子供を養うために新生児を育てることができないときは、嬰児殺しが行なわれる。双生児は殺される。* また年上で身体の弱い子供に食べさせるために、年下の子供が殺されることもある（そしてときには母親も饗宴に加わる）。だが残しておく子供たちはきわめてよい取扱いを受ける。母親たちは心がひろい。彼女たちは乳呑児に胸乳をふくませることをけっして拒まないし、乳離れはひじょうに遅くなってからである。子供たちはきわめて自由に放任されており、性的タブーに服するように強制されるのはかなり大きくなってからである。とはいえ、成年式はきわめて苦痛にみちている。共同体のなかでもっとも尊敬される成員は、「半白の髪の男性」たちである。自覚のある活動的な生活を送るには老衰しすぎた「死にかけた者」たちは、食物を豊かにあたえられ、看護と世話は受けるが、** もう影響力はもっていない。一方、「髪が半白の者」たちは第一線の役割を果たす。彼らの実際的な経験は集団の繁栄に必要なのだ。事実、狩猟・採集民はおびただしい事物を知る必要がある。たとえば何が食料に適するか適さないか、あるいはどんな徴でやまいものありかを知るか、地下水をどうして発見するか、ある種の食物からどのようにして有毒な性質を除いて調理するか、などである。長い経験によってしか得られない、眼識とか手先の器用さがあるのだ。もしそのうえ老人たちが、――歌や神話や儀式や部族の慣習といった――聖なる伝承を知っているなら、そのとき彼らの権威は絶大なものとなる。未開人において知識は呪術と切り離しえない。それぞれの事物の特性を知ることは、合理的因果律と同時に呪術的な親和性にしたがって事物を利用することを可能にするのだ。一方、技術は呪術的儀式と不可分に結びついており、これがなければ技術は効力を生じない。「髪が半白の者」たちの知識は呪術の力を所有することと一体をなし、両方とも年齢を重ねるにつれて増大する。そしてほとんど不能者に近いイェンコンとなるとき、彼らは生涯の絶頂期に達する。彼らは広い範囲の集団に属する人間を病気にすることができ、人びとに恐れられている。彼らはもはや食物に関するタブーに服さない。***事実、彼らはいわば人間的境涯を超えたところにいるのであり、これを脅かす超自然的危険からまぬがれているのだ。ふつうの人間に対して——彼自身の、そして共同体の利益のために——禁じられていることがもはや彼らには禁じられていない。彼らはその例外的条件によって宗教的な役割を果たすのに適格となる。老齢であるために彼岸に近づく者は、この世とあの世との最上の仲介者なのだ。宗教的生活は老人によって規制され、それは社会の生活すべてをおおいつくしている。彼らは祭式で使用されるもろもろの聖なる物体を所有する。彼らだけがチュリンガに触れることができるが、これは神話上の祖先とトーテムとを同時に象徴する聖なる石である。これらの石は、古ければ古いほど価値があり、現在の共同体社会を過去の英雄たちにいっそう近づけるのだ。老人たちが祭式をとりおこなうあいだ、これらの石は展示されている。老人たちには最大の敬意が示され、そうした祭典の際にも、古老から話しかけられないかぎり、若年者は話すことができない。古老たちは子孫を教育しなければならず、歌や神話や典礼を伝えるが、いくつかの秘密は自分たちだけにとっておく。****通過儀式（成人となる儀式）が若者たちを老人に従属させ、彼らは老人を恐れる。食物についての大幅な制限が、老人の利益のために、若者たちに課せられている。いくつかの部族

* 双生児の両方、あるいはその一方を殺す風習はかなり広く行なわれている。異常さが人を恐れさせるのである。

** とはいえ狩猟と食物採集は不断の移動と大きな運動性を必要とするので、彼らは厄介な重荷となったときに遺棄される。

*** この特徴は多くの社会でみられる。

**** 古老たちは、白人といっしょに働く若者たちを罰するために、彼らに知識を授けることを拒む。そのため多くの伝承が失われた。

では、若者は老人を強壮にするために血をあたえ、採血は腕の静脈、手の甲、爪の下からなされる。血は老人の身体に注がれるか、あるいは老人が飲む。老人たちは、祭式に関する知識、儀式の際の活動や歌のために、食物の贈り物を受ける。彼らの富と威信は、共同体の首長として彼らが適格であることを示す。共同体を指導するのは原則としてもっとも老齢の者である。しかし、その能力が衰えれば、名儀上の権力を保持するだけで、より若い代行者が穏やかな方法でとってかわる。彼は同じ年齢の者たちに意見を求める。首長権が世襲的に譲られる部族——したがって首長が若いこともありうる——においてさえ、真の支配者は古老たちなのだ。彼らは争いを解決し、新しいキャンプを設営すべき場所を指示し、祝宴を組織する。彼らの許可がなければ何事も行なうことができない。かつて、この権威を利用して彼らは女性を独占した。すべての若い娘が彼らのためにとっておかれることを要求したのだ。その動機は性的なものというよりは経済的、社会的なものである。少女たちは思春期になるとすぐ結婚せねばならず、少年たちは成年式を待たなければならない。しかしとくに老人とその年老いた妻は、若い女性の手で食べさせてもらうことから利益を得るのだ。年老いた妻は「哀れな老人は彼のために蜜と水を捜しに行ってくれる若い妻が必要だ」と言っていた。それゆえ若者には結婚の相手がみつからなかった。

技術、呪術、宗教は、未開社会においては文化の本質的部分を構成している。これら三つの領域は深く結びついており、呪術は技術と宗教の両方にかかわりがある。技術と宗教はそれぞれ共同体にとって有益であるが、呪術は両義的《アンビヴァラント》である。アランダ族においては、「髪が半白の者」がこの三つの領域で支配している。彼は知識を保持し、種々の宗教的機能を果たす能力があるという点で、貴重な存在である。彼は彼の呪力によって、尊敬と同時に畏怖をひき起こす。

スーダンのアザンデ族においても類似した構造がみられるが、ここでは呪術が優先しており、老人がその支配をゆるぎないものとするのは、なによりも人びとの畏怖にもとづいている。アザンデ族は草原《サバンナ》で、狩猟と漁撈と採取と栽培——とうもろこし、マホート、さつまいも、バナナなど——によって暮らしている。狩猟の獲物は豊富である。彼らの家内工業はかなり発達している。彼らはンボリという唯一神を信仰する。しかし彼らのもっとも恒常的な関心は魔法である。彼らの考えによると、人間にはそれぞれマングと呼ばれる力が具わっており、これは肝臓とかかわりをもち、年齢とともに増大する実体である。老人たちはアランダ族の場合と同様、有益な知識をもつが、またもっとも強力な魔法使いでもある。彼らは呪文を使うのに他の者より非良心的で大胆であるが、そのわけは死が間近いために報復の危険をあまり顧慮しないからである。その結果、共同体の管理は彼らの手中におさめられる。遠方への狩猟に出かける場合、人びとは彼らに祝福するように頼むが、もし彼らが悪運を祈れば遠征は失敗するであろう。狩猟の収穫が多い場合、彼らに獲物を分配して彼らの歓心を買う。かつては息子は父親に緊密に従属していた。老人たちは女性を独占するためにこの状況を利用していたので、若者が結婚することはむずかしかった。この点については、白人との接触の結果、事情は少し変わった。

　おそらく白人の影響によるのであろうが、若い世代と旧世代とのあいだには信仰上の差異が生じている。旧世代はつねに死を呪詛の結果とみなしている。死者がひじょうに高齢のときは、彼は地上において割り当てられた時間を使い果たしたのであり、彼を殺すにはきわめて弱いマングで充分だった、と考える。ときには死は神のせいにされる。「ンボリが彼を運んで行った」と言われ、生命はンボリが少しずつ嚙る棒にたとえられる。棒が終りになると息を引きとるわけであるが、誰か魔法使いの介入がないわけではなく、彼に対して家族の者は報復を企らむ。しかし若い世代は死を老衰と結びつける。彼らは死者について「彼は自分の分け前を食べてしまった」と言う。彼らは魔法を信じているが、老人の死は自然なことに思えるのであり、それについて騒ぎたてることはないと考える。彼らは内輪では冷笑的にそう言うが、死者に対する公共の義務は果たす。

　呪術の役割は、南米グランチャコ地方のインディオたち——チョラティ族、マタコ族、トバ族——においては重要である。彼らは半＝遊牧民で、森の豊富な木の実と駝鳥の飼育で生活している。彼らはわずかなもので満足し、食物は不足しないだろうと明日を信頼しているので、食糧を貯蔵しない。首長は前の首長が死んだときに最年長の家長たちによって選ばれた老人であるが、彼の権力は実質的というよりは名目的である。老人が威力をふるうのは、主として老齢であることによって授けられる聖性のためである。暮しが容易なので、これらのインディオたちは充分な暇があり、宗教生活は大きな場所を占め、これを指導するのは老人たちである。彼らはもはや食物についてのタブーに服さない。彼らはその呪力によって恐れられている、なぜなら彼らは悪運を敵に投げつける能力があると信じられているからだ。死後、彼らは邪悪な霊となると考えられており、インディオたちが邪悪な霊を見たというとき、それはいつでも老人の姿をしているという。老人の害をなす性質は年齢とともに増大すると信じられており、彼が衰えて不能者となると、心臓に矢を射こんで殺し、死骸を焼却してしまう。これは――ゾンビの物語にみられるように――死体を完全に消滅させることによってそれが亡霊に変身することを妨げるためであるらしい。

知識と呪力との密接な関係は、北米のナヴァホ・インディアンの場合にもきわめて明白であり、そのため老人たちのある者はひじょうな権威をもっている。この部族は、絶えず接触のある白人の文明*から影響を受けた、きわめて発達した文化をもち、複雑な社会を形成している。彼らはアリゾナ北西部の広い乾燥した地域に住むが、灌漑と多量な降雨によって土地は肥えている。彼らは馬や家畜を飼育し、一定の季節に集合する二、三の連絡所をもっている。それは豊かな社会である。パンや肉や白人から買ったかんづめを食べる。また、銀やトルコ石で飾られた美しい衣服をもち、銀を加工し、編物をし、絵を描く。詩や歌や踊りといった想像力の芸術は、きわめて発達している。家族は母系であって、妻たちは重視されている。彼女らの家畜はしばしば夫たちのそれよりも大量である。祖父母と孫とはあたたかい関係にあるが、とくに母親の両親は子供たちの教育に参加する。九歳から一〇歳以上になると、子供たちはときおり祖父母といっしょに生活して世話をする。孫は祖父と「冗談関係」にある。彼らは競走を挑みあい、勝った者は馬の鞍を獲得する。しばしば少年のほうから祖父に対して、雪のなかにころがるとか、溝をとびこえるといった試練を提案する。彼はやさしく祖父をからかうのだ。** 祖父母たちの子供のとり扱いは立派である。とはいえ、子供たちは従わざるをえない義務のためにしばしば怨恨をいだく。

この文明化し繁栄した社会は、すべての病弱者、不具者、不適応者の世話をする。たとえ老衰して寝たきりの状態でも、この社会は親切に老人の世話をする。たまたま若干の老人が錯乱して住居を離れて放浪することがあれば、家へ連れ戻す。しかし、老人たちに対して示さなければならない敬意を、人びとは抑圧の解放によって補うのであろうか？ 若者や壮年者たちは、老衰して言葉の聞きとりにくい老人をばかにする、とはいえ復讐されることを恐れてこっそりとする。なぜならば、高齢によって老人たちは俗の領域から聖のそれへ移行し、またとくに男性において、大きな超自然的能力をもつと信じられているからだ。かつて二二二人の魔法使いに対して提起された訴訟において、三八人の女――いずれも年老いていた――と、一八四人の男――そのうち一二二人が老人であった――が数えられた。老人はすべて恐れられている。どんなにわずらわしくても、老人に対する歓待を拒む勇気のある者はいない。しかし老人の多くはまったく社会への影響力をもたず、社会の余白へと落ちこむ。無知な老人はほとんど尊敬を受けない。もっとも尊敬されるのは、あらゆる伝承――お伽噺、神話、儀式、祭礼、踊り、呪文など――の記憶を保持し伝えることができる歌い手たちである。彼らは絶大な力を所有する聖なる人間とみなされる。その記憶力によって彼らは共同体が時代を越えて存続することを保証するのだ。しかしまた、「歌」は魔術的呪文の価値ももっており、それは文字どおりに雨や上天気をつくり、病気を直し、未来を予見することを可能にする。これらの歌はそれを知っている者の個人的所有物であって、教えを受ける若者たちは、馬とか一定の金額などの贈り物をする。彼らはまた、個人やある集団あるいは共同体全体のために自分の知識を使うときにも贈り物を受ける。

歌い手がもっとも高い評価を受けるのは、老年においてである。つまり老齢の歌い手は年齢の数と知識という二重の力をもっているのである。彼らは共同体におけるもっとも富裕な成員であり、社会階層の最高の位置にいるのだ。

＊ 彼らは手造りの産物を白人に売り、白人からは工場製品などを買う。

＊＊ ローハイムの意見では、この風習はふつう息子たちが父親に示す攻撃性を〔孫からみて〕祖父に向けさせる方法であるという。

死後、老人は危険な亡霊となる。多かれ少なかれ恐ろしい亡霊の形態で死者が生きながらえるというのが、すべての未開人に共通な信仰なのだ。しかし、グランチャコのインディオたちにおいて、死者が高齢であればあるほど、その死後の邪悪さは恐るべきものとなるのに対し、ナヴァホ・インディアンにおいては正反対の信仰があり、あらゆる観察者がこのことを強調している。もし、ある個人が「自分の生命を使い果たし」たのち、つまり苦痛もなく、老衰の状態で——他人の手を借りなくては歩くことも何もすることもできない状態で——死ぬことがあれば、これは彼および彼の家族にとっては大きな幸運であって、これ以上望ましいことはない、なぜなら彼は亡霊とはならないだろうから。彼は生まれ変わり、ふたたび充分に年を取るまで生き、さらにまた生まれ変わる、これが果てしなくつづくと考えられるのだ。彼の臨終も埋葬も、故人の霊に対抗して家族と共同体を守るべく定められているもろもろの慣習的儀式によってとりまかれることはない。親族たちは自分自身で、まるで何かの家事でもあるかのように埋葬を引き受け、慣例の喪にも服さない。これは、ナヴァホ・インディアン——そしておそらくは他のすべての未開人たち——の考えによれば、亡霊の悪意は怨恨に起因するのだということを暗示している。たとえば当人が望んだであろうより早期に、未練を残して死ぬ場合に、故人は復讐するのだ。彼の攻撃はとくに家族の者に向かう。ナヴァホ・インディアンは、血縁の絆で結ばれた人びとの亡霊しか見ることはない。もしある人間が自分にあたえられた時を十全に終えたために、平静に世を去るのであれば、彼には復讐すべき何ものもあるまい。ナヴァホ・インディアンにおいては、ひじょうに幼い——一カ月に満たない——乳呑児の死もまた気がかりな結果をもたらさない。亡霊となるには彼は充分に存在しなかったのだ。

ジヴァロ族もまた繁栄する社会を構成し、アンデス山脈の麓の熱帯性の森に、植物栽培と狩りと漁で生活している。男は狩りをし女は大地を耕す。土地は肥え、狩猟の獲物は豊かなので、けっして食物には不足しない。彼らは機織りをし、優雅な陶器をつくる。政治的生活は営まず、家族はそれぞれに散在している。彼らは子供たちを熱愛し、奇形児だけを殺す。老人たちは尊敬されている。動植物についての知識や薬物学が発達したのは、老人たちの経験のおかげなのだ。彼らは神話や歌を伝える。このような知恵のほかに、彼らは超自然の能力を所有しており、それは年齢を重ねるにつれ、老衰の時期においてさえ増大しつづける。家族のなかでもっとも高齢の者が子供たちに自分の名前をあたえる。彼らは新生児を一家に組みいれるのだ。彼らは若者たちの夢を解釈してやり、成年式を執り行ない、麻薬とタバコの吸い方を教える。年取った男女は——司祭でなくても——宗教的儀式と祭典を主宰する。ジヴァロ族の愛好する暇つぶしは戦争であるが、遠征の隊長は一般にかなり年取った男である。年老いた戦士たちが、敵の部族から選んだ女の捕虜を家に連れて来ることがあり、いっしょに寝るが、しばしば女のほうがもっと若い男と共謀して老人たちを欺く。それが判明すると、彼らは女を打擲し、ときには死にいたらせる。ジヴァロ族においても、老人たちの死後の復讐が恐れられている。もし虐待されれば、彼らは何か危険な獣(ジャガーとかアナコンダなど)に化身して、罪ある者を罰するために戻ってくるという。

コンゴ周辺の森林や草原の平地に住むレレ族において、老人たちの特権は一九三〇年ごろまでは絶大であった。この部族は、農耕、狩猟、漁撈、機織りといった類似の条件で彼らのすぐ近くに暮らすブショング族よりもはるかに貧しかった。土地は彼らのほうがやせており、乾季も長いが、これらの相異だけでは生活水準の差を説明するのに充分ではない。それは本質的には社会的条件に原因があるのだ。今世紀初頭に彼らを身近に観察した民族学者たちの報告によれば、彼らの働く量はより少なく、技術も原始的である。彼らは個人的成功を求めないが、その理由は、嫉妬されるのを恐れるからでもあるが、なによりも威信をあたえるのは富の蓄積ではなくて年齢だからである。分業であるため各自は小数の仕事しか許されない。ただ彼らは一夫多妻制を実行し、女性たちを独占し、彼女らは夫のために働く。婿もまた彼らに奉仕する義務がある。若者たちは共有の一人の妻にしか権利をもたない。老人は自分の娘の一人を、織られた服と引替えに、村の若者階級に贈り物としてあたえ、したがって若い世代全体が彼の婿となる。異なる年齢層のあいだには友好的な協力はない。若者は老人と競争してはならず、老人は彼が従事する職業、たとえば太鼓を打ち、鉄を鍛え、木彫りをするといった職業を独占している。ある時期になると、彼は一人の若年者にそれを教え、以後はその者が独占権を得、彼は引退する。

政治的な高い責任が老人たちに属することはないが、しかし彼らは宗教的な力をもち、それが大きな特権を保証する。これを保持するため、彼らは自分が共同体に必要でありつづけるように、嫉妬ぶかく心を配る。彼らは儀式や祭礼や治療の秘密を明かさないし、自分の氏族のなかで構成員同士のあいだの負債、あるいは結婚の交渉などを知っているのは、彼らだけなのだ。こういった知識は物事を円滑に運ばせるのに欠くことができない。しかし彼らは若い連中を必要としている、なぜなら若い連中だけが狩りや漁に従事したり、ヨーロッパ人の荷物を背負うのに必要な体力をもっているからだ。若年者たちはもしいじめられていると感じると、出て行くと言っておどかす。老人たちのほうは、女をあたえるのを拒むとか、礼拝から除くとかして、規律に従わぬ若年者を罰する。このような争いにもかかわらず、一応の平衡が成立している。老人はやがては死ぬであろうし、寡婦たちを譲り受け、老齢の特権に近づくのは自分たちであることを、若年者は知っているのだ。レレ族の社会では、人びとが自分の老年を保証する一種の社会保障制度を設けるために、一般の生活水準を犠牲にしているかのように物事が運んでいたのだ。一九四九年ごろ、状況は大きく変わった。若者たちはキリスト教に帰依し、布教団と政府に保護された。彼らは若いキリスト教信者の女性と結婚し、ヨーロッパ人のところで働くようになった。年齢による階級はもはやほとんど存在しなくなった。

ティヴ族においては、老人たちの特権の源となっているのは彼らの文化的寄与である。彼らはバンツー族に属し、ナイジェリアに居住して土地を耕し、少しは飼育も行ない、狩猟や、有用な植物の採集、機織りをし、陶器をつくる。彼らは子供たちをきわめて自由に育て、子供たちは成長すると両親と共に働く。子供たちはまた祖父母とも親密に結ばれており、祖父母はしばしば彼らに宗教的・呪術的経験を伝える。壮年がもっとも完成された年齢とみなされる、というのは活気は彼らの特質であり、これに対し子供や老人の身体は冷たいからである。高齢の老人たちについて、彼らは「自分の身体を使いきった」と言われる。(しかし老化による不能や水気に乏しいことも、老いに関連しているとは考えられておらず、前者は呪術に、後者は病気のせいにされている。）公には、老人たちはみな尊敬されている、が実際にはさまざまな知識と能力を所有している場合にしか権威をもたない。そうでないと彼らはどのような職務もあたえられず、扶養され丁寧には扱われるが、無価値なものとみなされる。家庭は家父長制であり、その首長は上述のような必要な資格をもっていれば最年長の男性である。共同社会の首長もまた、同じ条件において最年長の者である、もし条件に欠ければ、称号はあっても真の権威は少しももたない。正しく裁き、巧みに語り、系譜と祭式の知識がある者たちこそ、賢者とみなされ、部族を指導するのだ。彼らは「物事をわきまえ」、魔力を制御する。彼らは大地の豊饒を注意ぶかく守る。あらゆる社会的活動――協定、戦争と平和、遺産継承、訴訟――は呪術に属しており、したがって彼らの掌中に握られている。*彼らは病人を治癒し、争いを裁き、社会組織を維持する。祖先に近いので、彼らは大きな宗教的役割を演じ、神託を告げる。ティヴ族は聖なる石を崇拝するが、これらの石に捧げられる食物を煮るのは老齢の女性であり、祭礼を司るのは老齢の男女である。老人たちは体力を失うと、社会生活から引退する。彼らはもはや名誉職的な役割しか果さず、あるいはまったく役割をもたなくなることもある。若干の老人は宗教的職能を保持する。老人が人生に疲れることもある。そうすると彼は親族を集め、自分の呪物《フェティシュ》を分配して、自殺する。

キクユ族においても、老人たちがその権威のよりどころとするのは、彼らの知恵が人びとに起こさせる尊敬の念である。この部族は、ケニヤ山の斜面に裸足で暮らすバンツー族に属している。彼らは一九四八年には一〇〇万人以上に達し、近代文明との接触もさかんであるが、かつてはヨーロッパ系農場主の奴隷だった。彼らは耕作と飼育で暮らしている。彼らの文明の鍵は、家族的集団にもとづく部族制度であり、大家族のなかで協同して働くのだ。彼らは、同じ年に割礼を受けた男性すべてを含む「年齢別階級」にきわめて大きな重要性を附与し、もっとも年代の古い階級が上位に立つ。祖父母と孫は緊密な関係にある。彼らは象徴的な意味で同じ年齢グループ

* 呪術はこの場合、モースがそれに認めた集団的性格をあらわしている。個人が自分の利益のために呪術を悪用するという疑いはかけられていない。

に属しているのだ。祖母は孫息子を「わたしの夫」と呼び、祖父は孫娘を「わたしの妻」と呼ぶ。子供たちは両親を尊敬しており、父あるいは母の呪いはもっともおそろしい不幸であって、どのような浄めの式によってもこれを消すことはできない。年を取ると両親は扶養され、行きとどいた世話を受ける。子供のない老人は、隣人の子供を自分自身の子供同様にみなし、これの援助を受ける。軍隊の組織は若い人びとの手に握られている。老人たちの世代は公共の問題を管理する。一つの世代は二〇年から三〇年のあいだ支配するが、そのあと次の世代のために辞任し、そのときイトヴィカと呼ばれる儀式が行なわれる。したがって一つの世代は、二つのイトヴィカのあいだのあらゆる年齢別階級を含んでいる。自分の子供がすべて割礼を受け、妻が子供を産む年齢を過ぎた男は、もはや公共の問題を管理することはない、しかし社会の階級制の最上位に達して、最高会議に所属する。これは高度の宗教的職能をもつ。これにはいるには、秘儀伝授式を受けなければならない。* 合格した者は、神々と祖先の霊に犠牲を捧げる権利をもち、祭式上の汚れを浄め、邪悪な者を呪うことができ、その呪いは恐ろしい。彼らは割礼とイトヴィカの日取りを決める。また、情念から解放されて公平に判断できると考えられているため、裁きを行なう。このほかに老齢の女性たちの評議会もあり、それは良俗を維持し、軽犯罪を犯した若者を罰する責任を負い、呪力を保持する。老齢の男女は成年式において欠くことのできない役割を果たす。老人たちは、平静な心をもち、世間を超越した「聖なる人びと」とみなされている。彼らの威勢は各自の能力に、また富によって相違がある。しかし一般に彼らは賢明であると考えられている。「年寄の牡山羊はなんでもないのに唾を吐かない」とか、「老人は嘘をつかない」と言われている。老年の女性は歯がなくなるとひじょうな尊敬を受け、人びとから「知恵にみちている」と考えられ、死ぬとその遺骸はハイエナの餌食として捨てられずに、盛大に埋葬される。

老人が特権的地位に昇るのは、しばしば記憶力のおかげである。中国やタイの高原地方の森林や藪地で暮らすミアオ族の場合がそうである。これらの人びとはかつては高い文化を発展させはじめていたが、おそらく戦争のために進化の途中で止まってしまった。家族は家父長制であり、息子は三〇歳になるまでは親の家を離れない。原則として、家長は成員のすべてに対して生死の権利をもっているが、実際には父と子の関係はひじょうに円滑であり、たがいに相談し合う。彼らは子供が多く、祖父母は孫の面倒をみる。女性も子供も老人もきわめてよい待遇を受ける。もし老人が、子や孫よりも生きながらえて孤独になると、彼はある大家族の家長の庇護下におかれる、たとえ重荷であっても、彼はつねに受けいれられる。死者たちの霊は家のなかに生きつづけて家を守り、新生児の肉体に生まれ変わると考えられている。古老たちは尊敬されており、それはとくに彼らが伝承を伝えるからであって、古い神話についての記憶は彼らに大きな威信をもたらす。彼らは共同体の導き手であり、顧問なのだ。政治上の決定はより若い人たちによって実行に移されるから、その同意が必要であるが、彼らは一般に古老たちの意志に従っている。

記憶力の役割は、はるかな過去に政治組織の起源をもつメンデ族においてはさらにいっそう顕著である。これは回教徒で、一九三一年**には約五七万二〇〇〇の人口を有し、シエラ・レオネに住んでいる。家族は家父長制であり、数世代が同じ屋根の下に居住する。家長はもっとも高齢の男性である。食卓では彼は最初に給仕され、彼はまず同じ世代の人びとにそれを分けあたえる。きわめて明確に区別された二つの階級が存在している。上位の階級は、最初に土地を占領した狩人や戦士たちの子孫によって構成され、家長とその家族を含み、最年長者は「偉い人たち」と呼ばれる。第二の階級は新入りの者と奴隷の子孫からなる。前者は土地を所有し、父親がそれを息子たちのなかの最年長者に譲る。後者はたんに寄住者にすぎない。土地所有者は家じゅうの者から奉仕される権利があり、人びとは農場の仕事をし、米を作り、棕櫚から油をしぼり、狩猟をし、漁撈をする。土地所有者は、彼らのために衣服を織る。各集団には老齢の首長が一人いるが、必ずしも最年長ではなく、もっとも権威をもっている者がそれになる。絶大な人格の所有者であっ

＊　この入社式《イニシエーション》は、あらゆる初期青年が社会で受ける種類の「通過の儀式」ではない。それは少数の選良《エリート》のためだけの訓練である。これを受け、最高会議のメンバーになるには、人生のある段階に達していなければならない。この入社式は年齢の変化そのものを認証するのではない。

＊＊　彼らは今日ではおそらく百万人に達していよう。

た夫が死んだ場合、その妻が首長となることもある。老衰すると、首長は摂政にとってかわられる。ただ記憶の力だけが、ある個人がどの階級に属するかを言うことができる。それで首長の座を望む者は、国の歴史と、建国者たちとその後裔の系譜と伝記を知らなければならず、この知識は必然的に古老たちから伝えられるわけである。伝承を保持しているのは古老たちであり、したがって政治機構も彼らにもとづいている。他方、メンデ族は身近な祖先、つまり先行する二世代の霊たちと緊密な関係を結んで暮らしている。霊たちは「お祖父《じい》さん」と呼ばれ、家族の生活に加わっていると考えられている。老人たちは、共同体の他の者より祖先に近いので、この両者の仲介の役割を果たす。祭祀を司るのは、家族のなかで最年長の者である。すべての宗教的問題に関して、彼は熱心に傾聴される助言者である。あらゆる領域にわたって彼の権威は大きい。

文明が進んで、呪術も信じなくなり、口頭の伝承もあまり重視しない民族においては、老人の演じる役割は減少する。ヒマラヤに暮らすレプチャ族の場合がそれである。彼らは字が読めて、ラマ教の戒律や儀式を遵法し、茶の栽培園で働き、とうもろこしや米や粟を栽培し、家畜を飼い、狩猟をする。食料と飲料に関しては、彼らの生活水準はきわめて高い。家族は家父長制であり、子供たちは幸福で、両親を愛している。家庭の内部で老齢は敬われている。尊敬の意味で人びとは一世代後退させられる、つまり義理の両親はお祖父さん、お祖母さんと呼ばれ、兄や姉はお父さん、お母さんと呼ばれる。敬意を表わすために人を、老いたる、と形容する。子供たちは年老いた両親をさまざまな心づかいでとりまく。多くの元気な子孫をもつ老人の境涯はひじょうに幸福である。彼の健康や繁栄が称讃され、彼は一種のお守り《タリスマン》とみなされる。彼の諸能力が自分に分与されることを希望して、人びとはいろいろな贈り物をとどける。しかし彼に子供もなく働く力もないと、老人は一個の売れ残り品にすぎない。彼はよくて丁寧にとり扱われるが、そのときでも災厄とみなされる。男女いずれに対してもこの態度は変わらない。レプチャ族とともにしばらく生活したゴーラーの語るところによると、きわめて信心ぶかいのに読むことができないために軽蔑されていた一人の老人がいた。

その老人には子供がなく、身体は傷だらけであった。みなは彼をばかにして、死んだほうがましだろうと言った、「ヨーロッパ人たちがいるあいだに、なぜお前は死なないのだ？ そうすれば彼らがお前の葬式に立ちあってくれるのに。」この社会では、老人の唯一の切り札は子供たちの愛情である。彼自身としてはなんの価値もないのだ。

われわれはすでに、老人たちが社会の階層の最上段から最下段まで位置する多くのケースに出会った。これは彼らの能力と財産しだいであった。財産による差別の顕著な例は、タイ族の場合である。彼らは、雲南とビルマの境界に暮らす仏教徒である。彼らは人間の一生を四つの時期にわけており、一つの時期から次の時期への移行は、パイという宗教的な勤行《ごんぎょう》で示される。第四の〈最高の〉段階に達するためには、子供たちの養育が終わってから、パイの大祭をとり行なわねばならない。これは歌と踊りと遊戯と行列と供犠をともない、少なくとも三日はつづく長い祭礼であり、莫大な費用がかかる。したがって富裕な者たちだけが、この出費に耐えることができるのだ。もし彼らにそれだけの財力があれば一回だけでなく何回も祭礼を行ない、そのため彼らの威信はさらに増大する。年齢の数は社会的優位をあたえるのに充分ではない。しかしパイの大祭を一二回も行なって破産した者は崇拝される。彼はパガという称号を受け、それは彼にどのような政治的・経済的権力も授けはしないが、自分の財産を祭儀によって使い果たしたことで、彼は社会の階級制度の頂点に座を占める。

老齢が社会的な失格でも威信の源泉でもない、繁栄し平衡のとれた社会がいくつも存在している。それぞれ異なった三つの例について、この事実を確認することにしよう。

二五〇〇〇の人口を数えるクナ族は、津波がときおり村々を襲うけれども、気候の温暖なパナマの大西洋沿岸地方と島々で暮らしている。彼らは人跡未踏の森林をカヌーで移動する。たくましい健康に恵まれているので、一〇〇歳ぐらいまで生きる者も多い。彼らは村に住んで集団ごとに働く。女は家と畑で働き、男は魚をとり、狩りをし、樹を伐りたおす。彼らは、とうもろこしやバナナや椰子の実など豊富な収穫物をもち、それらを取引する。女は金銭をたいせつに預かり、そのおかげで男はモーター・ボートを買うことができるし、女や子供は美服をまとい、男はヨーロッパ風な服装をしている。彼らはすべて身なりに気を使い、しばしば入浴をし、彼らの家と街はひじょうに清潔である。彼らはかなり進んだ文化をもち、たとえば歌、計算方法、首長とシャーマンだけのための二種類の秘教的な言語、文字の萌芽などがある。宗教は簡略であって、身体の健康にかかわりのある神々や精霊だけが崇拝されている。シャーマンや医術師は病気に対して人びとを守る。年長の姉の夫を首長とする母系グループ同志で、家族は婚姻し結合する。彼らは多くの子供をもつ。彼らはひじょうに健康なので、老齢の者、しかもきわめて老齢の者たちでも、活動的な生活をつづけることができる。年老いた女たちは家政の責任をもち、椰子の実を売買する。宗教的問題を専門とするのは年老いた男たちであるが、しかしそのために特別な威信をもつわけではない。知性と経験をともなわないかぎり、老齢は特別な価値とはならない。家長は一般に老齢であり、彼が有能であれば人びとはこれに従う。集会を主宰する村の首長には、なによりもまず事情に通じていることが要求され、年齢はある程度しか重要でない。総体的にいって、老人はより若い人びとと同じ条件のもとにあり、特別な問題を提起しない。

インカ族は歴史をもっていた。一世紀のあいだに、彼らは帝国を獲得し、それを失った。しかし彼らの文明は反復的であり、口頭の伝承にもとづいていた。古式《アルカイック》文明のなかで、インカの文明はもっともよく知られているものの一つである。老人たちがそこで占めていた位置をみるのは興味ぶかい。

インカ族は風習は粗暴であったが、技術や社会組織はいちじるしく発達していた。男たちは時間の大部分を戦闘に過ごし、捕虜たちを野蛮にとりあつかった。山を段《テラ》丘状《ス》につくりあげることを知っていたほどの注目すべき農耕者である彼らは、地面を人造窒素肥料で肥沃にしていた。彼らはじゃがいも、とうもろこし、穀物、その他多くの植物を栽培した。またラマやアルパカを飼育し、家畜は繁殖していた。穀物は広い倉庫のなかに保存した。彼らはさらに金、銀、鉛、水銀などの鉱山を開発したし、運河、貯水池、水門のような大規模の水路工事を完成させていた。六つの広い街道が国土を横切り、縄で吊られた橋が河川のうえに架けられていた。街や宮殿や神殿などの壮麗な建造物が築かれた。家内工業はひじょうに発達していて、とくに金銀細工がそうであった。経済生活は活発であった。市《いち》が多く立ち、そこで農民は作物を交換した。土地は三つの画地に分けられ、第一のは太陽神に献げられ、第二のはインカに属し、第三のは上層階級《カースト》に属し、それを彼らは農民たちに耕作させていた。

インカの文明でもっとも注目すべき点は、それが完全雇用の文明であったことだ。五歳になると、誰でも社会に役立たなければならなかった。男は一〇クラスに、女は他の一〇クラスに編成され、そのうち九クラスは各集団が年齢に従ってつくられ、残る一クラスはあらゆる不具、病弱者を集めたものだった。各集団はそれぞれの任務をもち、最善をつくして奉仕しなければならなかった。もっとも尊敬された集団は二五歳から五〇歳までの年齢の戦士のそれであった。彼らは王と領主に仕え、その若干数は鉱山に派遣された。彼らは三五歳ごろに、女たちは三三歳ごろに結婚した。二五歳前は両親に従い、彼らを助け、酋長《カシック》たちに仕えなければならなかった。九歳以上になると少女も娘も家族に仕え、機を織り、家畜の世話をした。

老齢のために働く義務から解放されることはなかった。ただ五〇歳以後は、男たちは兵役と各種の苦しい仕事から免除された。しかし彼らは首長の家や畠で働かなければならなかった。彼らは家庭のなかで権威を保っていた。五〇歳以上の女たちは共同体のために衣服を織り、富裕な女たちのために番人や料理人などをつとめた。八〇歳に、そしてそれ以上になると、彼らは耳が遠くなり、食べたり眠ったりすること以外ほとんどできなかった。しかしそれにもかかわらず彼らは使役されていた。綱やじゅうたんをつくり、家々の番をし、兎や家鴨を飼い、落葉や藁を集めた。年老いた女たちは機を織り、糸を紡ぎ、家々の番をし、子供たちを育てるのを助け、富裕な女たちに奉仕しつづけたし、若い召使いを監督した。彼女たちが畠を所有していれば、なにも不自由はなかったが、そうでないときには施しを受けた。男たちについても同様で、食物と衣服をあたえられ、彼らの山羊は保護され、病気のときは世話を受けた。一般的にいって、老人は畏れられ、崇められ、服従された。彼らは助言し、教育し、立派な手本を示し、善行を説き、神への勤行の助けをすることができた。彼らは若い娘たちの番人の役目もした。

男の子や女の子が従順でないときには、彼らは鞭で打つ権利があった。

バリ島の住民を未開人とみなすことはできない。彼らは数世紀のあいだ高い文明をもっていた。離れ島であるため、この文明はあらゆる外国からの影響をまぬがれていた。オランダ人は貴族階級を介してこの島を支配したが、貴族階級は農民たちを搾取し、彼らの社会構造も生活方式も変えようとはしなかった。バリ人たちは書くことも読むことも知らなかったので、一つの古式《アルカイック》の文化が今日まで口頭によって伝承され、保持されてきた。それゆえ彼らの文明を、他の歴史のない社会とともに語ることは許されよう。

バリ島の住民は米を栽培しており、その耕作法を他のいかなる国民も到達できないほどの高さに完成させた。彼らは良質の家畜や豚や家禽を所有している。果実や野菜や土地の作物は多種多様で豊富である。彼らはそれらのものを、ひんぱんに開かれる大きな市で売る。村々は堅固に建てられ、よく管理されている。職人仕事は、音楽、詩、踊り、演劇と同様にきわめて発達している。民衆は、自分とかかわりをもたない貴族階級を尊敬している。実際には、村の一つ一つは小さな共和国と言ってもいい。これは、一軒の家あるいは一つの地所をもつすべての既婚の男性が成員とならなければならない集会によって運営される。首長たちはふつう選出されるが、ときには世襲によることもある。彼らは地上における神々の権威を代表しており、土地や家庭や社会生活全体を管理する。共同体と各個人との絆はきわめて固く、成員の一人に課せられる最大の罰は、共同体からの追放である。

彼らは客好きであり、お互い同士きわめて礼儀ぶかい。ひじょうに聡明な彼らは、優雅な肉体の持主であり、それを極度に意識している、それで彼らの動作は注意ぶかく調和がとれている。子供、青年、女、壮年、老人といった、彼らにふりあてられた役割に彼らは快く従う。

子供たちは、両親や祖父母から可愛がられ、愛撫される。老齢は呪術的能力を授けはしないが、敬われる。会議では、各人の占める位置は年齢につれて上昇する。毎月、村の古老たちは集まって、神々と祝宴をともにする。この神々は人間に近く、進んで人間を訪問する。バリ島の住民は、インド、中国、ジャヴァから借用し、アニミズムに浸透された、混淆的宗教をもっている。彼らは太陽や月や水、そしてあらゆる多産の原理を崇拝する。米をめぐって一つの礼拝が発達した。彼らは、生者に対して不吉な力を行使する亡霊たちの存在を信じている。

かつて山々にふかく埋れた村では、老人を犠牲に供し、その肉を食べたことがバリ島では語られている。ある時期に、老人が一人もいなくなってもろもろの伝統が失われた。会議を開く場所として人びとは大きな会場を建てたいと望んだ。しかし、この目的のために伐られた樹の幹を調べたが、誰も上下を区別できなかった。材木の方向を逆にすれば災害を招く恐れがあった。そのとき一人の若者が、もし老人を食べないという約束を彼にするなら問題を解決できるだろうと言った。人びとは約束した。彼は隠しておいた祖父を連れてきて、老人が上下を見わける方法を共同体に教えた。

村の住民は、このような風習は決して存在しなかったと抗弁している。いずれにしろ、現在あらゆる地方で老人たちは尊敬されている。それは大部分、彼らの生活が豊かであったので、老年による失墜を免れたからである。彼らは、長いあいだ健康でありつづけ、腰が曲がってもおらず、手先が不器用でもなく、若いころに覚えた身体の統御力やゆとりを保っている。六〇歳およびそれ以上の女性はいぜんとして美しい横顔の持主であり、また頭の上に二〇ないし二五キログラムの目方のある重い水瓶や果物籠をのせるだけの体力を保持している。彼らは重い不具・疾患に苦しめられていないかぎり、働きつづける。彼らは閑暇は身心の健康に危険であろうと考え、また超自然の力に襲われる恐れもあると考える。それだけでなく女性の活動は年齢とともに増大さえするのであり、六〇歳を過ぎても、家事いっさいをとりしきり、自分自身で大部分の仕事をする姿がみられる。老齢の男性はあまり働かず、議論し、きんまをもぐもぐ噛んでいる。しかし彼らにも多くの義務があって、村の集会を主宰し、医師であり、歴史の語り手であり、若者に詩や芸術を教える。またしばしば、家鴨を畠へ連れて行く。彼らは宗教的儀式で大きな役割を果たす。ひじょうに高齢な男女ですぐれた踊り手もいる。彼らは憑依の状態にはいり、神託を告げる。彼らの役割は男女両性ともにきわめて重要であるが、それは男女の区別が年齢とともに消えるからである。彼らはあらゆる事柄について意見を求められる。そして、まったく年を取って無能力になると、お祖父さん、お祖母さんと呼ばれる。歯がぬけた彼らは赤ん坊に近いとみなされるし、やがて新生児の形で生まれ変わるだろうと考えられる。そのときはじめて彼らは権威を失うが、充分に食べさせてもらい、よい待遇を受けることに変わりはない。衰弱して身体がきかなくなっても、老人は寺院の司祭であることがある。ただ彼は年下の助手をもち、彼の役目は名誉的なものとなる。

彼らは恐れられているようにはみえない。しかしながら、子供を食べる魔女であるランガは、呪術の劇においては、乳房が垂れ下がり、足先まで達する白い髪でおおわれた、怪物のような老婆で表わされる。彼女の役は年老いた俳優によって演じられるが、その老齢のおかげで、彼は自分がその化身となる魔女の不吉な霊からまぬがれている。

私が参照しえた材料では、老人の状況に関連して、民族学者がきわめて重要視する要因、すなわち社会構造という要因を明らかにすることができなかった。ある種の共同体は、ほとんど組織化されていない集団、遊牧民《ホルド》や群団《バンド》である。しかし氏族あるいは部族がある土地に定着すると——これは社会が農耕的になったことを意味する——相続権や婚姻の際の財産の交換のような個人間の関係を決定するために、種々の異なる家系を明確に決定することがしばしば必要となる。家系は、祖先を想起させ、祖先によって価値づけられ、その延長であるのだ。したがって祖先たちは過去のなかに遺棄されているのではなく、家族、氏族、部族といった、土地を所有している共同体社会は、生者と同様に死者をも含んでいるのである。共同体社会は神秘的な仕方で自己の権利を死者たちの権利のうえに基礎づけ、彼らの継承者として自任する。ときとして、祖先は子孫の新生児に生まれ変わると考えられており、それで、新しい諸世代は古い諸世代を甦らせるということになる。すべての同族社会において祖先の礼拝が行なわれているわけではないが、しかしこれはもっともひんぱんにみられることである。祖先とは、子孫の屋根の下に住み、そうでない場合でも少なくとも彼に対して当然なされるべき礼拝が行なわれれば好運を恵む、親切な霊なのである。そしてこの霊を礼拝する儀式や供犠の祭式を管理するのは年取った人間にほかならない。彼は若い人びとより祖先に近く、やがて祖先になるべく運命づけられているので、聖性が彼に附与される。彼の家系は彼のなかに体現されており、彼のおかげで他の家系とのあいだの正しい関係が設定されるのである、つまり彼は秩序の象徴でありまたそのつくり手でもあるのだ。それゆえこれらの社会では、老人について明確に定まったイメージが存在し、一つの社会的地位が彼に公式に認められている。これに反して遊牧民《ホルド》や群団においては――われわれの近代工業社会におけるように――老人の社会的地位は状況に左右される。それは集団によって、また同一集団の内部でも、さまざまに異なるのである。

*

　以上で、未開社会における老人たちの境涯については単純化しないよう注意する必要があることが理解されたと思う。いたるところで人は「椰子の樹を揺する」〔老人を樹に登らせ、体力が衰えているため揺られて落ちた者は殺される〕というのは真実ではないが、彼らの運命について牧歌的なイメージをつくりあげることもまた正しくない。彼らの境涯は、これまで指摘してきた種々の要因によって説明されうるが、いまやそれらの役割とその相互の関係を抽出する必要があろう。

　老人が生きながらえるチャンスは、貧しい社会よりも豊かな社会、移動民《ノマード》よりも定住民におけるほうが多いことは一目瞭然である。定住民にとってはたんに扶養の問題があるだけだが、移動民《ノマード》にとっては、これに加えてもっと厄介な、移住の問題がある。移動民《ノマード》はある程度の安楽さを享受するものでも、絶えず移住することによってしかそれは獲得できないのであり、老人はついて行けないとき、遺棄される。農耕社会においては、これと同じ程度の豊かさでも、老人を扶養するのに充分であろう。とはいえ経済状態が絶対に決定的ではない。一般に、それは社会によって行なわれる選択、しかもさまざまな状況に影響されうる選択にかかっているのだ。事実、生活の苛酷さにもかかわらず、内陸地域のチュクチ族は移住する際に老人たちをいっしょに連れて行く。逆に、もっとも貧困な社会の部類にはいらないいくつかの農耕社会は、老人たちが飢えで死ぬのを無関心に放置する。

　自然の恩恵が少ない社会においては、呪術と宗教が老人に有利に作用すると人は想定するかもしれない。しかしそうではない。これらの社会はまさに切迫した状況で生きているからこそ、ほとんどいかなる宗教的文化も発達させていないのだ。ここでは呪術は、「事物の知識」ではなくて、シャーマンたちの手に掌握されている一連の粗野な処方なのだ。年老いても彼らは尊敬されているが、老齢そのものが魔力をあたえているのではない。また宗教が存在することもあるが、それは必要に余儀なくされた習慣を、認可し聖化するにすぎない。同じ一つの運動によって、共同体は一面では己れの存続に必要な習慣を設け、他面ではそれをイデオロギー的に正当化するのだ。その一例はナルト族においてみられたし、『楢山節考』のおりんは神々の意志に従うのだと思っている。

よりいっそう有効な庇護は、子供たちの愛情が年老いた両親に保証する庇護である。ローハイムは幼年期と老年期のあいだの照応を強調した。子供のときに受けた待遇が、彼の性格のその後の発達にどれほど重要であるかはよく知られている。食物と庇護と愛情が不足していると、子供は怨恨と恐怖、さらには憎悪をいだいて成長し、成人すると他人に対する関係が攻撃的になる。年老いた両親が自分で用をたせなくなると、彼は両親をなおざりにするであろう。逆に、両親が食物を充分にあたえて子供たちを可愛がるとき、彼らは幸福で、明るい、親切な、そして、他人を愛する感情の発達した人間になる。とくに彼らは父母や祖父母に対して愛情をおぼえ、彼らへの義務があると考えてそれを果たす。私が調査したすべてのケースのなかで——それはこの著作に引用したものよりもはるかに多いが——幸福な子供たちが年老いた両親に対して残酷になる例はわずかに一つ見いだしただけである。それはオジブワ族の場合である。幼年期に粗略に扱われるヤクート族やアイヌ族は、〈成人してから〉老人たちを野蛮なやり方でないがしろにするが、それに反し、生活条件はほとんど同じなのに、子供が王様扱いされているヤーガン族やアリューシャン族は、老人たちを敬うのである。しかし老人たちはしばしば悪循環の犠牲なのだ、つまり極度の窮乏によって成人は子供を充分に養えず、ないがしろにせざるをえないのである。また、子供の親への愛は、慣習や宗教が課す形態をとることにも注意しよう。息子が両親に対する尊敬と情愛を、彼らに死をあたえる儀式をできるかぎり良心的に行なうことで示すこともあるのだ。

老人たちは、働く力を保持しているなら長く生きられるだろうという望みをもつかもしれない。しかしもし彼らが子供のときに充分に食物をあたえられず、世話もゆきとどかず、その後は仕事で消耗したとするならば、彼らは早くに老衰する。ここでもまた、彼らにとっては不幸な、悪循環がしばしば成立するのだ。

貧しい共同社会においては、自分で自分の面倒をみるだけの財産を所有する老人は稀である。狩猟‐採集民の場合、所有地〔物〕というものは存在しない、彼らは食糧を貯えることとさえしない。牧畜民や農耕民においては、所有地はしばしば集団に属し、個人は自分が達成し、あるいは妻たちに達成させる仕事の成果だけを所有するにすぎない。もし彼が妻たちよりも生きながらえたり、妻たちが身体不自由となったり、彼自身働くことができなくなったとき——あるいは慣習によって女性に割りあてられる労働が彼に禁じられているときは——彼は完全に無一物となる。

ときには、家長が家畜や土地の所有者であることもある。しかし彼の力が衰えると、相続人たちは彼から家畜や土地を奪いとるし、より早く支配者となるために彼を厄介払いすることとさえある。老人が土地所有者でありつづけた例を、われわれは二つしか見なかったが、それは内陸地方のチュクチ族と、沿岸地方のチュクチ族のうち、白人と交易を行なっていたきわめて少数の者であった。

結論として、資源が不充分の農耕あるいは移動社会においてもっとも多い選択は、老人たちを犠牲にすることだと言えるであろう。

老人たちがこの運命に服すときの態度については、真実は知られていない。報告者や社会学者たちは、彼らが喜んで死んでゆくと好んで言いたがる。しかし私は、これを疑うに充分な文学的証言を引用しておいた。

社会にある程度の余裕があるときには、この社会は老人たちを扶養する、とア・プリオリに想定できるであろう、つまり自分自身の未来を確保しておくことが成人の利益であるからだ。さまざまな状況の因果関係が、悪循環を形成するかわりに有利な方向にはたらくのであり、優遇された子供たちは両親を優遇するであろう。そして適当な食物と衛生は、早すぎる老衰から個人を守る。文化は発達し、そのおかげで老人たちは大きな権威を得ることができるようになる。呪術はこのとき科学に近い思考の一体系となる。

未開人は、なんらかの特異さによって他の者と区別される個人に「呪術への適性」を認めている、不具者、罪人、その他である。老いもまた特別な種類なのだ。しかしとりわけ、老人たちがこの領域で欠くことのできないものとなるのは、彼らの記憶力によってである、そしてこの事実は私が報告したバリ島の伝説に明瞭に示されている、すなわち、伝承が欠けると、共同社会はその諸活動を行なうことが不可能となるであろう。そうした諸活動は、たんに成人たちがふたたび考え出せるような技術を要求するだけではなく、祭式上の諸規定に従わなければならず、それらの規定は事物のなかに現在形で印されているのではなく、過去によって課され、ただ老人だけが知っているものなのだ。樹木の幹があれば家はいつでも建てられる、しかし、実際的知識では判らない一定の方法で幹を排列しないと、災厄を招くことになるのだ。また矢を有効に射ることも、もし目標にみちびく呪文を知らなければ不可能なのだ。その秘密を保持しているのは老人たちであり、彼らはそれを手放すときもきわめて用心ぶかい。上述《さき》にみたように、レレ族においては、老人たちは部族が彼らを必要とするように気を配っている、つまり彼らは彼らの知識をなるべくおそく伝えるのである。

共同社会にとって必要である老人が危険でもあるのは、彼が呪術の知識を自分の私的利益に向けることができるからだ。彼の両義性はさらに別の理由をもっている、すなわち、死に近い彼は、超自然界にも近い存在なのだ。この点については、未開人の考えは曖昧である。ごく幼い小児の場合を除いては、死は彼らにとって決して自然とは思えない。ひじょうな老齢においてさえも、死は一つの呪詛の結果なのだ。* しかし彼らは、老人がやがて死にゆくものであることは充分に知っており、彼らのある者は老人を「死にかけた者」と呼ぶほどである。すでに、彼は人間の条件からまぬがれている、すなわち、彼は猶予期間中の亡霊であり、亡霊たちに対しては免疫性を備えているのだ。死んだ祖先との関係は両義的なものと考えられており、多くの社会では彼は子孫に幸福を望む祖先であるが、しかしすべての社会において死んだ祖先は亡霊であり、亡霊であるかぎりにおいて恐れられている。ほとんどいたるところで、亡霊たちは個人や氏族に起こる悪運に責任があるとみなされているのだ。彼らがいつまで生きながらえているかは定かでない。ある程度長い時が経過すると、彼らは消え去り、もはや何も残らない。だが彼らが存続しているかぎりは、儀式や供犠によって彼らをなだめること、少なくとも彼らから自分を守ることを試みなければならない。人びとが亡霊たちの脅威を感じるようなすべての状況——ある集団《グループ》から他の集団への移行、ある年齢から他の年齢への移行、あるいは祭儀への違反による汚れなど——において、亡霊たちの魔力を祓うことのできるのは老人だけである。老人は世俗の世界から聖なる世界へ移行したのであり、それは、彼がやがてそうなるであろう亡霊の所有するものに似た諸力をもっていることを意味するのである。

このように老人は人びとに尊敬と同時に恐怖を起こさせる。呪術が科学よりも妖術に近く、亡霊がひじょうに恐れられている社会では、優勢なのはこの恐怖の感情である。この感情によって、老人たちは高い地位に昇り、若い連中を虐げることとさえできる。とはいえ、「半白の髪の者」と高齢の老人に対する態度は同一ではない。長命はときには人に賛嘆の念を起こさせる。それは当人が自分の人生を思慮ぶかく過ごす術《すべ》を心得ていたことを証明しており、彼は一つの模範とみなされる。自然そして超自然のあらゆる試練に耐えたからには、彼は特異な呪術的徳力を授けられていたにちがいない。しかし老衰状態に達すれば、この徳力は他の諸能力とともに弱まる、と多くの者は考え、したがって恐怖はもはや彼を保護しなくなる。これとは逆に、呪術力は年齢を加えるにつれて増す一方であると考える者もある。この場合にもまた、二つの態度が可能である。一つは、彼が生存中に、あるいは未来の亡霊として前もってひき起こす恐怖は、その極度の身体不自由にもかかわらず、老人たちが敬意をもってとり扱われるという結果をもたらす。そうでなければ、人びとは現在と未来にわたって彼をますます危険なものとするエスカレーションをいそいで中断しようとする、つまり彼を殺し、死体を消滅させる。ポリネシアのトロブリアンド諸島と中国の伝説にみられる例では、成人たちは一定の年齢に達した老人を食べていた。こうすることによって彼らは、老人があまりにも強力な魔法使

＊　ナヴァホ族において高齢者が「生命を使い果した」場合は別である。

いに、ついで超自然的な占者になることを防ぐと同時に、老人〔を食べることによってそ〕の知恵を摂取・同化したのである。

司祭あるいは祭式執行者としては、老人には両義的なところはない。彼の役割は確実にもっとも高い重要性をもつ。この場合にも、彼は記憶力のおかげでこの職に選ばれるのだ。祭礼、儀式、踊り、そして礼拝の挙行に必要な歌が後世に伝えられるのは彼によってである。彼はこれらのことを他人に教えもするが、その広い知識ゆえに彼自身がとり行なうのがとくにふさわしい。超自然界と現世とのあいだの仲介者であるという前述した理由によってもまた、老人はそれに好適なのだ。

伝承の保持者、超自然力に対する仲介者また保護者として、老人は遠い過去にさかのぼる諸時代をつうじて、また現在の時点においても、共同体の結合を保証する。新生児たちに名前を選んでやることによって彼らを共同体に組みいれる役目をするのは、しばしば彼である。また社会が複雑な政治組織をもっている場合、その機能を確実に保たせるのもまた彼でありうる、なぜなら、種々の家系についての記憶を保持しているのは彼だけであり、彼はこれによって各個人あるいは各家族に彼らの占めるべき場所を指定することができるからである。

伝承の知識のおかげで老人たちが社会にもたらす一連の寄与によって、一般に彼らは、尊敬のほかに、物質的繁栄をも獲得する。人びとは贈り物によって彼に報いるのだ。とりわけ、老人たちがその秘密を伝授する新参者から受けとるものは莫大である。これこそ彼の個人的な富のもっとも確実な財源なのだ。とはいえ個人の財産は、発達した文化を所有するのに充分なほど繁栄した社会と、ほかの面でも大きな威信をもっている個人たちの場合にしか出現しない。

しかしさらにいっそう進んだ社会においては、老人たちの権威は減少する。そうした社会は亡霊さらには呪術さえもそれほど信じなくなっており、「死にかけた者」をもはや恐れない。この場合、老人の威信は積極的な文化上の寄与にもとづく。そして、技術が呪術から分離している社会、さらに文字を知っている社会においてはいっそう、老人の威信はその価値の多くを失うのである。

ある社会が調和的に均衡がとれている場合、社会は老人たちに彼らの能力に応じた仕事を任せつつ適当な位置を保証する。しかしもはや特権をあたえることはない。

老いは、男性と女性にとって同じ意味も同じ結果ももたない。それは女性の場合、特殊な利点がある。更年期以後、女性はもはや性をもたず、婚期に達していない少女と同類となり、少女と同様、ある種の食事上のタブーを免除される。月経の汚れが原因で彼女のうえに課せられていたもろもろの禁忌はとりはずされる。彼女は踊りに加わり、酒を飲み、タバコを吸い、男性と並んで腰をおろすことができる。男性の老人たちに有利に作用する諸要素が介入して、彼女にもある種の恩恵を保証してくれる。とくに母系社会においては、彼女の文化、宗教、社会、政治上の役割はきわめて重要である。他の社会でも、彼女の経験はある程度の価値をもつ。彼女には超自然的能力があるとみなされ、そのために威信を獲得することもあるが、逆に彼女に不利になることもある。一般に、彼女の社会的地位は男性のそれよりも劣ったままである。彼女は男性よりもなおざりにされ、いっそう容易に遺棄される。

多くの社会において、老齢の男女は子供たちと緊密な関係にある。嬰児の無能力と老衰者のそれとのあいだには類比がなりたつ、このことはたとえば老人を揺籃のなかにくくりつけたと語られるナルト族の叙事詩において明瞭に示されている。一方は冥界からやっと姿をあらわし、他方はこれからそこへ沈もうとしているのだ。ナヴァホ・インディアンにおいては、やっと生きはじめた嬰児ともはやほとんど生きていない高齢の老人とは、死んでも恨みの気持はないし、亡霊にはならない。実際には、彼らはみな穀つぶしであり厄介な重荷であり、ひじょうに貧しい種族、とくに移動する種族は、嬰児殺しも老人の殺害も同様に行なっている。前者を行なわずに後者を行なう習慣が存在することもある。しかしその逆がないのは、未来を表わす子供が、たんなる廃品にすぎない老人よりも優位に立っているからだ。両者とも寄生者であって、そのため窮乏状態の場合には、ときとして彼らのあいだに敵対関係をひき起こすことがあり、子供が老人の分け前を盗む。しかし老人が威信をもっていれば、食物に関する厳しいタブーのおかげで、食物の大部分を独占する。しばしば孫と祖父母は密接に結ばれており、象徴的に同じ年齢の階級に属している。孫の教育は祖父母に託され、孫は祖父母に奉仕する。子供のうえには未来の希望がかかっており、老人は過去に根を生やしているので知識の保持者である。老人は後継者たちを養成する必要があり、一方、後継者たちは、記憶や祖先崇拝によって、あるいは老人が生まれ変わるためにその胎内に宿れるように、妻たちを孕ませることによって、老人の永生を保証するであろう。このような紐帯が、時代をつらぬいて共同体の統一を固めるのである。実際にも、成人の課業《しごと》から免除された老人は少年たちの世話をする時間があり、少年のほうも老人が必要とする世話を祖父母にする暇があるのだ。このような親切な奉仕の交換にはかずかずの遊戯的関係がともなう。実生活上の無能力者であり、また社会の埒外にある個人であるため、多くの社会的制約を超えている子供や老人たちは、成人の謹厳さから遠ざかる。彼らはいっしょに冗談を言い、遊びに加わり、挑戦しあう。

　未開種族における老人は真に他者である、この言葉のもつ両義性を含めて。他者としての女性は、男性の〔つくる〕神話のなかで、偶像であると同時に売笑婦としてとり扱われている。これと同様に――いろいろな別の理由により、別の仕方で――これらの社会における老人は、亜＝人間であり、超＝人であるのだ。手足の自由がきかず、役に立たない彼は、それと同時に仲介者〔超自然と人間との〕であり、呪術師であり、司祭である。彼は人間の境涯を越えた地点あるいはそれ以下にある者、そしてしばしば両者を兼ねている。

　あらゆる社会におけると同様、こうした様態は、独自で偶発的な仕方で生きられる。老人たちの境涯は大部分が彼らの能力と、この能力が彼らにもたらす威信と富に依存しており、特権的地位にある老人の境涯と一般の老人のそれとは差がある。どのような集団と家族に属するかによっても、とり扱いに変化がある。理論と実践は必ずしもつねに一致せず、老いに対する義務を果たしながら、蔭では老いを嘲笑っていることもある。しかしとくに逆の場合が多い、つまり口先では老人を尊んでおきながら、実際には老人が衰え破損するままに放置するのである。

　もっとも強調しなければならない重要なこと、それは老人の社会的地位はけっして彼の手で獲得されるのではなく、あたえられるということである。私は『第二の性』のなかで、女性が自分の魔力から大きな威信をひきだすときは、実際にはそれを男性に負うていることを示した。同一の指摘が、老人と成人との関係にも当てはまる。老人たちの権威は、彼らがひき起こす畏怖あるいは尊敬にもとづいている、しかし成人たちがこれらの感情から解放されるとき、老人たちはもはやいかなる切り札ももたなくなる。これは白人の文明と接触したときにしばしば起こった。アザンデ族やアランダ族〔の老人〕はもはや女性を独占しなくなった。若者たちは――たとえばアフリカのラオ族だが――、都会へ職を捜しに行くために、かつては年老いた両親を扶養していた自分たちの村を去った。レレ族の若者たちは、キリスト教に改宗し、ヨーロッパ人のところで働くことにより、老人たちの束縛から脱した。

老人たちの権威が強固でありつづける場合、それは全共同体が彼らをつうじて自己の伝統を維持しようと望んでいるからである。共同体はその可能性と利害に応じて老人たちの境涯を決定するのであり、老人は自分が優者であると思いこんでいる場合でさえ、この境涯に従っているのだ。*

概括的ではあったが、以上の研究は老人の境涯が社会的状況にどれほど依存しているかを示すには充分であろう。老人は一つの生理的宿命を身にこうむるのであり、それは必然的に経済上の影響をもたらす、すなわち、彼は非生産的になるのだ。しかし彼の老化は共同体の財源しだいで速くも遅くもなる。ある社会では老衰は四〇歳ではじまり、他の社会では八〇歳である。他方、社会がかなり繁栄しているときは、いくつかの選択が許される、老人にとって厄介な重荷とみなされるか、それともその成員たちが彼の老年を保障するためにある程度までその富を犠牲にすることを選んだ共同体に組みいれられるかは、ひじょうな相違だ。彼の物質的地位だけでなく、彼に認められる価値までがこれにかかっているのであり、彼は好遇されて軽蔑されるか、あるいは好遇されて尊敬

* シモンズはこれと反対のことを言っているようにみえるが、そうではない。彼が示していることは、一定の身分が定められたのち、ある種の老人は他の者よりもそれを自分の利益のために利用することに成功するということである、一生懸命に働くとか、自分が共同体に役立つ方法を見いだすとかして。しかし身分そのものはつねに共同体の全体によって定められるのである。

されるか、あるいは恐れられるか、いろいろの場合があるのだ。こうした社会的地位は共同体が追求する目的によって左右される。前述したように、凋落という言葉は、人がそれに近づくか遠のくかする一定の目的との関連においてのみ意味がある。もし、ある集団がただその日その日を生きのびることだけを求めるならば、穀つぶしとなることはまさに凋落である。しかしもし、集団が祖先と神秘的に結びついていて、精神的な永生を望むならば、その集団は、過去と同時に来世にも属する老人のなかに化身するのである。そのとき、肉体上のもっとも大きな衰退さえも、人生の頂点《アクメ》とみなされるであろう。多くの場合、この最盛期は「半白の髪」の年齢に位置しており、老衰は凋落と考えられているが、必ずしもつねにそうではない。

人間たちが自己の存在に附与する意味、彼らの価値体系の全体こそ、老年の意味と価値を決定するのである。逆に言えば、ある社会は、老人をどう扱うかによって、その社会の原理と目的の——しばしば注意ぶかく隠蔽された——真実の姿を赤裸々に露呈するのだ。

老人たちが提起する問題に対して未開人が採用する実際的解決法は、きわめて多様である。老人たちはあるいは殺され、あるいは死ぬままに捨ておかれ、あるいは生きるのに必要な最小限のものをあたえられ、あるいは快適な晩年を保証され、さらには尊敬と優遇の極致を受けることさえある。われわれは、いわゆる文明化した諸国民もまたこれらと同じ扱いを老人たちに適用することを見るであろう、ただ殺害だけは禁じられている、それが粉飾されたものでないかぎりは……。

第三章　歴史社会における老い

さまざまな時代をつうじて老人たちの境涯がいかなるものであったかを研究することは、容易な企てではない。われわれが所有する資料は、きわめて稀に彼らのことにふれるだけであって、ふつう老人たちは成人全体のなかに同化されている。神話や、文学や、肖像美術品《イコノグラフィー》からは、時代《とき》と場所《ところ》に従って変化する、老いについてのある種のイメージが浮かびあがってはくる。しかしそれらは実際にそうであった現実をどの程度に反映しているのだろうか？　これを判定するのは困難である。それは不確かで、錯綜し、矛盾するイメージなのだ。注意すべきことは、そうしたさまざまな証言資料をつうじて、老いという語が二つのきわめて異なる意味をもつことである。一つは、状況に応じて多かれ少なかれ価値が変動する、ある種の社会的カテゴリーである。他の一つは、各個人にとっての独自の運命、つまり、彼自身の運命である。第一の観点は立法者やモラリストたちのそれであり、第二のは詩人たちのそれであるが、多くの場合、両者には根底的な相違がみられる。モラリストも詩人もつねに特権的階級に属しており、それが彼らの言葉からその価値の大部分を奪う理由の一つとなっている、つまり彼らはつねに不完全な真理を語るにすぎず、しかもしばしば嘘をつく。とはいえ詩人たちは自己の本性に従っているだけに、率直である。一方、観念論者《イデオローグ》たちは、老いについて自己の階級の利益に合致する概念をつくりあげるのだ。

ただちに別の注意が必要となる。それは老いの歴史を書くのは不可能だということである。《歴史》はある循環性を含んでいる。一定の結果を生む原因は、逆にこの結果によって修正されるのである。この連係に従って発展する通時的《ディアクロニック》統一が、一定の意味をもつのだ。必要とあれば、女性の歴史について語ることはできよう。なぜなら女性は、たとえば彼女自身の家族と夫の家族とのあいだにおけるような、男性たちのある種の争いの象徴と場であったからである。人類の冒険《アヴァンチュール》において、彼女は一度として主体であったことはないが、少なくともその口実と原動力ではあり、女性の境涯は気まぐれではあるが意味をもった一本の線に沿って進展したのだ。老人は、一つの社会的カテゴリーとしては、世界の推移に介入したことは一度もない。＊彼が有効性を保っているかぎり、老人は社会共同体に組み込まれつづけ、それから区別されない。彼は年を取った成年の男子の一人なのだ。しかし能力を失うとき、彼は他者とみなされる。そのとき彼は、女性よりもはるかに徹底的に、純粋な客体と化す。彼女は社会に必要だが、彼はなんの役にも立たない。つまり交換貨幣でも、生殖者でも、生産者でもなく、もはや厄介者でしかないのだ。前章でみたように、彼の社会的身分《ステータス》はあたえられたものであり、したがってそれ自身ではいかなる進展をもけっしてひき起こさない。黒人問題は白人の問題であり、女性問題は男性の問題である、といわれた。それでも女性は平等を獲得するために戦うし、黒人は圧迫に対して抗争する。ところが老人はいかなる武器ももたず、彼らの問題はそれゆえ完全に現役の成人の問題なのだ。成人たちは、自分自身の実際上の、またイデオロギー上の利益にしたがって、退役者にどのような役割をあたえるべきかを決定するのである。

前章で検討したもろもろの社会より複雑な社会においても、この老人たちにあたえられる役割は重要なものでありうる、なぜなら、中年の者たちは若年者の反乱に対して古い世代に頼ろうとするからだ。ところで古い世代はこうしていったん権力を授与されると、それを失うまいとする。もし奪われそうになれば、それを維持するためにその権力を用いるであろう。さまざまな神話や年代記や文学のなかに、そうした対立の反響《こだま》が見いだされる。宿命として、古い世代は結局は打ち負かされてしまうが、それは彼らが非効果的な少数派を構成していること、そして彼らの力はがんらい彼らを利用する多数者から得たものであったからである。

老いの問題が権力の問題であるとすれば、それは支配階級の内部で提起されるだけである。一九世紀までは、「年老いた貧しい人びと」についてはけっして言及されなかった。長命は特権階級のなかでしか可能でなかったから、貧しい老人の数はわずかであり、彼らは厳密にいって、なにものも代表していなかったのだ。歴史も文学も彼らを完全に黙殺している。老いは特権階級の内部においてのみ、ある程度まで明らかにされたにすぎない。

さらに他の事実も明白である、すなわち、それは男性たちの問題なのだ。個人的経験としては、老いは女性にも同様にかかわることであり、彼女たちはいっそう長く生きるから、なおさらである。しかし老いが考察の対象となるとき、人は主として男性たちの状況を考える。なぜなら、法典や伝説や書物のなかに自己を表現しているのは彼らだからであり、そしてとくに権力の争いは「強き性《セックス・フオール》」男性にだけ関係があるからである。猿の社会では、若い猿は権力を年老いた牡から奪いとるが、殺されるのはこの牡だけで、年老いた牝たちは放置される。女性は、

歴史を有する社会は男性に支配されている。女性は、若い者も老いた者も私生活においてこそ権威を争うことができるが、公生活における彼女たちの社会的身分《ステータス》は、つねに同一であり、永遠の未成年者なのだ。これに反して、男性の境涯は時の経過につれて変化する、若者は成人して市民となり、成人はやがて老人となる。男性たちはいくつかの年齢別階層を形成し、それらの自然の境界こそ定かではないが、しかし社会は、今日、定年退職の年齢を決めるように、それらに明確な限界を定めることができる。一つの階層から次の階層へ移行することは、昇進あるいは転落を意味するのである。

生物学と同様に民族学《エトノロジー》は、年取った者たちの共同体に対する積極的寄与は、彼らの記憶と経験であることを示しており、これらは反復の次元においては彼らの実行と判断の能力を増大させる。一方、彼らに欠如しているのは力と健康であり、また新しい事物に適応する能力、さらには発明する能力である。それゆえ、強力に組織された反復的社会においては、成人たちが彼らに頼るであろうことは当然に推測されよう。しかし分裂した社会、混乱あるいは革命の時期においては、若い世代が優位に立

＊ もちろん、個人としては、女性も老人も積極的な役割を演じた者がいる。

つであろう。老人たちが家庭内で私的に演じる役割は、国家が彼らに付与する役割を反映している。この図式《シェマ》は、これからもさまざまな時代をつうじて老人たちの境涯を検討してゆく過程で確認されるであろう。

本章においては、私は西欧社会を研究するにとどめる。しかし一つの例外を設ける必要がある、すなわち、老人に比類ない特権的境遇をあたえた中国である。

いかなる国においても、中国ほど、文明が何世紀ものあいだ静態的で、きびしく階級づけられていたところはなかった。それは中央集権化された専制的権力を必要とする水《イドローリク》の文明である。この地理的経済的諸条件のため、住民にとっては発展することではなく生き残ることが問題だったのであり、行政は往古から存在してきたものを保存することに限定されたのである。行政組織は知識人たちで構成され、その位階と責任は年とともに増大し、頂上には必然的にもっとも年長の者たちがいた。この年長者の占める高い地位は家庭内にも反映していた。下位の者と上位の者との関係を厳密に定めた孔子は、共同体の姿にのっとって、この共同体の基礎を形成する小宇宙《ミクロコスモス》、すなわち、家庭、を規定した。一家の者はすべて最年長者に服従しなければならなかった。最年長者の精神的特権に対する実際的な異議申立ては存在しなかった、なぜなら、中国において行なわれていた集約農業は力よりも経験を必要とするからである。また、妻は夫に服従する義務があり、夫に逆らう手段はまったくもたなかったので、風俗も家庭のなかにいかなる矛盾をも導入しなかった。父は自分の子供に対して生殺与奪の権利をもち、しばしば娘たちを産まれるとすぐ殺してしまうか、あるいは後に奴隷として売った。息子は父に、弟は兄に従わねばならなかった。婚姻は青年たちに強制され、それまで会ったこともない同士が結婚し、新郎側の父や祖父の支配下におかれた。家長の権威は年齢とともに減少することはなかった。女性でさえ、きびしい圧制下にあったとはいえ、年齢による昇進の恩恵を受けていた。老年になると、彼女の地位《ステータス》は男女両性の青年たちのそれよりもはるかに高くなり、孫たちの教育を牛耳って、一般に彼らをきびしくとり扱った。そして彼女は、自分が姑から受けた圧制を嫁に加えることで意趣返しをしたのだ。家族の境界を越えて、尊敬はあらゆる年長者におよんだ。それで尊敬される権利を所有するために、人びとは実際以上に年を取っているとしばしば主張した。五〇歳の誕生日は男性の生涯のなかで重要な日付であった。しかし、七〇歳を過ぎると、彼らは死の準備をするために公の職務を断念した。自分の権威を保持しつつも、彼らは長子に家の管理をゆだねた。そして人びとは彼らの内に、やがて礼拝することになる祖先を崇めたのである。このような年長者の権威は――文学ととくに古代の楽劇が証明するように――忍従あるいは絶望をもって若者たちに受けいれられていた。若い女性にとりわけ多かった自殺以外には、それから解放されるいかなる手段もなかった。孔子は老年を知恵の獲得と同一視することによって、倫理的に年長者の権威を正当化した、「吾十有五にして学に志し、三十にして立ち、四十にして惑わず、〔五十にして天命を知る〕六十にして耳順う、七十にして心の欲する所に従いて矩を踰えず。」

事実は、状況が長命に幸いしなかったので、ごく高齢の老人は少数であった。道家《タオイスム》の思想においては、長命はそれじたい徳であるとみなされていた。『老子』の教訓によれば、人間が忘我《エクス》〔恍惚《タシー》〕によって自己の肉体から解放されて聖者になることのできる時期は六〇歳である。中国の道教《ネオタオイスム》においては、人間の至上の目的は「長寿」の探求にある。道教のあらゆる師父はこれに言及している。それはほとんど国家的な求道法であった。人は苦行と忘我によって、死そのものさえまぬがれる聖性に達することができるとされていた。聖性、それは不死の術であり、生命の絶対的所有であった。それゆえ、老いは生命の至上の形態であった。もしそれが長く続けば、ついに神性に達するであろうと人びとは考えていた。「千年の生命ののちに現世に倦み疲れたとき、優れた人間は仙人の域にまで昇る」〔千歳世《せんざいよ》を厭《いと》えば、去りて上僊《じょうせん》〕と語るとき、『荘子』〔天地篇〕は古い信仰を喚起しているのである。

中国文学において、青年たちがその犠牲となっている圧制を嘆くことはある。しかし老いが災厄として告発されていることはけっしてない。これに反して、西欧においては、老いに当《あ》てられた――現在知られている――最初のテクストは、老いについての陰鬱な描写である。それはエジプトに存在し、紀元前二五〇〇年に、哲学者であり詩人でもあるプタ＝ホテプによって書かれた、「老人の終りはなんと苦しいものだろう！　彼は日ごとに衰弱する。視力は低下し、耳はつんぼになり、力は衰える。心にはもはや安らぎがない。口は黙して、もはやまったく語らない。知能は弱まり、昨日のことを今日は思い出すのも不可能となる。骨はことごとく痛む。かつては喜び勇んで従事した仕事も、いまでは苦労して行なうにすぎず、味覚も消えさる。老いは、人間を悲しませる最悪の不幸だ。鼻はふさがり、もうなんの匂いも感じない。」

老いのもたらす、障害についてのこの惨めな列挙をわれわれは歴史をつうじて見るであろう。そしてこの主題の恒久性を強調することは重要である。老いに付与される意味と価値は社会によって変化するとしても、老いがいくつかの同一の反応をひき起こす超歴史的事実であることに変わりはないのだ。肉体的には、老いはまぎれもなく凋落であって、そのかぎりにおいて大部分の人間はこれを恐れてきた。すでに、エジプト人たちも、これにうちかつ希望を育んでいた。あるパピルスには、「老人を若者に変える仕方についての書物のはじまり」と書かれている。そして若い獣からとりだした新鮮な腺を摂取することを勧めている。この若返りの夢もまた現代にいたるまで見いだされるであろう。

ユダヤ民族は、老年に対するその深い尊敬によって知られている。〔紀元前〕九世紀以来聖書に収録されてきたかずかずの物語のなかで、どれが神話の部分で、どれが現実の部分であったか？　これを決定するのは困難である。それらの物語は、種々の古い口頭伝承とその時代の状況との両方から霊感を受けている。この時期にヘブライ人はパレスチナに住んでいた。遊牧民は農耕民となり、部族的、家族的、家父長的な古い文明は、変貌した。社会階級が存在し、富者は同時に裁判官であり、行政権力の保持者、商取引きの親方、金貸しである。聖書の各巻の著者たちは過去への郷愁をもち、自分の同時代人たちに認めさせようと望む種々の価値を、過去のなかに投影している。彼らの著作にはきわめて古代の母系的血族関係の遠い反響がみられはするが、彼らが描いているのは家父長的社会であり、お伽噺的な年齢を付与されている偉大な先祖たちは、神によって選ばれた者であり、その代弁者であった。長命は美徳の最高の褒賞と考えられているのだ。「もしわたしがあなたがたに命じる戒めを守るならば」と『申命記』のなかで神はいう、「《主》が先祖たちに与えようと誓われた地に、あなたがたの住む日数およびあなたがたの子供たちの住む日数は、天が地をおおう日数のように多いであろう。」「主を恐れることは人の命の日を多くする、悪しき者の年は縮《ちぢ》められる」と『箴言』に書いてある。また「白髪は誉れ高い冠である。それが見いだされるのは《正義》の道においてである」とも書いてある。神に祝福された老年は、服従と尊敬を要求する。「あなたは白い髪の人の前では起立し、老人を敬わねばならない」と『レビ記』は命じている。神の掟は子供たちに父と母を敬うように要求している。もし息子が父親に従うことを拒んだならば、そして息子に翻意させようとする試みがすべて無駄に終わったときは、『申命記』によると、父は彼を町の古老のところへ連れてゆき、「そして町のすべての男は彼を石で打ち、彼は死ぬであろう。」このような罰が実際に課せられたかどうかは判らない。しかし、そうした罰が規定されたということは、子供たちの従順さが中国よりも絶対的ではなく、社会の組織がそれよりもはるかにきびしくなく、個人主義により多くの場所を残していたことを確証するものであろう。そこでは長老たちは政治的な役割を演じていた。『民数記』によると、ヤハウェはモーゼに、「イスラエルの長老たちのうち七〇人をわたしのもとに集めなさい。彼らはあなたとともに民の重荷を負い、あなたはもはやただひとりでそれを負うことはないであろう」と言ったとのことである。このような会議体が実際に存在したかどうかは判らない。聖書はまた、イスラエルに対して寛大な処置をとることを長老たちが勧めたのに、レハベアムが聴きいれなかったので罰を受けたと語っている、すなわち、虐げられた諸氏族がダビデの家から離れ去ったのである。おそらくこうした伝承のすべては、慣習をささえるために援用されたのであろう。パレスチナにおいては、あらゆる先進農耕社会におけるように、長老たちはたしかに公共生活で重要な役割を果たしていたのであり、肉体的ならびに精神的活力を維持しているかぎり、家族のなかの最年長者が家庭を支配していた。アンティオコス大王（紀元前二二三—一八七）の治世に、ヨセフは、大僧正に主宰され祭祀的貴族政治が支配していた一つの長老会《ゲルージア》について語っている。これがエルサレム最高法院《サネドリン》である。これは最後の数世紀になってはじめて出現したらしい。七〇人の構成員からなり、最高の祭司たち（自分の職務を免除された大祭司たち）、律法学士の二四の祭職階級の代表者たち、そして法律の博士たちと民衆の長老たちであった。それは最高の法廷で、法律を発布し、ローマ人占領者たちとの関係に介入した。それは宗教に関連するものすべて、つまり実際にはほとんどいっさいのものを管理していた。したがって長老たちは重要な役割をもっていたのである。しかし、完全な裁判官は若すぎても年をとりすぎていてもいけないと考えられていた。

　聖書には、高齢を美徳ではなく、悪徳と結びつけている挿話はただ一つしかない。それは、時代が遅れて——紀元前一六七年と一六四年のあいだに——構成された著作、すなわち『ダニエル書』のなかに見いだされる*、スザンナと二人の老人の有名な物語である。二人は法官で、その家の主人に尊敬されているが、彼の妻の美しさに心を奪われる。ある午後のこと、二人は庭にかくれ、水浴中の彼女の不意を襲う。彼女は彼らに愛を拒み、彼らは仕返しのために彼女が一人の若者と寝ているのを見たと主張する。彼らの言葉は信用され、スザンナは死刑の宣告を受ける。しかし、まだ年若かったダニエルは、二人の法官を別々に訊問し、彼らの証言が矛盾することを明らかにし、彼女を救う。死刑に処せられるのは彼らのほうだ。** おそらくこの時期には、老人で自分の富、高い職分、そして周囲の者の尊敬を乱用していた者に対して、怨恨をいだく人びとがいたのであろう。

　『伝道の書』——制作年代が不詳で、明らかに複数の作者をもつ、謎につつまれた著作——は、ユダヤ思想の他の部分と対照をなしている。ここには私が先に指摘した、老年に対する社会の公的な態度と、老年が詩人たちに起こさせる自発的反応とのあいだの対照の顕著な例が見いだされる。『伝道の書』は、人間の不幸の一つとして高齢をあげており、聖書注釈者のユダヤ人モリス・ジャストロフの解釈に従って読むならば、その老衰の描写は苦く苛酷なものである。

　「おまえの青春の日々に、おまえの造り主を憶えよ。やがて悪しき日々〔老齢〕が訪れ、おまえは言うであろう、わたしはもうなんの楽しみもない、と。そのとき太陽の光、月も星も暗くなり、雨の後に雲がふたたび空をおおい（視力の低下、知力の衰退）、家の番人ども（腕）はふるえ、たくましい男衆たち（足）は曲がり、臼を挽く娘たち（歯）はすり減ったので仕事を中止し、窓から眺める者たち（眼）はかすみ、両開きの戸が通りに面して閉ざされ（消化と排尿の不良）、石臼の音は低くなり（聾）、小鳥の歌に目をさまし（浅い眠りと早起き）、歌の娘らはみな弱くなり（言葉の混乱）、高いものを恐れ（坂道や階段での息切れ）、道を歩くときに恐怖を感じ、巴旦杏の花が咲き（白髪）、蝗《いなご》は萎え（生殖能力の衰え）……そして銀の紐は切れ（脊柱の彎曲）、黄金の壺は割れ、手桶が泉のほとりでこわれ、車は井戸のそばで砕けるであろう（肝臓と腎臓の機能不全）……。」

　古代の他の民族における老人の地位については、われわれの知識はまことに少ない。実際の風俗習慣と寓話の関係はきわめて不確かであるが、他の資料に乏しい現状では、神話にたずねることもなおざりにはできない。ところで神話の大部分は、老年を世代間の争いという角度からとり扱っている。われわれが知るかぎりでもっとも古い文明は、シュメールとアッカドの文明である。それによると、原初にまず水の神であるアプスゥと、海の女神であるティアメートが存在した。この一対《カップル》から、ムンムゥ（波の混沌）が、それからラームゥとイアムゥとが産まれたが、二人は合体して、空であるアンシャールと大地であるキシャールを産んだ。後の二人は、アヌゥ、ベル＝マルドゥク、エア、そして他の大地と地獄の神々を産んだ。これらの若い神々は、騒いで老アプスゥの休息をかきみだし、彼はティアメートに不平を訴えた。そしてこの二人は、自分たちの子孫を滅ぼそうと企んだのである。しかしエアはアプスゥとムンムゥを捕えた。そこでティアメートは幾匹かの巨大な蛇と多数の怪物を産み、味方につけた神々の一人キングゥにその命令権をゆだねた。他の神々はマルドゥクを自分たちの王に選んだ。彼はティアメートに戦いを挑んで彼女を殺した。*** その後、

＊　この挿話はプロテスタントの聖書では削除されている。おそらく清教徒たちの老人に対する極度の尊敬に由来するものであろう。

＊＊　『ダニエル書』第一三章。

＊＊＊　この殺害は、母系社会から父系社会への移行を象徴するのであろう。

彼は宇宙を組織し、人類を創造した。ラス＝シャマスの文字板によれば、フェニキア人においてもこれに類似した一連の出来事がみられる。紀元後一世紀末にビブロスのフィロンは、こうした信仰の反響をわれわれに伝えている。どのようにしてクロノスが自分の父エピゲイオス――後にウラノスという名になった――の陽根を切断したかを、彼は語っている。

この図式は、多数の宗教のなかで出会うものと一致している、すなわち、世界の起源には、遠方に座し、抽象的で、それを礼拝しない人間たちとはまったく関係のない、唯一の原理であるウラノス的神が存在している。それから《聖なるもの》は複数の具体的な神々のなかに降りてゆき、彼らは世界と直接の関係をもち、人びとは供犠や祈禱や儀式をとおして彼らを崇める。しかし、この聖なるものの移行がここでは親子関係の様相をおびているのは意味ぶかいことであり、祖先は彼の子孫が統治する世界から遠く追いやられてしまう。

ギリシア人においても、ウラノスはたんなる抽象的本《アン》質《ティテ》ではない。彼は偉大な繁殖者として、しかしまた非道で破壊的な父親として現われる。世代間の争いがあり、若年者たちの勝利に終わる。この神話はフェニキア人の神話から影響を受けているが、それがどのような現実と対応していたか、知りたいものである。ギリシアの歴史と文学のなかには、若年者を古老たちに、息子を父親に対立させた闘争の反響が数多く見いだされる。神話が形成された時代に、そうした闘争が存在していたのだろうか？　老人たちははじめは威信をもち、後になってとりあげられてしまったと、想定すべきであろうか？　それとも、現実に権力を所有していた若年者たちは、自分たちの優越を正当化する神話をとりあげて、それを豊かに粉飾したのだろうか？　われわれはこれらの仮説のどれを選ぶべきか、判定する手段をもたない。われわれは、神話ならびに事実の領域において、われわれの有する資料を検討するだけで満足するほかはない。

ヘシオドスによれば、まずはじめにカオスが、次にガイアとエロスが存在した。ガイア〔大地〕は、「彼女自身と同じ大きさで、彼女を完全におおうことのできる、ウラノス〔天〕を産んだ。」二人の抱擁から、第二の世代が産まれたが、このウラノスの子らの世代は、㈠一二人のティタンやティタンの一族、㈡三人のキュクロプス、㈢ 各自が一〇〇の腕と五〇の頭をもつ三人のヘカトンケイレスからなっていた。ガイアは際限のない繁殖力ゆえにウラノスを憎み、後者は自分の子供たちを嫌っていた。彼は子供たちが生まれるとすぐ、ガイアの奥所ふかく、すなわち大地のなかに埋めた。恨みに思ったガイアは、硬くて鋭い金属である鋼鉄を創造して鉈鎌をこしらえ、息子たちに父親を去勢するように命令した。ただクロノスだけが命令に従って鉈鎌でウラノスを去勢した。偉大な祖先であるウラノスは、このようにギリシア人によって、無秩序な生殖者、専制的で醜悪な最高権力者として描かれている。彼の息子のクロノスは、彼から権力を奪った後に姉妹のレアと結婚した。彼らは多数の子供をもうけた。しかし彼もまた——かつて自分の父親を去勢したことがあるので子供たちを警戒したためであろう——彼らを嫌ってむさぼり食ってしまった。レアは最後に産まれたゼウスを隠し、そのかわりに産衣に包んだ大きな石をクロノスにあたえた。成長したゼウスは父親に立ち向かった。彼は呑みこまれた子供たちを吐きださせ、クロノスならびにその兄弟のティタンたちに宣戦を布告した。彼はこの戦いで百腕《ヘカトンケイレス》の巨人たちに助けられた。恐ろしい戦い——ティタン族とゼウスの戦い——の後に、ティタンの一族は滅びた。

しかしガイアは、陽根を切断されたウラノスの血で身ごもり、巨人族《ギガンテス》を産んでいた。巨人たちは——クロノスと半ば兄弟で、それゆえ彼と同一の世代に属しているが——ゼウスに抗して立ちあがった。ピンダロスが最初にこの巨人族とゼウスとの戦いを語ったのだが、ゼウスは勝利者となった。彼はまたテュポエウスも征服した。

これら神話の出来事には多くの異伝がある。興味ぶかいのは、これらの物語の基調をなす根本概念である。すなわち、古代の神々は年を取るにつれてしだいに邪悪となって堕落してゆき——あるいは少なくとも彼らの横暴な邪悪さがしだいに耐えがたいものとなって——ついに反抗をひき起こし彼らは玉座から放逐されるのである。それ以後、世界を統治する神々はほとんどすべて若い神である。ただ例外は、冥府の渡し守であるカロンであり、ギリシア人は彼のことを醜悪な、あるいは少なくとも陰気な老人として思い描いていた。また幾人かの海神たちも例外である。たとえば、ポントスとガイアの息子の、善良で口数の少ない「海の老人」ネーレウス。そしてホメロスによれば「波を支配する老人」である彼の兄弟ポルキュス、さらにウラノスとテテュスの息子である「海の老人」プロテウスである。それから、三人ともで一本の歯と一つの眼しかなく互いにそれを回りもちしていた、見るも恐ろしい女たち、ゴルゴンもあげることができる。

老いに対する古代ギリシア人の態度については、他にもいくつかの資料があるが、それは老いがあらわれる少数の神話的物語である。フィレモンとバウキスの伝説は、老年の夫婦を舞台にのせている。彼らの〔神々に対する〕手厚いもてなしと夫婦間の貞節のおかげで、彼らは幸福な長い老年と、二人の愛を不朽なものにする変身を獲得する。報われたのは彼らの美徳であり、長命はここでは死に対する勝利を表わしている。もっともこの勝利は一時的なもので、永久に彼らを死から救うには、ゼウスの奇跡が必要であった。ティレシアスの神話は、高齢と盲目と心内の光明とのあいだの関係――われわれは今後もしばしばこれに出会うであろう――を明らかにする。ヘラの怒りによって盲目にされたティレシアスは、ゼウスからその埋合せとして予言の才能を授かり、どんな質問にも誤つことのない返答をあたえた。ギリシア人は盲目の老ホメロスをも、これと同じように想像した、すなわち、予言者と同じく詩人は、外的世界が彼にとって存在する度合いが少なければ少ないほど、いっそう霊感をもつのである。伝説のなかでもっとも意味ぶかいのは、ティトノスの伝説とアイソンの伝説である。ティトノスの伝説は、ギリシア人にとって老衰は死そのものよりも悪い災厄と思われていたことを示している。アウローラは自分の夫を不死にする願いを叶えられたが、不死が永遠の若さにともなわれることを願うのは、忘れてしまった。それで、彼女は彼をいくら神々の食物で養っても無駄で、彼は老衰におちいる。孤独で惨めな彼は、あまりにも皺が寄り、乾からびたので、慈悲ぶかい神々は彼を蟬に変えた。一方、死ぬ一歩手前で嫁のメデアの呪術によって若返ったアイソンの物語には、永遠の青春に対する昔ながらの夢が表わされている。これはティトノスの話と対照をなしている。すなわち、青春のともなわない不死はなんの価値もなく、これと反対に、青春を永遠化することは人間にとって最高の幸福であろう。ギリシア人はいくつかの《若返りの泉》をもっていたが、そのもっとも有名なのは、ナウプリアの近くのカラトスの泉であった。

最古時代《アルカイック》のギリシアにおける老人たちの境涯は実際にはどのようなものであったのだろうか？　かなり近い時代まで、それもスパルタだけでなく、奇形か発育の悪い子供たちは厄介払いされていたのであるが、老齢の人びとが抹殺されたことがあると考えうる根拠はどこにもない。意味論《セマンティク》によると、初期古代においては、名誉の観念は老齢の観念に結びつけられていたという。géra とか gérôn など高齢を示す語はまた、年齢による特権、年長者の権利や代議職を意味している。最古時代のギリシア文明の遺跡を検討している研究書『クーロイとクレーテス』のなかで、ジャンメールは、古代の制度は名誉の観念を老齢の観念に結びつけていた、という同一の結論に達している。いわゆる英雄時代では、都市国家《ポリス》の首長である王は、古老たちの会議によって補佐されていたが、ホメロスによれば、これは諮問的役割しか果たしていなかった。王はまたときおり彼らに裁判を司る務めを任せたが、彼らは必ずしも義務を立派に果たさず、彼らの失策は自然の災害をひき起こしたという。

しかしながら、ホメロスによれば、老いは知恵と結ばれており、最高の忠言者《アドバイザー》ネストールに具象化されている。時は彼に経験と雄弁と権威を授けた。しかし肉体的には彼は衰退した姿で表わされている。そしてギリシア人に勝利を獲得させるのは彼ではないのだ。ただ男ざかりにある人物だけが、あらゆる伝統的策略よりも有効なたくらみを発明することができた。オデュッセウスはネストールをはるかに凌いでいる、そして彼に王国を譲った父親のラエルティウスをも。同様に、プリアモスは〔息子の〕ヘクトールによって影がうすれる。ギリシアが封建制度であったかぎりにおいて、老人たちは実効的というよりは名誉的な役割をもっていたと結論することができよう。父ラエルティウスがその衰えゆえに我慢せざるをえなかった（ペノロペイアの）求婚者たちを追い払うには、オデュッセウスの肉体的活力が必要だったのだ。われわれはこのことを、中世を研究するときにも見るであろう、すなわち、領地が、安定した制度によって保証されるのではなく、それを所有するに値する者の武力によって守られるとき、老人たちは遠景に追いやられるのである。体制は若い人びとに依存し、実権を所有しているのは彼らなのである。他方、ホメロスはトロイアの愚かな長老たちを嘲笑している。彼は「老いへの呪われた門出」について語る。彼のものとされる賛歌のなかで、アフロディテ〔美と愛の女神ヴィーナス〕は「神々もまた老いを嫌う」と言っている。

前七世紀に、新しい世界の植民地化が経済革命をひき起こす。不動産の所有はもはや唯一の富の源泉ではなく、産業と商業と貨幣もそうなのだ。貴族階級《アリストクラシイ》は性格を変える。それまでその下位におかれていた階級——職人や独立の労働者のような——物を造る人間《デミウルゴス》たちが金持になる。都市国家《ポリス》は金力者《プルートクラシー》によって支配される。王政は廃止されるか、あるいは名誉的性格しか保持しない。都市国家は小さく、五〇〇〇人から一〇〇〇〇人までの少数の市民からなり、これに政治的権利をもたない奴隷や居留外人たちが加わる。その政体はさまざまな形態をとった、すなわち、金持がさらに富を増し、貧者がいっそう貧しくなり、階級闘争が激化するにつれて、それは変化したのだ。それが寡頭政であれ、僭主政あるいは民主政であろうと、都市国家《ポリス》の最高位にはつねに一つの会議体があった。もろもろの寡頭政においては——少数の富者が権力の保持を欲したのであるから必然的に権威主義的で保守的である——会議体がつねに長老会《ゲルーシア》であったことは、きわめて意味ぶかい。構成員はそこに年を取ってからはいり、死ぬまでとどまっていた。エペソスやクロトノス、クレータやクニードス、さらに他の多くの場所でそうであった。エリードスでは九〇人の構成員からなり、コリントでは八〇人であった。寡頭政は、若い人びとが枢要な役人の職につくことを阻んでいた。既成の秩序を維持することが問題だったからであり、若い人々の野心や進取の気性を恐れたのだ。

このように、老齢は大多数の古代都市国家においては資格を付与するものであった。しかし個人に起こる変身としての老いは愛されてはいなかった。詩人たちがこれを証言している。

ギリシア人においては、とブルックハルトが注意している、「地上の生活が人間にもたらすかずかずの嘆きのなかで、老いはまったく特別な場所を占めている。」官能的で快楽主義的《ヘドニスト》なイオニアにおいて、コロポスの僧侶ミムネルモスは、紀元前六三〇年ごろ、彼の同郷人たちの感情を表現している。彼は快楽と若さと愛を歌い、そして老いを嫌悪する、「金色に輝くアフロディテがいなければ、どんな人生、どんな楽しみがありえようか？」彼はティトノスを憐れむ、「なんとふしあわせな奴だろう！ 神々は彼に不死という災厄を授けたのだ！」彼は年を取るよりも死ぬほうがましだと絶えずくりかえす、「花咲く季節に太陽の光を受けて芽を出す葉のように、ほんの束の間に、われわれは青春の花を享楽する、そしてまもなく陰気なパルクの女神たちがわれわれをとりまき、ある者には苦しみ多い老いを、そして他の者には死をもたらすのだ。青春の果実はただちに腐る、それは昼の明るさよりも長くはつづかない。そしてそれがひとたび終りに達すると、人生は死よりも悪くなる。かつて美しかった者は、青春の時が過ぎさると、自分の子供や友人にまで憐れみを起こさせる。」そしてさらに言う、「青春が消え去るとき、生きるよりも死ぬほうがましだ。というのは、家庭の崩壊や窮乏、子供の死、肉体の疾患といった多くの不幸が人間の魂を襲うからである。ゼウスが大量に不幸を送らない老人は一人もない。」またさらに付け加え、「人間を醜く無益な者にする苦しみ多い老いにひとたび達すると、意地の悪い心配がもはや彼の心を離れることはなく、太陽の光はどのような慰めももたらしはしない。彼は子供たちにとって感じが悪くなり、女たちは彼を軽蔑する。このように苦悩にみちたものとして老いはゼウスから与えられたのだ。」彼は老いるまで長く生きることを望まない、「願わくは、病気も苦痛もなく、六〇の齢でパルクと死に出会わんことを。」パロス島の詩人アルキロコスの作品のなかに、その後多くの世紀にわたって開発される「拒絶される恋人」という主題が現われるが、*彼は無情な女に彼女の未来の衰退を予言する、「早くもあなたの肌は色あせ、悲しい老いが皺をきざむ。」メガラのテオグニスは嘆く、「わたしに呪いあれ！ 呪いあれ！ おお青春よ！ すべてを変える老いよ！ 老いは近づき、青春は背を向ける。」ミムネルモスと同様にイオニアの生れであるアナクレオンは、六世紀に、愛と快楽と酒と女を歌った。年を取ること、それは生きる楽しさを形づくっていたものすべてを失うことであり、彼は鏡が映しだす自分の姿、つまり艶のな

＊ 彼はある有力者の娘ネウボウデと結婚したいと思い、彼女の美を讃えたのだが、この父親が結婚を許さなかったのである。

くなった髪の毛、灰色の鬚、根が露わになった歯などを、苦しみをもって描き、死の近いことを嘆いている。ピンダロスの楽天主義ははるかに形式的であるように思われる。彼は一生を通じて、便宜主義者《オポチュニスト》だった。テーバイ人であった彼は、サラミスの海戦のときは協力を説いたが、その後には祖国の解放を謳歌した。富裕で著名であった彼は、自分をきわめて高く評価し、他人《ひと》から憐れみを受けるよりは羨望を受けるほうが彼には似つかわしかったのだ。高齢は彼にとって穏やかな満足の源泉であると彼は宣言した。栄光と富を授けてくれたことを彼は神々に感謝したのである。

すでにみたように、彼らにとっては個人の運命である老いを前にした詩人たちの態度に対し、老いを社会的カテゴリーと考えるイデオロギーが対立する。それで、たとえばソロンは、ミムネルモスが高齢についていだく悲観的な考えを拒否する。彼はミムネルモスに対し、八〇歳まで生きるのが望ましいと答えている、「齢《よわい》を重ねつつもわたしは絶えず知恵を獲得しつづける。」それというのも、彼の価値体系がきわめて異なっているからだ。肉欲とか快楽は彼にはほとんど重要ではなかった。彼の問題は政治だったのだ。彼は貴族《エウパトリデス》と下層民《テテス》とのあいだに立って裁定を下すと主張していたが、実際には貴族政をひいきにした。保守主義者のすべてがそうであるように、彼は古老たちを頼りとし、都市国家のなかで彼らに重要な場所を割りあてることを欲したのである。

特権階級者においては、老人の境涯は所有権制度に結びついている。所有権がもはや力に依存せず、法律によって堅固に保証され制度化されるとき、所有者の人格は非本質的で、どうでもいいものとなる。彼は自分の所有物のなかに自己疎外され、彼において尊敬されるのは彼の所有物なのだ。人びとが考慮するのは彼の個人的能力ではなく、彼の諸権利なのである。したがって、彼が年老いていようが、虚弱であろうが、さらにまた無能力であってもたいして問題ではない。富は一般に年齢とともに増すから、社会の階梯の上部を占めるのはもはや若い人びとではなく、高齢者なのである。安定した制度が根をおろしたときの、ギリシアの諸都市国家では以上のようであった。貴族《エウパトリデス》たちにおいては、所有権の利益と老年の利益は一つとなっていたのだ。

スパルタにおいて老いが尊敬されていたことは人の知るところである。軍人たちの階級は――彼らは個人間に富のはなはだしい差異があったにもかかわらず、互いに「平等な者」と呼んでいた――〔有権の〕市民ではない多くの奴隷的農民《ヘロット》や周辺住民《ペリオイコイ》によって維持されていた。それは広大な設営地《キャンプ》を形成し、そこで成人たちは六〇歳まで兵営の生活を送り、男女ともきびしい規律に服していた。軍事的義務から解放されると、六〇歳あるいはそれ以上の男たちは、彼らが従ってきた秩序を維持すべく運命づけられていたといえる。すべての搾取階級、とくに大地主たちは現状維持《スタト・クオ》を守ることに関心があった。抑圧的で固定したこの寡頭政的社会が、もっとも高齢であると同時にもっとも富んだ市民たちに、権力の大部分を委ねたことは当然である。彼らのなかから長老会《ゲルージア》の二八人の議員が選ばれたのだ。彼らは監督官《エフォロス》たち――より若い五人の役人――の要請によって会議をひらき、その点で多少の制御を受けてはいたが、しかし権力は彼らの掌中にあった。青年を育成する義務を負った老人たちは、高齢への尊敬を教えこんだのである。

アテネにおいては、ソロンの法律は高齢者にあらゆる権力をあたえた。公共の事柄を管理していたアレオパゴス会議は、年を取ったかつての執政官《アルコン》たちで構成されていた。政体が貴族政で保守主義でありつづけたかぎり、年取った世代はその特権を維持した。それを失ったのは、クレイステネスが民主政を確立したときである。しかし年取った世代は抵抗した。トゥキュディデスやイソクラテスの書物のなかに世代間の抗争の反響が見いだされる。老人たちはいくつかの権力を保持していた。子供たちが両親に対して悪い扱いをした廉――必要な世話の拒否とか殴打《おうだ》や傷害――で告発されたとき、訴訟事件が提出される裁判官たちは、六〇歳以上でなければならなかった。この年齢はまた、法律の解釈を職掌とする注解者たちにも要求された。他方、男女にかかわらずある種の老人には、超自然的能力が認められた。彼らはときおり夢にあらわれ、真実を明かしたり、有益な忠告を授けた。ときにはまた、人々は彼らに夢あるいは神託の判定を求め、彼らは解釈を下した。しかし老人たちの権威はすでにきわめて弱まっており、私生活においてはほとんど尊敬をはらわれなかったのである。クセノフォンは嘆いている、「いつになったらアテネ人たちは、スパルタ人の手本にならって、年長者を敬うようになるだろうか？　父親を手はじめに老人たちを軽蔑する彼らだが。」『老いについて』のなかでキケロが記している物語によれば、ある年老いたアテネ人が競技場《スタジアム》に遅れてついたとき、アテネの市民たちは彼に席を譲ることを拒んだが、スパルタの代表者たちは立ちあがって彼を腰かけさせた、とのことである。これを見て、全会衆は称賛した。そのときスパルタ人の一人は、「アテネの人たちは自分が何をなすべきかを知ってはいるが、そうしようとはしないようだ」と言った。この態度はたしかに人を面食らわせることのように思われる。この主題について文学はわれわれに何を教えてくれるだろうか？

　悲劇は風俗を正確には反映していない。審美的理由のために、主人公たちはみな超自然的次元を具えているので、悲劇は老人たちに偉大と高貴を付与するのだ。しかし、彼らの悲しみは、彼らに寄せられる慣習的な称賛よりも、誠実なひびきをもっている。

だが私らは、寄る年齢《とし》にはや体も弱り、やくたい
　もなく、
そのおりの援《す》け軍《いくさ》にも　取り残されて、
小童《わっぱ》同然の力をば
杖にささえて、このとおり待っているのじゃが。
よしんばまだ　胸の中からようやっと湧いて出る
稚《わか》い芽ざしが　年寄と似かようたと言おうとて、
軍神《アレス》のことなどはてんでまだ心にないのを、――
年を取り過ぎた者らは　何とあろうか。葉並も枯
　れた
木同然、三つ足で　街道をよろぼい歩くは、
まっ昼間の夢みたように、やくたいもない
幼児とすこしも変らぬ。

と、長老たちの合唱隊《コロス》はアイスキュロスの『アガメムノン』のなかで言っている。『ペルシア人』のなかでは、老人たちは自分の白いひげのことを苦悩とともに語っている。

　「人が老いるとき」とソフォクレスは書いている、「理性は消え、行ないとては役に立たず、むだな心配をするばかり。」しかしながら、どのような崇高さがこの悲嘆に結びつきうるかを、彼はみごとに示した。八九歳のと

き、『コロノスのオイディプス』において、生涯の終りに達しつつ、放浪し、惨めな、盲目のオイディプスを、彼は描いている。

> オイディプスのこのみじめな残骸を憐んでくれ、
> というのはこの老いた身体はもはや彼ではないの
> だ
>
> わしの身体は　手を引いてくれる者がいなければ
> もう一人《ひとり》で歩む力がない。

彼は、自分の息子たちに対しては激情と憤怒と憎悪を、娘たちには暖かい愛情を、いだきつづけた、

> たとえ死のうとも
> お前たちが傍にいてくれるからには、わしの不幸
> にも救いがあるというものだ。

しかし、世俗的な面からみれば、彼はもはや自分自身の影でしかない。彼が自分では気がつかないこと、それは彼がいまや聖なる人物となったということである。彼が舞台に登場するやいなや、観衆はそのように見ていたのであり、悲劇の美しさは、オイディプスの外見上の衰頽と、彼の知らないうちに神々が彼に付与した超自然的性質との、この対照のなかにあるのだ。彼を迎えいれた土地は、彼のおかげで神々の恩恵を獲得し、彼は《救済者》となり、神格化されつつ死ぬ。このように、高齢の有する両義性はみごとに照明を当てられる、それは種々の不幸の源であり、哀れなものとして姿をあらわすが、しかし特定の個人においては、ギリシア人の眼に、聖なる様相を帯びたのである。人生について厭世主義的なヴィジョンをもつエウリピデスは、老年を暗い色彩の下にみている。『アルケスティス』においては、アドメーテスは彼の代りに父親が死ぬのを肯じないことを、手きびしく責めている。彼は怒って絶叫する、

> 老人たちの言うことを信じると、彼らは自分の死を
> 呼び求めており、老齢が彼らを苦しめ、あまりにも長
> く生きすぎた、という。そんなことは口先だけだ！
> ほんとうに死が近づくと、誰一人死ぬことは望まず、

老齢はもはや苦しくなくなるのだ。

『ヘカベ』においては、この年老いた王妃は他の捕囚の女たちにささえられている。

さあ、娘たち、この婆《ばば》を家の前まで連れて行ってくだされ。
……老いさらばえたわたしの手を取って、支え、運び、附き添い、もたげてくだされ。
そうすれば、このわたしも、そなたの曲げた肘を杖として身を支え、
少しは速く歩けましょう。

『トロイアの女たち』のなかで、彼女は自分の無能力を呪い、「人に頼らねば口すぎもできぬ者」と自分に呼びかける。しかしオイディプスのように、彼女もまた聖なる特性を身に帯びているのだ。肉体的衰弱と不幸は、彼女の超人的な偉大さをいっそうよく際立たせるのである。

『イオン』のなかでは、年老いた奴隷は歩くのに苦労することを嘆き、イオカステは『フェニキアの女たち』のなかで、よろめく足取りで進む。とはいえ彼女の口をとおしてエウリピデスは老齢を弁護している、

老年においてもすべてが軽蔑されるべきではないのです。
わが子エテオクレスよ、経験は語るべき言葉をもっています、
若者たちのよりも賢明な言葉を。

事実、彼女は優れた忠告をいろいろとあたえるが、聴きいれられなかった。

しかしエウリピデスにおいて優位を占めているのは、老年についての悲劇的なヴィジョンである。合唱《コロス》の一つは次のように嘆く、「われわれ老人は、一つの群《むれ》、一つの外見《みせかけ》にすぎない。夢の影像のようにふらふらと歩くだけだ。どれほど自分を賢いと思いこもうと、もはや良識などはもっていない。」

悲劇においては老人は主体であり、それが対自として

存在する姿において示されている。エウリピデスから五〇年後に喜劇はアリストファネスとともに花を開き、老人を客体《オブジェ》としてとらえた。アテネの公衆はオイディプスとヘカベの偉大さに感動することをやめなかったが、その一方で滑稽な老人たちの舞台姿を心から笑うのだった。

　アリストファネスはその喜劇のなかで、いくつかの政治的、倫理的主題を提示しているが、当時のアテネは、上層階級の勢力と戦い、好戦主義的政治を行なっていた僭主《デマゴーグ》であるクレオンに治められていた。貴族政に尊敬をはらい、古い伝統にひかれていたアリストファネスは、クレオンと彼が都市国家のなかに導入した改革のことごとくを、すなわち党派精神、告発、訴訟や戦争、哲学などを嫌悪している。こうした時代の欠陥の告発を目的とする劇の筋においては、老いは二次的な役割しか果たさない。したがって高齢な登場人物たちについてのアリストファネスの態度は、ときによって変化する。

　保守主義者の彼は、彼らのために尊敬を要求する。『アカルナイの人びと』においては、老人たちの衰頽を隠そうとはしないが、若者に対して彼らの側に立っている、すなわち彼らは長年《国家》のために奉仕したのであるから、彼らの功績を人は認めるべきだという。彼は老人たちの口から次のように語らせている、「われわれ老人、われわれ祖先たちは、同胞市民に不満を言わねばならない。かずかずの海戦での功績《いさおし》にふさわしい報いと扱いをおまえたちから受けるどころか、われわれはみじめな境涯を余儀なくされているのだ。おまえたちはわれわれをこの齢で法廷の前へ引き立てる。そして耳が聞こえず話すときに声がふるえてなんの役にも立たないわれわれに対して、嘴の黄色い若い弁士たちがわれわれをばかにすることを許すが、われわれのほうは耳はよく聞こえず声はふるえて、もはや哀れをとどめるのみ……。老いさらばえたわれわれは、正義の幻影以外のものがあるとは思えず、石の机を前にただじっとしているほかはないのだ。」若い弁護人たちが彼らを翻弄して罠に落とすことを、老人たちは長々と憤慨している。

　しかしながら他のいくつかの戯曲では、アリストファネスは彼らを嘲けることをためらわない。老齢は彼にとって喜劇のモチーフなのだ。『雲』のなかで、債権者を追い払うことができるような不正な論理の術をソクラテスに求めるのは、老人なのである。公衆はソフィストのことだけでなく、何かを学ぶにはあまりにも耄碌しすぎたこの生徒をも笑ったのだ。それで彼は自分の代りに息子を差し向けて学ばせる。息子のほうはソクラテスの教えを利用して、父親を打擲しながら、そうするのが正しいということを証明してみせる。ここでアリストファネスは、後世に数多く使われた、嘲られ打擲される老人という主題をはじめて手がけたのである。

『蜂』においては、アリストファネスは災厄と彼がみなしていた制度、すなわち訴訟に対し攻撃を加えている。体制は富裕あるいは強力な市民たちに疑いをかけ、彼らに対して無数の訴訟を起こしていた。裁判官たちは市民全体から徴募されていた。クレオンは、彼らが裁判のたびごとに受けとる額は貨幣三枚《オボロス》と定めていた。富裕なアテネ人たちはこの利得に関心をもたず、出席することを拒んでいた。したがって民衆〔出の〕裁判官《ヘリアステス》〔陪審員〕たちは下層の人びとからなり、判決には下層階級の精神が反映していたのである。アリストファネスは、彼らを嫌悪することでは上層階級と一致していた。すなわち、役に立たない多数の裁判官たちを養うのを彼はやめさせたかったのだ。そしてこれら民衆裁判官たちはしばしば老人であった、というのは若い人びとは自分の稼業に忙しかったからである。

したがって、冒頭でクレオンがラケスを罰するようにそそのかすのは財産のない老人たちであり、彼はラケスを公金私消と汚職の廉で告発している。事実この煽動政治家《デマゴーグ》と裁判官たちとのあいだには連帯性があった。年老いたフィロクレオン*は、彼の息子ブデリクレオン**によって閉じこめられたため、裁判官に加わることを妨げられた。だが彼は脱け出して、実際は諷刺にほかならない法廷への一大賛辞の弁をふるう。彼の息子は反撃し、老齢の民衆裁判官たちを説得する。しかし断乎として裁判を行なうことを欲する父親は説得されない。息子はふたたび父親を閉じこめ、犬が被告となる訴訟を彼に裁判させる。それから彼の気をまぎらわせようとつとめる。父親よりも富んでいる彼は、父親を宴会へ連れてゆく。老人は酩酊し、人びとの見世物となり、わけのわからぬことを言い、奴隷たちを打ち、笛を伴奏に踊る素裸の踊り子を家へひっぱってゆき、淫らにごきげんをとる。そして彼はばかげた踊りで夜を過ごすのだ。戯曲のなかで良識を体現しているのは若者のほうである。年取った民衆裁判官たちはクレオンの手先として貶されているのだ。

『女の平和』においても事情は変わらない。これは戦争反対の戯曲である。クレオンは戦争継続の政策をとっているが、アリストファネスはアテネがスパルタと平和を結ぶことを願ったのであろう。街のすべての女性が戦争を中止させるために城砦に閉じこもった、とアリストファネスは状況を設定する。老人たちはクレオンの見解にくみし、城砦を奪い返そうと試みる。好戦主義によって彼らは醜悪となり、そのうえ滑稽そのものとなる。不能であるのに彼らは若い女たちにふざけかかり、彼女らの皮肉を浴びる。アリストファネスは『プルートゥス』のなかでも、彼らを戯画化している。

なぜ観衆は喝采を送ったのだろうか？　それは観衆の大部分が小土地所有者で構成され、アテネの周辺に生活し、都市の人びとが笑いものになるのを見て喜んだからである。彼らもまたクレオンの僭主政治《デマゴギー》に敵意をもっていた。それで伝統的に尊敬され、一定の権威をあたえられていたアテネの老人たちが、彼らの敵クレオンと協力し、クレオンの訴訟を勝たせ、その抑圧的な政治を支持していることにおいて有罪であると、彼らは考えていたのだ。二回にわたり、老人が滑稽な父親の役割であらわれるということに注目しよう。たぶん息子たちは、家長に服従しなければならないことに苦しんでいたので、彼が物笑いになるのを見て喜んだのである。

アリストファネスはまた、老人たちの淫奔さをこらしめているが、これこそ、その後幾世紀にもわたって、とくに喜劇において倦《う》むことなく使われる主題なのだ。なぜこの老人たちの性質が、成人にはとくにいやらしく思われるのだろうか？　老人がまだ性行為をすることができるからなのか、それとももはやできないからなのか？　最初の場合、老人はその富と威信によって恐るべき競争相手《ライバル》としてあらわれる。それから、たとえそれが金銭ずくのものであろうと、ほとんどつねに恋愛の重要な素因である自己愛的傾向《ナルシシスム》において、それは成人たちのプライドを傷つけるからなのだ。若さと活力と性的魅力から切り離されると、性行為はたんなる動物的機能の水準に転落する。それに身を委ねる女性も、そのことによってより若いパートナーたちの抱擁の価値を落としめることに

*　この名前は、クレオンを愛する者、の意である。
**　この名前は、クレオンを嫌う者、の意である。

なるのだ。しかし、壮年期の男たちをもっとも憤激させるのは、とりわけ好色で性的に不能な老人である。つまりそうした老人は、もっとも男性的な者にさえ憑きまとう幻像《ファンタスム》を体現しているのだ。精神分析学者の考察によれば、去勢コンプレックスはけっして完全に清算されるものではないという、つまり不能の老人を目にするとき、壮年の男性は、かつて少年時代に彼をあれほど恐怖させた脅威を新たに感じるのである。換言すれば、成人の男性は自分の性的活力についての不安からけっしてまぬがれていない、と言うことができる。彼は将来いつか、欲情はなくならないのにそれを満足させることができないような日が来るであろうと想像することがいやなのだ。彼は、老人のなかに見える自分の未来の境涯を憎む。彼は笑い声によってそれを拒否する。つまり舞台の上で動き廻る人物がグロテスクであれば、それに彼が似ることはけっしてあるまいと、容易に自分を説き伏せることができるのだ。

アリストファネスの戯曲には、高齢の女性の数はきわめて少なく、それも肉付けが不足している。ただ数人の取りもち婆と『女の議会』のなかの、一人の美青年の寵愛を争う三人の老婆とが指摘できるだけである。

一〇〇年後に公衆の人気の点でアリストファネスをひきついだメナンドロスは、老いに対してやはり優しくない。彼によれば、人はあまり高齢に達しないほうがいい、「あまり長く生きる者は嫌われて死ぬ。彼の老いは苦痛であり、彼は貧窮のなかにいる。あちこちとぐずついているうちに、幾人も敵ができるし、彼に対して陰謀がたくらまれる。彼はよい潮時に立ち去ることをしなかった。彼は立派な死をとげそこなったのである。*」

彼もまた、高齢の者が性生活を望むのは哀れなことと考える、「恋する老人以上に不幸な者はあるまい。もしあるとしたら、それは別の恋する老人であろう。彼を見捨てるもの――その原因は時間《とき》にあるのだが――から楽しみを得ようと願う者が不幸でないわけはあるまい。」

メナンドロスの作品のなかでは――そしてこの主題もまたしばしば後世においてとりあげられるであろうが――老いは、外部から個人に襲いかかる不吉な力としてあらわれる、「人類の敵であるおまえ、老いよ、おまえこそあらゆる形の美しさを害い、手足の柔軟を重苦しさに、敏捷さを鈍さに変えてしまうのだ。」

「長い人生とは苦しいものだ。おお重苦しい老いよ！　おまえは人間にとってよいものは何ひとつもたらさず、ただ悩みと不幸をふりまくだけだ。それなのに、われわれはみな早くおまえに到達しようと努力する。」

われわれに伝承されているメナンドロスの種々の喜劇のなかには――原文の断片あるいは〔彼の模倣もした〕テレンティウスの作品をとおして――多くの老齢の登場人物が見いだされる。『サモスの女』においては、作者は世代の問題を提起している。「価値ある主人公」としては、情にあつく心のひろい老人デメアスがあり、彼は自分の息子を愛しているが、彼にかけたさまざまな望みが消えてゆくのを悲しく眺めるのだ。しかし彼は多くの矛盾にとりかこまれながらも明澄な心を保っている。これと対照的にニケラトスは、意地悪で貪欲で粗暴な老人たちの系列の先祖の一人である。『自分で自分を苦しめる人』のなかにはこれとよく似た老人の一組があり、テレンティウスは後にこの主題をふたたびとりあげ発展させた。『髪を切られる娘』では、年老いたパタイコスはデメアスに似ており、善良で穏和で感じやすい賢者である。逆に『テオフォルメノス』には陰気な老人のクラトンが登場し、『調停裁判』には貪欲で気むずかしく嫌悪すべき老人のスミクリネスがいる。メナンドロスはアリストファネスよりもはるかに、滑稽で鼻持ちならない老人という登場人物を徹底させたが、これは後世にきわめて大きな人気を獲得することになる。だが彼の見解は一方的ではなく、高齢には英知と善良さがともなうこともあると考えていた。

プラトンとアリストテレスは老いについて考察し、正反対の結論に達している。老いについてのプラトンの考えは、彼の政治的選択と密接に結びついている。『国家』を書いたとき、彼は経験によって寡頭政《オリガルシー》や僣主政《ティラニー》に嫌悪をいだくようになっており、アテネの民主政《デモクラシー》における人間や政治的慣習や一般の気風を、きびしく批判した。彼はアテネ的民主政《デモクラシー》を無政府主義的と断じ、その平等主義を非難した。アテネの民主政《デモクラシー》は〔能力にもとづく有資格者の〕権能《コンペタンス》を充分に尊重していないと彼は考えたのだ。彼はスパルタの「金権政治《ティモクラシー》」〔あるいは名誉政治。政治権力が財産に比例する政治形態〕を高く評価していたが、

＊　『断片』より。

スパルタが行政官として、もっとも賢明な人びとではなく、戦争によって形成された者たちを選んだことは不満に思っていた。彼によれば、理想の国家は、人間の幸福を保証する国家であるが、幸福とは徳のことであり、徳は真理の認識によってもたらされるのである。したがって洞窟においてイデアを観照し、そこを出た人間だけが、統治する最適な者とされる。青年期において開始され、五〇歳でその豊かな果実をもたらすべき教育の後、はじめて彼らはその能力を得るのだ。この年齢以後、哲学者は真理を所有するのであり、そのとき〔都市〕国家の守護者となる。したがってプラトンが希望する「権能《コンペタンス》」の統治とは、同時に老人政治《ジェロントクラシー》なのである。彼の哲学によれば、個人の肉体的衰退は無視することができた。事実、彼によれば、人間の真実はイデアと同族であるその不死の魂のなかに存在するのであり、肉体は見せかけにすぎない。この肉体への魂の結合を、プラトンははじめは桎梏とのみみなした。後になって、魂はおのれの目的のために肉体を活用することができると考えたが、しかし魂は肉体を必要としない。年齢による衰頽は魂には影響をあたえないのだ。さらに、肉体の欲望と活力が衰えるとしても、魂はそのためいっそう自由になるであろう、という。『国家』を書いたときにはまだ若かったプラトンは、ケファロスの口を通じて老年への賛辞を語っている、「他のさまざまな快楽——肉体のほうの楽しみ——が少なくなってゆくにつれて、それだけ精神の事物に関するわたしの欲望と喜びが増大するのだ。」さらにソクラテスは、老人たちとの接触によって人は多くを学ぶと付け加えている。もっとも、彼らが集まると大部分の者は若いころの快楽に対する哀惜をくどくどと語り、近親たちから浴びせられる侮辱を歎くのは事実だと、ケファロスは注意している。彼は、しかしソフォクレスが性愛の種種な事象について「あたかも狂暴で猛々しいひとりの暴君の手から、やっとのがれおおせたように、私は無上の喜びをもって性愛からのがれ去った」と語ったことを想起している。さらにケファロスは「老いは……われわれのうちに多くの平和と自由をあたえてくれる」という言葉に賛成している。ここに表明されている精神主義的思想は、老人の性現象についての諷刺作家たちの考えと根本的に対立している。すなわち、リビドーは性的活力とともに消滅するのであり、この調和のおかげで老人は、まだ本能の囚人《とりこ》である人びとには禁じられている心の明澄さを獲得するであろう、という。数多くの反証にもかかわらず、それが人を安心させるものを含むという理由で、現代にいたるまでこの考え方は長くつづいてきた。それは、淫奔な老人という不愉快で、人を不安にするイメージを遠ざけることを可能にするのである。

老いの価値を確立した後、プラトンは「もっとも年長の者が命令し、若年者は服従しなければならない」と結論を下す。ただし彼は年齢の規準に、価値のそれを付け加えている。『国家』においては、すべての役人を取り締まる行政監督官たちは、五〇歳から七五歳までの者である。その役目がひじょうに重要なノモフィレーボスたちは、五〇歳から七〇歳までの者だ。六〇歳以上の男性は、もはや祝宴の歌や酒盛りには参加しない。しかし彼らは宴を主宰し、行き過ぎを避けさせ、そして歌の基調となる道徳的主題を弁舌で述べる。

八〇歳のとき、プラトンはふたたび『法律』のなかで、この問題について長く論じ、年老いた両親に対する子供の義務についてくりかえし強調している。子供は両親に尊敬の念をもって話し、自分の財産と身体を彼らの用に供さねばならない。人は死んだ祖先たちを礼拝するが、未来の祖先たちもすでに聖なる者なのである。「われわれは、老齢によって衰えた父または祖父、母または祖母以上に、尊敬に値するいかなる礼拝の対象も、もつことはできないのである」

アリストテレスの哲学は、きわめて異なった結論に到達している。彼の考えでは、魂は純粋な知性ではなく、動物さえもそれを所有し、そして肉体と必然的な関係を結んでいる。人間はこの二つのものの結合によってのみ存在する、すなわち、魂は肉体の形式であり、肉体をおかす疾病は個人全体に影響をおよぼすのだ。老年が幸福であるためには、肉体が無傷のままでいる必要がある。「美しい老年とは、その年齢にふさわしいゆるやかさを所有する老いのことであるが、病弱であってはならぬ。それは全体として、人が所有しうる肉体的利点に左右されるが、また偶然にも左右されるのだ」と、彼は『修辞学』のなかで書いている、さらに『倫理学』のなかでは、賢者はすべての有為転変を寛い気持で耐えることができることを認めている。しかしながら、肉体的ならびに外的な利福は、精神の幸福に必要なのだ。彼は、人間が五

○歳まで進歩すると考えている。人は一定の年齢に達しなければ、正しく振舞うことを可能にするあの慎重な知恵であるフレノシスを所有することはできず、また、それが抽象的なものではなく、具体的に生きられたものであるゆえに伝達不可能な知恵である、経験を集積することもできない、とした。しかしこの年齢の後、肉体の凋落は人格全体の凋落を招来する。『修辞学』のなかでアリストテレスは、青春を、熱意、情熱、闊達さなど、もっとも明るい色彩をもって描いているが、老いは彼にとっては、あらゆる点でその逆にみえるのである、「彼らはあまたの年月を生きてきて、しばしば欺かれ、過ちをおかしたので、また人間に関する物事はたいていうまく運ばないから、何事にも信頼をおかず、すべてのことをなすべき水準以下のところで止めてしまうのである。」彼らはけちけちし、ためらい、臆病である。他方、「彼らは悪い性格をもっている、なぜなら、悪い性格とは、要するに、何もかもいっそう悪くなるだろうと推定することだからだ。彼らはその不信の気持が原因《もと》で物事をつねに悪く考え、その人生経験が原因《もと》で彼らは不信の気持をもっているのである。」彼らは憎悪においてと同様、愛においてもなまぬるい。彼らは人生に痛めつけられたために矮小である。彼らは高邁さに欠けている。彼らはエゴイストで、臆病で、冷淡だ。そして破廉恥であり、世論を軽蔑している。「彼らは希望よりも追憶によって生きる。」彼らは饒舌であり、過去を反芻する。彼らの怒りは激しいが、力に欠ける。彼は節度あるごとくにみえるが、それは彼らが欲望をもたず、ただ利益だけを考えるからだ。彼らが生きるのは利益のためであって、美のためではない。彼らは魂の偉大さゆえではなく、弱さゆえに、憐憫に心をひらく。彼らは嘆くが、もう笑うことを知らない。

以上の叙述は、ア・プリオリの命題にではなく、広い範囲にわたる適切な観察にもとづいたものであるが、そのなかでとくに興味ぶかいことは、経験が進歩の要因ではなくて退化のそれであるという考えである。老人とは、長い人生を過誤をおかしつつ送った者のことであり、このことは彼ほど多くの過ちを重ねていないもっと若い人びとより彼のほうが優秀であるという根拠にはけっしてならないであろう。

それでアリストテレスは『政治学』のなかで、スパルタの長老会を次のように批判している。「重要な決定について終身の最高権力をもつということは、きわめて異論のある制度である。なぜなら精神には、肉体と同様に老齢があり、老人たちが受けた教育は立法家自身でさえ彼らの美徳を信用しないようなものであるからだ。」彼らがしばしば賄賂をとり公共の利益を害うことを、アリストテレスは非難している。そして彼は、老人たちを聖職に専念させるように忠告する。彼らはもはや賢明な意見と公正な言説を述べることしか要求されないであろう。

アリストテレスは、老いに関するこのような考え方から、高齢の人々を権力から遠ざけるべきだと結論する、なぜなら彼によれば老人は諸能力の減少した人間であるからだ。他方、プラトンのそれときわめて異なる彼の政治学は、〔都市《ポリス》〕国家の最高位に知識人たちではなく、一つの監察機関を置く。理想をいえば、国民全体が高い徳の持主であって、各自が交替して支配し支配されることであろう。しかしそれは具体化の不可能な、理想的な夢にすぎない。もし現実を念頭におくならば、最上の政体とは、民主政《デモクラシー》に、多量の寡頭政《オリガルシー》的性格を混ぜ合わせた政体であろう、とアリストテレスは考える。権力の行使にもっともふさわしい資格は、中流階級の軍事的美徳であり、秩序を保つのはこの階級の職務となるであろう。だが軍人は若者あるいは壮年の男たちである。それゆえ〔都市〕国家の監察機関の構成員は、老人たちから選ばれることはないであろう。アリストテレスが彼らを統治体から遠ざけるのは、種々の心理学的理由からであると同時に、社会についての彼の考え方にもとづいている。

老いに対するギリシア人の悲観的な態度は、紀元後一世紀のプルタルコスにおいても、ふたたび見いだされる。八〇歳で死んだ彼は、老いについて具体的経験をもっていた。哲学者であり、モラリストであり、生涯の終りにはきわめて信仰にあつくなった彼は――デルポイの司教であった――、中期プラトニスムと名づけられたものの代表者であった。しかし彼は、この点に関してはプラトン的楽天主義よりも、アリストテレスのきびしさに近いのである。彼は老年を悲しい秋に比較し、* 次のように書

＊　これは当時としては突飛な比較である。なぜなら古代人にとっては、秋は豊饒の季節 Pomifer automnus であったのだから。

いている、「ところで、秋とは自己の運行をまさに終えんとする〔一〕年の老いのように思われる。というのは、湿り気はまだ来ないが、暑さは立ち去っているかあるいはもう強くなく、そしてこれは冷たさと乾きの兆候なのだが、秋は身体を病気に傾けやすく、また、かかりやすくするからである。しかしながら、魂が肉体に同情してその種々の傾向を分けもつ必要があるだろうか、また、精神が凝固してふくれるため、洞察の能力が靄ですっかりおおわれた鏡と同様、鈍く曇ってしまう必要があるだろうか?」

この悲観主義は、ルキアノス*とともに紀元後二世紀までつづく。ある寸鉄詩《エピグラム》のなかで、彼は老齢の女性に呼びかける、「あんたは髪の毛を染めることはできようが、けっして老いを染めることも頬の皺をなくすこともできまい……紅や白粉もヘカベをヘレネにはしないだろう。」『死者の対話』のなかでは、エウリピデスと同様、彼は老人たちが生にしがみつく執念に驚いている。そして彼らについて、二度ないし三度も冷酷な肖像画を描く、「老いさらばえた老人とは、歯は三つしかなく、かろうじて生きのび、歩くには四人の奴隷にすがり、鼻水をたえず垂らし、眼は目やにでいっぱい、あらゆる快楽に無感覚で、生きた墓さながら、若者の物笑いの種。」

またもや、衰弱して、半ば死んだも同然の不幸な老人は、憐れみでも嫌悪でもなく、嘲笑をひき起こす。その理由はすでにみたとおりである。

ギリシアの美術作品にあらわされた人物像は文学と一致している。〔紀元前〕五世紀とそれにつづく数世紀の壺には、老いと戦うヘラクレスがみられ、老いは、憔悴した小人《こびと》か、あるいはやせほそって皺がより、ほとんど頭の禿げた人物として描かれている。またときとしては、長い髪とひげを具え、ひざまずいて許しを乞うひじょうに背の高い姿のものもある。四世紀にデメトリオスは、リュシマコスを醜悪な老婆の姿に彫刻した。

*

老人の境涯と社会の安定とのあいだには緊密な関係があることを、ローマ史は示している。最古代のローマ人には、老人たちを溺死させて厄介払いをする習慣がおそらくあったらしい、なぜなら彼らを橋送り ad pontem

することが語られていたし、元老院議員たちは橋送りされざる人びとdepontaniと呼ばれていたからである。ほとんどすべての社会におけるように、選ばれた階層《エリート》に属している老人たちと大衆に属している老人たちの境涯のあいだには、根本的な対照が存在していたのであろう。いずれにせよ、後になると、新生児たちが家長pater familiasの意志のままに捨てられることがつづくのに反して、老人たちの生命に危害を加えることはもはや問題外となる。私有財産が法律に保護されているとき、老人たちが所有者としてどれほど尊敬されたかを私はすでに述べた。ローマの諸制度が固く確立されたときも、これと同じであった。私有財産は多様な形をとっていた。ローマ貴族《パトリキ》たちの財産は、最初は土地であった。しかし彼らはまた多くの貸家を、またときには租税の取立てや公共事業を請負う大規模な企業体の株を所有していた。第二階級の市民たちは財政上の貴族階級を形成し、金銭を高利で貸していた。さらにまた商取引きも富の源泉であった。こうしたあらゆる領域において、一般に市民の財産は、それを管理し増殖することに一生を費した生涯の終りになると、より莫大となったのである。富裕な者のなかには多数の老人がかぞえられ、彼らの財産は威信の源の一つであった。

最初に権力を掌握したのは彼らであった、すなわち、長老会《セナッス》(=元老院)は行政官の経歴の終りに達した富裕な土地所有者たちで構成されていたのである。紀元前二世紀まで、共和国は強力であり、統一がとれて保守的であった。秩序が支配し、富による特権は大きかった。共和国は寡頭政《オリガルシー》によって統治されており、寡頭政は、保守的傾向という点で自分と一致する老年を優遇する。元老院のかずかずの特権は莫大であった。それはローマの外交を完全に支配し、重要な軍事上の命令権を手中におさめている。軍隊の首長は誰でも、元老院の構成員のなかから元老院によって選ばれた副官たちによって補佐される。元老院は財政を管理する。反乱とか背任といった重大な違犯を裁くのは、元老院である。高位の行政官に到達するのは、かなり高齢になった者でなくてはならない。「名誉ある職歴」はきわめて注意ぶかく規制されていた

* ルキアノスは古代世界に属する。懐疑的、諷刺的で、反宗教的であった彼は、キリスト教を知りはしたが、これを嘲笑するだけであった。

ため、急激な昇進をすることは不可能である。他方、老人たちの投票は他の市民たちのそれよりもいっそう重味をもっていた。ローマでは「百人組」ごとに投票するのであるが、年長者《セニオレス》の百人組は、同等な選挙上の価値をもちながら、若年者《ユニオレス》のそれよりもはるかに少数の個人から構成されていた。したがって法律上の多数は数量上の多数に対応するものではなく、高齢者のほうが有利なのである。

この政治的状況は、本質において農業的な経済に根をもつイデオロギーにもとづいている。農民は新奇さを警戒するものであり、ローマ人における本質的美徳は不変性〔恒久性〕ということであった。mos majorum（先祖たちの慣習）は法律と同じ力をもち、古代の知恵への信仰を当然のこととして要求していた。先祖たちは家庭のなかに現前しつづけており、死者たちの霊は一定の日に冥府から戻ってくるので、供犠によって彼らをなぐさめる必要があった。人びとは伝承を遵守して、彼らに服従しなければならなかった。不変性は、すべての市民に対して、祖国や司法官たち、そしてとくに父親への敬虔な心《ピエタス》が要求されることによって保証されたのである。

一つの問題が歴史家に提起されている、すなわち、停滞を約束されているかにみえるこの因襲的な社会が、それにもかかわらず数世紀のあいだに世界制覇を実現した、ということである。戦士たちは一つの階級《カスト》を形づくらず、特権を保有してもいなかったのに、ローマ帝国主義は元老院の指導の下に発展するのをやめなかったのだ。なぜだろうか？

これに対する歴史家の答は明確でない。共和国の終りごろには、征服は一種の無秩序《アナーキー》の物質的ならびに精神的諸条件をつくりだし、それがさらに征服へと駆りたてた、という。しかしどのようにしてこの歯車現象《アングルナージュ》が機能しはじめたのだろうか？　その理由として、農業的国民の貪欲さ、安全への配慮、ローマ人の傲慢、富への欲望、私的な野心、などがあげられている。確かなことは、軍事的拡大が経済の膨張に奉仕していたことである。集められた分捕品や、戦争の賠償金や、〔被征服民から〕取りたてられた租税によって、ローマははなはだしく富裕になった。また目立つことは、この征服の特質である、すなわち、アレクサンドロス大王のそれに比較すると、それは緩慢である、きわめて緩慢でさえある。共和国の末期を除いて、征服は社会的政治的役割が顕著な個人たちによって遂行されたのではなく、将軍たちは、栄誉に輝く者でも、ローマのたんなる奉仕者にとどまっていた。元老院、つまり高齢な人びとによって導かれたこの集団的事業は、既成秩序の不変性に対立することなく、整然と、間断なく、つづけられるのだ。数世紀のあいだ、それは既成秩序をかき乱さない。

老人たちの特権的状況は、家庭の内部で確立される。家長の権力はほとんど限りがない。彼は事物に対するのと同様の権利を人間に対してももっており、殺し、傷つけ、売る、ことができるのだ。この権力は、当人の死、あるいは——きわめて稀な場合だが——公共生活から市民を切り離した公民権の剥奪《カピティス・デミヌシヨ》によってのみ消滅するのである。自分の父に暴力をふるった息子は、怪物《モンストルム》とみなされ、もはや人間社会に属さないものであったのだ。彼は sacer と宣告された、つまり死刑に処せられて、人間界から投げ捨てられたのだ。若者が結婚しようと望むときは、彼の父親の同意ばかりでなく、もし存命であれば祖父の同意も必要であったが、これは家父長が最後まで権威を保っていたことを立証している。

理論的にはそうする権力があったとはいえ、父が子を奴隷として売ることは、しだいに例外となっていった。さまざまな風習や慣例が、彼の権威の行使を制限していたと思われる。ローマの主婦は家庭内で多大の影響力をもっていたが、* このような権力の分割は、子供たちに対して有利に作用したにちがいない。文学が風俗をどれほど正確に反映しているかは、定かでない。しかし、もし老人たちが中国におけるほど強力であり尊敬されていたならば、プラウトゥスが舞台の上で彼らを嘲弄してあれほどの成功をおさめたとは、とうてい想像できない。ローマ喜劇《アテラネス》は、滑稽な老人という人物をギリシア人から受けつぎ、この人物はカスナルとかパプスという名前で登場した。プラウトゥスはそういう老人に主要な役割をあたえている。彼の考える老人とは、つねに吝嗇から息子の快楽を邪魔したり、また——アリストファネスにおけるように淫奔で——息子と恋を競う父親である。父親は

＊ ローマの婦人は、父の氏族《クラン》と夫の氏族《クラン》との両方に所属していたおかげで、その一方についての不満を他方に訴えることができた。父親から財産を分けてもらったあとは完全に経済的独立を獲得した。家庭にあって、奴隷たちの仕事を指揮し、彼女は子供たちの教育に大きな役割を果たした。

息子の愛する女を盗もうとして、自分の富と卑劣な策略を用いる。たとえば彼はその女を買いとり、自分の奴隷と結婚させ、しかし婚礼の夜にはベッドのなかの席を自分に譲らせるように定めておく。しかしいつも、息子を助けにくる別の利口な奴隷のおかげで、たくらみは失敗する。彼は仮面をあばかれ、彼の妻──つねに醜くて怒りっぽい──にひどく責められる。彼は家族全体と隣近所の笑いものになる。これが『アシナリア』の主題であるが、ここではデメネテウスは破廉恥な元老院議員で、妻から侮られ、奴隷たちから軽蔑され、息子からはもはや父親とは思わないと否認され、娼婦からは嘲りを受ける。『カシナ』においては、スタリノンは、息子が愛している若い娘に気に入られようとして香水を自分にふりかけるが、彼女と共寝すると思ったベッドでは、彼女は一人の男にすりかえられている。これは『商人』の主題でもある。『二人のバッキス』のなかでは、二人の老人が自分たちの息子を娼婦からひき離そうとするが、反って彼らのほうが放蕩におちいる。

たとえ老人たちが正直で親切であっても、彼らが嘲笑の対象となるには、その年齢だけで充分である。『エピディクス』のなかの二人の老人は淫乱でもなく、意地わるでもない。しかしこの戯曲の喜劇性は、彼らがずるい奴隷に金銭《かね》をまきあげられるところにある。『幽霊』のなかでは、息子の放蕩に忠義だてする奴隷からだまされる、お人好しのテウロビデスを見て観衆は面白がる。

プラウトゥスは、好感のもてる老人の登場人物を多く創造した。その卑しい貪欲ぶりにもかかわらず、『金の小壺』におけるエウクリオは、結局においては愛情ぶかく気前のいい善良な父として姿をあらわしており、彼と同じほど年取った友人の一人は、正直で柔和で、持参金なしの彼の娘と結婚する。『プセウドルス』、『網』、『三文銭』、そして『カルタゴ人』においては、登場する老人たちは、にこやかで聡明で善良である。いちばん立派な老人は、『法螺吹き兵士』のなかの老人である。この戯曲で不埒な人物は、男盛りの軍人であるが、逆に、ペリプレクトメネスは、才気にみち、快活で、青年に親切で、心が若く、人生を気持よく生きる術を知っている賢者である。彼は女主人公の恋人を助けて、空威張りする軍人から彼女を守るのに力をかす。そして微笑しながら自分という人物について語り、老年が用心すべき種々の悪癖を次のように示している、「食卓で、わたしは政治についてわめき立てて他人をうるさがらせたりしないし、食事中、けっして自分のものではない女の服の下に手を入れたりもしない。またあわてて隣の人の皿をとりあげたり、彼らより先に盃を手にしたりはしない。またけっして酒を飲んだために気持が高ぶり、宴会の中途で喧嘩を売ったりはしない。」プラウトゥスの戯曲のなかでただひとり、彼だけが一度も結婚せず、妻も子もないことをみずから祝福している。プラウトゥスの戯曲のなかで自分の年齢を嘆く老人は一人しかおらず、彼は――『メナエクムス兄弟』のなかで――次のように言う、「われわれの背中を曲げる意地のわるい年月は、たちのわるい荷物だ。なんと嫌な思いや苦しみを押しつけてくることか！」

　年取った女性の役柄は数が少なく、口うるさい妻とか、多かれ少なかれ取りもち婆である老いたる娼婦などであって、重要ではない。プラウトゥスが問題にするのは、とりわけ一家の父なのである。おそらく当時の若者たちは苦々しい気持で家長の権力を身に感じていたのであろう。彼は財布の紐をにぎり、若者たちの運命を左右していたのだ。彼が戯画されるのをみて、彼らは抑圧から解放されて嬉しかったのだ。またおそらくは若者も壮年の者も、老人に支配されることに大きな不満をいだいていたのであろう。『アシナリア』のデメネテウスは、たんに父親であるだけでなく、年老いた元老院議員でもあるのだ。とはいえ、淫らでばかげた暴君に、プラウトゥスは愛すべき老人を対比させている。高齢はそれじたいでは尊敬されるべきものであるが、自分の悪徳を満たすために権威を乱用するならば、この尊敬にふさわしくなくなるのだ。プラウトゥスは無条件で息子たちの側に立っているのではない。彼らはしばしば不品行で打算的なエゴイストとして描かれている。

　〔プラウトゥス〕より教養があり洗練されていたテレンティウスは、世代間の争いという問題を、もっとまじめにそしてニュアンス豊かにとり扱った。メナンドロスから題材を得た『アンドロスの女』においては、高齢の登場人物たちは好感がもてるが、影がうすい。『自分で自分を苦しめる人』のなかでは、彼らはもっと肉付けがしっかりしている。六〇歳をすぎた二人の主人公は、金持で専横に振舞う。気性が激しく感情的なメネデメスは息子の結婚に反対をし、息子はアジアに去って軍隊に加わる。絶望した父親は、後悔のあまり「自分自身の刑罰執行人」となって、骨の折れる仕事を自分に課す。同様に息子と対立するクレメスは、いつも大仰な言葉*を口にする偽哲学者であり、彼にはすぎた妻を口やかましく責め、奴隷たちにだまされてしまう。クレメスの息子は、かなりの悪党であるが、嘆いて言う、「父親とは若者にとってなんと不公平な裁判官だろう！ 生まれたときから俺たちが老いぼれであることを望んでいるらしい。」戯曲の終りまで、メネデメスの雅量や寛大さ、そして息子への愛情の力は衰えることがない、たとえ彼が息子の振舞いに心配し、息子のために財産を失うのではないかと――まちがって――思いこむときでさえも。

『兄弟』のなかにも、よく似た一組が登場する。デメアには二人の息子があったが、その一人を、結婚していない自分の弟のミキオに託した。ミキオは寛容と善意にみち、若さというものを愛し理解している。養子もまた彼を尊敬しており、誰もが彼を好きである。一方、自分自身に対してと同様に他人にもきびしいデメアは、彼に逆らう息子をいじめる。最後になって彼は理解し、態度を変える、「わたしだってやはり子供たちに好かれたいのだ。」『ポルミオ』では、主人公の父デミポは専横で怒りっぽい人間である。息子が自分の不在中に結婚したことを知ったとき、彼はひどく怒って、息子に別れろと強いる。

プラウトゥスよりも教訓的なテレンティウスは、父親たちに向かって、息子と彼ら自身を幸福にしたいと思うなら、どのように振舞うべきかを教える。彼は老人たちを物笑いにするというよりは、彼らに注意をあたえようと努めているのだ。彼の戯曲からも、当時の若者たちが苛々しながら権威に従っていたことが結論されよう、もっとも、この権威は世論の圧力によって制限されるようになってはいたが……。

寡頭制政体の衰微とともに、老人たちの特権が減少し、ついで崩壊するのを認めることは、きわめて印象的である。グラックス兄弟以後、もはや安定した政府の多数党はなく、ただ連立の多数党が存在するだけである。土地均分法**による改革とイタリア改革***の失敗は、共和政体の息の根をとめる。ローマの〔世界〕制覇は結局において政治的社会的解体をもたらすのだ。この動揺の時期がつづくあいだ、元老院は少しずつ自己の権力を失い、それは軍人たち、すなわち若年の男たちの手に移ってゆく。行政官たちは評議会の権威から解放される。ひとたび個人の権力が確立されると、元老院の影響力は衰える一方となる。若い男である皇帝は、現実には元老院なしで支配する。元老院は政治的そして行政上の機能を奪われる。二七一年ごろ、ガリエヌス帝の治世とともに、元老院はその財政上の、また貨幣鋳造に関する特権をも失う。それと同時に、家長の力は制限された。人間に対する権利は、事物に対するそれと同一視されなくなった。生殺与奪の権利の行使は、殺人とみなされた。主人からなんの助けもなく放置されていた老齢あるいは病弱の奴隷は、自動的に解放された。

　このような展望の下にキケロの『老年について』を読まなければならない。六三歳の元老院議員である彼は、久しい以前からぐらついていた元老院の権威がふたたび強化されるべきであることを証明するために、老年の擁護を構想したのだ。彼が書いた時期においては、もはや貴族も金持も自己の快楽と野心しか信じていなかったが、公には、仮面をかぶって、慣習的な〔倫理的〕諸価値を遵守していた。キケロが拠りどころとしたのはこれらの諸価値である。とくに、元老院の衰微がはじまってからは、ストア哲学が歪曲された形でローマにはいりこんでいた。元老院議員たちは、それを保守的イデオロギーにつくり変えたのである、すなわち、世界は調和であり、自然あるものはすべてよく、各要素は全体のなかに指定された場所に甘んじるべきであり、現状維持を尊重すること、そして特権者たちは彼らの特権を保持すべきである、とする。『老年について』のなかには、こうした便利な諸観念の反響がみられる。

「極度の貧窮においては、たとえ賢者にとっても、老いは耐えられるものではない」ことをキケロは認めてい

*　次の有名な言葉、「わたしは人間であり、人間に関することでわたしにかかわりのないものは一つもない」と言うのは彼だが、それは彼の好奇心をそそる隣人の私的な事柄に容喙したいからなのだ。

**　これはローマ市民のあいだで土地を分配するはずのものであった。

***　これは「イタリア人」たちにも市民権をあたえて土地を分配するはずのものであった。

る。しかし貧乏な人びとは元老院議員ではなく、ここで問題とされているのは元老院議員なのだ。キケロは、彼らが高齢によって失格するどころか、かえって能力を増すことを論証しようとする。このために彼は、八〇歳でなお自己の諸能力を完全に所有していた大カトーに語らせる形式をとる。まずカトーは、老いは評判が悪いことを認める。しかしそれは偏見によるのであり、彼はそうした偏見を論破しようと努める。

老いはもはや何ものも生み出さない、といわれている。これは偽りである。偉大な事物は「分別、権威、考え深い成熟などによって成し遂げられるが、老いはそれらのものを欠くどころか、反対にもっとも豊かに所有している」のである。「もろもろの国家は、つねに若者らに破壊され、老人たちによって救済され再建された。」カトーは老人の精神諸機能が減退することを否認する。「老人は、それを使ったり豊かにすることを諦めないかぎり、自分の精神を完全に保持する。」キケロは、ソフォクレス、ホメロス、ヘシオドス、シモニデス、イソクラテス、ゴルギアス、ピタゴラス、デモクリトス、プラトン、その他多数の人の名前を自説のささえとしてあげている。彼は、「わたしが老いについてもっとも悲しく思うのは、この年になると若者たちから醜悪に思われるだろうと感じることである」と言ったカエキリウス*の意見に反論している。

第二に、老人は力に欠けている、といわれる。だが肉体の力などは取るにたらないものなのだ、自己の腕について「ああ！　わたしの腕はもう死んだも同然だ！」と嘆くミロンは、軽蔑の対象でしかない。「英知と有徳の教えをあたえる人間がどれほど弱く衰えていようとも、わたしはつねに彼を幸福な者とみなすであろう。」八〇歳を過ぎても、自分はいぜんとしてみずみずしく快活であるとカトーは宣言する。健康のすぐれぬ老人たちはいるが、しかしそれは若者についても同じだ。「俗に第二の幼年期と呼ばれるあの老いの愚かさは、すべての老人にではなく、生まれつき貧弱な精神をもつ老人たちにのみみられるものである。」

次にキケロは、『国家』のなかで提示された決まり文句、すなわち、老人はほとんど快楽が味わえない、という言葉をとりあげ、それは、老人が情熱や悪徳から救われていることを意味し、これこそもろもろの特権のなかでもっとも羨むべきものだ、と言う。老人の健康によい性的不能をつぐなうために、カトーは飲食の快楽や、会話、勉学、文学、耕作などの楽しみを提案している。彼はとくに「人が欲しいと思わないものを欠いても、この欠如はそんなに苦しくはない」と断言している。しかし実際には、人は自分のなかの欲望を殺してしまう毀損のほうを、快楽の欲求不満よりもはるかにきびしく感じることがあるのだ。そして、一つの官能を失ったことは、それをつねに満たすことができないことよりも、悲しむべきことなのだ。

　キケロはまた、アリストテレスのきわめて正当な指摘を忘れて、老いのせいにされる種々の欠点は、年齢ではなく性格に由来すると断言している。たとえば『兄弟』のなかの一人の老人は魅力的だが、他の一人はいやらしいではないか。このことから彼は、有徳な生涯をまっとうすれば、老いは愛すべくまた幸福であるという、教訓的結論をひきだすのである。

　最後に彼は、次のような常軌を逸した推論を示すところまで進む、すなわち、死は老人と同じく若者も襲うものであるが、その証拠は老人の数がきわめて少ないことだという。それに死は少しも恐ろしいものではない。「自然なものはすべて善いものとみなされなければならぬ。」ストア主義から吹きこまれたこの結論に到達するのであったら、彼はこの論文を書かなくてもよかったであろう、なぜなら、老いは死と同じほど自然なのであるから。

　一〇〇年の距りをおいて、セネカは——はるかに簡潔に——キケロと同一の考えを、類似した理由によって、『ルキリウスへの書簡集』のなかで支持している。彼は当時のもっとも富裕な人間の一人であった。クラウディウス帝によって追放され、メサリーナに呼び返されてネロの家庭教師となった彼は、ネロが帝位についたとき、アグリッピーナの権勢に対して元老院の勢力を甦らせるため、自分の影響力を利用した。彼はブリタニキュスの財産の分割に加わり、執政官となり、自分の政策を行なわせるためにあらゆる手段を用いた。彼はアグリッピーナ殺害の共謀者だった。六二年ごろ、彼は致仕を願いで

＊　紀元前一六六年に死んだ喜劇作者カエキリウスは次のようにも書いている、「まったくのところ、老いよ、お前がほかになに一つ災厄をもたらさないとしても、お前がやってくるだけで充分な災厄だ。」

たが、ネロは許さなかった。セネカは、ネロの傍において彼が代表していた元老院の意見に対する担保であったのだ。彼はこの人質という役割をつづけたが、*しかし以前ほどの活動は示さず、自分の家にいっそう閉じこもるようになった。彼が『書簡集』を書いたのは、そのころ、つまり六一歳のときである。彼は、私がキケロについて上述したような、歪曲された形でストア主義を説いた。この利己的な楽天主義と、元老院のためを図る政治的姿勢が、老いについての彼の考察を規定している。すべての自然なものと同様、老いはよいものであって、どのような衰頽をももたらさない。「老いを歓迎しよう。そして愛《いつく》しもうではないか。もしそこからひきだす術《すべ》を知っていれば、それは楽しさにあふれている。果実はその熟れ落ちるときこそこよない味わいがあるのだ。まだ急激さの少しもない速度で年月の坂をすべる時期こそまことに快いかぎりだ。……そういってよければ、快楽の必要をおぼえないことは、快楽にとってかわることにさえなる」（書簡一二）。さらに書簡二〇においては、「魂がもはや肉体とあまり交渉をもたなくなるとき、魂は若やいで開花する」と言っている。

以上で、ソロン、プラトン、キケロそしてセネカが、どのような利害関係に規制されて、これら老いへの賛辞を述べたかを見た。この賛辞を、その後、特権者たちは真理がそこにあると主張しつつ、世紀から世紀へと満足げにくりかえしとりあげるのである。しかし学者の客観的意見はきわめて異なっている。大プリニウスは、次のように簡潔に書くとき、明らかな真理を述べているという確信をもっている、「人生の短さはたしかに自然の最大の恵みだ。感覚は鈍り、手足はしびれ、視覚や聴覚や両の足、歯そのものと消化器官〔の死〕が、われわれ自身の死に先んずるのである。」

詩人たちもまた、彼らの詩からどのような利益も期待していないため、道徳学者《モラリスト》たちよりはるかに誠実だった。キケロが没し、セネカがまだ生まれていないころに、ホラティウスとオウィディウスは彼らの作品を書いた。まだ若かった彼らは、老いを一般的境涯としてではなく、個人個人の経験としてみており、それが彼らに感じさせる苦い味わいを表明している。ホラティウスは、イオニアの詩人たちになじみ深い主題をふたたび見いだし、彼らと同様に、酒や女や快楽を歌う。老いの到来とともに、生きる喜びを形づくっていたものはことごとく消えてしまうのだ。彼は「陰気な老い」について語る。「ほがらかな恋愛と安らかな眠りを追いはらって、悲しい老いがやってくる」と彼は書く。陽気な春から冷たい冬に進む季節の推移＊＊を叙述したのち、彼は結論する、「早く過ぎさる季節は、ともかく神々のおかげで甦ることができるのに、われわれときたら、あの敬虔なアイネアスやトゥルスやアンクスら〔ローマの伝説的王たち〕の憩うところに降りたが最後、もはや灰と埃にすぎない。」

　オウィディウスは、時と老いのなかに荒廃させる力をみる者の一人である、「おお、勢も猛に荒しまわる時よ、そしておまえ、羨《やっか》む老いよ、おまえたちは力をあわせて、ありとある物を破壊し、おまえたちの歯でゆっくりと嚙んだ末、ついにゆるやかな死のなかですべての物を滅ぼし尽くすのだ」

　老いの醜さを、ユヴェナリス以上に荒々しく叙述した者はなかった。その『第十諷刺詩』において、彼は不用意な願いはするものではないと人びとに注意し、長生きの願いもその一つであると言う、「どのような不倖《ふしあわせ》のかずかずに――そしてなんという不倖だろう――長い老いに従わねばならないことか！　まずはじめには、顔の形が変わり、いとわしく、見分けがつかなくなる。皮膚のかわりに汚ない皮となり、頬は垂れ下がり、皺はといえば、タバルカの暗い森で年老いた母猿が口のまわりでかきむしるやつにそっくり。……老人どもは誰もみな同じだ。声はふるえ、手足も同様。つるつるの頭蓋には髪の毛はない。赤ん坊と同じように鼻水を垂らしている。パンを嚙むのに、老人は哀れにも歯のない歯ぐきしかもちあわせない。彼は女房や子供たちや自分自身にもあまり厄介をかけるので、遺書のために追従を言うコススふぜいをさえうんざりさせるだろう。口蓋はもう感覚がなくなって、むかしのように酒や料理を味わえない。色ごとについてはどうかというと、もうずっとむかしに忘れてしまった。……老人どもが集まると、ひとりは肩が、もうひとりは腰が、他のひとりは腿が痛むと歎く。ひとり

＊　やがて、ピーソの謀反に連座させられ、死刑を宣告された。

＊＊　彼はヒポクラテスの主題の一つをここでふたたび採りあげているのであり、それは現代にいたるまで果てしなくくりかえされるであろう。

はすっかりめくらになってめっかちを羨むというしまつ。……老人にはもう分別なぞありはしない。長い生涯の報いとては、次々と大切なものを失う淋しさ、うちつづく喪、そして果てしない悲しみにとりまかれた黒い衣服の老い、それだ。」

生理的衰頽、疾患、毀損、とつづくこの画面のなかで、老いの悲惨さをつぐなうものは何もない。ユヴェナリスは、まだ何人も表明しなかった思想で結論を下した、すなわち、年を取るということは、われわれに親しい人びとが死ぬのをみること、喪と悲しみに運命づけられること、なのである。*

ローマの詩人たちは、とりわけ粗暴に、年老いた女性の醜さをあばき見せた。ホラティウスは、『エポーディ』のなかで、恋に狂う老婆を嫌悪をもって描いており、魔女カニディアに対しても同様に優しくない。老齢の女性の外観はいとわしい、「おまえの歯は黒い。年経た老いがおまえの額に皺の溝をうがち……乳房は牝馬のそれのようにだらりとしている。」彼女は臭い匂いがする、「なんという汗、そして彼女のぐにゃぐにゃの手足のいたるところにひろがるなんというおぞましい匂い。」オウィディウスは、『悲しむ人たち』のなかで、憂愁さによって少し和らいだ残酷な口調で、愛する女の未来の顔を描きだす。** 彼はペリルラに言う、「この魅惑的な顔も年月の経過とともに変わるだろう。この額も時間《とき》に害われて皺がきざまれるだろう。この美しさは、一歩一歩音もなく進みくる無情な老いのとりことなるだろう。彼女は美しかったと人は言うだろう。そしておまえは悲嘆にくれ、おまえの鏡を不実だと責めるだろう。」彼はまた、呪いをかけて「純真な恋人たちを堕落させる」取りもち婆の魔女ディプサスについては、もっときびしい肖像画を描いている。プロペルティウスに罵倒されるアカンティスもまた、胸の悪くなるような取りもち婆である、「彼女の皮膚を透かして骨が全部数えられる。血のまじった痰が欠けた歯のあいだをとおってゆく。」マルティアリスは『エピグラム集』のなかで、すべての老人たちを、しかしとくに女性を痛めつけている、「ヴェトゥシルタよ、そなたは三百人の執政官をもてなしたのに、もう三本の髪毛と四本の歯しかない……。」「布晒し用の泥のはいった瓶や、腐った漬物で傷んだ壺よりも、タイスは臭い匂いがする。」男性の立場からすれば、女性の境涯は色情の対象であることなので、年を取って醜くなるとき、彼女は社会のなかに割り当てられた場所を失うのである。彼女は怪物《モンストルム》と化して、嫌悪と、そして恐怖さえもひき起こす。ある種の未開人におけるように、人間の境涯の外に脱落するとき、彼女は超自然的特性をもつにいたる、すなわち、呪術師であり、危険な力を備えた魔女なのである。

　これらの罵倒にもかかわらず、諷刺の大部分が猛烈に攻撃するのは、やはり老齢の男性である、つまり権威と富を所有している者たちである。ギリシア・ローマの作家を読むと、私がこの章の冒頭で主張したことが確認される、すなわち彼らの作品は社会的重要性のない老人たちには、どんな場所もあたえていないのである***。問題にされているのは、年取った世代に掌握されている権力なのだ。古い世代についての壮年期の男性たちの態度は両義的である。彼らは自分の階級に利益をもたらす秩序を維持するために古い世代に頼り、富裕な老人のなかに、私有財産の神聖な権利を尊重する。それでいて彼らが自ら制度的に高齢者に付与するその地位を羨み、そして日常生活においては、この地位の恩恵をこうむる老いたる個人たちを憎むのである。

　ギリシアにおいては、悲劇はほとんど超自然的な後光《アウラ》で老人たちを飾るが、ローマではそうではない。両者において、喜劇作家や諷刺詩人は、高齢者の経済上そして政治上のかずかずの特権と彼らの肉体的衰頽とのあいだの対照をあばきだす。彼らは――そして民衆も彼らとともに――これら人間の残り屑が政治を論じ、裁判を行ない、国家を統治し、一家に君臨する権利を付与されていることに憤慨する。『プルートゥス』のなかでは、国家の運命を決定するために議会へおもむく老人たちはほとんど歩くことができない有様である。

*　ヴィクトル・ユーゴーはこれらの詩句から霊感を得た。この主題は多くの作家によって自発的に採りあげられてきた。

**　これはわれわれがすでにギリシアの詩人たちにおいて出会った主題である。

***　『イオン』のなかには年老いた奴隷が登場するが、彼は女主人公クレウサを養育したのであり、彼女から父親のようにみなされている。彼のなかに一家の継続が体現されているのだ。彼はクレウサの腹心であり、忠告者であり、その意図の実行者である。彼は相対的な存在であり、その重要性は彼が献身的に仕える王女に由来する。彼には個人としての存在はない。

老いによる衰頽が社会的に制裁を受けないことを不当と思うのは、とくに若者たちである。プラウトゥスの戯曲のなかで感じのいい老人が息子にだまされるとき、観衆は拍手喝采する。若者たちは老人が嫌いである、とカエキリウスは断言する。老人は「若い者の嘲笑の対象」である、とルキアノスは言う。たしかに若者は、羨望と恨みと憎悪の気持で老人の権威に服していたのだ。ユヴェナリスの猛烈さは、彼が世論の代弁者であればこそ説明がつくのだ。キケロは、人が老いについてもつさまざまな観念を「偏見」とみなすが、しかし一般に老いが嫌われていることは彼も認めている。喜劇作家やその観衆の眼に滑稽と映る老いは、詩人たちにとっては、それによって毀損されることを恐れる破壊力である。老いを弁護するモラリストは、政治的理由のためにそうするのだ。自分の利害がかかわっていなかったアリストテレスは、老いを陰気なものとして描いた。

＊

二つの事実が古代世界の終末を告げる、蛮族《バルバロイ》の侵入とキリスト教の勝利である。これら蛮族における老人の地位はどうであったか？ それを知る資料は乏しい。彼らの神話のなかには、若者の利益に終わる世代間の争いという思想がふたたび見いだされる。スカンジナヴィアにおいてもそうであった。アイスランドの詩人や物語作者によると、宇宙の起源は氷の塊だった。氷からユミールという巨人が生まれた。彼が眠っているあいだに、男女一対の巨人が彼の左腋の下からあらわれ出た。氷はまた一頭の牝牛を生み、牝牛は霧氷のこびりついた岩をなめて、本物の人間であるブリを出現させ、そしてブリは息子ボルを生んだ。ボルは、ユミールから生じた一対の巨人たちの娘であるベスティアと結婚し、二人の結合から三人の神々、オーディン、ヴィリそしてヴェーが生まれた。彼らはユミールを殺し、その血のなかで巨人たちはみな溺れ死んだが、ベルゲルミルだけが妻とともに逃げた。神々は世界を創造して、それを支配した。

ゲルマンの神話もまた、神々の黄昏を根拠として、若さの優位を確定する。神々が長らく世界を統治した後、強大なオーディンをはじめすべての古い神々と、新しい神々とのあいだに大きな戦闘が行なわれる。後者が勝ち、他の神々はすべて滅び、宇宙は虚無と化す。大地はのみこまれる。それから世界が甦り、昔の太陽の息子である若々しい太陽が姿をあらわす。大地が波から浮かびあがる。生き残ることに成功した数人が新しい人類を生む。神々にとってさえ、長い年月の消耗によって場所をゆずることを余儀なくされる瞬間《とき》が来るのだ。スラヴ人においては、最初の神である《天》スヴァログは、平和裡に息子たち《太陽》と《火》に権力を譲渡する。

ローマに征服された諸民族や、侵入者である蛮族たちについて、正規の歴史はほとんど教えるところがない。カエサルは、ゴール人は死を望む年寄や病人を殺したと語っている。プロコピウスはヘルル族について同様のことを報告している。移動集団をなし、戦うためにのみ生きた、戦闘的な征服者であったこれら蛮族たちの大部分については、アンミアヌス・マルケリヌスがアラニ人について語ったことと同じことが言えたのであろう、「年老いて、あるいは事故で死ぬことは不面目と怯懦にほかならず、彼らはそうした死者に恐るべき侮辱を浴びせる。」このような社会では、老人たちは数が少なくて、軽蔑されていたにちがいない。こうした戦闘的移動集団が土地に定着してからも、老人たちの生活はいぜんときびしかったであろうと推測される。ゲルマン人においては家族の連帯性はきわめて緊密であったから、「穀つぶし」たちも世話されていたと考えていいだろう。しかし年を取るにつれて個人は価値低下をこうむったことを示す一つの明確な事実がある、すなわち、自由人を殺した場合に要求される償いの罰金額である。六世紀における西ゴート族の法律は次のように要求していた、

一歳の子供については六〇スー金貨、
一五歳から二〇歳までの少年については一五〇スー、
二〇歳から五〇歳までの男子については三〇〇スー、
五〇歳から六五歳までの男子については二〇〇スー、
六五歳以上の男子については一〇〇スー、
一五歳から四〇歳までの女子については二五〇スー、
四〇歳から六〇歳までの女子については二〇〇スー、
ブルグンド族の法律では、価格は次のごとくであった、
二〇歳から五〇歳までの者については三〇〇スー金貨、
五〇歳から六五歳までは二〇〇スー、六五歳以上は一五〇スー。サリカ法典はあらゆる年齢の人間について同一の金額を要求していた。

古代世界の終末を画する他の出来事は、キリスト教の勝利である。それはローマ帝国の内部で確立し、蛮族のあいだに伝播し、そして西欧のイデオロギーとなった。それは風習を柔らげること、とくに老人たちの境涯を改善することに成功しただろうか？　どうやら疑わしいようだ。キリスト教は博愛と相互扶助というその原初的理想を放棄することによってのみ、伝播することに成功したのである。すでに三世紀において、世俗的精神がキリスト教徒のあいだにはびこっている。この新しい宗教は、風習の上にほとんどいかなる感化もおよぼしていない。それは三七四年にローマにおいて、嬰児殺しを禁止させたが、棄子を禁止するまでにはいたらなかったし、奴隷制を禁じてもいない。それがさまざまな民族に採りいれられたのは彼らの慣習に服したからであり、とくにゲルマン人の慣習によって悪影響を受けた。聖職者の首長たちは、精神性の後退を容認し、聖者礼拝は異教的迷信を甦らせている。

改宗させた諸民族の風習によって実際面で堕落したキリスト教は、思想的には古代〔ギリシア・ローマ〕の思考を受け継いだ。キリスト教ははじめはそれに対立した。最初、それはギリシア・ローマの古典思想とはまったく無関係であり、もっとも賤しく無教養な階層に呼びかけるものであった。しかし三世紀以後は、〔ローマ＝カトリック〕《教会》は古典文化を、細分化し歪曲しながらではあるが、同化したのである。上記《さき》にみたように、いくつかの例外を別にして、古典文化は老年についてきわめて暗いイメージをもっていた。これの反響を、あの偉大な編纂者セビーリャの聖イシドール*に見いだすことができる。『博言誌』――東ローマ帝国の著作家たちのテキストを集成した、一五五六年出版の百科全書――によれば、聖イシドールは、（一週間の日数との類比から）人生を七つの時期に区別した。若さは三五歳から四五あるいは五〇歳までつづく。それ以後は老年《セネクタ》である。「この年齢の後、ある者によれば七〇歳ごろまで、他の者によれば死ぬまで終わることのない老年《おい》がつづく。老いとは、イシドールによれば、人びとがこの年齢になると機能が減少するゆえにそう呼ばれるのだ、というのは老齢の人たちは、かつて彼らがもっていたような良識はなく、老いのなかでくり言をつぶやくだけだからである。」

一つの点では、《教会》は積極的な貢献をした。教会は四世紀以後、救済院と病院を創設したのである。ローマやアレクサンドリアでは、それは孤児と病人の扶養に従事した。施物を義務とみなし、これを人びとに執拗に思い起こさせた。おそらく老人たちはこれらの慈善の恩恵にあずかったであろうが、彼らについては一言も明瞭には言及されていない。

イギリス人たちが暗黒時代《ダークエイジュ》と名づけた中世前期の末期は、破壊と混乱の時期であった。「町には人影がまばらで、修道院は見棄てられるか焼かれ、畠は無人の野に帰している――いたるところで強者は弱者を虐げ、人間は、たがいに入りまじってむさぼり食う海の魚と同じである」と、九〇九年にランス教管区の司教たちは表明している。九世紀と一〇世紀には、これと同じような嘆きが鳴りひびく。物質生活は古代世界に比べてはるかに苛酷であった。技術は後退し、特権階級は堕落し、都市は人口が減り、社会は田舎化し、中産階級は消滅していた。土地の耕作はきわめてつらく、高齢の者はそれに加わることが不可能だった。この時期にもまた、宗教が老人の境涯を改善することができたとは思えない。キリスト教は原則として、両親を敬うように命ずる《十戒》の伝統をふたたびとりあげていたが、しかし事実は、苦行と脱俗が理想だったこの時期において家族尊重の余地はなかったのである。「なんじはなんじの父と母を棄ててわれに従え」とキリストは言った。ごく少数のキリスト教徒は俗世を逃れた。彼らは独身生活を実行して、砂漠に隠れ住むか、あるいは修道院に閉じこもった。しかし他の者たちは慣習に順応した。この人たちにとっては、宗教は外面的勤行だけで成り立っており、聖職者も世俗の人も勤行によって自己の放埓な生活を贖った。悪魔の力や妖術が信じられ、迷信にもとづく性や食物に関するタブーが遵守されていた。世俗の、また教会の法廷でさえも、判決を下す際に神明裁判《オルダリー》を用いた。

東ローマ帝国と中世前期の時期においては、老人たちは公共生活からほとんど閉めだされ、若年者が世間をリードしていた。分裂し、混乱し、脅威にさらされていた好戦的な社会は、安定した制度よりも武運によってはるかに多く支配されていたのだ。経験の蓄積によって価値をもつ人間にはほとんど占める場所がなかった。七世紀

＊ 五六〇年にカルターゲナ〔スペイン南部〕に生まれ六三六年に死んだ。

に、キンダスヴィンツは七九歳で西ゴート族によって王に選ばれ、彼の威信を王権におよぼした。シャルルマーニュは七二歳まで統治した。この二つだけが私の知っている例外である。教皇でさえ、この時期においては大部分が若い男たちなのだ。統一《教会》の最初の首長であるグレゴリウス一世は五九〇年、五〇歳のときに教皇に選ばれ、六四歳で没した。彼は比較的に高齢であった。しかし八世紀までは、教皇たちは、貧困あるいは孤児であるために《教会》に身をおいたローマの良家の若者たちであった。その後、教皇は物質的な富と大きな権力を所有するので、貴族たちは教皇の位を渇望するようになった。九世紀と一〇世紀に彼らは《教会》に対して、一般に若い首長を押しつけたが、彼らは選ばれた後にすぐ解任された。これら教皇たちの平均在任年限は三年に達していない。六〇年間――「娼婦政治《ポルノクラシー》」と呼ばれる期間に――教皇権は女性に授けられた。ときには、きわめて老齢の枢機卿が教皇に指名されたことがあったが、ヨハネス一二世は一六歳で、ボニファチウス九世は一二歳、グレゴリウス五世は二三歳で教皇に選ばれた。しかし老若を問わず、彼らはいずれにしろ、強力な貴族階級にあやつられる道具にすぎなかったのである。

　幸いな経済的発展のおかげで、一〇〇〇年ごろに文明が暗黒から浮かびでる。封建社会――その起源は主従関《ヴァサ》係制《リテ》があらわれる時期、八世紀にさかのぼる――が組織される。そこでは年取った人間は影のうすい役割しか果たさない。領地の保持には、それを剣で守る力が要求される。そして臣下は主君に対して武器で仕える義務があるのだ。「彼は武器と馬を有し、老齢によって妨げられないかぎりは、戦いと騎馬行列と、政治会議と宮廷に加わ」らねばならない。* 主従関係は死にいたるまで存続し、老齢によって騎士が無能力となっても断ち切れることはないが、しかし彼は遠景に追いやられてしまう。領地の世襲制はフランスでは早くも一〇世紀からあらわれており、その場合に領地を守り主君に仕えるのは、必要な時機に騎士に叙任された彼の息子なのだ。また、いざというときに武器をとって家系の名誉のために復讐するのも、息子である。社会は、祈る者、戦う者、働く者という三つの階級に分かれていると考えられていた。剣は、労働の上位、さらには祈禱の上位にさえ置かれ、舞台の前面を占めているのは、現役の戦士、すなわち力の盛りにある成人にほかならなかった。

このことを当時の文学も立証している。武勲詩《シャンソン・ド・ジェスト》の主人公たちは、壮年者、あるいはごく若い青年でさえある。宮廷風騎士道恋愛物語《ロマン・クルトワ》においては、老化という観念は介入しない。主人公たちはひじょうな長命を付与されているが、歳月は彼らに重荷とはなっていないのだ。『アーサー王の死』において、王は一〇〇歳を越えている。ラーンスロット、グィネヴィア、ガウェインは六〇歳から八〇歳のあいだであるが、あらゆる点で男盛りの年齢にあるかのように行動する。今日でも「推理小説」や連続漫画においては同様であり、年齢は抽象的なものである。主人公たちの冒険は数多く、一世紀にもおよぶほど長くつづくが、彼らは不変の若さのなかに永遠に固定したままだ。

中世前期の文学は老人に関心を寄せない。ただ一つ重要な例外があるだけである、すなわち、シャルルマーニュだ。生前から彼の側近者たちは——とくにアルクインとアンギルベルトが——彼の伝説をつくり上げようと努力していた。アルクインは彼を獅子に喩え、陸や海、鳥やすべての動物、さらには星々によってさえ礼賛されるものとして彼の姿を描いている。アルクインは「この世が始まって以来見たこともない」この君主を〈キリストを〉先触れる者、洗礼者ヨハネに比較する。アンギルベルトは「額を黄金の兜でおおい、身体を輝く鎧でつつみ、大きな馬にまたがって、従者たちから頭をひときわ抜きでた」姿で戦いに向かう彼を描いている。彼自身もダビデの名前を選び、自分をダビデに擬していた。無味乾燥な『年代記』さえも、彼についてはかずかずの奇跡的な事実を物語っている。彼の死後ただちに、キリスト教的神秘が彼をつつむ。ドイツ人は彼を聖者にする。フランスでは、カロリング朝の衰頽が際立ってくるなかで、対照的に——また宣伝のために——彼の姿はますます理想化された。彼の死後七〇年、サン＝ガルの修道僧は一連の教化的で素朴なエピソードによる伝記を書いている。八九七年にスポレートで製作されたあるテキストによると、彼は「恐ろしい、身の毛もよだつシャルル」として描かれている。彼の眼は強烈な光を放つので、その前にでるとみなは気を失うほどである。彼の聡明さはすべての謎を見通すことができる。しかし同じテキストはまた

* カタロニア地方の慣習。

彼を、周囲の者に悪ふざけをして喜ぶ冗談好きの人間としても描いている。彼の言葉や行動にともなう表情の変化、すなわち、抑えきれない笑いを爆発させるとか、耳をかいたり鼻の穴をふくらませたりすることによって、彼は戯画的な性格をあたえられている。

一〇世紀になると、修道院でつくられた数多くの物語のなかで、彼は不信心者を追い散らすことに専念する者として描かれている。一一世紀には、『王の武勲詩』（と他の多数の作品群）のなかで、彼はほとんど宗教的な崇拝にとりまかれ、豊かな口ひげをたくわえた堂々たる老人として姿をあらわす。ある『シャルルマーニュの生涯』は、背が高く、頑健で、口ひげと髪の毛が白く、炯々たる眼光の彼を描いているが、彼は二〇〇歳の年齢まで生きるのだ。しかし、これに対立するもう一つ別のイメージがあり、それには諸侯の反君主政的態度が表現されている。一二世紀の『イエルサレム巡礼』では、シャルルマーニュ帝は「欲深く」て「色香に迷う」老人である。その他の武勲詩では、主人公は偉大な家臣たちであり、シャルルは——彼のなかに幾人かのカロリング朝の君主たちが投影しているのだが——不正で、弱く、気まぐれで、「おべっか使い」たちの思うままになり、あげくの果てに罰せられてしまう。

高齢のために衰えた父親からその息子への権力の移行は、一一世紀に、後日『エル・シードの歌《ロマンセ》』の名の下にスペインでいくつか書かれた伝説の最初の部分に霊感をあたえた。〔現存する〕文書に書かれたテキストのなかでもっとも古いのは、一四世紀末のものであるが、この伝承は、サンチェス二世と、次いでアルフォンソ四世に仕えた小貴族のエル・シードが生きていた時代にまでさかのぼる。一〇八一年にアルフォンソ王の寵を失って追放された彼は、いわば傭兵隊長《コンドチエリ》の如き者となって、自分のためにヴァレンシア地方を征服し、モール人の第二回の侵略をくいとめ、その結果スペインを救った。『シードの歌』の冒頭は、自分の家系に加えられた恥辱を嘆くドン・ディエゴ・ライネスの姿をまず描いている。彼は、ロサノ伯——王の最高顧問で、第一の騎士である——の猟犬と兎を奪いあい、伯爵に侮辱されたのだ。この侮辱の復讐をとげることを名誉は要求する。「力による復讐は彼にはできず、剣をあやつるにはあまりにも年を取りすぎていることを知っているため、夜眠ることも、食事を味わうこともかなわない。」彼にはただ一つの救済手段、すなわち四人の息子の誰かが恥辱をそそぐことしかない。彼は一人ずつ息子を呼び、各自の右手と自分の手を握りあわせる。「汚《けが》された名誉の怒りが、寄る年波と白い髪にもかかわらず、その冷えた血と衰えた腕力とに活気《ちから》をあたえてくれる」彼は、あまりにもはげしく彼らの手をつかむので、三人の兄は「痛い」といいながらうめく。しかし末子のルイ・ディアス・デ・ビヴァル（エル・シード）は憤然として飛びかかりそうになる。「もしあなたがわたしの父でなければ！」と彼は恐ろしい声で言う。喜びの涙を流しながら、老人は彼に復讐を命じた。エル・シードは伯爵に挑戦し、彼の首を切り落とす。この勲功により、彼は父にとってかわるのだが、そのとき父は自分から権力を譲って言う、「そちは食卓の上席にすわるがよい、なぜなら、この首級《シェフ》*を持参する者こそ我が家の主《シェフ》だからじゃ。」

広範な人気をかちえたこの物語は、封建社会における老若の貴族間の関係を明らかにしている。すぐれた騎士とは、「骨格たくましく」「手足がふとい」闘技者であり、身体は「均斉がとれ」、たくましい食欲に恵まれ、戦いと狩りと馬上試合を愛する者である。武勲詩が要求する美質とは、勇気であり、雅量である。尊敬される英雄とは、惜しみなく力をつくす者のことである、彼は自分の血を領主のために捧げるのだ。彼は寡婦と孤児を守り、弱者たちを助けるために駆けつけ、彼らの敵に挑戦する。彼はまた財産を投げ捨てるように浪費するが、ある年代記作家は奇妙な浪費競争のことを語っている、たとえば、ある騎士が銀貨を耕地にばらまくと、他の騎士は、彼の持ち馬の三〇頭を「自慢たらたら」生きながら焼いてしまう。こうした、ヒロイズムとか気前のよさといった価値を称揚することは、若さを称揚することだ。これらの価値は、血が冷えて腕力の衰えた老人たちによっては体現されえないものである。

庶民においてさえも、文明のきびしさは老人を活動的な生活から遠ざける。当時の商人たちは「足をすりへらす者」であり、「鞍に剣をのせて」回り歩く隊商であって、かずかずの危険にさらされているのだ。多くの市民《ブル》階級《ジョワ》の者たちについても、彼らは「武芸においてもひじょうに強かった」と言うことができよう。したがって肉

＊　ロサノ伯の斬られた首。

体の衰えによって、高齢の者は引退せざるをえなかったのである。

田舎では、父親が自分の権威を維持しようと欲したとき、若者たちは彼に反抗した。そこにはひんぱんに争いがあり、しばしば息子は父の家から立ち去った。しかし大部分のヨーロッパの国、とりわけイギリスにおいては、父親は家庭の首長の位置を息子にとってかわられた。土地を耕すにはあまりにも衰えた年齢に達すると、彼はその位置を長子に譲ったのである。こうして財産を相続した後、息子は結婚した。若い妻は義母にとってかわり、年老いた夫婦は、先祖代々彼ら専用にあてられてきた部屋に移された。アイルランドではこれは「西の間」と呼ばれていた。所有権を失った父親は、継承者たちにしばしば手ひどい処遇をうけた。リア王の伝説は、広範に行なわれていた事実の顕著な例であったので、中世のイギリスでは人口に膾炙していた。グリム兄弟の手によってドイツで収集された民俗童話のなかにも、その反響が見いだされる。一方、家族をもたないか、あるいは家族が世話することのできない老人たちは、領主または修道院の救助を受けた。僧侶たちは看護室をもち、そこに病人や貧窮者を迎えいれた。都市では、ギルドが働けなくなった成員たちに援助の手をさしのべた。ギルドは競争を排除することを主要な役目とするものだが、疾病あるいは死亡のさいに貧しい人びとを援助する宗教団体がしばしばそれに付属していた。しかし全体として、これらの救助だけではきわめて不充分だった。老人たちは乞食の境涯に追いやられ、やむをえないという理由から他のどの時代よりもそれは大目にみられていた。

したがって社会の上から下にいたるまで、老人の状況は極度に不利であった。農民と同様に貴族においても、肉体の力が幅をきかせており、弱い者には占める場所がなかったのだ。青年は、きわめて重要な年齢層を形づくっていた。若者たちは年季奉公をつとめ、成人となる試練を受けた。若い貴族にとっては、それは彼を一人前の騎士にする叙任式であり、若い農民にとっては、穀物祭で、たとえば聖ヨハネの松明を飛び越えるといった、さまざまな試練を受けることであった。老人の階級と明確に称しうるものは存在しなかったのである。

この社会が悪戦苦闘する苛酷な条件下では、子供たちの運命を気づかうという贅沢もまた許されない。社会が関心をもつのは、幼児期の疾病から生き残って未来がそのなかに宿っている若者たちであり、大部分が近い未来に死ぬ運命にあった幼児たちではなかった。だいいち、少年期などというものは存在していなかったといってよい。母親のスカートから離れるとすぐ、子供たちは小さな成人として扱われ、軍人としての修業をしたり、田畑の労働に従事させられたのだ。武勲詩のなかには、「〔誰誰の〕少年時代」と呼ばれるものが多く存在するが、思い違いをしてはならない。それらはごく若いがすでに小さな一人前の男子である少年たちの最初の勲功のことなのだ。一三世紀あるいは一四世紀――ブルジョワジーが出現するとき――までは、ただ成人だけが考慮されているのである。

この時期のあいだ、若年者たちが世界の主導権をにぎりつづける。一二世紀に六八歳まで統治したフリードリヒ一世を除いて、ゲルマン帝国の最高首長はつねに力の盛りにある男であった。一〇七三年、グレゴリウス七世が教皇権の独立をとりもどしてから、教皇たちも大部分が若い年齢であった。ゲルマン帝国との抗争のために、時代が彼らに活力と勇気と決意を要求していたのだ。彼らのなかには老人も見いだされる。ケレスティヌス三世は八五歳で教皇の位についたが、しかしインノケンチウス三世は三七歳で選出された。

ヴェネツィアだけが例外をなす。総督《ドージュ》は高齢だった。ビザンティン帝国に服従し、ついでその封臣となった、その「いともつつましい大公」は、次第に自己の権威が増大するのをみた。彼の権力は、最初は民衆によって選ばれたのだったが、次に世襲として譲渡され、一一世紀の初頭まで専制的であった。しかし総督と貴族階級のあいだには、ときとして血なまぐさい拮抗があった。貴族たちはますます強大となり、世襲財産の蓄積と交易によって巨富を獲た。彼らは貴族的共和政の利益のために総督の権威を制限しようと努めた。一〇三一年の法律は世襲による統治を廃した。総督は、民衆からではなく貴族によって選ばれ、貴族に対して義務を負う誓いをしなければならなかった。すでに一二世紀の中ごろから、四〇人評議会の同意なしでは、総督はもはや平和も戦闘も決定しえず、条約を結ぶこともできなかった。彼はもはや財政を管理せず、裁判官も公吏も選べなかった。彼は必要の場合には軍事活動を指揮し、船隊に命令することができた。一二世紀の終りに、八四歳で総督に選ばれたダンドローは、盲目であったが、コンスタンチノープルを攻撃し勝利をおさめて名をあげた。* しかし彼は貴族階級の僕《しもべ》でしかなかった。その後、総督の職はもっぱら装飾的なものとなり、彼はかずかずのいかめしい称号と壮麗な衣裳を所有した。彼はとくに、外国の大使たちの眼に、〔ヴェネツィア〕《共和国》をはなやかに代表する任務を負わせられていた。しかし権力はまったくなかった。彼は「《共和国》第一の、もっとも監視され、もっとも従順な僕《しもべ》」にすぎなかった。この機能を果たすのに、老人ほど適しているものはない。年齢とともに衰え、因襲にとらわれているので、主導権をとることを断念して偉大さの外見で満足することが、若年の者より容易にできたのである。他方、富が法律によって保証されている社会では、高齢は、富を所有している者に、さらに余分の威光をあたえうるのだ。ヴェネツィアの場合がこれであり、老人を名誉職の頂上に置くことが有利であるからこそ、老齢に栄誉をあたえたのである。老齢は、マリノ・ファリエーリが一三五四年貴族政治に対抗して陰謀を企てることを妨げなかった。** しかし全体としてこの制度は成功し、総督たちは貴族の従順な僕となった。一四世紀に三六歳で選ばれた、アンドレア・ダンドローを除いて、彼らはことごとく老人であった。彼らは統治していなかったのである。

若い者の優位、とくに父から子への権力の移行——『エル・シード』の伝説が証明するような——は、中世を支配するイデオロギー、すなわちキリスト教に深く影響した。《教会》の最初の数世紀から早くも、民衆の階層においては、神学者たちにとっては別としても、新しい宗教の中心的形象はキリストなのである。《三位一体》は考えることがあまりにも困難であり、人びとは《父と子》の形姿、そして二人の関係に関心をもった。ところで、子は父を王座から追いはらったのである。使徒の時代のあいだ、キリスト教はなによりもキリストの宗教であった。キリストは父を忘れさせはしないが、人びとが祈願するのはとくに子のほうなのである。教会とは「キリストの身体」のことである。《聖体の秘跡》に現前し、聖体拝受がそれらとともに行なわれるのは、彼の血であり肉である。ミサや秘跡は彼をもとにして意義づけられる。倫理は彼の教えにもとづいている。カタコンベの画家たちが象徴的に表わすのは彼にほかならない、すなわち、《善き羊飼》、地獄に下降するオルフェウス、仔羊、フェニックス、そして魚（ギリシア語のこの名称はイエスの名前の折句《アクロスティシュ》を形作っている）である。彼はまたひげのない金髪の男性として象られている。さらにまた諸所の教会のなかにおいても、彼は水車とか、あるいは神秘的な圧搾機とか、葡萄の木、一房の葡萄、獅子、鷲、あるいは一角獣の形態の下に表わされている。

　このような父に対する子の優位は、一一世紀以後、ますます明確になってくる。教会の破風に刻まれているのはキリストにほかならず、一二世紀においては、彼は栄光に輝く姿で表わされ、もろもろの王の《王》なのだ。一三世紀に、彼は人間的となる。幼児《おさなご》イエスや、とりわけ荊の冠をいただく十字架上のキリストが描かれる。画家たちは彼の生涯のエピソードをことごとく再現する。ところで、彼は男盛りのときに死んだのである。それで、従来は年齢のなかった《永遠なるもの》は、以後ひとりの老人として描かれる。人びとは彼を族長たちに似ているものとして想像する、というのも、彼はその権力を族長たちに委託したのであるから、自分のイメージを彼らのなかに認めていたはずである。彼は多少にかかわらず過去のなかに押しこめられる、世界の起源や遠い空の彼方に、彼は《御主《あるじ》》、つまり自分の城館にいる封建領主と同じほど遠く離れた、「天の砦の《主《あるじ》》」となる。彩色画家たちは、しばしば彼を挿画入りの聖書のなかに表現したし、民衆のための宗教的木版摺画の上にも、彼を見ることができる。彼はいつでも白いひげをはやしている。しかし、それほど素朴でない〔本格的な〕画家たちは、時代が降ってからようやく彼を表現することに踏みきったのであり、しかもきわめて稀にしか描かなかった。** 一般に画家たちは、雲から少しあらわれ出た白いひげと、祝福すると同時に威嚇的でもある手を示すにとどめている。彫刻にも三位一体を表わしているものがあるが、神は、己れの子をささえる、ひげをはやした老人の姿で表現されている。刻まれあるいは描かれた、これらのイメージは、民衆の心のなかで、子の優位のために父が王座

*　九六歳のとき、東ローマ帝国の王位を拒み、九七歳で総督《ドージェ》として死んだ。

**　このとき彼は七六歳であった。彼は斬首された。

からますます徹底的にひきおろされてゆく経過を、はっきり感じさせるのである。*

一二世紀および一三世紀の文学は、老いについてわれわれに何を教えるだろうか？　きわめてわずかのものにすぎない。先行する諸世紀と同様、それは老いにほとんど関心がない。それがわずかに暗示されているかぎりにおいても、当時の知識人たる著者たちの態度は老いに対して相変わらず否定的である。一一五〇年ごろ、ゴリアールたち――その詩編のなかで酒と恋を歌ったあの放浪の学僧たち――の先駆者であるユーグ・ドォルレアンは、人生の快楽を歌ったあと、自分の老衰を嘆いている。彼はそのとき六〇歳であった。

わたしは富み、愛されていた
　仲間のあいだでも一際《ひときわ》ぬきんでて
いまや老いにわが背は曲がり
　老衰して見るかげもない〔原文ラテン語〕

中世に流布していたいろいろな考えを一五世紀に喚起しながら、『博言誌』はわれわれに言う、「老年の最後の段階はラテン語では高齢期《セニエース》と呼ばれるが、フランス語では老年という以外に言葉がない。〔この時期には〕老人は、自分がそれから成り立っている灰と塵埃に戻るまで、咳と痰と糞便にまみれるのだ。」

一二六五年に、フィリップ・ド・ノヴァルは「人生の四つの時期」について語っており、そのおのおのは一〇年ずつの二つの時期で構成されている。「老人の人生は労働と苦痛にほかならない」と彼は言い、八〇歳以後は、死を望むことしか残されていないと結論する。中世は世界の多様な領域のあいだに照応を設定することを喜んだのであり、「四つの時期」は四大元素や四季に比較された。また民衆用の暦には十二ヵ月が人生の年齢に関連づけて示された。一四世紀と一五世紀に幾度も再版された一三世紀のある詩は、この暦に注釈として記されている、

九月の後に来て
一〇月と呼ばれる月は
六〇の齢《よわい》にほかならぬ。
そのとき人は老人となって頭は霜をいただき

時が彼を死にみちびくことを
想い起こさねばならぬ。

キリスト教は、異教の根を保ちつづけていた民衆の思考に浸透していなかった、と私は言ったが、彼らの思考はフォークロアに表現されている。グリム兄弟によって主要な部分が採集されたドイツのフォークロアのなかで、ときおり老人は貴重な秘密を知る経験ゆたかな人間としてあらわれる。〔しかし〕多くの場合、老人は憐れむべき個人なのである。

グリム兄弟に書き留められたある童話は、人生のさまざまな年齢についての面白い解釈を提供している。神は人間とすべての動物に三〇年の生命を割り当てたが、驢馬と犬と猿は、そんなに長い生命をもつのが苦痛に思われたので、それぞれ定められた数から、一八年、一二年、一〇年を減らしてもらった。ところが人間は彼らよりも愚かだった。理性があると自称するこの生き物の迷妄は、フォークロアになじみぶかい主題の一つである。彼には、長命は老衰で報いられねばならないであろうということが理解できなかったのだ。彼は延長を要求し、驢馬の一八年、犬の一二年、猿の一〇年を獲得した。「こうして人間は七〇年の生命を得た。最初の三〇年は彼本来のものであるが、早く過ぎ去ってしまう。……それから驢馬の一八年となるが、そのあいだ彼は重荷をつぎつぎと肩

＊＊＊〔一五五頁〕私の知るかぎり、マサッチョがフィレンツェで彼〔永遠なるもの〕を表現し、ミケランジェロはシスティナの天井壁画のなかで彼を——モーゼのように——白いひげと競技者のような隆々たる筋肉を具えた者として描いた、なぜなら彼は全能の創造者なのであるから。彼はまたティツィアーノ、ティントレット、フェララの一画家によって描かれ、さらに、フィリッピーノ・リッピによってローマで、クラーナハによって『エデンの園』のなかに描かれた——この絵では彼はまだ腰の曲がらない、壮健な、ひげを生やした老人の姿をしている。ラファエロは、燃える茨のなかでモーゼに姿をあらわす彼を描いた。コジモ・ロッセリや他の二、三の画家の作品では、雲のなかからモーゼに「律法の板」を手渡している彼がみられる。

＊ 興味ぶかいことは、東洋では人類の救済者仏陀は人生のすべての年齢を経ていること、そして最高齢期に完全さの頂上に達していることである——彼は八〇歳で死んだ。西洋では、救世主は三〇歳と彼の死の年齢である三三歳のあいだで自己を成就する。古代の神話において、古い神々もまたその息子たち、男盛りの年齢の者たちによって取って代わられたことはすでにみた。

に背負わなければならず、彼は他人を養う小麦を水車に運ぶのだ。……それから犬の一二年となるが、そのあいだは片隅から別の隅へとうろつきながらうなる〔ぶつぶつ不平を言う〕ぐらいしかすることがない、というのは彼にはもう噛みつく歯がないからだ。……この時期が過ぎると、あとは終りまでに猿の一〇年が残っているだけとなる。彼はもはや頭が働かず、少し滑稽《へん》になって、奇妙なふるまいをし、子供たちに笑われ馬鹿にされて過ごす。」したがって、人間の老齢が動物のそれよりもいっそう長く、そして苦しいとしても、それは自業自得であり、軽はずみに欲張ったために自分自身でそのような罰を受けたのである。

こうした童話のなかで、老婆は――すでに女性であるというだけでうさんくさいのであるが――つねに不吉な存在である。彼女が善を行なうことがあるとすれば、彼女の肉体的外観は実は仮装にすぎず、やがてそれを脱ぎ棄て、若さと美しさに輝く妖精として姿をあらわすのである。真の老婆とは――ローマの詩人たちにおけるように――人食鬼であり、邪悪で危険な魔女のことなのだ。中世におけるような女嫌いは、われわれが文学で出会うすべての老婆たち、たとえば滑稽諷刺譚《ファブリオー》の――とくに『貞淑な女を辱しめた性悪女』の――老婆や、『薔薇物語』の老婆の性格に表現されている。上述《さき》にみたように、人びとが社会を老いから解放するために、田舎や部落で象徴的に殺すか、追いはらうかしたのは老婆であった。ルーションでは、四旬節《カレーム》は老婆を象った人形で象徴され、このパトラは七本の足（四旬節の七週間を表わす）があって、復活祭の日に焼かれる習慣だった。

もっとも、男女を問わずひじょうな高齢者がきわめて稀であったことにも注意しなければならない。事実、民衆のあいだでは彼らはほとんど見当たらなかったと言っていい。農民たちの場合、三〇歳とは、彼らが生活する条件から考えると、すでに高齢であった。ある若返りの水の効能を讃えている一三世紀のファブリオーは、「三〇歳に達すれば、もうそのときには、年老いた髪の白い男も、また白髪あるいは半白の老女も存在しないだろう」と断言している。

老年にうちかつという夢を、古代と同様、中世もはぐくんだ。若返りの思想は中世につきまとった。アレクサンドロス大王を主人公とする中世のロマン『アレクサンドレシト』は、そこに飛びこむ者を若返らせる魔法の湖を描き、『航海記』のなかでジャン・ド・マンドヴィルは、インドの密林に隠された若返りの泉の話を語っている。しかし若返りの伝説はとりわけ口誦によって伝えられた。書かれたものには、この主題はけっして中心をなしてはいない。それは、果実とか空気入り革袋とか長命の秘薬といった、若返りの護符の形をとっている。それは多くの場合、死ぬことも老いることもない《生命の島》、アヴァロンの島の主題に結びついている。『ペルス・フォレ』においては、主要な作中人物たちは力盛りのときにアヴァロンの島に運ばれ、一あるいは二世代のあいだ若さを保つ。それから彼らはブルターニュ王国へ死ぬために帰ってくる。彼らは地面に足を触れるやいなや、彼らの生が正常に展開していたらそうであったような老人の姿となる。

老いについては、他の多くの主題と同じく、中世の美術作品にあらわれる人物像《イコノグラフィー》は文学よりも豊富である、すなわち、図像はまだ文盲であった人びとに向かっていっそう雄弁に語りかけるものなのだ。上述したように、子による父なる神の廃位は、造形芸術のなかできわめて明白に示されている。造形芸術はしばしば老人を表現した。彫刻家は教会のポーチに、黙示録*の老人たちや、予言者あるいは尊敬すべき聖者たちなど、ひげのはえた老人の彫像を制作している。敬虔な御絵《こえ》には、しばしば隠者や修行者たちが、長いひげをはやした高齢のやせた人間として描かれている。人生のもろもろの年齢という主題は、はじめて八世紀にアラビアの壁画にあらわれた。次に一二世紀にパルマの洗礼所の柱頭にあらわれ、老年は二叉鍬の傍に憩う農夫の姿に象られている。ヴェネツィアの総督の宮殿――そこでは老年は必然的に尊敬されていた――や、パドヴァのエレミターニの壁画には、老年は炉辺で書きもの机の前に腰かけたひげの長い学者の姿に具

* ヨハネ黙示録のなかでは、黄金の冠をつけた白衣の二四人の老人がキリストを取り巻いている。彼らは黄道(獣帯)の二四の記号に照応するものと考えられている。これらの記号はバビロニアでは老人たちの姿で表現されていた、というのは彼らは一日の二四時間を司り、時間《とき》を体現しているからである。黙示録の絵入りの写本から彫刻家たちは着想を得、しばしばこれらの老人たちを形象した。彼らは賢明な忠告者とみなされていた。

象化されている。しかし中世が創造し、その後数世紀にわたって幅をきかせた民衆的なイメージは、それほど明澄なものではなく、手に長柄の鎌をもち、翼があってやせた《時間－老人》の姿である。この時間と老人という二つの概念の同一視は、老年が年月の積み重なりの結果であるから、当然のようにみえる。しかしアーウィン・パノフスキーはその『図像学《イコノロジー》試論集』において、この関係はむかしから存在したものではないことを明らかにしている。古代では、時間《とき》は二つの系列のイメージによって表わされた。第一のそれは、はかなさを強調する。それはカイロス、《機会》であり、人あるいは人類の生における一転機を示す瞬間なのだ。それは一人の人物がすばやく逃げてゆく姿か、あるいは一定の変化を予告するつかのまの平衡状態における姿——たとえば車輪の上の《運命の神》で表わされるが、一一世紀以後、時間はこの車輪と混同された。第二の系列は時間《とき》の豊饒な特性を強調しており、それはアイオン〔存続としての時間〕であり、創造の原理、限りない多産性である。時間《とき》は過ぎ去るが、過ぎ去りつつ創造するのだ。古代人は時間《とき》のこの両義性を強調した。オリュンピアで、「そのなかで人が学んだり思い出したりする」ものとして時間《とき》が賛美されるのを聞いたピタゴラス派の哲学者パロンは、忘却が行なわれるのも時間のなかにおいてではないかと抗弁し、時間は無知の王であると宣言したのであった。詩人たちが時間《とき》の荒廃力を叙述したことは前述のとおりである。ギリシアの詩はしばしば「銀白の髪の時間《とき》」について語る。しかし古代において時間《とき》の造形的表現は、衰退とか破壊とかはけっして示していない。

　時間のギリシア名クロノス Chronos と、神々のなかでもっとも恐ろしいクロノス Kronos のあいだに生じた混淆を最初に指摘したのは、プルタルコスである。自分の子どもたちを喰うクロノスは、彼によると《時間》を意味し、新プラトン主義者たちはこの同一説を受けいれたが、しかしその際、時間について楽天的解釈を行なった。彼らに従えば、クロノス Kronos とは《ヌース》〔精神、理性あるいは叡智〕であり、宇宙〔に偏在する〕霊「万物の父」、「賢明で年老いた建築家」なのである。クロノスはつねに半円形の鎌を手にした姿で表わされていたが、半円形の鎌はこの時代では、豊饒の象徴である耕作道具とみなされていたのだ。

中世になると、このイメージは逆転した。なぜなら、時間は衰退の原因とみなされたのだから。宇宙《マクロコスモス》は、小宇宙《ミクロコスモス》である人間と同じく、一週の日々*に倣って、六つの時期を経る。世界が行きついた、と人の考えた、最後の時期は凋落の時期である。この考えは、聖トマス・アクィナスにおけると同様、ホノリウス・アウグストドゥネンシスのような通俗哲学者にも見いだされる。世界《モンドゥス・》は老いてゆく《セネスキト》、これこそ、東ローマ帝国の苦悩を目の前にみた初期キリスト教が考えたことであり、この考えはその後継者たちによってひき継がれた。それは一一世紀の『聖アレクシス伝』の冒頭に表現されている、

良き時代は昔のもの、あのような盛事はもはや存
　在しない、
老い、そして力失せ、すべては衰え悪くなる、
もはや善を行なうものはない。

一二世紀の封建制的テキストは次のようになる、

昔の人の時代はよかったが
時の移りはすさまじくすべては価値を失って
もはや祖先の時代とは似ても似つかぬものとなろ
　う……
生は衰え、もはや長くはつづくまい。

これと同じ考えが一三世紀のテキストにはさらに強調されている、

わたしの考えでは世の終りは近い。

一二世紀に、オトン・ド・フレルサンは『年代記《クロニック》』のなかで書く、「われわれは世界が衰え果てて、いわば老いの極限の最後の息を吐きだすのをみる。」同じ時期に、『リベル・フロリドゥス』**の古写本細密画はこの考え方がいかに盛んであったかを示している。聖ノルベルトは、自分の世代は世の終りをみるだろうとさえ考えていた。

* ときには七つの年齢期に分けられることもあり、四つのこともある。
** これは、サン＝トメールの教会参事会員《シャノワーヌ》ランベールの手になる、雑然とした編纂物。

一三世紀に、サン＝ヴィクトールのフゴは書いている、「世の終りが到来し、歴史の流れはすでに宇宙の果てに達したのだ。」世界は年を取るとともに小さくなり、人間自身も矮小化してゆく。それはもはや子供と小人《こびと》でしかない、と同じ時期に、ギヨ・ド・プロヴァンは言っている。こうした考えは、ゴリアールたちにもみられ、〈当時の詞華集〉『カルミナ・ブラーナ』のなかでも幅ひろく展開される、「若者は、もうなにも学びたがらないし、学問は廃れ、全世界は逆立ちで歩き、盲人どもが他の盲人どもの手をひいている。……万事が正道から逸れている。」ダンテは、自分の祖先カッチァギーダの口を借りて、都市や家族の頽廃を嘆く。世界の矮小化してゆく様子は、まるで「《時間》が鋏を手にしてその周りを回る」外套に似ているのだ。この〈世界と人類の〉老化現象に福利をみる者は稀である。シャルトルのベルナルドゥスは「われわれは巨人の肩に乗った小人だが、しかし彼らよりも遠くがみえる」と言った。このような楽天主義を分かちあう者はいなかった。中世が前途に見たものには、人を勇気づけるようなものはまったくなかった。それは大多数の者にとって《反《アンチ》キリスト》の支配である。黙示録のなかに告示されたこの表象は、八世紀にはピエールという名の僧侶により、それから一〇世紀にはアドソン、そして一一世紀にはアルブインによって明確な形に仕上げられたのだが、このアルブインは、四世紀にチブルスの巫女《みこ》がした予言を西欧に土着させたのだ。宗教劇はこの表象を一般民衆に親しみやすくした。しかし一つの矛盾した表象が生じた、すなわち、《正しき王《メシア》》、至福の千年王国の開祖となるであろう地上の救世主の表象である。しかし、この信仰はあまりひろがらなかった。中世の人びとの確信によれば、原罪の結果、人類は不幸に運命づけられ、その不幸は時間とともに悪化するしかないのだ。この意気阻喪させる観念に浸透されていたので、社会を指導する人びとは、その日暮しに統治することにあまんじて、いかなる明確な政治的未来をも思い描くことがなかった。《歴史》から進歩・改善を期待する者は誰もなかった。中世の希望は非時間的なものであり、ただ地上の生からのがれて自己の救霊をはからねばならなかったのだ。時間《とき》は世界を堕落へ、そしてやがて終末へとはこんでゆくものであった。

以上の精神的背景《コンテクスト》を考えれば、時間《とき》のイメージが占星学者たちの影響の下に変容したゆえんが理解できるだろう。クロノス Kronos のローマ名であるサツルヌスは、もっとも遠くもっとも遅い惑星〔土星〕を指す。この星は冷たく乾燥しているとみなされ、貧窮と老衰と死に結びつけられていた。占星学の書物のなかで、それは一般に長柄の鎌かシャベルか鶴嘴か棒を手にし、衰頽のしるしである松葉杖に身体をささえた、陰気で肉体的苦痛に苦しむ老人の姿で表わされている。彼は片足が義足であるか、あるいは去勢されている（これはクロノスがゼウスによって去勢された神話の想起である）。中世の美術にあらわれた人物像は、サツルヌスについては、去勢された男と、むさぼり食われる子供の主題を展開している。土星《サツルヌス》は惑星のなかでもっとも邪悪であるので、そのかずかずの表象は見るも忌わしい姿である。他方、一一世紀以来、《死神》は半円形の鎌を手にした姿で表わされてきた。* 時間《とき》は、生を害うかぎりにおいては死に類似している。それでクロノス Kronos はクロノス Chronos と同化したのだ。したがって、《時間》を表現するのに、ペトラルカ――彼にとって時間は破壊者である――の挿絵画家がサツルヌスのイメージを借用したのは、自然なことである――彼は翼をつけ、砂時計をもち、老いさらばえている。以後、優勢となるのはこのイメージである。一五世紀におびただしく現われる「死の勝利」の図絵で、死神は長柄の鎌と砂時計をもつ骸骨である。時間《とき》もまた長柄の鎌を手にしているが、それはもはや豊饒のシンボルではなく、運命の女神パルクが歳月の糸を断つように、もろもろの生を断つものなのである。

*

中世の終りごろ、生活はいぜんとして不安定で、長命は稀である。一三八〇年に、シャルル五世は四二歳で没したが、彼は賢明な老人という評判であった。しかし社会は進展する。一三世紀以来、とくに一四世紀に、人びとは都市生活の甦り《ルネッサンス》に立ちあうのだ。利益の追求は、もはや教会によってそれほどきびしく罰せられず、ついには正当とさえ認められ、重商主義は名誉とされた。ヴェ

* ユタのミサ用福音書抄録のなかにみられる。死神は、一一九五年以前に刊行されたグンペルトの聖書のなかでは長柄の鎌を手にもっている。

ネツィアやピサにおいて商取引きに熱中するのは貴族自身である。他の土地では、一般に貴族階級は商業の世界の外にとどまっており、商取引きをすることは堕落することであるとみなされていた。しかしブルジョワジーは繁栄する。そして大商人や大金融業者たちは、土地の購買や結婚によって貴族の称号を獲得し、新しい貴族階級が構成される。このようにして都市の貴族階級が発展するのがみられる。これ以後、所有権は、肉体の力ではなく契約にもとづくものとなり、この時期に、争乱を嫌う小店主という伝統的タイプがあらわれる。人は商品や貨幣を貯蔵できるようになる。この変化は、富裕な階級において老人たちの境涯を修正することになる、すなわち、富の蓄積によって彼らは強力になりうるのだ。彼らはいっそう関心をもたれる。イデオロギーの二つの流れがこの時期に共存するが、一つは宗教的・精神主義的な流れであり、他の一つは悲観的・物質主義的伝統である。この二つのうちの最初の観点から、ダンテは『饗宴』のなかで老いを考察している。彼は人生の道を、大地から天に昇って頂点に達し、そこからふたたび下降する弧《アーチ》に比較している。天頂の位置は三五歳である。それから人間はゆっくりと衰えてゆく。四五歳から七〇歳までが、老年の時期である。その後は高齢期である。もし賢明である術《すべ》をわきまえているならば、この最後の時期は平穏であるだろう。ダンテは長寿の老人を、陸地を見て静かに帆をおろし、ゆっくりと港に着く航海者に喩えている。人間の真実は彼岸にあるのだから、短い旅にすぎなかった生涯の終りを、明澄な心で受けいれなければならないのだ。

心おだやかに港に着くこと、これこそ老人たちの主要な関心であらねばならない、と聖職者や信心深い魂の持主は考える。晩年とは、本質的に人が死の準備をする時期と考えられている。それで『よく死ぬための術《アルテス・モリエンディ》』が数多く書かれる。ジェルソンは、「いかに死の準備をすべきか、ある老人のための短い教訓」を書いている。彼は老人に――おそらく視力を失っているからであろう――世俗の事物から心を逸らせるために祈禱書を読んでくれるような者を誰か自分の家に寄宿させるようにすすめている。ヨーロッパ中にこの種の著作が出版される。また、ドイツでは一四〇〇年以降ひじょうに数が多くなる。老人たちに遺書をつくる方法についての忠告があたえられる。財産のある老人は、その一部を修道院または救済院に遺贈することがふさわしい、とされる。

したがって信仰の厚いキリスト教徒にとって、老いは自己の救霊を確かにする時期なのだ。しかし老いがとくに価値高く評価されたわけではない。一四世紀と一五世紀において、信者たちの献身をますます独り占めにしてゆくのは、キリストなのである。一四世紀は、戦争、ペスト、飢餓、過剰人口による相克などの点で悲劇的であり、西欧世界は己れをひきさく種々の試練のさなかで、贖主キリストに全面的な信頼をおくのだ。これ以後彼はもはや王のなかの《王》としてはほとんど姿をあらわさない。彼は《救世主》の姿においてほめ讃えられるのだ。《父》と《聖霊》は影をひそめた。ミサはもはや《父なる神》に捧げられた聖祭ではなく、《磔刑》の表現なのだ。《聖体の秘跡》が崇められ、《受難》の遺物が敬われる。十字架の生産はおびただしく増える。ヴェロニカの礼拝や十字架の道行きが少しずつはじまる。孤独と苦悩のなかで刑苦を待つ「憐れみのキリスト」が、しばしば描かれ、彫刻される。これと同時にマリア崇拝がさかんになる。一五世紀の冒頭に、《受胎告知》が再発見されて、莫大な量の絵と御絵《ごえ》に霊感をあたえる。おびただしい数の人物図像が、キリストの幼年時代と、そのときまでほとんど描かれなかった《聖家族》を主題にとりあげる。このようにイエスの生涯を表現することによって、幼年時代、青年時代、そしてとくに成年時代が聖化される。老いは忘れられるのだ。

他方では、世俗文学が貴族たちの宮廷や都市の貴族階級のあいだで発達する。諷刺的で現実主義的なこの文学は、社会全体を嘲弄する、すなわち、女性や彼女の夫たち、僧侶、商人、百姓。この文学は老人たちにはわずかしか場所をあたえていない。しかし――かつてプラウトゥスがそうしたように――イタリアではボッカッチョ、イギリスではチョーサーが、眉目《みめ》よい女性たちをわがものとするために自分の富を利用する裕福な老人たちを笑いものにする。

ボッカッチョの物語*のなかではひじょうに高齢なピサの司法官が、若くて美しいバルトロメアと結婚する。婚

* この話はラ・フォンテーヌによって『コント集』のなかでふたたび採りあげられた。それは老人が登場する唯一の話である。

姻の夜、彼は夫としての務めをどうにか果たすことができる。翌朝彼はすっかり疲労したので、この務めをまぬがれる一計を案じる、つまり彼は毎日暦を妻に見せ、今日は偉大な聖者の祭日であり、聖者を敬うために肉体的関係はいっさい慎しまねばならないと言うのだ。せいぜい一ヵ月に一度彼はそれを行なうだけだ。ある日、二人が船遊びをしているとき、彼女は海賊にさらわれ、海賊は暦に気をつかうことなく毎日その情炎を立証する。夫は彼女をみつけだすが、彼女は彼のもとに帰ることを拒む。そのため彼は死に、町全体の物笑いになる。

『カンタベリー物語』のなかで、チョーサーは、金《かね》の威力で二〇歳の美しい《五月《マイ》嬢》と結婚する老商人一月《ジャニュ》氏《アリ》の、かずかずの災難を物語っている。彼は婚礼の夜、練薬を飲んだおかげで、一晩中熱烈に精力を費すことが可能となる。

そういうわけで、彼は夜が明けるまで骨を折った。
それから、蜜酒にパンをいれて喰べた。
それから彼は床の中で真っすぐに体を起こして坐
り、
声をはり上げてほがらかに歌を歌ってから、
妻に接吻し、さまざまな狂気じみた振舞いをした。
彼は若駒のようにふざけちらし、
斑点のあるかささぎのようにお喋りであった。
彼はあまりにも精を出して歌い、ふるえ声を出す
ので、
歌のあいだ彼の首すじのたるんだ皮がふるえた。
けれども、この爺さんがシャツの寝衣《ねまき》を着て寝間
帽をかぶって坐り、
やせこけた首をくねらせて歌っているところを見
て、
五月《マイ》が心のなかで何と思ったかは神様だけが御存
知である。——つまり
彼の演技に豆一粒ほどの価値もあたえなかったの
だ。

それからほどなくして、彼女は滑稽な状況のもとに、若くて美男の従者と密通して夫をだます。前述《さき》にすでに指摘したように、老人のセックスは彼がなんとしようと人びとに不快感をあたえるのである。ボッカッチョはそ

の不能ぶりをからかい、チョーサーにおいては老人は人工的にたくましくなるが、その醜さと滑稽さによって、肉体の愛をいまわしい行為にしてしまう。

　この現実主義的厭世観《ペシミスム》と並んで、中世には一種の理想主義的ペシミスムが存在したようである。私はその一つの徴を、後に莫大な人気をかちえたベリザリオスのイメージが一四世紀と一五世紀ごろに重要な位置を占めた事実にみる。* 東ローマ帝国を救ったこの偉大な将軍は、栄光にみちた生涯を送り、ゴート族に対抗してイタリアを征服し、西ローマ帝国の支配をみずから拒否したのち、帝の寵を失った。彼はユスチニアヌス帝に対する謀反のまきぞえをくい、当時八〇歳だったが、その宮殿のなかに監禁され、財産は没収された。裁判は五六三年に行なわれた。八世紀の終りごろ『年代記《クロノグラフィ》』に当時の記録文書を書き写したテオファネスによれば、彼の無実は証明され、自由と財産は返されたという。しかしその後、一一世紀になって、さまざまな誤りにみちた著作である『コンスタンチノープル古代史』の無名の著者は、ベリサリオスが眼をくりぬかれて乞食に零落した、と簡単に記したのであった。そして一三世紀に、コンスタンチノープルの人で、博学で名高かった文法学者トレトゼスは、多くの史家が上述の記述を否定していることを認めながらも、この説を採用した。彼は、盲目で年老いたベリサリオスが宮殿の門のところで、「ベリサリオスに一文お恵みを」と物乞いをするさまを描いている。盲目の刑は東ローマ帝国ではひんぱんに行なわれたが、ベリサリオスがその刑を受けたことを証明するものは何もない。ではなぜこのイメージが確立したのであろうか？

　まずこのイメージが、その後ルネッサンスのあらゆる記録編纂者たちが採用するほどまでに、どうして普及したかを問うことができよう。中世においてはすべての伝説がそのように普及するのがつねであったことを忘れてはならない。交通手段の困難さにもかかわらず、住民のおびただしい移動があって、商人や巡礼者たちが、世界の端から他の端へ、真実あるいは虚偽の物語をはこんでいったのだ。そして吟遊詩人たちがそうした物語を採集

＊　彼の姿は一六世紀にもしばしば想起される。それはロトルーに一つの〔同名の〕悲劇の霊感をあたえ、マルモンテルに有名となった〔同名の〕著作を書かせ、そのほか限りないほどの比喩や比較を生じさせた。そして数多くの絵画も。

した。彼らは一方で学僧たちと絶えず連絡があった。学問的知識と民衆の伝統を対立するものと考えてはならず、両者のあいだには相互浸透があった。さらに一三世紀と一四世紀には、多くの人がすでに読むことができた。現実であれ架空であれ、あらゆる衝撃的な事件は早くそして広く知れわたったのである。

もっと興味深い問題は、この伝説がなぜ人びとに好まれたか、ということである。おそらくその理由は、中世があらゆる種類の暗いヴィジョンを喜んで迎えたということであろう。そして、ベリサリオスは老齢の悲惨を典型的な形で代表しているのである、すなわち、肉体的障害、他人に依存する境涯、受動性、そしてとくに人間たちの苛酷と忘恩によって余儀なくされる失墜……。さらに、宗教的見地からすれば、この悲劇的な冒険は教化に役立つのである。栄光の絶頂にまで昇ってから一挙に汚穢の境涯に転落する個人は、聖書の「空の空なるかな」のよき例であり、この現世においては何事も確かではなく、人間は信頼を神のうちにのみおかねばならないことの例証なのである。

中世では、古代と同様に、老いと盲目のあいだにはある神話的な関係が存在している。盲目は、あまりにも長い生が老齢の人を運命づける追放・流謫を象徴している、すなわち、彼らは他の人間から切り離されるのである、そしてこの孤独が彼らを偉大にし、精神的な洞察力をあたえるのだ。他方、この神話は現実のなかに堅固な根をもっていた、すなわち白内障《そこひ》の手術は知られておらず、多くの老齢者は実際に盲目だったのである。

一五世紀のフランスでは、それに先行する諸世紀のペシミズムがいぜんとしてつづく。世界は衰退期にある、と人びとは相変わらず考えている。ジェルソンは世界を、あらゆる種類の妄想と幻影に囚われた気の変な老人に喩えている。ユスターシュ・デシャンは世界を、幼年時代にたち戻った老人のごときものとみなす、

いまの世は哀れに衰え、邪《よこしま》で
欲の深い、たわごとを言う老いぼれだ。
もはや頭のおかしな男女しか見あたらない……
世の終りはたしかに近づいている……
何もかも悪くなるばかり……

死の想念はこれまでよりもいっそう人びとに切実となり、「死の舞踏」はますます数が多く、恐ろしいものとなる。死骸や死肉が世にも厭わしい姿で描かれる。説教師たちは、それらを青春の佯りの優雅さに対照させる。人間は猶予期間中の死者であり、美は外観にすぎない。オダン・ド・クリュニーは、それまで稀にしか到達されたことのない激しさで、われわれの身体の内部にひそむ汚穢を叙述し、身体を「糞便の袋」と呼んでいる。他の者は、肉体が衰頽に運命づけられていることを人びとに想起させ、衰頽の惨めさを容赦なく叙述している。この場合、老人は〔人びとにとって〕他者としてではなく同一者として考察されているが、しかしただ外部からだけ、しかも若さと美の価値を低めるだけの目的で、描かれているにすぎない。詩人たちはこうした常套句を喜んでふたたび採用する。ユスターシュ・デシャンは、老いのなかにかずかずの不幸、嫌悪の種、魂と肉体の凋落、滑稽と老醜しか見ない。彼は老いのはじまりを、女性では三〇歳、男性では五〇歳としており、六〇歳になれば、誰もが死ぬよりほかはないのだ。オリヴィエ・ド・ラ・マルシュは時代の好尚と規を一にして、使い古された主題をとりあげ、若い美女に向かって暗い予言を述べる、

この優しい眼ざし、快楽のためにつくられた両の
眼は、よく考えてみるがよい、
やがて輝きを失うのだ……
そなたの美は醜さに、そなたの健《すこ》やかさは
わけのわからぬ病に変わるであろう……

年取った女性は、相変わらず嫌悪と嘲弄の対象である。バイユーの大聖堂の南の塔には、イザベル・ド・ドゥーヴルについてこの時代に刻まれた銘が読まれるが、そのなかで作者は、そこにただ一人の老女ではなく一〇〇人もの老女が埋葬されていないことを嘆いている、

復活祭の四日目のことであった
ここに横たわる老女の葬式にわれわれは来た
こんな老女の百人が死ぬことよりも
歓びの祭日を無駄にしたことのほうがわれわれに
は悲しい〔原文ラテン語〕

ヴィヨンが、『兜屋小町長恨歌』のなかで、老いが女性の肉体におよぼす荒廃を嘆くとき、彼はこれまで述べたような伝統に結びついている。しかし彼の先行者がどれほど多かろうと、彼はそれらをことごとく忘れさせる。下手な文学が空虚な言葉の下に隠すものを、彼はその真実の姿においてあばきみせる。ヴィヨンは女性の肉体を愛していた、

こんなにも柔らかな女の肉体……

『遺言詩集』のなかでは、それが地面の下で分解すると想像することを拒み、それが「生きたまま天に昇る」のを見たいと願う。彼もまた情《つれ》ない美女に対して未来の凋落を予言するが、そこには憂鬱な口調が感じられる、

今を盛りと咲きほこる花の姿も、うち萎れ、
黄ばんで、枯れる時がやがてくるだろう。
……俺は老痴《おいし》れ、そなたも色香が失せて醜くなり
果てるだろう。

有名な『兜屋小町長恨歌』において、優しい同情が描写の苛酷さを和らげている。ヴィヨンはその母をひじょうに愛していた、「わたくしは貧しい年寄の女です。」たぶんそのためかもしれない、ヴィヨンは、美しい兜屋の娘がいつかはそうなるであろう年老いた女性を、冷たく外から観察するのではなく、彼女自身の口から語らせている。またおそらく、当人がそれを感じているときこそ凋落は痛ましいものだということを、彼は理解していたのだろう。

裸姿の、わが身を眺めて、
貧相に干乾びて、痩せ衰えて、縮かんで、
変わり果てたこの肉体をじっと見る時
気も狂うばかりに、妾は、ええ腹が立つ

老人たちについて語る作家の大部分が、彼らを観察する労をとることさえしないのに、ヴィヨンが描く画像の正確さは驚くべきものである、

耳は垂れて、小皺が苔むし、
顔は青ざめ、血の気がなく、艶を失い、
頤は尖って落ち窪み、唇は皮ばかり。
人間の美の成り果てた儚い姿。

これはたんなる諷喩《アレゴリー》ではない。それは正確で個別的な、しかもわれわれみなに関係のある肖像画なのである。この失墜した老女のなかに、人間の境涯全体が問題とされているのだ。老年は他者だけに運命づけられたものではない。それは、ヴィヨンがその悲しい恨みを前もって述べているうら若い美女を待ちうけているように、われわれを待ちうけている。それはわれわれの運命なのである。彼がこのことを自覚したからこそ、ヴィヨンの詩は人の心に類《たぐい》稀な共鳴を呼びおこすのだ。

*

一六世紀になると、田舎ではいぜんとして文明が反復的で保守的であるのに対し、イタリアの諸都市では最初の資本主義が発展をつづけ、その他の都市でも、交易や産業、財政的取引きなどの形であらわれはじめる。この新しい繁栄は、科学、文学、芸術、技術において膨大な文化の開花を可能にする。そこにはきわめて多様な潮流があらわれている。ルネッサンスは一方では中世のさまざまな伝統を延長している。それはいぜんとして《反《アンチ》キリスト》と《最後の審判》の強迫観念のなかで生きつづける。* しかしそれと同時に、人間について新しい調和のとれた観念を打ちだそうと試みているのだ。《古代》を回復しようとする人文主義《ユマニスム》は、それを《福音書》の教えに諸教混淆的に結びつけようと試みる。人びとは人生と美に対する愛をキリスト教に統合することを望んだ。エラスムスがとくに志したのもこの仕事であって、彼は「道徳と礼節」の教訓をもたらす。

彼の『対話』の一つは老人を主題としている。一人の老人が模範として描かれているが、彼は六六歳、皺も白髪も眼鏡もなく、色艶はいきいきとしており、放蕩ある

* 人びとは「偽《アンチ》キリスト劇」をドイツで上演したし、偽《アンチ》キリスト伝もいくつか書かれた。説教者が彼の支配の到来を予告した。それはシニョレリにオルヴィエトの壁画の霊感をあたえた。

いは放縦の生活を過ごした他の老人たちは、彼の父親のようにみえる。イタリアでもヴェネツィア貴族のコルナーロがこの主題をとりあげ、賢明な生活は美しい老年に導く、とする。彼は「質実にして節度ある生活について の論考」のなかで、その手本として自分自身を示す。事実、これら二つの著作においてとくに問題とされているのは、美徳を称揚することであり、人は美徳の報酬として、晩年の健康と心の平静さを見いだすのであると、強調されている。

老いそのものに対しては、文学は先行する諸世紀と同様この時代でも優しくはない。中世は人間の屑を軽蔑し、それをとくに老齢者において厭わしいものと判断していた。ルネッサンスは肉体の美しさを称揚し、女性のそれは雲の高みにまでひきあげられる。老人の醜さは、そのためいっそう嫌悪すべきものとみなされる。老婆の醜さがこれほど残酷にあばかれたことはなかった。中世の女性嫌いは一六世紀までつづき、古代、とくにホラティウスの影響が圧倒的である。ペトラルカ的作風の乱用が、その後に反動として諷刺的で嘲弄的な詩を生んだ。当時、老齢の女性という主題が数多くつくられたことや、この主題の性格を説明するには、上記の理由のすべてが考えられる。

この主題を好んで扱った作家たちは、一四九二年にロハスが当時のスペインの社会を描いた戯曲『ラ・セレスティーナ』に、深く影響された。この戯曲ではじめて老婆が女主人公にとりあげられたのだ。彼女は古典劇風にいえば取りもち婆であるが、しかしこれまで上演されたものとはまったく異なった規模をもっている。かつては娼婦で、自分の好みから取りもち婆となり、勘定高く計略に長けて淫りがましい彼女は、またいくぶんかは魔女でもあって、芝居の筋をあやつる。彼女は古代からずっと老婆に負わされてきたあらゆる悪徳の集約であり、その巧妙な手練手管にもかかわらず、戯曲の終りではこっぴどく罰せられる。フランスの演劇は、この霊感の泉をそれほど華ばなしく開発していないが、ジョデル、オデ・ド・テュルネーブ、ラリヴェなどの戯曲には、取りもち婆や年老いた娼婦が登場する。

老齢の女性に対するアンチ・フェミニスト的偏見は、エラスムスにおいて顕著であるが、この道徳学者《モラリスト》が、恥ずかしげもなくまだ色恋のことを考える彼女たちに嫌悪をおぼえるのは当然である。しかしその記述から自然ににじみでる意地悪さは、人文主義者《ユマニスト》である彼の場合、人を驚かせる。彼は描きだす、「この老いぼれた女たち、この動きまわる屍、いたるところ墓場の匂いを発散させ、しかも瞬間ごとに、人生ほど楽しいものはないと叫ぶ、この臭い骸骨ども。……あるときはだらりとした厭らしい乳房をあらわし、あるときは震える声で吠え立てて恋男《びと》たちのたくましさをふるいおこさせようとつとめるのだ。」このようなおびただしい決まり文句のなかに、新しい主題があらわれていることに注目しなければならない、すなわち、他人にとって老婆がそうであるところの醜悪な存在と、彼女がもちつづける生きることへの快楽《よろこび》との対照である。* 年齢によっても人生への愛を失わない男性をほめ称えるのが慣わしであるのに、エラスムスは女性にはそれを責めるのだ。

　マロにおいても、愛されたいと願う老婆に対する同じ嫌悪がみられる、

　……皺の寄った老婆よ、聞きたいか　なぜわたし
がそなたを愛することができないかを？

そして彼はながながとその理由を並べたてる。彼は老女の「醜い乳房」について語り、彼女の肉体についてむかつくような描写をする。彼は「醜悪な老婆」である一人の魔女を描写する。これと同じ嫌悪が、デポルトの『老婆となったある婦人を貶める歌』にも、みられる。

　胸の悪くなるような餌を見せびらかせて
　……そなたはわたしの精気を目覚ましうると考える。

　また人びとは、老齢の女性を若い女性に比較することで、彼女を辱めることを喜ぶ。ドービニェは、「たむしだらけの仮髪《かつら》」をつけた見るも恐ろしい老婆を、彼の恋人の美しい髪と対照させている。

これらの主題を、なぜデュ・ベレーは『老婆と若い娘のアンテロティク』でふたたびとりあげたのだろうか？彼はその直前、ペトラルカに霊感を受け、女性と愛の栄

＊　これはベケットの『しあわせな日々』の主題でもあるが、しかしそれはまったく異なった展望においてである。

光に捧げられてひじょうな名声を得た詩編『オリーヴ』を出版したばかりであった。彼が、そのすぐあとで年取った女性に対するこの激しい嘲罵の詩を書いたことは、驚くにたりる、

おお、老婆よ、穢わしい老婆、
老いさらばえたこの世の恥辱よ、
見るがよい、(わたしの記憶が確かなら)
今年、一五になったばかりの、あの初々しい乙女を。

第一の理由は文学的理由である、すなわち、彼自身が育成し、当時フランスで流行をきわめていたペトラルカ的作風に対して、彼は苛立ちを感じ、反対の立場をとったのだ。彼はそれまで滞在していたイタリアで、その土地の詩人たちに書かれたいくつかの誹謗詩編をおそらく読んでいたが、それらは若い娘に付き添う老婆にしばしば向けられたものであり、彼はそれに影響されたのだ。ことによったら彼は、恋のたくらみで彼の世話をしてくれなかったので、その種の老婆の一人を悪く言いたかったのかもしれない。付添いの老婆は、詩人たちの眼に曖昧で憎らしい人物に思われた。彼らは、彼女があるときは取りもち婆の役を演じ、あるときは恋路のじゃまをするとして非難したのだ。

老齢の女性は、かつて娼婦であった場合、とくに攻撃される。彼女がいまだに色恋を要求するならば汚らわしいし、神信心に転向しているならばその猫かぶりが告発される。デュ・ベレーは、ローマの年老いた娼婦を主題とする現実主義的で残酷な詩も一つ書いている。この女は自分の人生、魅力の衰えと貧しさと病いを物語る、

老いという奥方が
わたしに残してくださったのは
腎臓に尿砂　脚に痛風　手に瘤だけ。

それなのに彼は憎々しげに彼女を糾弾する。

おまえは魔女で取りもち婆
おまえは猫かぶりの信女。

かつての娼婦に対する詩人たちのこういった残酷さは、

なにかの性的怨恨に起源があるのだろうか？ そう推定することもできよう。いずれにしても特記すべきことは、男であれ女であれ、恋する老人は嫌悪感をひき起こすということである。しかしそれが男性の場合は、自分の金銭のおかげで快楽を買える富裕な者たちを、文学は攻撃する、そして逆に女性の場合は、自分の肉体を売る最低の部類に属する者を攻撃する。前者に対する遺恨はたやすく理解されるが、年老いた娼婦を対象とする遺恨には、もっと混濁した種々の理由がある。たぶんそれはなんらかの欲求不満によって説明されうるのだろう。

古代、そしてフォークロアにおけると同様、老婆はしばしば魔女と同一視される。ラブレーは、パンズゥの巫女を、「窶れはてて、ぼろぼろの衣を纏い栄養は不良、歯はがくがく、目脂《めやに》だらけで、二つ折りになったまま、鼻涕を垂らし、うつらうつらとしていた」老婆の姿に描いている。

そしてさらに、老齢の女性は死に似ている。シゴーニュ*は書く、

透明な皮膚を透かして
骸骨が見える
呼吸するミイラ
死の生きた肖像、生の死んだ肖像
色艶のない腐肉、墳墓の遺骸
鳥に突つかれ、掘り起こされた骸骨……

これとは別の鐘の音を一六世紀に聞くことは稀である。しかしピエール・ル・ロワイエは、老齢の女性を愛することがどれほど恥ずべきであるかを説明しているオードと並んで、愛情をこめて女性の老年を描いている別のオードを書いた、

老年は林檎に似て
美味でしかも健康によい……

林檎は皺がよっていればいるほど完全となるが、年老いた女性についても事情は同じだというのだ。フランソワ・ユロは、「汚らしくふしあわせな歯ぬけの老婆」に

* フランスの詩人（一五六〇―一六一一）。

対して「誉れ高い老女」を対比させている、

その優雅な姿のよさは
若い人たちの美しさに似かよう。
……まことに、立派な値打ちの老婦人は
　優雅と美徳のゆえに敬意をはらわれる。

しかしこの場合、真の意図は、年老いた立派な奥方と、悪い素行あるいは貧乏によって刻印を捺された下賤な老婆たちの群れを区別することが目的だったのだ。年取った女性たちを強く弁護したのはわずか一人の作家にすぎない、すなわち、『艶婦伝《ダーム・ギャラント》』におけるブラントームである。彼は、彼女たちが愛の快楽にふけるのは当然であると考え、そのある者はいつまでも美しくありつづけ、七〇歳を過ぎても愛される、と断言している。

詩人たちが年取った女性に侮辱を浴びせる一方、年老いた男性は喜劇のなかで笑いものにされる。これはすでにアリストファネスとプラウトゥスにおいてみてきたことだが、喜劇は老人に主体としての資格を拒むのであり、他者として、観客が笑いによってそれから身を離す純粋な客体として表現するのだ。重要な役割があたえられる滑稽な老人たちを舞台にのせることによって、コメディア・デラルテは、東ローマ帝国時代と中世をつうじて維持されてきた伝統をうけついでいる。三世紀に、ユリウス・ポルクスは『オノマティスコン』のなかで、喜劇と悲劇に使用された仮面のさまざまなタイプの表《リスト》を作製した。たとえばひじょうに老齢の、祖父《おじいさん》の仮面が二つあるが、「第一のものはいっそう年寄であり、頭部は完全に禿げ、眉はとても優しく、ひげは長く、頬はこけ、眼を伏せ、皮膚は白く、表情はほがらかだ。第二のものは、いっそう痩せて、眼ざしはもっと鋭くもの悲しい。顔色は少し青白く、ひげは長く、髪の毛は赤茶け、耳はつぶれている。」さらにポルクスが他のカテゴリーに分類している別の一対も存在する、「主役の老人は頭のまわりに髪の冠をめぐらせ、鷲鼻で、顔は長く、右の眉はつりあがっている。もう一人の老人は扇形の長いひげをもち、頭のまわりに髪の冠をめぐらせ、ひげは濃い。眉毛をつりあげず、眼ざしは柔和である。」

ポリュクスは老婆の三つの仮面をあげている。まず、おうような太っちょの婆さん、次に獅子鼻と顎に二つずつ臼歯をもった牝狼、つまり取りもち婆さん、そして、結婚を望んでいるお妾の婆さんである。

コメディア・デラルテには老人の登場人物が二人いる、すなわち、パンタロンと「学者先生《ドットーレ》」である。前者のほうがより重要な人物であって、実務から引退した商人であり、ときには金持、ときには貧乏で、一家の父であったり、老いた独身男であったりするが、『金の小壺』〔上述のプラウトゥス作〕のエウクリオのように、いつでも貪欲をきわめている。そのうえ彼はいつも女に恋をしている。一五七七年の一枚の版画は、やせて背が高く、口ひげを尖らせ、巨大なファロスを勃起させた老人の姿で彼を表わしており、この最後の属性はパンタロンの通常の衣裳の一部をなしていた。しかし彼はたむし《いんい》を病み、痛風持ちで、カタルの気《け》がある。彼は若い女に夢中になって金《かね》で籠絡しようと試みる。彼は自分の子供たちや召使いに笑いものにされ、妻があれば寝とられ、浮気女どもにだまされる。彼は自分がひじょうに賢いと思いこみ、忠告をあたえたがり、誇張の多い議論をぶち、政治にくちばしを入れようとするが、あまり興奮するので、彼を黙らせるにはなぐりつける必要がある。版画から判断すれば、俳優たちは彼の老人特有の興奮を発作的な身軽さで目立たせていたようだ。この登場人物は、イタリアの諸地方で異なる名前をもち、パナクラーチェ、カサンドロ、ザノビオなどと呼ばれていた。フランスでは、ゴーチェ＝ガルグィユとかジャクマン・ジャドとして姿をあらわした。もう一人の老人は「学者先生《ドットーレ》」であり、あらゆるアカデミーの会員で、学をひけらかす肥った馬鹿者だ。老人はもはやたんに富を占有する者というだけではなく――これまでわれわれがまだ出会わなかった特徴として――知識を所有すると自称する者でもある。彼はそれゆえいっそう物笑いの種である、というのはこの衒学者は実際には無知であり、でたらめ放題を言い、一日中、ギリシア語やラテン語の引用文を間違いだらけにしゃべる。彼はまたバロアルドつまり愚鈍《たわけ》とも呼ばれるのだ。彼はパンタロンの友達で、同じように欲が深く、色好みである。彼はみんなからばかにされる。

年老いた女性の登場人物はただ一人、取りもち婆さんだけである。魅力を失い、しかも権力ももたない堅気の老婦人は、客体でも主体でもない。彼女はなにものでもないのだ。妻たちは老年と中年のあいだの年齢の女性であって、相対的な役割を果たすにすぎない、つまり年老いた夫の伴侶、彼らの非常識な振舞いの証人または監視者である。しかし自分一人で富を手に入れ、他人《ひと》に依存しない娼婦は、年を取ると自分の経験を利用して、金持になりたいという自分の目的を追求する。彼女は自主性のある個人であり、主体である。しかし彼女はいわば脇役であり、規格化された人物にすぎないため、あまり興味ある存在ではない。

　老齢の男性もまたきわめて型にはまっている。コメディア・デラルテは、時代の風俗についてわれわれに真に教示してはくれない。それはただ、伝統として受けついで、あらかじめ役割が決められている種々の「仮面《マスク》」を、変わりばえのしない筋のなかで使うことに甘んじている。

　一六世紀の初頭にマキャヴェリが書いた『クリーツィア』も、プラウトゥスの剽窃を多くでず、コメディア・デラルテと同様あまり新味はみられない。ニコーマコは七〇歳で、もう歯はほとんど残っていない。クリーツィアに恋した彼は、彼女を自分の従僕と結婚させることに決め、従僕から花嫁を譲りうけることになっている。彼はサチリコンという名の練薬を手に入れて婚姻の夜にそなえている。けっきょく彼はだまされて、後悔する。主題はまたもや、老人たちにふさわしい賢明な振舞いと、いまだに彼らをつき動かす性的欲望との対照である。彼の妻は、クリーツィアに夢中になる以前の彼の理想的男性ぶりを述べて、その変貌を嘆く、「彼はそのころは立派で重々しく控えめな人でした。彼は時間を立派なことに使いました。つまり朝は早くから起き、ミサを聴き、一日の食糧に心をつかい、それから仕事があればてきぱきと片づけ……夕食のあとでは息子と語らい、賢い忠告をあたえました。このような規則正しい生活は家族みんなの模範だったのです。……でも彼があの娘にのぼせてからは、仕事は投げやり、土地は荒れ、商売は損をして、なぜだかわかりませんがいつも声高に叫ぶありさま……。人が話しかけても、答えないか、それともとんちんかんな答をするのです。」

　そしてこの戯曲を中断する「歌《カンツォーネ》」の一つは次のように言う、「若い心に恋が優雅であるように、年齢の花が萎れてしまった者の恋はただ嫌悪を催させるだけ……だから恋する老人たちよ、あなたがたに忠告するが、色恋の仕事は情熱に燃える若者たちに任せることだ。」

ルッァンテの演劇は、はるかに独創的である。それは闘争の劇なのだ。自分の戯曲のなかでルッァンテの役を演じ、この名前の下に有名となったアンジェロ・ベオルコについては、あまり知られていない。パドヴァの医者の私生児で、父の家庭で育てられ、後に富裕な貴族コルナーロの友人ならびに被保護者となった彼は、その『オラツィオーニ』のなかで、農民や貧者や虐げられた人たちの側に強く味方した。彼の全作品にはこの共感が明示されている。彼が舞台に登場させるのは、規格化された仮面ではない。ルッァンテ自身の性格すらきわめて変化の多いものである。『牧歌劇』はかなり因襲的である。老羊飼ミレジオはあるニンフに恋をし、自分の気違いざたを嘆く。彼女が彼の望みをしりぞけるので、彼は死んだと思われるほど理性を失う。「おお不幸な恋人よ、お前はなんということになったのだ？　迷妄の老年が、お前をどこに行きつかせたのか！」

しかし彼はだいたい当時の人びと、とくに農民の風俗や言葉からインスピレーションを受けている。自分自身若かった彼は、富の力で貧者を虐げるかぎりにおいて、老人を攻撃する。『アシナリア』〔上述のプラウトゥス作〕を模した『ヴァッカリア』のなかで、老いたプラチディオは誰にも害をあたえない人物なので、いくらかは寛大に描かれている。彼はデメネテスに似ているが美点もあり、息子を愛しており、だまされて困惑するとき、妻から許される。反対に『アンコーナの女』の主人公である八〇歳の成金のヴェネツィア人は、容赦なくやっつけられる。*破廉恥で、放蕩者で、疾患に悩み、滑稽で欲が深いが、さらにいっそう好色で、娼婦ドラリアを高額の金で買おうと決心する。彼はじつに虚栄心が強いので愛されていると思いこむが、けっきょく従僕にだまされる。

ルッァンテは『第二の田園風対話劇』のなかで、恋する老人のカリカチュアをさらに手きびしくおしすすめており、他のいかなる作家もこれほど醜悪なまでのリアリズムをもって恋する老人を描いたことはなかった。その老人は大金持なので、欲得ずくで彼といっしょに暮らすことに同意する若い人妻を、夫のビローラから奪った。

＊　ルッァンテは貴族コルナーロの友人であった。彼が成金を嘲弄するのは偶然ではあるまい。

しかし彼女は嘆く、「あのひとは半病人みたいだわ。一晩中彼は肺病やみの牝羊みたいに咳をするの。ちっとも眠らないし、絶えずわたしを抱こうとし、身体中に接吻するの。」——ビローラは答える。「あいつが山づみの堆肥よりも臭い息をしてるってことはたしかさ。あいつは千里の向こうからでも死神の匂いがする。尻《けつ》にあんまり汚物がたまっているんで、きっと別の口から出るほかないんだろう!」けっきょくビローラは、喜劇の作法どおり、老人を打ちこらして妻をとり戻す。

老齢が彼に催させる嫌悪を、ルツァンテは『ピエヴァーナ』のなかで、トゥラ老人の口を借りて表現する、「青春は、鳥たちが歌うために集まってくる花ざかりの茂みに似ているが、老いは、蠅がたかってきて耳を食べてしまう痩せ犬のようなものだ。」

「老いに関するものはすべて不幸に侵されやすい。……ほんとに老いというやつは、あらゆる不健全な水が集まり溜る沼であり、死のほかには流れ出るみちがない。誰か不幸になりたいやつがいたら、年を取れ、と言ってやれ。」

なぜ一六世紀はこれほど執拗に老人を攻撃したのだろうか? 父親はローマ時代の家長《パテルファミリアス》の権威をもつことからほど遠かった。それで、嘲弄されたのは父親ではなく、若者の恋仇《ライバル》としてあらわれる富裕な老人なのである。先行する諸世紀と同様、この時期においても、文学は低い階級の老人たちに興味を示さない。さらにまた貴族や特権階級が攻撃されていないことにも注目する必要がある。彼らがその権力や財産を神聖な権利によって保持するものであることを人びとは認めているのだ。人びとは既成の社会階級制に異議申立てはしていない。怨恨をかきたてる者は、成金たち、つまり個人的な昇進に成功したブルジョワなのだ。彼の仕事が繁栄するならば、彼は晩年に莫大な富の保持者となるが、生計を立てるために働く中年の男、そしてしばしば無一文である若者たちの眼には、このような独占は不正として映る。それは憎しみのこもる羨望を生み、彼の成功は吝嗇に帰せられる。老人たちが若い女性を手に入れるために金銭を利用するとなれば、スキャンダルは耐えがたいものとなるであろう。そのとき若者は性的に妨害《クラストレート》されていると感じる。人びとは老人たちに復讐し、彼らを残酷に戯画化することにより、あるいは彼らについての戯画を嘲笑することによって、彼らにその「悪徳」を嫌悪させるようにしようと試みるのだ。彼らに対して、作者と観衆は共謀《なれあい》の関係にあるわけである。それで、パンタロンと同様の人物の数が多かったことと、観衆に喜ばれたわけが理解できる。

男女を問わず老人を客体《オブジェ》として表現するこれらの作品と並んで、老人を人間的境涯のなかに組み入れる作品がわずかながら存在する。たとえば、ジャック・イヴェールによって『春』のなかに引用された、あるブランル歌がそうだ。人は若者たちに楽しい日々を十全に楽しむようにすすめる、なぜなら老いが待ちうけており、それは悲哀と悔恨しかもたらさないだろうから、

苦悩と嫉みは
髪の白くなった男を好み
甘い恋の炎は
このような陰気な牢獄には住みつかない。
ああ、つねに未来を待ち望む
たわけ心の青春よ
年齢《とし》は早くも飛び去って
二度と戻ってこないのだ。
そのとき炎は灰となって
ただ悔恨がくすぶるだけ……

『夏』のなかではポワスノーは――かつてプルタルコスがしたように――老年と秋を同一視して、成熟した豊かさではなく不毛とみなしている。しかし彼は自分の運命の一部をなすものとして、老いを考える、

「もし人が好奇の心にみちて、自然が人間の生に分けあたえた季節を眺めようと望むなら、緑におおわれる樹木と、春の初めにさまざまな花の釉薬で色どられる牧場とが、見る者の眼をたのしませてくれることは、このような〔野山の〕の装飾が成長して少しずつ衰えて消え、果実は艶を失いはじめ、色とりどりに飾り立てた草が萎れようとするときの比ではない。同様にわたしはあえて言いたい、善い意図で養われた生気とあらゆる計画におけるる果断な軽快さをわれわれの内に注ぎこむ季節が、他のどの季節よりもはるかに快くはないなどと言うほど自

然に反する者は、分別のある男とは言えないだろう、と。」

老いはロンサールの作品のなかで重要な位置をしめている。古代と自分の生きた時代からの影響を受けた彼はやはり、老いた娼婦たちの凋落を嫌悪をもって描く。彼の娼婦は、「欠け落ちて黒ずんだ」歯をもつ「金箔のはげた肖像画」さながらで、「眼やにをためて鼻水をたらして」いるのだ。彼はしばしば、悲哀と醜悪の未来が待ちうける、青春のうつろいやすさという主題を歌った。

摘みなさい、あなたの若さを摘みとりなさい!
老いは、この花のように
あなたの美しさを褪せさせるだろうから。

しかしまた彼は自分自身の老いについても、個人的な悲痛な口調で語った。彼が栄光の絶頂に達して、もっとも美しい作品のかずかずを書いたのは、生涯の終りの時期であった。しかしながら彼は年月の重圧に対して反抗した。彼は早くから年月の重圧に苦しんでいた。若いころの彼は、美しく魅力にみち、巧みな騎手であった。三八歳のときに病に冒された彼は、これを時間《とき》のもたらす荒廃と混同していた、というのは彼はすでに髪が白く歯の抜けた老人の外貌を呈していたのだ。彼は消化や血の循環の悪いことや、不眠症、熱病の発作を嘆いた、

わたしの甘美な青春は過ぎた
若い力は衰えた
歯は黒み、髪は白く
神経はにぶり、血管には、
身体がこんなに冷えて、
血のかわりに
褐色の水がはいっているばかり。

彼はこのため心が慰むことはけっしてなかった、肉体的な活動と恋愛を必要としていたからなおさらであった。関節炎と痛風のため戸外の運動ができず、彼は苛立ちやすく、人づきあいが悪くなり、「仇敵の土星」から影響されていると考えたが、この星の下に彼は生まれたのであり、それが彼を

人になれず、疑い深く、陰気で憂鬱にするのだと言う。彼は星辰に呪われていると信じていた。人文主義《ユマニスム》の勝利を信じた青年時代の後に、彼は彼のもろもろの希望の崩壊を経験したのだった。内戦がフランスを荒廃させ、サン＝バルテレミーの虐殺が起こったのは彼が四八歳のときである。彼が、

人間の真の宝はみどりなす青春時代だ。
われわれの残りの歳月は冬にすぎない。

と書くとき、彼は心からそう思っているのだ。

アグリッパ・ドービニェが〔反対に〕老いの楽しさをたたえるときも、やはり確信にみちている。彼もまた老いを冬になぞらえるが、しかし冬を不毛な冷たさの季節ではなく、穏やかな閑暇の季節とする。* 彼は波瀾万丈の生活を送った。彼は戦争に加わり、重傷を負い、牢獄に投じられ、多くの町を征服し、また敵に返すことを余儀なくされた。彼は極度の疲労とひどい幻滅を経験した。彼は最初の妻を愛し、そして失った。七〇歳になってもまだ、彼はラ・ロシェルの町を防衛するために新教徒に加わって戦いたかったのである。しかし協力を断わられたので、彼は愛して結婚したばかりのルネ・ブルラマキといっしょにクレストの館にひきこもった。彼女は五〇歳で、ひじょうに教養が深く、彼に情熱的に仕えた。彼は田舎に住む紳士としてのこの優雅な生活に楽しみを見いだし、高名な外国人の訪問を受けた。彼は彼の生涯の冬に平和の港を見、それを詩のなかで讃えた、

ここには楽しみは少ないが、苦しみも少なく、
ナイチンゲールは黙し、海の妖精《シレーヌ》も歌わない。
われわれは果実も摘まれるのを見ない。
人をよくあざむく希望はもはやなく、
冬はすべてを楽しむ。しあわせな老年よ、
もはや労働の季節ではない、享受の季節。

* 『悲愴曲』のなかに彼は次の有名な詩句を書いた、
「秋の薔薇は他のものにもまして甘美なり」
このことは彼にとって青春は最高の価値ではなかったことを証明している。

ロンサールの誠実さもドービニェのそれも、常套句をまぬがれてはいない。この世紀で常套句を徹底して遠ざけた作家は、ただ一人モンテーニュだけである。彼以前にだれ一人それについて語らなかったような仕方で、彼は自分自身の経験にもとづいて、老年について自らに問うたのである。そこに彼の深さの秘密がある、すなわち、ふつう人が隠そうと努力する現実のうえに彼が向ける、直接的で要求するところの多い視線である。《古代》は老年をほめ讃えながら老人たちを戯画化している。モンテーニュは老いを愚弄することも称揚することも拒む。彼はその真実をひきだそうと欲するのだ。彼個人としては、老年が彼を豊かにしてくれたとは考えない。プラトンやキケロの教化的楽天主義、老人たちが英知をもつという主張に対して、彼はただ自分自身の体験にもとづいて反論する。彼は三五歳を少し過ぎたとき、自分の三〇歳以前の生涯の時期をかえり見ながら書いている、「私について言うと、この年齢を過ぎると、精神も肉体も〔能力《ちから》を〕増したというよりは減ったし、前進するよりは後退したと信じている。なるほど、時間をうまく使う人たちにあっては、年齢とともに学問や経験が増すことはありうる。しかし、活発とか、敏捷とか、逞しさとか、その他、よりわれわれ自身の、より重要な、より本質的な特性は、萎縮し、衰弱する。」

さらに、

「それから長い年月のあいだに、私も年老いたが、賢くなるという点では確かにちっとも進んでいない。いまの私と、少し前の私とは確かに別である。だが、どちらがすぐれているかとなると、何とも言えない。もしもたえず向上に向かうだけであるなら、年をとるということはすばらしいことであろう。だが、これは酔っ払った、よろめいた、ふらついた、不安定な歩みであり、風のまにまに、当てもなくそよぐ葦の動きにすぎない。」

後に書かれた『エッセー』の第三巻のなかでも、モンテーニュは、すでに老年と考えていた自分の年齢より若さのほうを相変わらず好んでいる。彼は自分が衰えるだけで進歩していないと考える、「さらに私は、老齢につきものの後悔を憎む。昔、肉欲から解放されたことを老齢に感謝すると言った人がいるが、私はそうは考えない。私は、老齢による無力がどんな利益をあたえるにしても、感謝する気にはなれない。……われわれの欲望は老年には稀になり、行為のあとで深い飽満にとらえられる。ここには良心の働きは少しも認められず、老年の悲嘆と衰弱にしるされた惰弱な、カタルにかかった徳があるだけである。理性をはげしくそして注意ぶかく揺すぶってみると、私の理性は、私がもっとも放縦であった時代と同じで、ただ、年を取ったために、それだけ衰弱し減退したらしいということがわかる。私は私の理性が、戦闘の外にいるからといって、昔よりも勇敢だとは思わない。私には、私の理性が若いときと違う判断をしているようには見えないし、新しい知恵を得たようにも見えない。

「……もしも私の老衰の悲惨と不幸が、健康で生き生きした元気に溢れた幸福な時代よりも好ましいと考えられたり、私自身が、存在したことによってではなく、存在することをやめたことによって、世間から尊敬されたりしたら、私は恥ずかしさと屈辱に耐えられないであろう。……同様に、私の知恵も、両方の時代に同じ背丈であったのかもしれない。だが、若いときのほうが今よりもずっと魅力的で、みずみずしく、快活で、自然だった。それがいまではよぼよぼの、気むずかしい、苦労性のものとなった。……

「われわれは、気むずかしさや、目の前にある事物に対する嫌悪を知恵と呼ぶ。けれども実を言うと、われわれは不徳を捨て去ったのではなくて、別の不徳と、しかも私の考えでは、もっと悪い不徳と取り替えているのだ……だから、老いても、酸っぱい、かび臭い匂いのしない心というものはめったにないし、あるとしてもごく稀である。人間は成長に向かっても、衰退に向かっても、全身で進む。」

私が感嘆するのは、モンテーニュが、人の心を慰める伝統的な常套句を投げすて、〔諸機能の〕毀損を進歩とみなすことを拒み、歳月のたんなる積み重ねを豊饒とみなすことも拒んでいることだ。しかし彼の場合、彼自身は気づかないとしても読者の眼には一目瞭然である奇妙な逆説《パラドックス》が存在している、すなわち、著者が年を取るにつれて、『エッセー』がしだいしだいに、豊かで内面的な、独創的で意味の深い書物になったということである。老いに関するこれらの痛烈で冷徹なみごとな文章は、とうてい三〇歳では書けなかったであろう。彼は自分を衰えたと感じるその瞬間において、もっとも偉大なのである。しかしおそらく、自分自身に対する厳しさがなかったら、彼はこの偉大さには達しなかったであろう。自己満足というものはすべて書くものをつまらなくするが、老いゆくモンテーニュはそれから己れを守りえた。彼が進歩しているのは、世界と自分自身に対する態度がますます批判的となったからである。そして読者は、〔モンテーニュの〕進歩を認めつつ、〔彼の〕批判にくみするという、困難な状況におかれるのである。

ルネッサンス期が老いについていだいていた観念がどのようなものであったかを、この時期の美術作品にあらわれた人物像が、われわれに教えることはきわめて不明確である。中世におけると同様、民衆の考えを伝えるさまざまな画像が存在する。しかし芸術家たちが個人として自己を表現する専門的な絵画も存在している。彼らはどの程度その時代の影響を受けているのだろうか？

民衆的画像にあらわれている、一年の四季と人生の異なる年齢との比較は、常套的となっていた。当時のある暦は、家庭生活の諸情景によって一二カ月を示している。一一月では、父親は老いて病んでいる。一二月では、彼は死にかかっている。他の版画は、一九世紀までつづいた仕方で「人生の階梯」を表現している、すなわち、人生ははじめに上昇し、ついで下降するものとして描かれている。それは、踊り場に到達する上昇と下降の二重の階段によって表現される。この台場のうえに五〇歳の男または一組の夫婦が立っている。左側には、揺りかごがおいてある地面から、幼児、少年、若者、成年がそちらに向かって階段を昇っている。右側には、六〇、七〇、八〇、九〇歳の人びとが一段ずつ降りている。一〇〇歳の人は、ベッドに寝たままで、嬰児と同じ高さに階段の下で憩っている。みなが当時の衣裳を着ている。階段の下には長柄の鎌で武装した死神が立つ。人生のこの図解のなかで奇妙に思われることは、現在でも一〇〇歳で死ぬ人びとはきわめて珍しいのに、昔はもっと珍しかったことである。事実は、これらの版画の目的は、偶発的な現実のなかで展開するままの人生を描くことではなく、一種の祖型《アルケティプ》を定着して示すことだったのだ。それらが示す厭世観《ペシミスム》はキリスト教的霊感によるものである、すなわち、悲しい墜落の運命にある人間は、富み栄える時においても、なによりもまず自己の救霊に専念しなければならないというのである。*

人生の諸年齢という主題は画家たちにも主題を提供した。一般にそれは、若者と成人と老人という三幅対《トリオ》によって表わされる。ティツィアーノの「合奏」においてもそうであって、老年の男はひげをたくわえて頭は禿げているが、まだ元気に溢れてみえる。**

もう一つ別の民衆的主題は、《若返りの泉》である。一五世紀に、それは多数の版画の主題となる。それらの版画の一つでは、老婆たちが池に飛びこんで、そこから若返って出てくるやいなや、美しい若者の腕に抱かれる。一六世紀に、この神話はきわめて根強く残っていたため、一五一二年に、後にフロリダを発見することになる探検隊を組織したポンセ・デ・レオンは、《若返りの泉》を捜しに出発したのだ。多くの版画と絵画がこれと類似の主題を展開している。有名なものに、小クラーナハ作の『若返りの泉』がある。絵の中央には裸の人びとが浴みする広いプールがみられ、左手に老人たちが手押し車にのせられ、あるいは背中に負われて、水辺まで運ばれている、そして右手には、彼らが泉から快活に、しあわせそうに出てくるところが描かれ、男女は草原で踊りをして戯れている。

ルネッサンスの絵画のなかには、多くの老人の肖像画がある。彼らは状況に従って、それぞれきわめて異なった性格をもっている。当時、富裕で尊敬された老人たちは自分の老いを誇っている。イタリアでは、彼らの多数が古代の伝統をふたたび受けつぎ、自分がそうみられたいと望むとおりの胸像をロッセリーノやミノ・ダ・フィ

* これらの絵に付された銘文がこのことを確認している。そうした絵の一つには（一七世紀初頭のものであるが）、「この世の大階段」という題名が最上部に記され、その両側に二つの花枠《カルツーシュ》があり、そのなかに次のように書かれている。

（左側）
おお、この階段はなんと踏み馴れた道、
昔から運命は人間たちを
絶えずそこに引き連れる。

（右側）
人生は悪人には
奈落への傾斜
人生は善人には
天国への上《のぼ》り坂

二人の小天使が臨終の老婆を〔立派に死ぬように〕力づけている。

** その一世紀後のファン・ダイクの絵においても同様である。

エソーレに彫刻させている。教皇たちはラファエロやティツィアーノに、ヴェネツィアの総督や貴族らはティントレットに自分たちを描かせている。彼らの肖像にはみごとな白いひげと、くつろいだ様子がみえる。古代と聖書から主題をとった絵画のなかでは、老人たちはしばしば理想化されている。しかしまた画家たちは、酩酊するノア、グロテスクで酔っぱらったシレノス、ロトとその娘たちなど、老人があまり教化的でないものとしてあらわれる主題を進んで選んでもいる。とくに最後のテーマはデューラーやグエルチーノやティントレットによってとりあげられたが、とくにルーカス・ファン・ライデンは淫乱な表現を用いており、彼は他の絵でも老人たちに滑稽なポーズをとらせている。淫乱な老人はまた、沐浴するスザンナを表わす多くの画布のうえに表わされている。多くの画家は老年の醜さをもあばいた。デューラーの画『博士にまじるキリスト』には二人の老人のかなり美しい顔と、一人の醜悪な顔がみられる。ファン・レイメルスウェーレの『二人の収税吏』のなかでとくに醜い男はひじょうに高齢である。ギルランダーヨの有名な『老人と孫』において、リアリズムは残酷なまでにおしすすめられている。*

「醜い老婆」の主題は、画家たちの作品にもまた見いだされる。『時の推移《コル・テンポ》』と題されるジョルジョーネのみごとな習作は、年齢によって害われた一人の女性を示している。醜さはしばしば戯画《カリカチュア》にまでおしすすめられ、たとえばバルドゥングは、シゴーニュまたはマロの詩編から出てきたような、肉が落ちてしなびた醜悪な老婆どもを描いている。エラスムスの友人だったクエンティン・マサイスは、彼と同時代人の一人の言葉によれば、「赤ら顔の怪物めいた幾人かの男女」を描いた。そのもっとも有名なのは、グロテスクに飾りたて、いやらしく肩をむきだし、獣のような顔をした『醜い公爵夫人』である。ウェンツェル・ホラルは、同じ人物を『テュニスの王と王妃』と題された画のなかに描いた。そこでは男は美しくはないがあまり注意をひかない、それに比べて女はまさに『醜い公爵夫人』の姉妹である。

もっとも偉大な芸術家たちは、自分の時代の証人であるというよりはむしろ時代を形成するのだ。フランツ・ハルスは、彼自身ひじょうな高齢のとき、『理事たち』とくに『理事夫人たち』を描いた壮麗な画面において、彼の芸術の絶頂に達し、どのような月並にも落ちこんでいない。彼は老いを讃えることも貶すこともせず、ただ彼が描く顔の真実をとらえようと努めている。これはまた、その作品のなかで老人たちに大きな場所をあたえている、ダ・ヴィンチやレンブラントの場合も同様である。ダ・ヴィンチは老人の特徴の研究をカリカチュアにまでおしすすめたが、あらゆる年齢の人びとについてもそれを行なったのだ。しかし彼が描いた数人の者にはひじょうな美しさをあたえた。レンブラントは早くも三〇歳のときから老人を描いているが、彼の晩年の作品の一つは、驚嘆に値する『盲目のホメロス』である。彼は自分の時代と一致することを気にかけたのではなく、自分自身のヴィジョンを表現することを求めたのである。

民衆的表現から遠ざかって個人的創造となるにつれて、図像的表現は大部分その証言としての価値を失う。この観点からすると、文学の重要性が増すにつれて、図像の重要性は減るのである。私はその意味で今後、図像について言及する機会はほとんどないだろう。

＊

古代エジプトからルネッサンスにいたるまで、老いの主題が、ほとんどつねに規格化された仕方でとり扱われてきたことが以上で明らかである。すなわち、同一の比較と同一の形容なのである。老いは人生の冬であり、頭髪やひげの白さは雪や氷を想起させるのだ。白の冷たさが、火や烈しさを示す赤や、植物、春、若さの色である緑と対立する。こういった常套的表現が長くくりかえされるのは、老人が不変の生物学的運命に従うことがその理由の一つである。しかしまた、歴史の動因でないために、老人は関心をひかず、彼をその真実において研究するという労苦を人がはらわないためでもある。それだけでなく、社会には老人を見て見ぬふりをするという命令さえ存在するのだ。彼を讃えるにせよ、貶すにせよ、文学は老人を月並の図式下に埋めてしまう。文学は彼を現

＊　この肖像画は生きている人間の顔ではなく、モデルの死後にそれを写し描いたものだけに、残酷さはいっそうはなはだしい。

わずかわりに隠してしまう。老人は青春や成熟との比較において、一種の引立て役として、考察される。彼は人間それじたいではなく、その限界なのだ。彼は人間的境涯の余白に生きており、人はその境涯を認めず、また自分を老人のなかに認めることもしない。*

一七世紀の初頭には輝かしい例外が一つある、すなわち、『リア王』を書くことによって、シェイクスピアは一人の老人のなかに人間とその運命を具象化することを選んだのだ。なぜ、そしてどのようにしてか？

『ソネット』詩編のなかで、シェイクスピアは時間《とき》の荒廃作用をはげしく告発した。彼は人間の生存を、一年あるいは一日、またはその両方の展開に比較している。老年は悲しい凋落なのである。

君がわたしのなかに認めるのは
かつて鳥たちの鳴き声が聞こえた　数枚の枯れ葉
が
貧しくぼろを着た合唱隊のように
寒さにふるえる小枝に吊り下がる　一年のこの時
候だ、

そしてまた　君がわたしのなかに見るのは
夕陽を受けて西に傾き
厳しい夜にすぐに連れ去られるにちがいない
たそがれの明るさだ。

というのは絶え間なく働く「時」は　夏の季節を
醜い冬へと破滅にみちびいて
樹液は霜にとどめられ、
繁った葉はみな枯れて、美は雪にとざされ
どこも枯木ばかりになる。

だから　君のエキスをとらないうちに冬が来て
君の夏の日を荒々しい手でけがさせるな……

東を見よ、あの美しい太陽がそのもえる頭をもち
あげ
下界の人はみなその新しく現われる光景をながめ
て
その神聖な威光に礼拝する……
……だが最高峰の日中から、太陽の車はつかれ

か弱く陰気な老年のようにころがり落ちるとき
前は礼拝をした人びとでもいまは
その凋落の行路から眼をそらし他を見る

いまや「時」はおのれが恵んだ贈り物をすべて破
　壊するのだ。
青春のきらびやかな装いを彼は破って
美の額に多くの皺をきざむ……
自然のもっとも真実な財宝を食べ散らし
地上ではすべてのものが彼の利鎌《とかま》の下に崩れ落ち
　なければならない。
だが来たるべき時にわたしの詩句は逆らい
彼の酷《むご》い手をものともせずおまえをたたえること
だろう。

〔すべてを〕破壊する残酷な年齢《とし》の刃……

過ぎ去った豊かな年齢の埋もれた誇りを
時が残酷な手で打ちこわすのを見るとき……

その真摯な苛烈さにもかかわらず、これらの詩句は老いに対して古典的な型にはまった考えを適用している。老いは青春の富がことごとく埋められるであろう夕暮であり、冬である。それに逆らって戦うには、自己の天才によって不死を獲得するほかはないのだ。

シェイクスピアは老人たちに容赦ない眼ざしを投げている、「年寄はみな死んでもいるかのよう——動きがのろく、重苦しくて生気がなく、鉛のように蒼ざめている」と彼は『ロメオとジュリエット』**のなかで書く。さらに『お気に召すまま』のなかで彼は手きびしい描写をする、

突掛け履いたひょろ長の耄碌時代、
鼻には目鏡、腰には巾着、
大事に取っておいた若いころの下穿《したばき》は、
萎びた脛には大き過ぎ、

* 例外は、ヴィヨン、モンテーニュ、そのほか何人か、きわめて稀である。
** これはあらゆる年齢の成人《おとな》たちに対して青年男女を讃えるために書かれた。

男らしかった大声もいまでは子供の
黄色い声に逆戻り、
ぴいぴい、ひゅうひゅう震え戦く……
さて、最後の幕切れ、波瀾に富める怪しの一代記
に締括《しめくく》りをつけるのは、
第二の幼年時代、つまりまったき忘却、
歯なし、目なし、味なし、何もなし。*

シェイクスピアはその悲劇のなかで、二、三の老人に偉大さをあたえた、たとえば、『リチャード二世』におけるゲントのジョン、『リチャード三世』における並はずれた前王妃マーガレットである。しかし彼らは副次的な登場人物でしかなく、力盛りの主人公の傍で、古い世代を代表するだけだ。『リア王』は、『コロノスのオイディプス』を別にすれば、老人が主人公である唯一の偉大な作品である。ここで老いは、人間の境涯の限界としてではなく、それの真実〔の姿〕として考えられている、すなわち、人間とその地上の冒険《アヴァンチュール》を理解するには、老いをこそ基点としなければならないのだ。**

リア王の伝説は、起源がきわめて古く、アングロ・サクソンの民間説話《フォークロア》に属している。中世英国の慣習ゆえにこの伝説が大いに普及していた理由について、私はすでに述べた。おそらくシェイクスピアは、一五九四年に演じられた Leir《レール》と呼ばれたある年代記劇《クロニカル・プレイ》からこの主題を得たのであろう。彼はまたシドニーの『アルケィディア』のなかの、パフラゴニーの王の物語から、リア王の話と平行するグロスターと二人の息子の陰謀の筋を借りた。しかし、これら原材料をはるかに越えて、彼は老人のドラマをとおして、われわれの実存の不条理な恐ろしさを余すことなく表現したのだ。劇がはじまるときリアは気が狂ってはいないが、彼のなかの老いそのものが狂気に似ているのだ。現実に適応できない彼は、自分の領地を娘たちに分配しようと軽率にも決心するが、さらに彼女らの愛情を測るため、愚かにも口頭での意志表示を要求する。王である彼は、もっとも極端な称賛の言葉に慣れ、追従にたやすく欺かれるようになっていたので、二人の上の娘の巧みな言葉を信じてしまう。偏狭で頑固で専制的な彼は、この老人の遊びに加わることを拒むコーディリアの態度にいきり立って、彼女を相続者からはずす。猫かぶりの二人の娘は残酷なほど明晰に老人を見ぬいて

いる、「わたしたちがお父様の老年から覚悟しておかなくてはならないのは、長い年月のあいだに凝り固まってしまった気質の歪《ゆが》みはもちろん、身体の自由がきかず、気ばかり焦る老人にはありがちの、手に負えぬ我儘です」とゴネリルは言う。

これと並行して、孝行者の息子エドガーのことを悪者であると軽率に思いこみ、裏切りの者のエドマンドを信頼してしまうグロスターの盲目さが描かれているが、それによっても、シェイクスピアが老いのなかに賢明さではなく迷妄を見ていたことが確認される。リアは邪悪な娘たちによって、放浪のオイディプスのように、敵意ある自然のさなかをさまようべく余儀なくされる、すなわち、老人とは、〔社会から〕切り離され、追放された存在なのだ。眼をくりぬかれたグロスターもまた――ホメロス、オイディプス、ベリサリオスのように――老齢の運命であるあの〔現実世界への〕不在を象徴している。しかしとくに人間の悲劇的な遺棄〔の状態〕を体現するのは、何もかも失って頭が狂ったリアである。劇の初頭においては、彼はあらゆるシェイクスピア劇の主人公に似て――野心、嫉妬、怨恨といった――頑固な情熱に促されて気違いじみた不吉な決心をする。そして作者は彼をマクベスあるいはオセローと同じほどきびしく外側から描いている。しかし無一物となり恐ろしい精神的混迷におちいったためにリアがはじめて己れの境涯の真実を悟ったとき、シェイクスピアは彼のなかに自己を投影し、彼の口をとおして語るのだ、「人間とはこんなものなのか？　外からつけた物を剝がしてしまえば、皆、貴様と同じ哀れな裸の二足獣にすぎぬ。さあ、脱げ、脱いでしまえ、お前の着ている借物を！」と、リアは服をひきむしりながら叫ぶ。彼は人間を富や名誉に奉仕させてその本性を隠す古い秩序を破壊することを望むのだ。そして個人が、幼年期の裸の状態で、ゼロから再出発するであろうような、新しい秩序を垣間みる。ただ、それはもう遅すぎる。彼は錯乱状態におちいってしまい、ときどき真実がひらめくだけだ。それら眩いばかりの啓示は彼にはなんの役にも立たない。それらは彼を彼自身のはるか

＊　一五九九年頃の作。
＊＊　一五世紀の説教者たちは老年を人間的境涯のなかに加えたが、それはただ後者の価値を低めるためであり、老人を主体として捉えることはけっしてなかった。

上にひきあげ、彼にはその高さに自分の生を適応させる時間が、もはやないのだ。古代と中世は、狂人たちに聖なる特性と一種の透視力《ヴォワイヤンス》があるものと考えていた。老いはしばしば狂気と接しているので、老いのなかには人びとが伝統的にそれについてつくりあげる二つの矛盾するイメージが両立していることがある、すなわち、尊敬すべき賢者と年老いた狂人、である。錯乱し霊感を受けたリアは、まさにそれである。彼が崇高なるものに触れる瞬間は、彼が崩壊するときでもある。彼はついに真実を理解し、コーディリアは彼に返されるが、彼が両腕に抱きしめるのは彼女の屍なのだ。そしてもはや彼自身にも死以外のみちはない。ヤン・コット*がこの悲劇をベケットの『勝負の終り』と比較しているのは正しい。これは、われわれの無益な受難の無意味《ノン・サンス》さを明らかにするものとしての老いの悲劇なのだ。生存の終末がこのような錯乱した無力の状態であるならば、人生全体はこの照明を受けて惨めな冒険《アヴァンチュール》として啓示されるのである。

　人びとはしばしば尋ねた、いかなる理由でシェイクスピアは『リア王』を書いたのか、すなわち、人間を一人の老人のなかに体現させたのか、と。彼は、イギリスの都会や農村地帯で老いがおちいっていた悲劇的な境涯に示唆されたのかもしれない。チューダー王朝の治世に領主制度が崩壊して失業が多くの町を襲ったとき、物乞いは――エドワード六世の時代を別にして――禁止されていたにもかかわらず、猖獗をきわめた。これら老齢の浮浪者たち――所有物を奪われ、まったくの無一文で、気が変になった者たち――の悲惨が、彼にこの年老いた王という人物の霊感をあたえたことは、ありえないことではない。しかしまた、シェイクスピアの主人公が――コルネイユまたはラシーヌのそれのように――自己の生存に意味をあたえるようななんらかの目的を積極的に追い求める人間ではないことも注意しなければならない。彼を動かすものは、盲目的な情念であり、それは彼の人生を「白痴に物語られた騒音と激情にみちた独白」とするのだ。この不条理性は、人間性を、未来から断ち切られて「たんにそこにある存在」としての純粋な受動性におちいった老人の視点からみるとき、特別な輝きをもって啓示されるのだ。シェイクスピアが〔それ以前の作品のなかで〕野心や嫉妬や怨恨に囚われた人間を示したのち、年齢の宿命におしつぶされた姿において人間を描くことを選んだのは、正当なことである。もろもろの投企《くわだて》に参画している個人は、われわれの両義的境涯の暗い面を認めることを嫌うのであり、シェイクスピアの偉大な戯曲のなかで、『リア王』は一般にもっとも歓迎されず理解されないものだったのである。

*

一七世紀においても、若い人びとは権力の実質を保持している。君主たちのなかでただ一人ルイ一四世は例外をなし、高齢で、マントノン夫人にあやつられながらも、まだ積極的に国政に参与していた。トレント宗教会議以後、教皇たちもまた一般に老人だった。《教会》は安定し、地方分権的な諸力に対抗して、《聖座》〔ローマ教皇庁〕はこれ以後《教会》に同化した。それが影響力をひろげたのは、諸修道会、とくにイエズス会と神学者たちのおかげであり、また規則的な駅馬便の発達によって促進された諸所の教皇特派使節館《ノンシアチュール》の組織のおかげであった。《反＝宗教改革》は教皇たちに大きな威信をあたえ、彼らに厳しい私生活を要求した。彼らが高齢であればその神聖な性格が高められたし、人びとは高齢が美徳を実行する助けにもなると予測した。人びとはまた老人たちの保守的な性質を当てにした。四〇歳の若い教皇ならば、厄介な主導権をとるおそれがあったが、七〇歳あるいは七五歳で選ばれるときは、彼は人びとが事情を考慮して選んだ人物のままでありつづけ、定められた道から離れないであろうと——これはときには予測はずれとなったが——考えられた。トレント会議後につづいた一二人の教皇のうち、二人が五三歳と五五歳、三人が六〇歳、二人が六四歳、四人が七〇歳、一人が七七歳で選出された。その後、教皇たちと枢機卿会《サクレコレージ》の構成員たちはほとんどつねにきわめて高齢であった。

一七世紀のフランスは、年老いた者にとってきわめて苛酷だった。社会は専制的、絶対主義的であった。社会を支配していた成人たちは、彼らと同じカテゴリーに所属していない個人、老人や子供には、場所をあたえなかった。当時の平均年齢は二〇歳から二五歳だった。幼児の半分は一年たたないうちに、そして成人の大部分は三〇歳と四〇歳のあいだで、死んだ。苛酷な労働や、栄養

* 『シェイクスピアはわれわれの同時代人』のなかで。

不足や劣悪な衛生のために、人びとはひじょうに早く健康を害なった。三〇歳の農家の女性は、皺がよって痩せ衰えた老婆であった。王や貴族やブルジョワでさえ四八歳と五六歳のあいだで死んだ。人びとは一七歳あるいは一八歳で公的生活にはいり、昇進はきわめて早かった。四〇歳の人間は老いぼれとみなされた。ラ・ファイエット夫人がラ・ロシュフーコーと同衾したかもしれないという考えは、彼女が三六歳で彼が五〇歳という理由で、同時代の者には受けつけられなかった。*五〇歳になった人間は社会にはもう場所がなかった。宮廷について旅をし、町から町へと住居を変え、戸外スポーツに加わることは、あまりにも疲労が多かった。五〇歳の男は、自分の領地にひきこもるか、修道会にはいるのだった。富裕な者、土地所有者、家長、勲章佩用者は尊敬されたが、たんに高齢というだけではそうではなかった。記憶や経験は、ある種の老人に価値をあたえることはあった、「宮廷生活に経験があり、立派な良識と忠実な記憶力をそなえた老人は、貴重な宝である」とラ・ブリュイエールは書いている。しかしそれじたいでは老年はどのような尊敬も受けることはなかった。

農民や職人たちにおいては、家族扶養の制度が長くつづいた。《教会》は貧窮者を助けはした。しかしその援助は、飢饉、領主による農民の搾取、貪欲な雇主による労働者の搾取、等、国民生活全体が苛酷であったため、きわめて不充分であった。

子供たちの境涯は、老人たちのそれと同様にきわめてきびしかった。ルネッサンスの時期に、彼らは関心をもたれ、成人社会の腐敗から保護することが試みられた。しかし彼らに多くの配慮をはらうには、生活はあまりにも困難だった。一七世紀には、子供たちは社会から遠ざけられて、厳格に育てられた。二〇歳になるまでは、侍童や小学生たちは階級の別なしに鞭打たれた。幼少年期全体が国民の最下層と同じ位置にひきさげられていたのだ。文学は幼少年期については無知だった。「この年齢は憐れみを知らぬ」とラ・フォンテーヌは言っている。ラ・ブリュイエールは子供たちを小さな怪物として描き、そして結論する、「彼らは苦しみに耐えることを望まず、苦しみをあたえることを好む。」ボシュエは「幼少年期は獣の生活だ」とまで断言する。他のいかなる作家も彼らについては語っていない。成長しながらも、彼らは父親の権威に従いつづける——中世では一四歳を過ぎるとそれからまぬがれたのだったが、一六世紀と一七世紀では、成年は二一歳に定められていた。一五五七年以降、息子は結婚するには父親の同意を必要とするが、それ以前は自分の意志で決めることができたのだ。一七世紀には、父親は第三者の利益のために息子の相続権を奪う権利をもつが、これはそれ以前では不可能なことであった。

一七世紀の初頭では、女嫌いの伝統がいぜんとして老齢の女性に対する呪詛を作家たちに書かせる。とくに、スペインの詩人・小説家ケベードにおいてそれははげしい。この貴族でカトリックの諷刺作家**は、人類全体をグロテスクな形態の下に描いている。彼の作中人物はことごとく生気を欠くあやつり人形で、ときおり——きわめて稀だが——その非人間的美しさによって、しかし一般にはその醜悪さによって、怪物的である。ケベードは、作中人物を動物以下の存在にする、彼らの肉体的衰退を描くことを喜んだ。彼の嫌悪はとりわけ女性を対象としている。若いときの彼女は彼からみれば「美味なる悪魔」であり、たとえ美しくても彼の攻撃をまぬがれられない。女性そのものが彼の眼にはいとわしいのだ。醜い女性を彼は死に比較する。しかし彼に強迫観念のようにつきまとうのは年老いた女性である。彼は彼女たちを年齢で圧しつぶす。「彼女はケンケランプより六〇〇〇年も年を取っており、その年齢を端から端まで数えるためには、数は千の単位を捜さねばならない。」彼女は醜く、皺がよって、汚らしい。口は「歯抜け」で、臼歯のかわりに穴があき、鼻は頤にくっつき、呼息《いき》は臭い。それは骨を包んだ袋であり、死の化身なのだ。額の皺は「時が走る溝であり、その足跡」なのだ。それでいて——これ

＊　しかしニノン・ド・ランクロは五五歳になるまで幾人かの恋人をもった。（伝説がそう主張するように八〇歳まではない。）ブイヨン侯爵は息子のテュレンヌが一六一一年に生まれたとき、六六歳であった。ド・サヌテール氏は一六五四年に結婚したときは八〇歳であり、デストレ元帥は一六六三年ごろに結婚したとき九六歳であった。二人とも相手は若い女性であった。マントノン夫人は七〇歳のとき、まだきわめてしばしば老王（ルイ一四世）といっしょに寝なければならないと、彼女の聴罪司祭に歎きつつ訴えた。

＊＊　スペインのカトリック教が、どのように嫌悪すべき色彩をもって人間の境涯を描いたかは人の知るところである。うじ虫に喰われる屍体を表現するある種の絵画と同じ着想がケベードにもみられる。

はケベードにおいて、きわめてしばしばくりかえされる主題だが——彼女はこの明白な事実に反して、自分が若いと頑固に主張する。「おまえは曽祖母《ひいばあ》さんの口でさえずり、おまえのスカートをおしめと呼ぶ。」とくに彼は、魔女や女執事、そしてとりわけ老年の本質そのものを体現する女官長を攻撃する、「鼻が顎と親しく話し合い、ほとんどくっつきそうになっているので、両方で鷹の爪を形づくる。」女官長は若い娘たちを後見する役にありながら、堕落させるのだ。彼のあと二世紀以上ものあいだ、スペイン文学は女官長＝取りもち婆の主題をくりかえし用いるだろう。

フランスでは、一七世紀の初頭、古典主義の埒外に、グロテスクなもの、滑稽なものを題材とし、醜いものを表現することを喜ぶ文学が発展する。これは、老婆のなかに「死の生きた肖像」をみるサン＝タマンにおいてきわめて顕著である。彼は老婆の背中に歳月の重みを積み重ねて楽しむ、「おまえたちはかつて〔中世の妖女〕メリュジーヌの祖先をあやした。*」彼もまた年老いた娼婦を叙述する、

ペレットは石膏みたいに顔を塗りたくるが
その口は古い膏薬よりも
臭い匂いがする。

マチュラン・レニエもまた、大きな成功をおさめた『マレット』のなかで、いまでは信仰にこりかたまった取りもち婆を描いている。さらに彼は、見るも恐ろしい骸骨のような三人の老婆の肖像を描いた。テオフィル・ド・ヴィオの作品では、老婆は肥満して背が低いが、それだからといって優待されるわけではない、

顎の下に二重に垂れた下顎は
平べったい乳房のうえに垂れさがり、
乳房は腹まで
そして腹は膝まで垂れさがる。

以上で明らかなように、ペトラルカ風な美辞麗句《レトリック》のあとに、それに劣らず因襲的な反・レトリックがつづくのだが、それはこの世紀の前半に衰える。ただ一人の詩人が女性の老いを弁護する、メナールである。彼もある詩

のなかでは「歯の抜けた口から猫さえもくさめをする臭い匂い」を放つ醜悪な老婆を描く。**しかし彼はみごとな詩篇『美しい老女に捧げるオード』の作者でもあり、そのなかで老いのさまざまな魅力を歌う。彼は恋人に向かい、彼女はかつての黄金なす髪のときと同じように白髪をまじえたいまでも愛《いと》しい女《ひと》であることを保証する、

若いときからそなたに付きそう美しさは
齢《よわい》が傾いてもそなたを見捨てようとはせぬ。

これは文学においてまったく新しい調子であるが、後世にほとんど影響をもたないであろう。

男性の老いは、女性に比べて嘲罵の対象となることが少ない。しかしロトルーが『姉妹』のなかで五〇歳の男について行なった描写は、あまり寛容ではない、

彼を神話の世紀か《大洪水》時代の者だと
判断しない者はいない。
彼が歩く三本の足のうち二本は痛風を病み、
老いのため一歩ごとにつまずいては
立ち止まったり起きあがったりせねばならぬ。

とはいえ、この時代の文学は先行する諸世紀よりもはるかに重要な価値を老人に付与している。コルネイユは、ドン・ディエーグとオラースという二人の人物において権威ある老人の姿を創造した。

『ロマンセ』の後、ギリェン・デ・カストロが扱ったこのエル・シードの題材を、コルネイユがふたたびとりあげたのは時事的関心からである。《国家》はまだ未完成だった。個人主義的で封建的な倫理がまだ残存していた。主従関係の絆は破壊されてはいなかった。大貴族たちはなお莫大な被保護者をもち、多くの親族が彼らに仕え、この人たちの領主に対する義務は王につくすべき服従に優先していた。コルネイユが望んだことは、王権と

* マルティアリスを参照、一四二頁。同様にシゴーニュも、「あんたはアマディスよりも老いた話し方をする。」

** 古代から一六、一七世紀にいたるまでこの紋切り型の考えが執拗に存続するのがみられる、すなわち、老人は、とくに老婆は、悪臭を放つ、というのである。これは現実とは一致しない、対象とされるのが裕福な階級に属しているだけいっそうそうである。

貴族階級の力の均衡であった。君主に体現される法の尊重と、高潔や「雄々しさ」といった旧来の価値とを融和させようと彼は欲した。『ロマンセ』やギリェン・デ・カストロにおけるように、悲劇の幕を切って落とすのは世代間の争いであるが、それはここで二重の様相をもつのだ。男盛りの年齢にある伯爵は、彼の現在の力を、いまや影の薄れたドン・ディエーグの過去に対抗させる。「もしあなたがかつて勇敢だったとしても、わたしは現在そうなのだ。」注意しなければならないのは、彼がドン・ディエーグの過去の勲功をまったく考慮にいれないことだ。つまり彼は老齢を少しも尊敬していない。過去は終わって現在が主権者であること、これはドン・ディエーグには耐えられない、

かかる恥辱を受けるためにのみわしは命をながら
　えてきたというのか？
また戦陣を経るうちに髪が白くなったのは
あまたの名誉の冠が一日でしおれるのを見るため
　なのか？

誠実な献身の生涯の大団円であるはずの老年は、それがもたらす肉体の衰弱によって、栄光のすべてを害なうおそれがある。唯一の救いは息子である、血筋が彼にも体現されているかぎり、彼は父親と一体なのだ。いくつかの詩節《スタンス》による中断はあるが、ロドリーグはすぐにこの同一化を承認し、自分の父、祖先、そして自分自身の名誉のために復讐するであろう。しかし彼の父がその代弁者である封建主義倫理がわずらわしくなると、彼は個人としてのドン・ディエーグに荒々しく話す、「彼の名誉だって？　それは余計な話で時間をつぶすことだ。」分別ざかりの人間〔伯爵〕にも若者にも、老いそれじたいへの敬意は見られない。父の仇を討って、ロドリーグは彼にとってかわる。ムーア人どもの征服者、王国の支柱、英雄、それは彼のことだ。王はこのことを宣言する、

ロドリーグこそわれらが唯一のささえ、
カスティリャの柱、ムーア人の恐怖のまと

しかし「現役の」人間としての地位《ステータス》は失ったが、ドン・ディエーグはそれでも大きな役割を果たす。彼は息

子にとって賢明な相談役なのだ。ロドリーグが絶望におちいるのを思いとどまらせ、王の寵愛をとりもどすために、ムーア人たちと戦わせに送りだすのは、ディエーグなのだ。ロドリーグを処罰する前によく熟考するようにと王を説得するのは彼であり、そのためル・シッド〔ロドリーグ〕は栄光に包まれることになる。けっきょく、ロドリーグと〔彼の恋人であり伯爵の娘である〕シメーヌは、彼らの血筋に対する双方の義務を果たしたのち、王の前にひれ伏す。コルネイユはここで、貴族階級と王権が老貴族のとりなしで和解するという彼の夢を、想像のなかで実現したのである。

この調停という役割は老オラースにもあたえられている。ドン・ディエーグが封建的秩序の守護者であったように、彼はローマ的秩序の守護者である。大きい相違は、後者の秩序が個人主義に場所をあたえていないことだ。悲劇がはじまるときには、すでに少しの摩擦もなく、制度の規定どおりに〔父から子への〕権力の移行は完了している。そして父親にとっては、息子たちが生命を危険にさらしているのに、自分は戦いから遠ざかったままでいることになんのやましさもない。彼は自分の人生の名誉や意味が、もはや自分の手のなかになく、子孫の手のなかにあることを、明澄な心で受けいれている。しかしもし彼の息子たちがローマを裏切るなら、彼はローマのため、そして自分自身のために苦しむ、なぜなら、それは彼個人にもかかわりがあると感じるからだ。そして実際に、永遠の都と彼のあいだには距離はなく、彼はローマ的価値を体現しており、そのために彼はほとんど神聖な性格をおびる。このほとんど超自然的な威信のおかげで彼は、息子がカミーユ殺害の廉で罰せられずにすむという処置を獲得するのである。彼が要求する正義とは絶対の正義のことであり、俗世の立法者はそれに屈するのである。

コルネイユは、社会のなかで重要な場所を老人に——少なくとも観念的に——認めたばかりでなく、老境にさしかかった人間のために恋愛への権利をも要求した。上述したように、この点についてはこの世紀はためらっていた。彼がデュ・パルク夫人と恋におちたのは、当時としては高齢の、五〇歳を過ぎてからであった。彼は彼女に幾つかの有名な詩を捧げた、

わたしは知っています、自分の髪が白髪まじりで
　あることを、
そして育ちのよい心も年取ればあまり魅力が残ら
　ないことを、……
また、たとえわたしが若盛りのころにどうにか立
　派に見えたとしても
いまなお愛されるにふさわしい姿であるには　あ
　まりにも長い年月を愛して過ごしたことを。
そして皺の寄った額の黄ばんだ筋が
最上のほめ言葉に悲しい魅力をそえることも。

侯爵夫人よ　もしわたしの顔に
老いのきざしが少しあらわれているとしても
わたしの年にはあなたも同じようになるだろうと
気づいてくださるように。

時間《とき》はもっとも美しいものをも
辱しめることを喜び
わたしの顔に皺を刻んだように
あなたの薔薇をしおれさせるでしょう。
……………………
わたしがまだいくらか評判を保っている
新しい世代の人びとに
わたしがそう言うかぎり
あなたは美しい女《ひと》として通るでしょう。

デュ・パルク夫人の死後に発表された次の詩句もまた知られている、

わたしは年老いた、美しいイシスよ、これは癒せ
　ない病い、
一日ごとに昂進し、一時間ごとにわたしを衰えさ
　せる。
死だけがそれを癒せるのだが、たとえ一日ごとに
あなたの傍にいるのがふさわしくなるとして
　も
わたしはわたしの老衰からかちうるのだ、
心の動揺と不安なしであなたに会えるという　こ
　のすばらしい果実を。

彼は『セルトリウス』のなかで、恋する老人の苦悩を描いた。彼は主人公の肉体的衰え、「皺のよった額の黄ばんだ筋*」のうえにある半白の髪を叙述する。それは臆病で、おずおずとした恋人である、

わたしの齢《とし》では愛することはふさわしくないので
わたしの心を魅惑した女《ひと》にさえそれを隠すのです

『美しい女《ビュルシェリ》』のなかで、六六歳のコルネイユは恋する老人のさまざまな感情を分析している。セルトリウスと同様に、マルシアンはそういう気持を感じる自分を責める、

わたしの同類〔老人たち〕の恋はけっして許され
　るものではない
自分を省みれば、軽蔑されるのももっともだと思
う、
そのため自分で自分が厭わしい。あえて明かす勇
　気のないこの悩みは
耐えるよりも隠すことがいっそう苦しい。

……………………
何も要求はしないとしても　やはり嫉妬はするし
……自分の若かったころを少しでも思い起こすと
悩む魂はいっそうの苦しみをおぼえる！
……思い出は恋の炎をおし殺し　いわば怒りとと
　もに
恋を見詰めるしかないと言わねばならない
……無分別に恋の炎にとらわれたわたしの魂は
嫉妬によってはじめて恋していると識ったのだ
……すばらしい人を愛して　しかも
あまたの恋仇のうちで自分がもっとも魅力がない
　のを知る、この責苦。

誠実で控えめなマルシアンは自分の恋を隠して、女帝に他の者と結婚するように促す。けっきょく、彼に対して性的交渉のない結婚を申しこむのは彼女のほうである。フォントネルによればコルネイユが自分自身を描いたといわれるこの作中人物のなかに、多くの老貴族が自分の

＊　この詩句は、デュ・パルク夫人への詩編のなかの一つとまったく同じである。

姿を認めた。ド・グラモン元帥は詩人へ祝辞をのべた、――これまでに年老いた恋人を舞台にのぼらせた人はなかったし、コルネイユが先鞭をつけたことは喜ばしく、また自分がモデルとして役にたったことが真実であるなら、それを嬉しく思う、と。老人に対するコルネイユの寛容は、社会についての彼の肯定的思想によって説明できる。その出身にもかかわらず反ブルジョワ的であった彼は、《国家》と貴族の結合を賛美し、それが永続するという希望をもっていたのだ。*

これと類似の見解がサン＝テヴルモンにみられる。彼はコルネイユを尊敬し、多くの観念を共有していた。晩年、〔宰相〕マザランをはげしく攻撃した結果として、ロンドンに亡命した彼は、本を読んだり、書いたり、そしてとくに他のあらゆる楽しみの上位に置いた会話の楽しみにふけりつつ、穏やかな老年を送った。モンテーニュの精神的弟子である彼は、師と同様、年齢が知恵をもたらすとは考えていなかった。「わたしは悪徳の感覚をすべてなくしたけれども、この変化が、衰えた身体のせいなのか、それとも以前よりは賢くなった精神の節制によるものかはわからない。わたしの現在の年齢では、いまは感じなくなった情念が、消えてしまったのか、制圧されているのかを識ることは、むずかしい。」彼はエピクロスとともに、幸福の本質は不幸でないことにある、とつねに考えていた。彼は健康であったので、こうした精神の平静《アタラクシア》〔無懊悩〕を楽しみ、それで満足していたのだ。とはいえ彼は老齢にもその悲しみがあると考えていた。彼は長い情愛のこもる手紙を交わしたニノン・ド・ランクロに対し、もう一度会えることはほとんど望めず、それがさびしいと書いた、「わたしが自分の年齢でいちばん残念に思うことは希望が失われたことです。希望は情念のなかでもっとも楽しく、そしてわたしたちに心地よく人生を送らせてくれることにもっとも多く寄与するのです。」友情は彼にとってつねにひじょうに重要であった、そして彼はこれを愛とほとんど区別しなかった。彼によれば、愛は精神の規制を受けねばならない、つまり尊敬を基礎にしていなければならず、その場合は愛は情念とはならず、人を苦しめることもない。恋愛は高齢においてすら誇ることのできる感情なのだ。彼の考えによれば、老人は愛する権利をもっている、ただしマルシアンのように、相手に愛を要求しないという条件においてである。八〇歳で彼は、すばらしい女友達であったマザラン公爵夫人を優しく愛していた。彼女が世を去ると、彼は同様に控えめにラ・ペリーヌ侯爵夫人に恋した。「老人たちがまだ人を愛するということにあなたは驚いておいでですが、それは理由のないことです、というのは、感動に自分を任せることが滑稽なのではなく、人に気に入られることができると、愚かしくも主張することがそうなのですから。……老人たちに残された最大の快楽は生きることです、そして彼らの恋愛ほど自分が生きていることを確かめてくれるものはほかにありません。……われ愛するゆえにわれありというのは、切ったら血の出そうななまなましい結論であって、このことから人は若いころのいろんな欲望を思いだし、ときにはいまでも若いのだと空想するほどになるのです。」彼は友情を扱った論考のなかで、ド・サヌテール夫人とデストレ元帥との晩い結婚を讃えている。ソロモン自身、二人の手本であった、と彼は言っている。老齢になるとそれ以前よりも恋愛に傾きやすいとさえ、彼は考える。一六六三年に彼は書く。** 「われわれが年を取りはじめるとすぐ、われわれのなかでひそかに形成されるところの、自分自身に対する嫌悪の情のため、自分が気にいらなくなる。そのため自分への愛に欠けたわれわれの魂は、人がわれわれに起こさせる愛情にたやすく充たされるのである。」したがって彼によれば、老人は自己愛《ナルシシスム》において傷つけられており、——これは新しい興味ぶかい考えだが——それゆえ魅力的な人に対すると無防備となるのである。***

以上で、老人のイメージがこれまでの時代よりも微妙になっていることがわかる。彼は人間でありつづけ、どのような人間の感情も彼に禁じられてはいない。コルネイユとサン＝テヴルモンの場合、問題となった恋愛はプラトニックなものである。したがってこの愛は、貴族をブルジョワから区別するために社交サロンにおいて多少とも意識的につくりあげられた、愛の作法によって許されている。この愛は、貞淑を余儀なくされている既婚の

* ほぼ同じころ、ラシーヌは『ミトリヤード』を書いた。老王は彼が愛し彼を愛さない女性に無理やり結婚を強制する。しかしラシーヌは彼を老人としてよりははるかに暴君として描いており、われわれがここで考察している問題に関することの時代の感受性についてはまったく教えるところがない。

** 彼はこのとき四九歳であった。

*** この考えについては、後章で検討しよう。

女性、クレーヴの奥方の場合は人を感動させる。どうして老年の男性の場合に醜聞となることがあろう？　しかもこの世紀の感受性は、さらにいっそう融和的なのである、なぜなら、ある者は非難するとしても、他の者は八〇歳の老人が再婚することを祝うのであるから。

われわれはモリエールとともに、ふたたび型にはまった考えに落ちこむ。老いは、彼がなんの独創性もなしに、ただ古代とイタリアの著者たちにならってとり扱った主題なのだ。彼はこれらの先人から用心ぶかいが愚かで、貪欲であるが信じやすく、怒りっぽいが意気地のない、老人の登場人物を受けついだ。彼らは嘲弄の対象《まと》であり、自分でそのことに気づくどころか、きわめてうぬぼれが強い。モリエールは老齢に対しては、テレンティウス、さらにはプラウトゥスよりも手きびしい。彼の喜劇には、わずか一人しか感じのよい老人はみあたらない。彼が『姉妹』からヒントを得た『亭主学校』において、おそらく四〇歳ぐらいのスガナレルは、嫉妬ぶかい暴君的な老いぼれである。だが二〇歳も年長の兄アリストは、自由な考えをもち、賢明で、ひどくおしゃれではないが身なりに気をつけている。彼は結婚したいと望む女性から愛されるが、スガナレルのほうは女に言い寄って食いものにされるのだ。ついでに一般に行なわれている誤りを訂正する必要があるが、モリエールの老いぼれ役はみな四十男だというのは真実ではない。アルノルフは事実、四三歳だが、『強制結婚』のなかのスガナレルは——滑稽にも若い娘の愛を求めて罰せられるが——五三歳であり、『スカパンの悪だくみ』のジェロントはきわめて老齢である。〔『守銭奴』の〕アルパゴンは六〇歳を越えている。『金の小壺』〔上述プラウトゥスの作〕の主人公よりもさらに嫌悪すべき人物である彼は、自分の金箱《かねばこ》に夢中になっているだけでなく、暴君的で不当な父親であり、滑稽な恋人でもある。モリエールが舞台にのせている父と子の争いは、現実と符合していただろうか？　創意よりもむしろ模倣によるものであるので、この主題に関して彼の戯曲のなかに当時の風俗慣習についての証言をみることはほとんどできない。

*

イギリスを荒廃させていた恐ろしい窮乏と戦う目的で、

エリザベス女王はその治世のはじめのころの一六〇三年に、「貧民救助法」を設け、政府は〔教会の〕行政教区の仲介をとおして困窮者の責任を負うようになった。必要な基金を得るために住民たちは課税された。働くことが可能だとみなされた者は、貧民院《ワーク・ハウス》*のなかで搾取された。子供たちは農夫あるいは職人に賃貸しされた。無能力者や老人は養老院に収容された。貧民院における労働はきわめて苛酷だった。しかも行政教区は市・町・村共同体に所属する貧民しか救済せず、共同体に新しく加入した者、とくに当時ひじょうに数の多くなった浮浪者たちの世話はしなかった。

一七世紀の最初の四〇年間に、種々の慈善施設がこの苛酷さを一時的に和らげようと試み、養老院や慈善病院が設立された。宗教は貧しさを尊重するように説教し、富裕な者に施しをするように要求した。しかし清教徒たちによる権力の奪取は、この点についてイデオロギー上の革命をもたらした。彼らは土地所有者や職人であり、とくに商人であった。商人たちは、王から〔一部の者に〕譲渡されて彼らの首を絞める専売権と戦ってきた。いまや彼らは商業の自由を要求し、《共和制》だけがそれを実現しうると考えていた。有能な官僚組織に恵まれていたフランスでは、政府が揺すぶられることなく、ブルジョワジーを政府に結びつけることができたが、これに反して行政府に欠陥のあったイギリスでは、虐待されたブルジョワジーと王権のあいだに争いが起こって、後者が負けた。中産階級は経済を建てなおすことを企てたが、それはこの点についてイギリスがオランダよりもきわめて劣っていたからである。清教主義《ピューリタニスム》は、競争の精神に支配された商工業社会にキリスト教を適合させようと努力した。それは「働かざる者、食うべからず」という掟をなによりも強調した。説教師たちはみな労働の義務を力説した、というのは進歩にブレーキをかけるのは怠惰と泥酔である、とブルジョワたちは考えていたからである。「怠け者ほど悪い境地の者はない」と一六三三年にエリザベス・ジョスラインは書いた。「彼のことを神はご自分に仕えることもできぬ、役立たずの厄介者とお考えになっているし、そのひどい貧乏ゆえに世間は彼を断罪する。」最高の宗教的そして倫理的美徳はよい《グ》〔儲《ッ》

＊　この名称は一六五二年になってはじめてあらわれるが、事実そのものは「貧民法」とともに出現した。

かる」商売《ビジネス》をすることにあったのだ。祈りの最上の方法は働くことだった。労働は一種の秘跡であり、儲けは神に選ばれたことのしるしだった。貧民たちは不用意で怠惰であるから貧しいのだとされ、人びとはそうした悪徳を助長することを拒んだ。物乞いは不道徳として罰せられた。施しのかわりに利息つき貸付けが行なわれた。

老齢の貧窮者たちは苦しみを耐え忍ぶほかはなかった。逆にブルジョワジーにおいては、老年は価値を認められた。前述《さき》にみたように、中世では家庭はそれじたいとしては理想化されていなかったが、清教徒の出身階級である中産階級においては理想化された。祖父や父たちは「家」の象徴と体現であり、尊敬された。すでに一六世紀に両親は子供に絶対の服従を要求していて、結婚も両親が決定し、五歳の男の子が三歳の女の子と結婚することもあった。エリザベス朝の演劇では、若者たちが結婚相手を選択する自由のために闘うのがみられた。この時期の清教徒たちのあいだでは、権威の原理がかつてないほど明らかさまにまた厳しく主張された。一六〇六年にイギリスの国教会会議は、その著作が翻訳されたばかりのフランス人、ボダンの思想を採択した、すなわち、父親は子供たちに対して生殺与奪の権利をもつべきである、と。そして君主は臣下にとって父であるべきだと清教徒たちは断言し、家長は家族の者に対し君主の権力をもつべきであるとした。一家の管理について、また老齢の人びとに認めるべき権威について、多くの説教がなされた。老人たちは情念から解放されている――少なくとも人びとはそう主張した――ので、清教徒の生活信条である禁欲主義を、彼らはいわば自然に実行していたのであり、彼らはみならうべき手本であったのだ。そしてあらゆる成功は神の祝福のしるしであったから、長寿は有徳の証拠とみなされた。これらすべての理由から、清教徒においては老人たちは敬われていた。彼らが権力を手にしたとき、自分たちの倫理を国全体に課そうと試みた。彼らの眼からみれば堕落の場所であった劇場を、彼らは閉鎖させた。

《王政復古《レストレーション》》は清教徒に対するはげしい反動をもたらした。劇場が再開され、はじめて女性の役を女優が演じたときは、まさに大事件だった。王政復古期の三〇年間、脚本を書いた著者たちや彼らに喝采した観客は、きわめて限られた紳士階層に属していた。これらの貴族は、清教徒が称揚したブルジョワ的価値を足下に踏みにじった。彼らの酷薄で冷笑的な演劇は、美徳をそのあらゆる形態の下に嘲弄し、とくに老いに対して猛威をふるった。

エリザベス朝の戯曲では、若者は自分の自由のために戦ったが、老人は共感とアイロニーをまじえて描かれていた。しかし一七世紀の末には、世代間の抗争を描きだす喜劇が次つぎとあらわれた。もっとも意味ぶかいものの一つは、コングリーヴの『Love for love』＊である。ヴァレンタインとアンジェリカという恋人たちには、一方は父に、他方は伯父に、醜悪で滑稽な老人がいる。フォーサイト＊＊は「無学で陰気で迷信ぶかく、占星学や手相術の心得があると言い張り」、たえず学をひけらかして予言する。若い妻は彼をだまして浮気をし、姪は彼に真実をどぎつく伝えて彼を嘲弄する。一方、サンプソンは肉身への愛をもたない父親である。彼はヴァレンタインの浪費を罰するため、家庭にちょうど帰ってきた船乗りである弟ベンに相続権を譲らせようとする。弟はこの条件においてのみ兄の負債を払うことにする。ヴァレンタインは負債の支払いが差し迫っているため、譲らざるをえないし、またアンジェリカと結婚したければ負債を返済しなければならない。しかし彼は荒々しい争いを演じて父親に立ち向かい、その吝嗇と冷たい心を責める。父親は彼に向かって信じられないほど尊大に言う、「わしは自分のしたいことをしてはいけないのか？　おまえはわしの奴隷ではないのか？　おまえを生んだのはわしではないのか？　それとも自分の意志でこの世にやってきたとでも言うのか？　親としての合法的な権威でおまえをこの世に生まれさせたのは、このわしではないのか？」そのうえさらに、彼はアンジェリカと結婚したいと主張する。彼女は承諾するふりをし、巧みに計らって息子が相続権を放棄することなく、その負債を父親に支払わさせる。そうしてから彼女は彼の鼻先で大笑いする、「わたしはいままでもあなたの息子を愛しつづけ、あなたの怨みがましい性質を嫌っていたのです。……あなたは彼がかずかずの美徳をもっている以上に、多くの欠点をおもちです。彼の傍でしあわせに暮らし、彼をしあわせにすると思うとこのうえなく嬉しいのですが、あなたが罰せられるのをみたら、それと同じほど嬉しいでしょう。」

＊　恋には恋。
＊＊　「先見の明ある者」の意。

ヴァレンタインは彼女に呼応して、父親の敗北をこれみよがしに喜ぶ、これと同じ図式は多数の戯曲に見いだされる。最初の四幕のあいだにその優位が少しずつ確かめられてゆく若者は、五幕目に勝利をしめる。「憂鬱な年齢」に対する伝統的な敵意は、これまで知られていないような荒々しさに達している。息子たちと娘たちは反逆を叫ぶ。彼らは清教徒たちから押しつけられていたあらゆる道徳的社会的価値を否定するのだ。

*

一八世紀では、衛生状態が改善されたためにヨーロッパ全体が人口を増し、若返った。〔ピレネ地方〕コマンジュのヴィルヌーヴ＝リヴィエールで行なわれた調査は、年間一五から二〇もあった若者の死亡数が、一七四五年以後は三あるいは四に減ったことを示している。同時に物質的条件の向上が長命を助長した。一七四九年以前にはきわめて稀だった八〇歳の人間、さらに一〇〇歳の者までが数を増した。とはいえこの進歩は特権階級のなかでしかほとんどみられない。一七五四年に、イギリスの作家はフランスの農民について記している、「彼らは、疲労に釣合う体力の回復がないため、四〇歳前に衰えはじめる人間の一種である。」一七九三年に、ヨーロッパを旅行した一英国人は書いている、「過度の美食、運動不足、そして悪徳が招く病気にもかかわらず、彼ら*が低い階級の人間よりも一〇年以上も長く生きるのは、後者が老齢になる前に労働や貧窮や疲労によって消耗してしまうからであり、また貧しいために彼らの生存に必要なものを手に入れることができないからである。」搾取された者たちは、高齢まで生きながらえることができた場合でも、老いによって窮乏におちいらざるをえなかった。共済組合《ミュチュエル》は中央ヨーロッパでは早くも一四世紀にあらわれたが、フランスでは非合法で困難な状態にあった。ル・シャプリエ法は、あらゆる職業団体と同じく、これを禁止した。いずれにしろその資力は不充分だった、要するに、家族に養われない老人は、《教会》が施す救済しかあてにできなかったのだ。

イギリスでは、友愛団体 amicales〔Friendly Society〕という名の下に共済組合が発達していた。一八世紀の後半には、ヨーロッパの思想全体に影響をあたえた感傷的な思潮が、貧窮をみて心を動かすように世論をみちびいた。人びとは、社会にこそ責任が帰せられるべきであって、貧窮者そのものにではないことを理解したのである。一七八二年の法律によって、行政教区は貧窮者のための税を収納し使用するために、連合体を組織する権能があたえられた。《国家》はすべての人間が生存の権利を有することを認めたかにみえた。** 一七八五年にスピーハムランドに集まった司法官たちが確認したのはこのことである、すなわち、働いても生計が立てられない人間があるならば、社会が彼の生活を引き受けなければならない、と。貧民救済はこの方向に改善され、病弱者や老人の悲惨はこれによって少し緩和された。他方、労働者たちの連合組織は、雇主に抗して戦うために、また飢餓と病気に抗して互いに安全を保証しあうために、増加した。

特権階級では、高齢の男性は風俗の一般的な緩和によって利益を得た。技術が進歩したおかげで、物質生活はフランスおよび全ヨーロッパにおいて、いっそう快適で疲労の少ないものとなった、たとえば旅行することはもうそれほど骨の折れる試練ではなくなった。以前より複雑となった社会生活は、知性や経験の種々の資質を要求するようになり、肉体的努力はそれほど必要ではなくなった。たとえば、ド・サクス元帥は痛風にもかかわらずフォントノワで勝利を収めた。人間の活動期間は延長した。六〇歳の人間もまだ社会生活に加わり、劇場にかよったりサロンに出入りしたりした。前世紀と同様、人びとはすぐれた記憶をもつ者との交際を喜んだ。フォントネルが九〇歳を越えたとき、若者たちは彼の物語に驚嘆して耳を傾けた。セヴィニェ夫人がたずねてきた」と彼が語るにいたら、「わたしがラ・ファイエット夫人の家にいたら、セヴィニェ夫人がたずねてきた」と彼が語るとき、人びとは亡霊と話をしているような気がして、うっとりとしたものである。またマルモンテルやマリヴォーの場合のように、老人がはるか年下の女性と結婚するのをみても、人びとはそれほど驚かなかった。上昇するブルジョワジーは一つのイデオロギーをつくりあげつつあったが、老年はそれによって価値を高められる結果となる。

とくにイギリスでは、技術の進歩が産業と財政と貿易

* 富裕な者たち。
** このことはしかし、当時、製造所や工房において子供がおそろしい搾取を受けることを妨げはしなかった。

の発達をもたらした。富裕で強力となった新しい階級は、誇りをもって自分自身を意識し、自分に適した道徳をつくりあげた。早くも一七世紀の終りごろからロンドンでは種々の団体や集会や珈琲店が――三〇〇以上に――ふえ、そうした場所で会話をつうじて新しい人間像がつくりあげられた。スティールとアディソンがこの新しい人間の名付親であったと考えることができる。『タトラー』誌、とくに『スペクテーター』誌は、旧弊な人間を改革し、斬新な型の人間を推進することに努めた。この型はとくに商人のなかに体現されている。彼は人類の友であり、冒険家であり、世紀の英雄なのだ。しかし彼は平和的な英雄であって、剣にかわって杖《ステッキ》を使う。彼は見せびらかしを避け、単純であり、豪華よりもむしろ有用性を求める。彼は社交的な快楽を好まず、なるべくなら田舎にひきこもった生活を送る。彼は道徳を芸術より上位におく。演劇はこの変化を顕著に示している。それまで演劇を一手に掌握していた徒党に抗して、一七世紀末に道徳の十字軍が火ぶたを切った。そのころ清教徒的厳格さはすでに遠い昔となっており、それに反対する必要はもう感じられていなかった。流行作家たちの大胆な作風はやがて世論を憤激させるにいたった。ジャーナリストで諷刺的評論の作者でもある牧師コリアーは、彼らに対する弾劾文を書いて世論の強い支持を得た。もっとも、それは二年後にコングリーヴが『世の習い』の上演によって大成功をおさめるさまたげとはならなかったが、彼はその後まもなく沈黙した。演劇は道徳的で感傷的となった。そこにみられるのは、献身的な老召使いとか、愛しあう父と子などであり、登場人物はすべて感じのいい人びととなった。*

これらの傾向はフランスにもひろまった。新しい人間、それは自由思想家《フィロゾーフ》である。彼は世俗的〔非宗教的〕で人道主義的な道徳を表明し、ディドロがそのもっとも傾聴された宣伝者となる。現実は、一八世紀のフランスは暗く不安で、やがて大革命に行きつくさまざまな混乱と矛盾に悩んでいた。そこには人間をきびしく、さらには意地悪く描く文学が発達した、アベ・プレヴォ、マリヴォー、ラクロ、サドなどである。しかしブルジョワジーは楽天主義を表明する。ブルジョワジーは、自分がそのもっとも完全な体現であると考える人間について、感動にみちた弁護を行なう、すなわち、人間の性質は善であり、人間はみな兄弟であって、各人は隣人の自由と意見を尊重しなければならない。あなた自身への愛のために、あなた自身のように、隣人〔同胞〕を愛しなさい、これが道徳の基本的な掟となる。そして同胞の概念は拡大される。一八世紀は時間と空間を開発し、これはもう文明化された成人だけの領土ではない。人びとは「野蛮人」に関心をもつ。ルソーはまた成人たちに彼らがかつてそうであった子供を思いださせ、彼らは子供のなかに自分を認める。母親たちは嬰児に乳を飲ませる。世紀の初頭から笞刑に対して反対者がふえ、一七六七年には廃止された。子供は家族のなかで以前よりはるかに大きい役割を演じた。成人たちは老人のなかに自分の将来を認める。老人は家庭の統一と恒久性を象徴するゆえに特別に重要な存在とさえなる。家庭は富の父子相伝によってその蓄積を可能にし、資本主義の基礎であると同時に、ブルジョワ的個人主義が開花する国家の基礎でもある。年老いても家長はいぜんとして彼の財産の保有者であり、経済上の威信を享受している。彼が受ける尊敬は感傷的な形をとる。事実この時代は「感情の」世紀であり、人びとは心情で真実を求めようとする。美徳がほめ讃えられ、教訓的な話がたくさん書かれるが、それらは「人道主義の教説」なのである。人びとは喜んで弱き者、すなわち幼児や老人をいたわる。マルモンテルは、田舎で過ごした幼年時代を語って、同時代の人たちを感動させる。彼は善き祖母たちを思い起こす、「彼女たちは八〇歳になっても、煖炉のそばでぶどう酒を少し味わい昔を思い出しながら、まだ生きていた。」〔画家〕グルーズは、老人たちを描いて、見る人に優しい感動を起こさせた。ヴォルテールの老年は彼の輝きをいっそう増大させ、人びとは彼のことを「フェルネーの長老」と呼んだ。一七八九年七月から一七九〇年七月にかけて、〔フランス大革命下における〕各地の愛国者地方連盟《フェデラシオン》の祭典において、老人たちは敬意を表され、祭典を主宰した。** 一七九三年

* わけても一七二二年に上演された、スティールの『気の弱い恋人たち』"The conscious lovers" を参照。

** ミシュレーは記している、「六〇もの町の国民軍が参集したルワンでの地方連盟大会において、大会の司会者をしてもらうために、人びとは八五歳の老マルタ騎士をアンデリスまで迎えに行った。サン・タンデオルでは、全人民の先頭に立って誓約をするという名誉が九三歳と九四歳の二人の老人にあたえられた……いたるところで、老人が人民の筆頭として第一の席に坐し、群衆のうえに臨んだ。」

八月一〇日の祭典には、八六の県の旗をもつ役をしたのは八六人の老人であった。

このような感傷性は実際面でもいくつかの結果をもたらした。「慈善」が奨励された。この言葉は、慈悲《シャリテ》という宗教的観念に世俗的観念をとってかわらせるため、アベ・ド・サン＝ピエールによって考案されたものである。多くの人が乞食の問題について執筆した。種々の慈善の模範や「人道主義的行為」の例が報道されるコラム欄が諸新聞に開設された。一七八八年には、慈善団体の名を列挙するリストが『フランス慈善事業《ラ・ビヤンヴェイヤンス・フランセーズ》』の分厚い二冊を占めている。とくに女性は救済のために金品を集め、分配する。セバスチャン・メルシエは、「八〇歳の老人、生まれつきの盲人や産婦たち」の窮乏を和らげる女性たちを叙述している。一七八六年に、博愛協会《ソシエテ・フィラントロピック》は、八一四人をこえる不幸な者、老人、生まれつきの盲人、産婦たちを助けたことを自ら祝福している。

事実、博愛を実行することはなににもまして自分の個人的幸福を確保する手段であった。自分が幸福であるために人を幸福にするという考えは、際限なくくりかえし言われた主題である。自分の幸福を確保することは、ブルジョワの主要な関心事の一つである。彼は家庭と友情の絆を固めつつ、美徳と円満な凡庸さによってそれを獲得できると考える。幸福は本質的に休息として考えられている。極端を恐れ、穏やかな情念だけをもたなければならない。ということは、老年がしあわせな年齢、模範的でさえある年齢とみなされていることである、つまり、老人ははげしい情念から解放され、明澄な心をもち、賢明なのだ。欲望の欠如は、もろもろの享楽よりもましなのだ。均衡のとれた生活は、完全な平静《アタラクシア》と幸福感のなかで完成する。

これはとりわけビュフォンが主張していることである、「わたしが良い健康で目ざめる毎日、それはあなたがたの日々と同様に、確固として存在し充実している一日を楽しむことではないだろうか？　もしわたしの動作や食欲や欲望を、賢明な自然の衝動にだけ従わせるならば、わたしはあなたがたと同様に賢明で、しかもいっそうしあわせではないだろうか？　そして過去をかえりみることとは、無分別な老人には悔恨をひき起こすが、わたしにはその反対に、あなたがたの快楽の対象に匹敵する、貴重な映像や快い情景を思い出させて、追憶の喜びをもたらすことではないだろうか?」

　こういった種類の考察はダランベールを懐疑的にする、「人びとは友情と老いをほめ讃えたが、それは青春と恋愛についてはそうする必要を感じなかったからだ」と彼は書いた。ディドロは「人は老年を尊敬するが愛してはいない」ことに注意している。しかし彼の作品には、彼の父親をはじめとして愛すべき老人たちがいる。レティフ・ド・ラ・ブルトンヌの『わが父の生涯』は読者大衆のあいだに大きな成功をおさめた。この「尊敬すべき老人」を満足げに叙述しながら、彼は家族主義的家庭の美徳と楽しさを讃えているが、当時このような家庭は解体しはじめており、しかも大部分のフランス人はそれに郷愁を感じていたのだ。彼はまた、そのころブルジョワジーがその魅力をふたたび発見した、田園生活の楽しさを描いている。当時流行の「感性にうったえる《サンシブル》」文体でもって彼は、村の古老がことごとく立ち会う父親の臨終を物語る、「涙にかきくれた老人たちが病人の部屋にみちていた。」

　一七世紀の終りと一八世紀のフランス演劇には、老人の姿にある発展のいとぐちがみられる。デトゥーシュは、『三重の結婚』において、自分の子供たちより自分の財産を好んで、彼らに利益結婚を押しつけようとする、専制的で貪欲なオロントという人物を浮彫りにする。『恩知らず』と『思いがけない障害』において、父親は横暴で我慢のならない人物だ。しかし『不決断な男』においては、ピラントは自分の息子を溺愛し、その気まぐれのすべてに譲歩する。グラフィニー夫人の『セニー』のなかでは、ドリマールは自分が育てた甥たちに献身をつくす魅力的な老人である。彼はいささか権威主義的で、少し自信がありすぎ、そのため過ちをおかすことになるが、彼の善良さは欠点をはるかにしのいでいる。そして登場人物の一人は、ハッピーエンドの後で結論を下す、「度を過ぎた善良さはときには欺かれるとしても、やはり美徳の第一であることに変わりはない。」

　ボーマルシェが、彼の戯曲のなかで老年について示している観念は、ニュアンスに富み、ときには驚くべきものがある。彼が『ウージェニー』を上演させたのは、わずか三五歳のときだが、これはまったく成功しなかった。割のいい役は、若い娘の父ハートレー男爵である。このウェールズの老貴族について、ボーマルシェは言う、*

「正しい人間であり、素朴な生活を好む男爵は、一貫してこの特徴と風格をもちつづけるであろう。けれども、強い情熱が彼を動かすやいなや、彼は火と炎を発し、その燃え残った燠から、真実で熾烈な思いがけないものがあらわれるであろう。」爆発すると周囲の者を驚かすような内的情熱が老人にあたえられるのは、これがはじめてである。最初の草案では、この父親はブルターニュの老貴族で、狩猟の愛好家であり、突発的で強情な性格の人物だった、「彼は、あらゆる出来事についてもっともはげしい決断を下し、何もかもしようと欲して何もかもぶちこわす。要するにきわめて騒々しく無茶な人物である。」この肖像は、喜劇のなかで出会うお定まりの老人のタイプにはるかに近かった。なぜボーマルシェがこれを変更したかを示すものは何もない。しかし老人に対する彼の好意は、三年後に上演された『二人の友』のなかにもふたたび示される。もっとも感じのよい人物は、「感受性に富む自由思想家」である父親であって、賢明で思いやりがあり心がひろく、事態を救うのは彼なのだ。しかしボーマルシェはきわめて斬新な性格をもつ『セヴィリャの理髪師』では、恋する老人というありふれた型をふたたびとりあげており、〔作中人物〕バルトロはモリエールの老いぼれたちに似ている。*この人物は『フィガロの結婚』では取るにたらない役割しかつとめず、それ以外に老人は一人も姿をあらわさない。彼の生涯の終りの、『罪ある母』——一七九二年に上演されたがまったく成功しなかった——において、ボーマルシェは老年について、この世紀が好む道徳的で人の心を和らげる見地を採用した。序文において、彼はアルマヴィヴァ伯爵について言う、「『罪ある母』のなかで彼の老いの描写をごらんになれば、あなたがたはわたしと同じように確信なさるでしょう、つまり生来のひどい悪人でないかぎり、人は情念に燃える年齢が過ぎ、そしてとくに父親であるというあたたかい幸福を味わうようになると、けっきょくは誰でも善良になるものだ、と。」戯曲のなかで伯爵は言う、「おお、わが子たちよ！　誠実な人間たちがたがいに間違いや古傷を許しあい、彼らを引き離した荒々しい情念にやさしい愛情がとってかわる、そういう年齢がくるのだ。」

一七九九年にビイーという人が、六六歳のときのド・レペ神父を主題にした戯曲をつくり、その序文のなかで次のように神父を叙述している、「何ごとも見のがさない洞察……天才と善良さ……穏やかで衒いのない信心……事物の本性についてのひろい認識。」これが、モラリストたちの夢みる老人の特徴である。

一九世紀の初頭に数多く生まれるメロドラマはこの線上につらなる。老人たちはここでは挿話的な役割しか果たしていないが、しかし堂々として感動的な姿を示す。彼らはときとして誤ちをおかすが、心の高貴さでそれをつぐなう。ラマルトゥリエールの『山賊の首領ロベール』のなかの父親がそれで、彼はもう一人の息子のほうを愛するという誤りをおかしたが、この息子に塔のなかに閉じこめられ、ロベールに助け出される。老人は高貴な心をもった殉教者としてあらわされている。一八〇一年にピゼレクールが書いた『二人の夫をもつ妻』では、年老いたウェルネルは洞察力には欠けているが最高の徳を体現し、その一徹な名誉感が彼を権威的で苛酷にする。彼は罪があると思いこんだ自分の娘を弁護もきかずに呪い、怨念のなかに閉じこもる。しかし最後に真実を知ると彼は許しをあたえ、みなは彼のまわりで感動のあまり泣く。主人公の一人は結論する、「許しをあたえる父親こそもっとも完全な神のイメージだ。」同じ主題が一八二一年にピゼレクールによって『ヴァランティーヌ』のなかでふたたび扱われる。同様に洞察力に欠けたアルベルトは、自分の娘に対して苛酷であるが、最後に彼女と和解する。利害に超然として、剛直な彼は、崇高の域に達しており、尊敬せざるをえない人物である。

一つの新しい主題があらわれる、すなわち、献身的な年老いた召使いである。封建領主と家臣との関係には、原則として後者から前者への完全な自己犠牲が含まれていたが、上昇するブルジョワジーは自己の利益のために、このような絆を復活させることを夢みていた。コッツェブーにヒントを受けた『人間嫌いと悔恨』のなかで、老トビーはその明澄な心と穏やかな諦念によって、他の登場人物たちの涙をかちとる。高齢で貧しい彼は、生きるというそれだけの事実にささやかな幸福をみつけるすべを知っている。一八〇六年にケニェスの書いた『崇高な

* 〔二一五頁〕彼の「真実味のある演劇についてのエッセー」のなかで。
* しかしバルトロは、はるかに狡知に長《た》け、騙すのにむずかしく、それが筋をいっそう面白くしている。

わからず屋』のなかでは、主要な作中人物の一人は年老いたオベルトであり、彼は年若い王子、勇敢で威厳にみち、あらゆる美徳の化身であるが、無分別な若い王子に情熱的に尽す。

ピゼレクールの作品には、献身的な老召使いが数多く存在する。

これら質の劣った作品は、それゆえにいっそう意味ぶかい、すなわち、それらは観客の要求に従い、その幻像《ファンタスム》を反映しているからである。観客は自分の階級の内部の老人を尊敬する。階級外の者については、無条件で上位の階級へ献身する長期にわたる忠実さを体現するかぎりにおいて、老人を讃えるのだ。年老いた貧民たちが文学のなかにおずおずとはいってくる。彼らが人びとの興味をひくのは彼ら自身ではなく、彼らの存在の真実を掌握している主人との封建的関係においてなのだ。*

*

イタリアの演劇においても、これに並行する発展がみられる。上述《さき》にみたように、一六世紀では「パンタロン」はまだ若さが残る厭らしい老人だった。彼は一七世紀の終りに変貌した。一六九九年にペルッチは彼について、「これは若い者の真似をしたがる老いぼれ爺《じじい》だ」と言った。しかし一七二八年には、リコボーニは彼を、「一家の善き父で、名誉を重んずる人間であり、約束などにはひじょうに良心的で、子供たちにはきびしい人間」として描いている。彼は「外見は荒っぽいのだ。」彼はもはや吝嗇ではないが、きわめて倹約家であり、その美質にもかかわらず、いぜんとして人に欺かれる。

この変化はゴルドーニの演劇ではとりわけ顕著である。というのは、彼がその風俗を描いたヴェネツィアにおいてもまた、ブルジョワジーの上昇とブルジョワ的価値の称揚がみられるからだ。一六世紀以降、ヴェネツィアの海上覇権は衰え、トルコ帝国やスペインやラグーザがこれと張りあっていた。ヴェネツィアは大きな工業港に変わり、そこでは毛足の長い羅紗が製造された。しかし貴族たちはこの種の仕事を不名誉とみなし、後背地に土地を買って商業に背を向けた。一八世紀には貴族階級は政治権力を保持しているとはいえ、商人階級がこの都市にもたらす富のおかげで存続しているにすぎない。理想の人間とは、正直で倹約で勤勉な商人のことであり、これらの美徳は公共体にとって、家族や彼自身にとって、貴族の称号よりも有用なのだ。貴族たちは放逸で道理にあわない生活を送るが、商人は良識と公正を体現する。その倫理的綱領は本質的に家族関係にもとづいている。ゴルドーニが属していたブルジョワ階級の確信は、以上のようなものであった。

伝統的にも「パンタロン」は商人であった。ゴルドーニは初期の作品ではコメディア・デラルテを模倣して、「パンタロン」の伝来の型を表現している。『座を白けさせる者たち』は、はるかに個性的な作品であるが、そのなかの老齢の人間はやはりきわめて感じが悪い。ゴルドーニは「パンタロン」の四人の化身――すなわち、横暴、貪欲、利己主義、頑固という四人の人間嫌いの老人――を舞台にのせている。彼らは時代おくれの思想をもち、若者を嫌う。家族を虐げ、女子供に対し、外出したり気晴らしをしたり着飾ったりすることを許さない。そのなかのある老人は自分の娘をもう一人の老人の息子に結婚させようと望むが、二人とも結婚式の前に若い者同士が知りあうことをいやがる。しかし母親たちの共謀のおかげで、彼らはやっと会うことができる。

生涯にわたってゴルドーニは、自分がみたヴェネツィア社会を描くことにますます熱中するようになり、「パンタロン」は理想の商人像に近づいてゆく。もはやそれは老人ではなくて、自分の財産を管理するすべを心得、生活を成功させ、賢明な意見を人にあたえることができる中年の人間なのである。ゴルドーニはしばしばこの人物を自分の代弁者としている。もっとも成功した作品の一つ『親切な気むずかし屋』のなかで、彼は父親の人物を少し皮肉に扱っているが、また最大の評価をも惜しまない。ジェロントは、性急で専横な気むずかしい性格である。彼は誰の言葉も聞きいれない。彼はなんの相談もせずに姪のアンジェリカをある年老いた友人に嫁がせることを決める。しかし彼は心のひろい人間であり、召使いの家族を気前よく扶助してやるし、甥の負債を払うことも承知する。そして最後に彼は、アンジェリカの気持を尊重すべきだということを悟り、彼女が愛している若者と結婚することを許す。

* エウリピデスの『イオン』のなかの老奴隷も同様であった。

老齢の富裕な商人のイメージが、チョーサー以来どのように進展したかが判る。彼の時代には――そしてそれにつづく諸世紀をつうじて――老齢の商人の富は羨望の的であり、彼は不当に特権を得ていると考えられていて、彼を嘲弄することで人びとは意趣返しをしたのであった。ようやく一八世紀になって、経済事情についての理解が一般に深まるにつれて、彼が社会全体にどれほど貢献しているかが人びとに判ってきた。清教徒たちが誰よりも早く説いた功利主義は、彼の役割を認めて、あらゆる価値を彼に付与するようになる。彼はとりわけその高齢期において、いっそう人びとから尊敬されるであろう、なぜなら、彼の繁栄は彼の賢明さと美徳を保証すると考えられるからだ。

一八世紀の作家たちは他の世紀の作家と同様、自分の時代の影響からまぬがれてはいない。しかし、この時代は個人主義を、思想の新しさと豊かさを助長したので、独創性の顕著な作家が多数あらわれた。これらの作家のなかにスウィフトを数えなければならないが、彼はこれまで老いについて描かれたもっとも残酷な肖像画を残した。『ガリヴァー旅行記』の第三巻を書いたとき、彼は五五歳で、その生涯における困難な時期――〔愛人の一人〕ヴァネッサとの関係の終局――に際会していた。彼はヤフーの形像の下に人類一般についての残忍な諷刺を行なった。「人間と呼ばれる動物をわたしは嫌いかつ憎みます」と彼は少しあとでポープに手紙を書いた。彼は女性を嫌悪していて、その数年後に「セリアは糞をする」という主題をめぐる有名な詩編『淑女の化粧室』を書いた。老いは、それが人間の境涯のもっとも高貴で完成された段階であると、少なくとも言葉のうえで、人びとに考えられているかぎりにおいて、彼の怒りを爆発させずにはおかなかった。彼自身かなり年を取り、健康状態が悪く、彼の老いは事実、肉体的ならびに精神的衰頽の劇的様相を帯びていた。どうやら彼はそれを予感していたように思われる。というのも、もし彼がそこに自分自身の未来を恐怖とともに読みとった幻像《ファンタスム》のかずかずにつきまとわれていなかったとしたら、現実にはたんにひじょうな高齢な老人にすぎないあの不死の者たち〔ストラドブラグ〕をあれほどどぎつく描写しなかったであろう。晩年に彼自身が一人の恐ろしいストラドブラグに変容したのも、たしかに偶然ではない。

ガリヴァーが、ラグナグ人のある者は不死の運命のしるしを額に付けて生まれると聞いたとき、彼は驚嘆する。しあわせにも死の恐怖からまぬがれているのであるから、学識にあふれ、富裕である彼らは、高尚な問題について互いに歓談するだろうと、ガリヴァーは想像する。わたしが彼らだったら、不正と戦い、かずかずの偉大な発見を実らせるように努力するだろう、と彼は自分の考えを述べる。すると相手が答えていうには、他のあらゆる場所では老人たちは生きる意欲をもちつづけているが、ここでは彼らは自分を待っている運命を現実の例で見ているので事情は別だ、という。「この不死の人という構想は無分別で不合理なものです」と彼はガリヴァーに言う、「なぜなら、それはとうぜん青春と健康と活力が永遠につづくことを予想していなければならないからです。……ところがここでは問題は、いつまでも若々しい青春を保ちえて幸福と健康にあふれる生活を設計することではなくて、老年の悲惨に絶えずさらされている生活に耐えることなのです。」事実、三〇歳ごろになると、ストラドブラグたちは憂鬱になりはじめ、それは八〇歳までますます昂じてゆく。その年になると「彼らは身心ともにふつうの老人たちのあらゆる痴愚と弱点をもつだけでなく、そのうえ、それがけっして終わることがないという恐ろしい見通しから生じる他の多くの弱点を併せもつことになる。すなわち頑固で、依怙地で、貪欲で、気むずかしく、うぬぼれで、おしゃべりになるばかりでなく、友人と親しむこともできなくなるばかりか、自分の子孫たちに愛情をもつことさえない、なぜなら彼らは孫の世代以降は見分けがつかなくなるのだ。彼らは二つの情念に支配される、すなわち、羨望と満たされない欲望である。彼らは若者の放蕩を嫉妬し、他方では〔普通の〕老人の死を羨む。……彼らの思い出は青年時代ないし中年の初期までしかさかのぼらず、それもきわめてあやふやなのだ。……彼らのために望みうる最良のこと、それはあらゆる機能がなくなって完全に耄碌してしまうことです。というのは、そうなれば、いまほど意地の悪い性格ではなくなって、わずかながらでも人の憐れみや助力を期待できるでしょうから。……」八〇歳になると、彼らは戸籍上は死んだものとみなされ、夫婦は別れる（もし二人とも不死の者であれば）。そしてささやかな年金で暮らす。九〇歳になると歯も髪も脱落する。これの年齢ではもう食物の味はわからない。「彼らが話すとき、もう言葉がうまく出てこない。」「記憶力がなくなるので、もう読むことさえできない。」言語は発展するものなので、もうそれが理解できない。「それゆえ彼らは自分の国にいながら異邦人のように暮らすという不幸を経験するのである。」

この最後の考え方はまったく新しいものだ。これ以前、そしてとくに中世では、時間は一箇所《ひとところ》を回転し、老人は不動の宇宙のなかで衰えていった。一八世紀では、上昇するブルジョワジーは進歩を信じている。このことがスウィフトをして、老人は絶えず変化し若返る世界のなかで同じことをくりかえし、停滞するものであると考えさせたのだ。世界の発展について行くことができずに、彼は後にとり残され、孤独で、自己のなかに閉じこもり、彼から遠ざかりゆくすべてのものに見放されるのである。* より若い世代との意思疎通は彼には不可能となる。老年とはたんに老衰だけではなく——スウィフトにとってそうなっていったように——流謫の孤独でもあるのだ。

不死の老人、これはイオニアの詩人ミムネルモスが嘆いたティトノスの悲しい運命である。人間たちはそれをけっして望みはしなかった。逆に彼らは前述したように、《若返りの泉》を夢想した。ゲーテの『ファウスト』の主題の一つは若返りの主題である。ファウストを主人公とする古い伝説でも、またマーローの戯曲のなかでも、この観念は介入していなかった。ファウストは、知識への渇望のために自分の魂を失って、魔法使いとなる学者だった。ゲーテの戯曲もまた、なにもまして認識と人間的条件の限界のドラマである。しかし老齢の概念がここでは大きな役割を演じている。老ファウストはもはや学問のなかに幸福を得ることができず、そこから誇りもひき出せず、それに酔うこともできない。学問の扉は開かれたままであり、彼はまだ学ぶことができる。しかし彼は自己の有限性に囚われてしまった、すなわち、認識の欲望は彼のなかで死に、彼はもはや生きる理由をもたないのだ。それをもう一度見いだすには、青春の持前である快楽や恋愛や陶酔が、みずみずしく甦る必要があるだろう。もしメフィストフェレスが彼に青春を返してくれるなら、どれほど快楽に惑わされても〔その永続を望んで」時間が停止することを願いはしない、と彼は賭けをする。しかしこの挑戦は、彼がふたたび快楽を味わえるようになったときにのみ意味をもつのだ。それゆえゲーテは、老年を抽象的で、冷たい、失望させる年齢とみなしているわけだ。彼が『ファウスト』を書きはじめたときは二五歳であり、一八〇七年に完成したときもまだ四八歳であった。しかし老齢の経験こそなかったが、彼が蛇のように脱皮することをつねに望んでいたのは、ときどき自分の皮膚が窮屈だと感じ、またそれが古くさくなったように思えたからである。問題は若いということよりも、若返る能力があるということにあるのだ、すなわち、自己の限界から逃れ、人生を袋小路に終わらせることなく、それを冒険としてふたたび生きることに……。

*

一九世紀にヨーロッパは変貌する。この世紀に起きた種々の変化は、老人たちの境涯と社会が老年についてつくりあげる観念に大きな影響をおよぼした。最初に注意すべき事実は、あらゆる国における人口の異常な増大である。ヨーロッパの人口は一八〇〇年には一億八七〇〇万人であったが、一八五〇年には二億六六〇〇万人に、一八七〇年には三億人となる。この結果、少なくとも社会の幾つかの階級では、老人の数はふえている。科学の進歩と結びついたこの増加は、老いの神話のかずかずを真の知識にとってかわらせるようにみちびく。そしてこの知識は医学として老齢の人間を施療し、治癒することを可能ならしめる。これ以後、老人の数があまりにも多くなるので、文学は老人を黙殺するわけにいかなくなり、フランスやイギリスやロシアの小説家たちは、社会の十全な図絵をつくろうと努める。したがって彼らは、特権階層の老人たちばかりでなく、それまでは、わずかな取るにたらない例外を除いては作家に言及されたことのなかった、下層階級の老人たちをも描くようになる。

以上のことは、老人全体にとって状況が前よりも有利

＊ これ以前に、ニノン・ド・ランクロはある手紙のなかで、この、もはや彼のものではない新しい時代のなかでの老人の孤立に注意している。この主題はその後しばしば取りあげられるであろう、とくにシャトーブリヤンによって。私はこれについて後章で詳しく述べるつもりである。しかし、それが公に、そして力強く扱われたのはこれが最初である。

になったことを意味するものではけっしてない。それどころか逆に、彼らの多くが、世紀の経過とともに展開した経済的発展の犠牲となったことを、われわれはみるであろう。

人口の増大には、いたるところにおいてそれと緊密に結びついた三つの現象がともなっていた、すなわち、産業革命と、都市の飛躍的発展をひき起こした農民の流出と、プロレタリアという新しい階級の出現ならびに成長である。

イギリスでは、農村地帯の人口減少は、多数の農民を貧窮に追いやった囲い地 enclosures の制度とともにはじまっていた。貧民救済に関する法律が制定された反面、一九世紀の初頭に農民たちの収入が低下し、そのため彼らは田舎から追い出される結果になった。一八四六年に自由貿易法が可決されたとき、商工業的イギリスが農業的イギリスに対して決定的に勝利をおさめたのだ。

フランスでは、一八世紀の終りに農民の多量の流出があった。総人口の一割であった都会人口は、これによって二割となり、約五五〇万を数えた。農夫の息子たちはとくに小都市へ移住し、そこで彼らは小売商人、俸給生活者、公務員となって社会的に上昇していった。一九世紀初頭はむしろこの動きの停止を示している。すなわち、一八〇〇年から一八五一年までに、都市人口は三五〇万ふえているが、人口全体が増加しているので、都市はフランス国民の二五パーセントしか占めていない。租税の軽減によって農民の収入は増加するが、しかしこの余剰は、対応する人口の増加に吸収されてしまう。一八四〇年と一八五〇年の時期に、田舎はもはやその住民を養う力がなく、そのため一八五〇年から一八六五年にかけて、農民の流出は急増している。これにつづく時期に、田園地帯の工業——これは農民に重要な補助収入を供給してきた——は、工業の集中化によって衰えた。技術の進歩は、貧民たちにとって土地の開発をより困難にした、というのは、農業のなかに資本主義的方法を導入するブルジョワ土地所有者との競争に耐えることができないからだ。さらに、一八八〇年以降、輸送手段の進歩によって、アメリカが自国の小麦をフランスに向けて輸出することができるようになり、その結果、大きな経済危機が起こって、農村地帯からの人口の流出がつづく。そして一八八一年には、人口の三分の一が都市に集中する。この世紀の終りには、農民の息子たちに職を提供するのは工業であり、彼らはプロレタリアの数をふやしてゆく。

この変動は老人たちにとって悪影響をもたらした。フランスでもイギリスでも、彼らの境遇が一九世紀後半におけるほど苛酷であったことはない。労働は保護されておらず、男も女も子供も容赦なく搾取されていた。年を取ると、労働者たちは労働《しごと》の速度に耐えることができなくなった。産業革命は、人的資源の信じられないほどの浪費を代償として達成された。アメリカでは、一八八〇年と一九〇〇年のあいだに、テイラー式労働管理方式が大量の殺戮を行なった。すべての労働者が年齢よりも早く死んだのである。生き残ることができた者は、老齢のために雇用されなくなると、いたるところで貧窮におちいった。フランスでは、共済組合《ミュチュエル》は王政復古以後は大目にみられていたが、一八三五年に公認され、一八五〇年と一八五二年にはふたたび厳重な監視下におかれた。第三共和国は一八九八年四月一日の法令によって、それに完全な自由をあたえた。しかし最良の条件においてさえも、老年のように重大な危険からの保証が問題であるとき、共済組合の資力はつねに不充分であった。イギリスにおける共済組合についても事情は同じだった。「子供をつくるよりは貯蓄をしたまえ」と〔経済学者〕J・B・セーは説いた。労働者たちに向けられたとき、この忠告は嘲弄でしかない。フランスとイギリスにおいて、年老いた浮浪人や貧窮者の数が急速にふえていった。

フランスの田舎においては、家族による扶養がいぜんとして原則である。一家を支配する老人が自分の土地に対する支配権を維持するに充分なほど元気であるか、富裕であるならば――自分で働きつづけるか農業労働者を雇うかして――彼は自分の子供たちのうえにもまだ権威を保持していた。家長中心的家族は農村地帯では存在しつづけていたし、これを支配する老人の権威は専制的である可能性があった。しかしこのような家族は安定した農民のあいだでしか存在しなかったし、そうした家族は稀だった。一八一五年においても、まだ旧時代的であった農業は、緩慢にしか進歩しなかった。収穫高はきわめて少なく、農民たちはかろうじて生きることができる状態だった。老年になると、彼らはもう土地を耕しつづける力はなかったし、他人を傭ってその賃金を支払うだけの蓄えもなかった。彼らは子供たちの慈悲に頼るほかはなかったのだ。子供たちも貧窮すれすれのところにいたし、穀つぶしを養うにたりるものをもっていなかった。ときには彼らは養老院に老人を見捨てることで厄介払いをした。一八〇四年に、モンリシャールの養老院長は義憤をぶちまけている、*「老人たちは自分に所属するすべてのものを養老院に持参して渡すことになっている。しかるに、非道な子孫たちは年老いた両親を連れてくるが、大部屋に残してゆく前に、彼らの最後の衣類までもはぎとってしまう。」一般に彼らは自分たちの家に両親をおいてはいたが、中世にリア王によって例示された状況が、数世紀を経るあいだも永続していた。自分自身で土地を耕すことが不可能になったとき、父親は土地を子供たちに譲るのだが、彼らはしばしば彼を飢えさせ虐待した。『アヴェロンとタルヌの農民についての覚書』のなかでルーヴェラ・ド・キュサックは書いている、「老境に達した自分の生みの親に対して、男女を問わず子供たちの側の義務が忘れられていることほど、広くみられることはない。もし老人たちが、不用意にも書式上の留保なしに、あるいは取り消し可能な遺言以外の仕方で財産を譲り渡すと、彼らは軽蔑されてしばしば衣食にも事欠くはめになるのである。」

この主題は数多くの小説のなかに見いだされ、それは疑いもなく現実から題材を得たものである。一八八五年に書かれたトゥーリエの『ウーゼーブ・ロンバール』のなかで、父親の死後、故人を監禁していたと妹が長兄を告発する。「おやじがおれの家にきたのは、お前が腐ったじゃがいもを食べさせたからじゃないか。――そういうあんたは、お父さんを冬のさなかに藁のうえで死なせたのよ。」オーブ県のルーヴル地方の農民から題材を得たフェーヴルとデプレの小説『鐘楼の周囲』では、年老いた父親ボヌールは子供たちから手ひどく扱われている、「彼はこうして、殴られ、罵られ、まるで豚のように腐ったじゃがいもを食べて、ほそぼそと生きていた。」彼はついに首をくくる。メズロワの『盲人』では、甥たちが年老いた伯父に乞食をするように強制する、「彼が頭陀袋をからっぽのままで帰ってくると、みなは荒々しい言葉で彼をののしり、いちばん年の幼い者でさえ、嘲り笑い、スープ椀をとりあげ、意地の悪い方法で彼を苦しめることに熱中した。」ある日、彼は路上で倒れて死ぬ。『アマーブル爺さん』のなかでモーパッサンは、やもめで、耳が遠く、半身不随の父親が息子とともに送る陰気でひっそりした生活を描いている。息子は、アマーブルの意に反して、よその男とのあいだにできた子を連れた女と再婚する。老人にとって生活はますます切りつめられ、悪くなる。息子が死ぬ。女は義父を手荒くは扱わないが、やがて再婚してしまう。それで彼は首を吊る。

法律は、子孫の冷酷と怠慢から老人を保護するように努力した。法律は、事実の状況を、権利の状況によっておきかえた。生前行為として財産を分配して無一文となる父親は、公証人の前で額が決められる終身年金を、そのかわりとして受けとることになった。もし子供たちが彼に年金を渡すことを拒否すれば、法廷で彼らを追及することができた。したがって、原則としては彼はもはや家族の恣意に依存してはいない。しかし不幸にして、法律が保証してくれるこの庇護を、彼はしばしば高価に支払った。以前は、子供たちにとっては彼のためにできるだけ少ない支出をすることが漠然とした利益だったのだが、これ以後は彼らの利益は正確で測りうるものとなった、すなわち、子供たちが父親に支給せざるをえない年金のなかに彼は物化したのだ。したがって彼らは彼を抹殺する強い動機をもったことになる。彼を抹殺することは、法律による強制の厳しさをまぬがれるもっとも単純な手段だったのである。暴力あるいは絶食による、年老いた両親の殺害が、どの世紀において比較的にもっとも多かったかを知ることは不可能である。大部分は田舎の静寂〔無言〕のなかに埋められてしまった。しかし一九世紀にその数が多かったことは、世論がこれをかぎつけて問題とした事実によって明らかである。このように世間が問題としたことは、人びとが以前よりも老齢の農夫の運命に関心をもったことを意味するのだろうか？　それとも犯罪が数を増し、より不用意になされたからであろうか？　これを決定することができるどのような資料も存在しない。

確実なことは、所有権を失った老齢の父親が危険にさらされたという事実が、しばしば指摘されたことである。一八七四年の『農民史』において、ボンヌメールはこの点に関して次のように書いている、「さんざん人から嫌われ、みんなにとってそして自分自身にとっても重荷と

＊　C・ラブルイユ師によるモンリシャール〔フランスのトゥレーヌ地方の町〕の郷土史的研究。

なり、自分の子供たちの家のどこでも他所者《よそもの》扱いをされ、彼は生涯の終りの日々の悲しみを茅屋《あばらや》から茅屋へとひきずってゆく、彼はついに死ぬ……ただ彼はなるべく急いだほうがいい、なぜなら、親殺しの腕に武器をもたせる貪欲が暗がりのなかでうかがっているからだ。」老人がほんとうに死ぬ前に埋葬されることもしばしばある、とボンヌメールは言う、「藁ぶきの家では昏睡は死という名前で呼ばれたが、そのわけは、デュピュイ氏*の指摘によると、そうした家には必ずしも部屋が二つあるわけではなく、家長の後を継ぐのを人が急いだからである。」ボンヌメールは一八五五年だけで四件の親殺しの例を挙げている。** この種の犯罪はきわめて広く行なわれ、またそれらを包む暗黒にもかかわらず、ひろく知られてもいたので、一八六六年から一八七〇年にかけてフランスの農業について実施され、一八七七年にポール・テュロに要約された当局の調査は、この事実を重視することをためらっていない。責任当局の名においてテュロは、老人たちが存命中に財産を分けることは賢明でないと忠告する。財産を譲渡した後に年老いた両親を待つ惨めな運命を、彼は力強く喚起している。そして、「〔父親の〕死を早めるために行なわれる種々の犯罪、財産分配後に〔子が〕負わされる義務がそそのかし、奨励さえすると言いうる種類の犯罪」を人びとに想起させる。「一度財産を譲ってしまうと、一家の長はすべての権威を失う。彼は、子供たちから軽蔑され、嫌われ、彼ら各自の家庭から放り出され、年金はしばしば渡されず、住居もあたえられず、転々と盥回しにされるという状態になるのである。」

一八八五年八月五日付『ル・タン』紙に掲載された記事のなかで、シェルヴィルは、ことあるごとにいじめられ、ひもじい目にあわされ、乞食に出される、年老いた両親の惨めな運命を強調している。祖父はしばしば孫に愛着するが、「坊やは成長するにつれて離反し」他の者と同じように振舞う。このジャーナリストにしたがえば、いつも高くつきすぎる〔と子供たちに思われる〕年老いた両親の死を早めたいという誘惑は大きいのだ。

ゾラは『大地』のなかでこれら陰惨な劇の一つを物語っているが、これを書く際に、彼はきわめて信用のおける資料によった。この小説は、ゾラ自身がそのノートのなかですでに暗示していた『リア王』に比較された。*** 事実、数世紀をへだてて、シェイクスピアとゾラは類似の状況を描いている。小説の冒頭で、老ファンは、もう自分で耕す力のなくなった土地を分けあたえるために、公証人の家へ子供たちを集めるが、父親が要求する年金について、彼らははげしく言い争う、「二人の老人〔父と母〕の生活は微細な点まで調べられ、明るみに出され、論じられた、必要なものを一つ一つあげて。パンがいくら、野菜がいくら、肉がいくらと……。働けなくなったら、きりつめるすべをわきまえねばならないのだ。」ある数字が決められた。はじめ老人は妻といっしょに自分の家に住みつづける。子供たちは決められた年金の一部しか彼に渡さない。これが原因で、父親と年下の息子ビュトーとのあいだに恐ろしい争いが起こり、このために動転した母親は死ぬ。老人は家を売って娘の家へ住むように説き伏せられるが、彼女は卑劣な方法で彼を虐待する。リア王のように、彼はつぎつぎと子供たちの家に行くが、どこでもひじょうに不幸な目に会う。惨めな状態で数年が過ぎる。ビュトーは彼を自分の家にひきとるが、それはへそくりを奪うことが目当てであり、彼を手荒らに扱う。この光景の途中で、老人はかつて息子を怯えさせたおどかしの身振りで手を振りあげるが、今度は息子

* "Dictionnaire de la conversation"（会話辞典）のなかの「埋葬」の項。

** メーヌ・エ・ロワール県で、ギヨマールという農夫が姑を殺害した。姑はそれ以前に財産を譲渡し、彼は彼女に毎年二〇フランとライ麦一二ボワソー桝を支給していた（『ル・コンスティチュシオネル』紙、一八五五年二月一二日付）。リブールヌ〔フランスのジロンド地方の町〕に近いジャンサックで、六〇歳の男が八〇歳になる母親の喉をナイフで二突きして殺害した。彼女に支払うべき生涯年金から自由になるためであった（『ラ・プレス』紙、一八五五年三月二二日付）。ラ・フェルテ＝スー＝ジュアール〔フランスのセーヌ・エ・マルヌ県の町〕の間道で、ある夜、一人の耕作者が父親を撲殺した。彼は父に八〇〇フランの生涯年金を払っていた。叫び声を聞いた一人の若い娘が彼を訴え、彼は自白した（『ラ・プレス』紙、一八五五年七月二九日付）。ヌムール〔フランスのセーヌ・エ・マルヌ県の町〕の近くで、農夫ピエール・ベソンは、遺言状のいくつかの条項を弟に有利にしたという理由で父親を撲殺した。

私はもう一つ、一八八六年に大きなセンセーションを起こした親殺しの例をあげよう。ロワール・エ・シェール県のリュノーで、トーマ夫妻が妻の方の母親を生きながら焼き殺した。

*** とくにルグイが一九五七年の『比較文学会誌』においてこの両者を比較した。大きな相違は、老ファンは人間的境涯を体現してはいないことである。

が彼の腕をつかまえ、父親を荒々しく揺すって、椅子のうえに突き倒す。若いゴリラに殴られる老ゴリラのように、彼は自分が決定的に負けたと感じる、すなわち、肉体の力を失ったことで、彼は権威をことごとく失ったのだ。法律の保護ですら、野蛮な暴力に対して彼を守るには不充分である。ビュトーは彼から貯金を奪うことに成功する。父と子の争いは高まり、ついにある夜、またもリア王と同様、老人は逃げだし、嵐のなかを朝までさまよう。彼が息子と嫁が犯した罪を知っていたためと、とりわけ彼らがそれ以上彼を扶養するのがいやになったために、彼らは彼を窒息させ、事故を装って彼の藁ぶとんに火を放つ。医者はあまり詳しく検視せず、埋葬の許可をあたえる。

老人と孫の関係について『ル・タン』紙上で指摘された事実も、ゾラは扱った。一時、老ファンは孫に対していだく愛情と孫のほうも彼に寄せているかにみえる愛情によって、不幸から少し慰められる。しかしやがて、学校の退けどき、子供は迎えにきた彼といっしょに帰ることを拒み、友達と声をそろえて彼を嘲笑う日がやってくるのだ。

一九世紀において、搾取された老人たちの境涯が少なくともある程度まで明らかにされたという事実によって、彼の場合と特権的老人の境遇との対照が、他のいかなる時期におけるよりも顕著となる。困窮と放浪に追いやられた元労働者、獣同然に扱われる老齢の農民、こうした年老いた貧民たちは、社会の階梯の最低のところに位置する。頂点を占めるのは上層階級の老人たちである。対照があまりにも著しいので、扱われているのが異なる二つの人種ではないかと思われるほどだ。一方にとって実に有害な経済的、社会的変化が、逆に他の者に幸いしたのである。

《王政復古》と亡命貴族たちの帰還によって、一九世紀の初頭に真の老人政治《ジェロントクラシー》が成立した。亡命貴族たちは土地を、しかもしばしば自分の旧領地を買い戻しており、一八三〇年には旧特権階級の不動産の半ばが回復されていた。この土地貴族の数はわずかであったが、ブルジョワジーのなかに多数の被保護者＝寄生者をもっていた。王のまわりに集まったこの貴族階級は「サンシテール」選挙法――不動産を基礎とする――を採用し、これによって政治的覇権を確立していた。九〇〇〇〇〇人の選挙資格者が存在したが、これはつまりフランスの一〇〇人の成員についてわずか一人だけが投票していたことになる。被選挙者の数は約八〇〇〇人であった。これら亡命貴族たちはきわめて高齢であったため、病理学的とも称しうる状況を形成していた。諷刺文書作家《パンフレテール》のファジは一八二九年にこの状況を告発した、「いまやフランスは、喘息病みで、痛風に悩み、中風にかかり、衰弱して安息しか望んでいない七ないし八〇〇〇人の被選挙人に縮まってしまった。」「国家の代表として老人たちしか選出しない奇妙な法律」を彼ははげしく批判している。老人たちのこの特権は、一八三〇年以後も上院では維持される。タレーランは一八三五年にギゾーに向かって語った、「わしは昨日上院に行ったが、わしらはたった六人で……
……そしてみんな八〇歳を越えていた。」

その間、大ブルジョワジーは、労働者や多数の農民を搾取し、利息を付けて金を貸しながら富裕になっていった。その経済的覇権によって、大ブルジョワジーは土地貴族から政治権力を奪いとった。ルイ＝フィリップ時代に支配したのは、実業家、銀行家、大商人にほかならず、また高級官吏、弁護士、大学教授であった。富を蓄積するためには時間が必要だったから、彼らの大部分は老齢だった。この場合についても、老人政治ということができよう。シャルル・デュパンは有権者の半分は五五歳以上であると断言している。彼によれば、五四〇〇〇の自由派の有権者は二八〇〇万の国民に支持され、四六〇〇〇の右派の有権者は三〇〇万の老人に支持されていたという。この数はおおよそであるが、全体の考えは正しい。それは金権政治であったし、富裕な者の大多数は老人だった。企業は家族中心であり、その首長はふつう家族のなかのもっとも年長者だった。経済を動かすものはもはや年金ではなく、投資によって蓄積される利得だった。家族という〔社会の〕細胞の成員は利益によって互いに堅く結ばれ、この細胞は家長に体現されていた。

一八四八年以降、政治権力を握ったのは銀行と産業だった。産業革命の達成が完了したのはこの時期であり、鉄道、織物、冶金、鉱業、精糖業などが飛躍的に発展した。銀行はますます重要さの増す役割を演じていた。この流動する世界では、もっとも重視されるイメージは「企業家」であり、決断力がもっとも必要な美質であった――工場に最新の機械や斬新な技術を導入するように父親を説き伏せたのは、父よりも大胆な息子なのだ。他方、家族的資本主義に株式会社がとってかわった。高齢の者はその経済的威信を失った。そして普通選挙は彼から政治的覇権をも奪った。しかし一八七一年には《国民議会》の大部分が田舎出身の老人で構成され、四〇〇人の王党派に対して、二〇〇人の共和派と五〇人の立場の不明確な代議士が存在していた。老人の数が他をひき離してもっとも多かったのは第一のグループである。

一般に、フランスと全ヨーロッパにおいて、世代間の争いはブルジョワジーでは姿を消し、一種の平衡状態が形成された。「危険な」階級に対抗して両世代は連帯を固めたのだ。プチ・ブルジョワ階級では、息子が父親よりもしばしば社会的に高い地位に昇り、父は息子の成功を誇らしげに歓迎した。このように両世代が上昇することによって憎悪は和らげられた。一方、新しい社会は若い者と老人の協力を要求していた。社会が複雑になったため、経験すなわち知識の集積がその存続と進歩に必要となり、多くの領域において、老齢であることは一つの格付けであった。若い者はその果敢さと創意の能力によって重きをなしていた。しかし彼らはしばしば、年取った人間のもつ人を安心させるイメージの背後に隠れることが有利であると考えた、すなわち、老人は権力の外観を保持し、企業を代表する、そして現実の運営はよりダイナミックな協同者たち〔若年者たち〕に任せたのだ。

このように、老人が保証者としてあらわれるのは、当時のブルジョワ・イデオロギーが老人を高く価値づけていたからである。フランスで賞揚される美徳は、ヴィクトリア女王治下のイギリスと同様、清教徒たちが高い地位をあたえていた美徳と同じものであった、すなわち、道徳的厳格さは経済的成功を伴うものであり、また利得は再投資されなければならないので、禁欲的厳格さが守られるべき原則であった。ところで、伝統的な考え方によれば、老人はほんらい欲望に欠ける存在であり、そのため禁欲主義をこととする者なのだ。さらに資本の蓄積のなかに万能薬をみる経済思想は――あやまって――心理学の領域にまでひろがる、すなわち、蓄積することはつねによいことだと人は考える。年月を蓄積すること、それは利益をもたらすことであり、また一九世紀のブルジョワジーがその前でうやうやしく頭を下げる価値、すなわち、経験を獲得することなのだ。時代が最高の真理とみなす観念連合的経験主義は、この見解を確認する、すなわち、年を取れば取るほど観念連合は増加し、知識と知恵は増大するのだ。したがって個人が順当にその頂点に達するのは、生涯の終りにおいてなのである。

都会では、家庭はもはや家長中心的ではない。一八世紀末以来、職場の増加や社会生活の拡大によって、若い夫婦が自分たちだけの家庭をきずくことができるようになった。しかし大家族的家庭の伝統はブルジョワジーにとっていぜんとして貴重であり、一家の最年長者をとりまく尊敬によって、これを理念的に永続させる。近代資本主義の開花とともに彼の影響力が衰えたあとでさえ、彼に対して尊敬の外的な徴《しるし》を惜しまないよう、また名誉ある人生の終りを彼に保証するように、世論が要求するのだ。

家庭の変貌は孫と祖父母の関係を変革した、彼らのあいだには反目のかわりに協調が生まれる。もはや家長ではなくなったので、祖父は両親の頭ごしに小児たちと共《なれ》犯《あい》関係を結び、また逆に、子供たちは彼のなかに楽しげに甘やかす遊び仲間を見いだす。*

社会的に重要な位置が老人にあたえられたことは、幾人かの壮年期の作家を苛立たせた。ラムネーは老いをはげしく攻撃する。三六歳のときに彼は書く、「年を取ったために精神が衰えなかったような老人には会ったことがないし、このことを率直に認めた老人はめったになかった。」さらに次のようにも言う、「この世における老人とはなんだろうか？　動いている墓だ。群衆はわきへ寄るが、少数の者は墓碑銘を読もうとして近づいてゆく。**」ディケンズは、老年と幼児期とを人びとが習慣的に結びつけることに対して強く抗議している。彼は老いについて次のように言う、「われわれは老いを小児の状態と呼ぶが、これは死が眠りの模造品であるように、貧しくむなしい擬物《まがいもの》なのだ。子供の眼のなかに輝やく光と生命が、老衰した人間の眼にあるだろうか？……小児と、

＊　前述《さき》にみたとおり、これとは異なった形のもとにではあるが、祖父母と孫の関係は多くの未開種族においてきわめて重要である。

＊＊　ラムネーは人間的境涯の全体に対して陰鬱な考えをいだいていた。三六歳のとき、彼は鬱病的時期を経験した。彼はまた幾人かの老人に対して永続的な遺恨を抱いていたのかもしれない。彼は怨念の人であった。

小児期に戻った人間をいっしょにしてみ給え、そうすれば、この恐ろしく醜い模造品にその名前をあたえてわれわれの人生の幸福な初舞台の誉れを汚してしまうことのむなしさに赤面するだろう。」

このような口調はきわめて稀である。これとはまったく異なる観点から老いについて考察した作家たちは、多かれ少なかれニュアンスをつけて弁護を試みた。先行する諸世紀のエッセイストと同様、彼らが老年に興味をもつのは、自分の階級の範囲内の者に限られる。そのなかでもっとも意味ぶかいものを引用しよう。

『生活の知恵のための箴言《アフォリズム》』のなかの「年齢間の相異について」と題された第六章において、ショーペンハウアーは哲学の光に照らして人生の諸々の時期を検討する。彼が絶対的厭世主義《ペシミスム》を説いていることは周知のとおりだ、すなわち、人類の唯一の救いは、自らのなかの生きようとする意志を根絶し、もはや子孫をつくることなく、虚無のなかへ完全に滑りこむことにある、という。人間は生きようとする意志が強烈であればそれだけ英知から遠ざかる、すなわち、それは青春時代である。子供は特権的であるが、それは彼が観照的であるからだ、つまり世界に対して一定の距離をおく審美的態度をとるからである。彼は事物を永遠の相の下に見て、その本質を直観するのだ。後になって、幼年時代を悲しい気持でなつかしむ理由はここにある。この時期が幸福なのはそれが表象《ルプレザンタシオン》であって意志でないからだ。青年は、その反対に、生きることを渇望し、幸福を追い求める。彼はそれが見つからない、なぜなら、それを捜すことは、すでにそれを失っていることだからだ。もし彼に良識があれば、幸福は幻影であって苦しみこそ現実であることを、少しずつ理解してゆき、やがて苦痛からの解脱だけを願うようになる。青春は知的には豊饒であり、知識と創意は彼のものである。知的能力は三五歳で絶頂に達する。しかし彼は妄想と過誤のなかに生きている。性的本能は人間のなかに軽微な錯乱を育むのだ。

四〇歳を過ぎると人は憂鬱になる。その理由は、さまざまな情念や野心を断念したわけではないが、迷いから醒めはじめるからであり、以前には気づかなかったが、自分の道の果てに死を見るからである。人生のもっとも幸福な時期は、老衰に先立つ数年である。ただしこの場合、人は少なくとも健康であること、そして弱まった体力にかわるほど充分な金をもっていることが必要である、「年取ってから貧しいことは大きな不幸なのだ。」以上二つの条件がみたされれば、老年は「生涯のうちできわめてしのぎやすい時期となりうる。」時間がきわめて速く過ぎはじめるので、もう退屈などは感じない。さまざまな情念は沈黙し、血は冷却してくる。性的本能から解放されて、人はその理性をとりもどす。そのとき「われわれは、多かれ少なかれ、この世の事物はすべてむなしいという洞察を得るのだ。」この真理の発見はわれわれに、精神的な平静さをあたえてくれ、それが「幸福の条件と本質」なのである。「若者は、もしそれがどこにあるかを知っていさえすれば、この世で何かよく判らないすばらしいものを手に入れることができると信じているが、老人は、すべては空の空なりという伝道の書の格言を心に銘じており、すべての胡桃《くるみ》はどれほど金色に見えても、中味は空《から》であることを、いまではよく知っている。かなりの高齢になってはじめて、人間はホラティウスの言う何事にも驚かず《ニル・アドミラリ》という境地、つまりすべての事物はむなしいものであり、この世のきらびやかさも空虚なものであるということを正しくしっかり確信するにいたる。迷妄は消滅する！　彼は完全に迷いから醒める。」この明晰さゆえに、人間が自己のなかにもつ価値あるものは、老年期においてほど彼に利益をもたらすことはない。しかし、大多数の者は自動人形《オートマット》となり、同じことを反復し、硬化してしまうが、これこそ生命の残骸《カプース・モルトウム》である。老衰は死を容易にしてくれるから有益である。九〇歳を越えると、人は病気によって死ぬのではなく、しばしば自然死に恵まれるのである。

　以上で、ショーペンハウアーが老いを特権化するのは、彼のペシミスムの帰結にほかならないことがわかる。彼も、老いの本質をなす、迷妄からの覚醒が、老いに「ある種の陰気な色合い」をあたえることは認めている。しかし老いの長所は、生きようとする意志がほとんど消滅したことであり、人は子供のころの観照的態度に戻るのである。もし人生が不幸であり、死のほうが望ましいならば、老いというこの半死の状態は、迷妄の年齢よりもすぐれていることになる。ショーペンハウアーの評価はまったく消極的である、「事実、人生の重荷は若いころよりも軽い。」

　スウェチーナ夫人*は、老いについてきわめて正当な考察をした。老齢の威厳と、それが人から受ける不信用との対照を彼女は強調する。「老人は過去についての予言者であるが、このことは彼が未来についての大僧正であることを妨げない。」しかしながら、「驚いたことに、老いが〔人の心に〕ひき起こすのは嫌悪ではなくて軽蔑なのである。」彼女はまたきわめて正当に次のことを指摘する、「老いほど人びとの心のなかに多くの矛盾したイメージを起こさせるものはない。それは若者にとっては信じることのできない幽霊であり、男ざかりの者にとっては恐ろしい案山子《かかし》である。それでいて……みなはこれを希望し、できるかぎりそのさまざまな不都合さと折りあうのである。」

さらにまた、「青年は老いに対して、それを必然の不幸とみなすとか、死を受けいれるのと同様にそれを受けいれるという、名誉をあたえない。青年は老いから逃れられるつもりでいるらしいし、またこれほど多くの汚辱とひきかえにしてまで自分の人生を延ばすのを欲しないことを誇りにする。」

彼女は、人間的次元において老いがきびしい試練であることを認めており、老いについてぞっとするような描写をしている。しかしその残酷さをつうじて、老いは神に近づくことを人に可能にするのだ、「もし自然の人間を考えるなら、若さこそ真実であり、たぶん唯一の良い時期であろう。……しかし宗教は自然とは正反対の対立物である。」「老いとは、外的世界に関しては、まさに一種の盲目である。……老いがもはや口に出さない願いや、抑えつける心の躍動を、神はことごとくひきついで、老いにますます広く内心の世界をひらき給うのである。」彼女は、キリストが老いを経験することによってそれを聖化しなかったことを残念がっている。

ショーペンハウアーやスウェチーナ夫人においては、老いを独自の観点から考えるための努力がみられる。しかし古めかしい決まり文句はなかなか長命であり、エマソンが老いに捧げた短い評論のなかにふたたびそれが見いだされる。アメリカのブルジョワジーのきわめて順応主義的イデオローグであった彼は、つねに主張していた楽天主義を晩年には極端に押しすすめている。南北戦争によって動揺した彼は、動員を解除してもらい、《復興》というこの恐ろしい時期を無視することを選んだ。彼は自分が世界で最良の時代と社会に生きていることを自分に納得させたのである。体力が弱り、能力が衰えていた彼は、老いの長所と楽しさを賞揚した。彼はキケロと同様に「一般の信ずるところによると、老いは不名誉なものではなくて、極度に不利なものである」ことを認めており、これと反対のことを証明するためには、彼はどのような論理を用いることをもためらわない。彼は《歴史》のなかの眩惑的な老人たちを引合いにだしているが、彼らの晩年が幸福であったかどうかを知ることには気をつかっていない、というのは彼はエル・シード、ダンドロー、ミケランジェロ、ガリレイなどを手当りしだいに引用しているのだ。老人は幸福だ、とエマソンは言う、なぜならまず老人は数多くの危険からまぬがれてきたのであり、そのことを喜んでいるからだ。老人はもはや恐れるものは何もない、人生は自分の背後にあり、何ものも彼から彼の人生を奪うことはできない。ということは、エマソンが自分の地位や名声に満足していたことを意味する、ただ、どうして彼が〔自分のケースを〕一般化しうるのか、その理由はわからない。彼はつづけて言う、それゆえ成功はもう何ごとも意味しない、もう何かを成就することに向かって努力する必要はない、自分自身の水準より低く下がっても罰せられることはない、と。この第三の論理は第二のそれをくり返しているだけだ、すなわち、人はすでに自己を実現し、力量を示したのだから、自分の過去のうえに休息する権利があるのだ。もはや懐疑も不安もない。ここで、エマソンの楽天主義は奇妙なことにショーペンハウアーの厭世主義に似てくる、すなわち、年を取ると、人は行動することも考えることさえもやめる、要するに人は生きることをやめるのだが、それは平和をもたらす解放にほかならないという。最後にエマソンは、たんなる年月の蓄積が知識を生むであろうというブルジョワジーになじみ深い観念に従いつつ、老人は経験を獲得したのだと主張している。

一八八〇年、ドイツにおいてヤーコブ・グリムは、老いについて有名な講演を行ない、次のように結論した、「わたしは、老いは男らしさのたんなる失墜を意味する

＊〔二三五頁〕カトリックに改宗したこのロシア婦人はパリに住んでいた。モンタランベール、ラコルデール、デュパンルーなどが、彼女のサロンに出入りしていた。親しい人びとの死、おそろしい肉体的苦痛など、彼女の晩年は痛ましかった。老いについての彼女のノートをファルーが一冊の評論風の書物にまとめている。

のではなく、それ自身の法則と条件にしたがって発揮される固有の力をそのなかに所有しているという意見に、いくつかの証拠をもたらしたと信ずる。老年とは、それ以前には存在しなかった平和と静穏の時期であって、種種の独特の結果がこの状態に対応して存在するはずだ。」
　彼はここで当時流行した生命器官説《オルガニシスム》にヒントを得ている、すなわち、それぞれの年齢は固有の有機組織と特殊性をもっているのであり、老人は、年を取ったために男性の機能を失った成人ではない。彼の状態は一つの欠如として描かれるべきではなく、積極的な仕方で、すなわち、個人と世界との諸関係の〔以前とは〕異なった平衡状態として描かれるべきである、という。

　かつていかなる作家においても、ヴィクトル・ユーゴーにおけるほど、老いが多くの場所を占め、高く称揚されたことはなかった。なぜだろうか？　その理由を知るためには、彼の内面の歴史を詳細に知らねばならないであろう。たしかなことは、老いが彼の偏愛する幻像《ファンタスム》の一つを形づくっていたことだ。まだ若年のころすでに彼は、詩人を魔術師《マージュ》として、栄光の大空に君臨する予言者として、心に描いた。ところで、伝統的にいって、威信と至高の権威を授けるのは、老齢にほかならない。老年がもっとも完璧に自分の運命を成就する時期となるであろうことを、彼は予測していたにちがいない。彼は〔文学的表現における〕対照法を得意としたが、そのなかで、醜い肉体と崇高な魂を対照させる組合せこそ、彼がもっとも好んで用いたものの一つであった。老いはこの対照の具体化の一つなのだ。衰えた肉体と不屈の心とのあいだには、ロマン主義的な対照がある。このようなわけで、彼は四〇歳にもならないころ、バルバロッサ帰還の伝説をとりあげて書いた『ビュルグラーブ』のなかに、異常で恐ろしい偉大な老人たちを舞台にのせる。老齢は肉体的には彼らを衰えさせるが、彼らの暗鬱な偉大さを高揚する。ユーゴーは彼らを描くにあたって通俗的な決まり文句をふたたびとりあげた。彼は老年の孤独と世間からの疎隔を強調する。老ヨブは「世間から遠ざかり……何カ月ものあいだ沈黙をつづける」。洞窟に隠れたバルバロッサは、眠りの状態に沈みこむ……「彼は荒々しく異様な眠りを眠った。」ひげは長命を象徴している、「今は雪のように白いが、かつては金色だったひげは石の机を三回も回ったものだ。」 ユーゴーは後年『諸世紀の伝説』のなかで、老年に関する叙事詩的肖像のかずかずを描いた。これらの英雄のなかでもっとも偉大なのはエヴィラドニュスである。彼は自分の背後に、すばらしい功績にみちた一点の汚れもない人生をもち、老齢は彼になんの打撃もあたえない。

彼は歳月を嘲笑う……
どんなに老いぼれようとも彼は偉大な部族の人間なのだ
鷲は老いても百鳥の王。
年齢などなんだというのだ！ 彼は戦う。彼はパレスチナから来たのだが、少しも疲れていない。
歳月ははげしく攻撃するが、彼は頑張っている。

これらの詩句は〔ユーゴーの老年を〕予兆するかのようだ。闘士ユーゴーは、あらかじめ時間《とき》に挑んでおり、自分をこの戦いの勝利者として示している。二人ともまだ年若く、力をあわせて彼に立ち向かったドイツ皇帝とポーランド王を、エヴィラドニュスは単独で殺すのだ。伝説の衣の下《もと》に、彼は老人に青春のさまざまな特質を授け、老人に巨人の力をあたえる。老人は力と同様に優雅さをも備えており、——身ぐるみ剝ぐために悪党どもに一服盛られた——マオーが目をさましたとき、彼は彼女の手に接吻して「奥様、よくおやすみになれましたか？」と言うのである。

ユーゴーが五〇歳と六〇歳のあいだで終編を書いた『レ・ミゼラブル』のなかで、マリウスの祖父は、生涯にわたって家族の者に対しきわめて冷酷だった人間である。しかし自分の孫が死んだと思いこむとき、彼は孫に対する彼の愛情の深さを悟る。孫が回復すると、彼は人柄が一変するような歓喜を示す、「優雅が老いの皺に混じるとき、それは賛嘆すべきものとなる。花ひらく老年のなかには言葉には尽くせぬ曙が輝くのだ。」 彼はマリウスとコゼットの結婚に同意する。そのころ、ジャン・ヴァルジャンもまた老いている。八〇歳になった彼は、生涯にわたってそうであったように、崇高で悲壮だ。エヴィラドニュスと同じく不屈な彼は、マリウスのぐったりした身体を背負ってパリの下水道を突切るだけの力をまだもっている。彼の精神力はさらに驚くべきものがある、というのは、彼は自分がかつては徒刑囚であったことをマリウスに打ち明けねばならないと信じ、唯一の愛情の対象であるコゼットの人生から少しずつ身をひく。マリウスが彼こそ自分の命の親であることを知ったのち、彼は若い二人の愛にとりまかれ、崇められて死ぬ。

『眠れるボアズ』のなかで、五七歳のユーゴーは老年の域にさしかかっていたが、ボアズをみごとに崇高化した、

　彼のひげは四月の小川に似て銀色だった……
　……なぜなら若者は美しいが、老人は偉大なのだ
　……そして若者の眼には炎があるが、
　老人の眼には光明があるのだ。

ここでは、四月の小川とひげの比較によって若返っている族長を特徴づけるのは——偉大さとか光明という——精神性にほかならない。彼は性的魅力もいぜんとして保持している、というのは彼の欲情を目ざませようとしてルツは「乳房をあらわにして」彼の足下に寝るのだから。

詩集『おじいさんぶり』は、幼年時代によりもいっそう、老年に捧げられた賛歌である。ユーゴーは——われわれはこの点については後章でも述べるが——自分自身の姿をとおして老年を讃えるのだ。しかしまた彼は、当時の社会が好感をもってみていた孫たちと祖父《おじいさん》との親密な関係をも叙述している。すでに『レ・ミゼラブル』のなかで彼は、老ジャン・ヴァルジャンと幼児コゼットの一対《カップル》を、感動をこめて描いた、「年を取ると、自分があらゆる小さな子供たちの祖父のような気がする。」有名な詩『罰せられたジャンヌ』のなかで、成人たちの厳格さに対抗する孫娘と祖父の相互理解を彼は強調している。社会的にいえばこの二人は周辺的位置に存在する。しかし彼らを結ぶ絆はそのためいっそう深い、と彼は考える。ギリシア悲劇においては、幼児と老人は無能力という点で互いに似ている。多くの未開人において、同一視はもっとおしすすめられ、彼岸からやっと出てきた小児と、やがてふたたびそこへ戻るであろう老人は、同じ年齢の階級に集められている。両者とも、過度的位置にあり、ある種のタブーを免除される。ユーゴーは他の言い方で類似の観念を表明している。彼が〔文学において〕「子

供を創始した」と主張するとき、彼は自慢しているのだ。一八世紀に発見されたのち、子供は一九世紀の文学と芸術に大きな場所を占めたのであるが、しかし幼少年期と老年の親近性を、彼以前には何人もこれほど明らかに示しはしなかった。彼によれば、まだ人間的条件に到達しない子供と、それをはるかに越えた老人のあいだには、精神の交流が存在する。成人たちの道徳や卑俗な理性は彼らには当てはまらない。その無邪気と知恵によって、彼らは両方とも世界の神秘と神に近いのだ、

ジャンヌは語る、自分の知らないことを口にする。

……やさしい年老いた祖父である神は、うっとりとして耳を傾ける

子供の傍にいるとき、老人は自分の幼少年期をふたたび見いだす。ユーゴーはマリウスの祖父に関して、花ひらく老年の「曙」という表現をした。彼はまた次のようにも言っている、「そうだ、祖父になること、それは〔人生の〕曙にふたたび帰ることなのだ。」

年老いた農民たちの唯一の慰めがしばしば孫であることと、そしてそれは孫たちが大人の真似をしはじめる日までつづくことをすでにみた。『おじいさんぶり』におけるユーゴーの成功は、一つの社会的事実に神話の価値と深さをあたえたことにあった。

老人＝幼児という一対《カップル》は大衆の心に触れた。ディケンズの『骨董店』は驚くべき成功をおさめた。彼はこの小説のなかで、深い愛情に結ばれた小さいネルと祖父にイギリスじゅうを放浪させた。老人の精神は不幸のために衰え、賭博で破産し、もう一度賭博をするためにネルを誘拐し、強盗を計画する。だが彼はその過ちや迷いにもかかわらず、ネルに寄せる愛情と、彼に応えるネルの愛情によって読者を感動させる。彼女が死ぬと、彼は墓の前で何日も過ごし、そこで彼の息は絶える。同様にひじょうな人気をかちえたエクトール・マロの『家なき子』のなかにも、類似のカップルが見いだされる。人生の門出でかどわかされた一人の孤児が、かつて有名な歌手だったが落魄して死の入り口のところで社会からしめだされたヴィタリスと、放浪生活を共にするのである。

総体的にいって、一九世紀の文学は老いをはるかに現実主義的な仕方で考察した。それは上層階級に属してい

る老人たち、すなわち貴族、大ブルジョワ、地主、実業家を描くが、また被搾取階級の老人たちにも関心をもつ。召使いと主人との封建的関係は、ブルジョワジーにいぜんとして馴染ぶかいものであり、『ボヴァリー夫人』や『まごころ』のなかで、フローベールは、生涯が長い献身にほかならなかった女中たちを登場させている。しかし多くの場合、老人たちは自分の身の上の主体として考察されている。バルザック、ゾラ、ディケンズやロシアの小説家たちの作品のなかには、年老いた労働者はほとんど見あたらないが、それは実際においてプロレタリア階級では長生きしなかったからである。しかしすでにみたように、年老いた農夫たちの姿は数多く存在する。また小説家たちは、軍人、使用人、商店主などさまざまな社会的カテゴリーにおける年齢の影響をも研究した。彼らが提供した豊富な資料は、本書の第二部で老人たちの個人的経験を研究するさいに利用するつもりである。これは一九世紀に幾人かの老齢の作家が扱った問題であり、彼らは自分自身の老いについて語った。たとえばシャトーブリヤンの老いは、彼の著作のなかでももっとも美しいものに数えられる幾ページかを彼に書かせたのである。

そうした打ち明け話は、老齢の人びとが彼らの境涯をどのように経験するかを理解する助けとなるだろう。

*

二〇世紀では社会の都市化がつづき、家長中心的家庭の消滅をもたらす。とはいえこの種の家庭はフランスの田舎のいくつかの地域ではかなり長く存続した。アンドレ・シャンソンはその一つの例を『正しい人たちの罪』のなかで描いた。《議員》さんと呼ばれて皆から尊敬され、《正しい人》そのものである老アルナルは、セヴェンヌ地方でひろい豊かな所有地を支配している。彼は家庭内でも絶対的主人である。孫の一人に知恵のおくれた娘がいたが、彼女が兄弟の一人に孕ませられたので、アルナルは生まれたばかりの子を殺して埋めるように家族に命令し、これが実行される。今日のフランスでは、このタイプの家庭はもはや存在していない。しかしいくつかの国では存続しており、ユーゴースラヴィアの農村地域では最近でもシャンソンが語ったことに類似する事実が発生していた。イタリア南部やシシリー、そしてギリシア南部では、父親が名誉のために自分の娘を死にいたらしめるということが起こっている。法律はそれを禁じているが、慣習は大目にみるのだ。コルシカやサルディニアでは、息子たちは年老いた父に服従している。

農民の地位が少し向上し、技術文明が多かれ少なかれ耕作者たちの孤立状態を破ったので、無能力になった老人を遺棄したりその死を早めたりすることは、一九世紀より稀になったのはもちろんだ。しかし、まさに家長がもっとも強い権力をもつ地中海地方において、彼の体力が衰えると、死ぬ手助けをすることがある。それはある種の未開民族におけるように、専制に苦しんだ子や孫が、彼を厄介払いすることに、恨みのこもった慰めを感じるためかもしれない。しかしまた、そうしたことが起こるのは、食べさせなければならない家族が重荷に感じられる、とりわけ貧窮な地域のことでもあるのだ。とにかくそうしたことは例外的なケースである。それに反して、フランスでは、父親に服するのがいやになった息子が家を去って都会へ働きに行くことはしばしばみられる。*

全体として、工業化の発達につれて家族細胞がますます解体する方向に進んだ。そして半世紀以来、工業諸国においてみられる人口の著しい老齢化により、社会は家族にかわって老人の世話をせざるをえなくなった。このため、われわれは老年対策を創始したのであり、これは次章で検討することになろう。

支配階級では、経験と創意が両方とも必要であるため、一九世紀に定着した平衡状態が維持された。一方、新しくまた激烈な、大きな政治的変動、たとえばロシア革命、イタリアのファシズム、ナチズム、中国革命、キューバ革命、アルジェリア独立戦争などは、ほとんどつねに若い年齢の者によって指導された。老人たちが重要な位置を占めてきたのは保守的な社会においてである。しばしば彼らの唯一の機能は、たとえばフランスにおける共和国大統領たちのように、たんに代表的機能であった。**し

* モーリヤックは一九六九年秋の『ブロック・ノート』のなかで、年老いた農民の苛酷な境涯を想起している。「自家《うち》の小作地の一つにいたあの老小作人をわたしは思い出す。そして彼の子供たちは彼を体力の極限まで働かせていた。そして彼がもうどうにも耐えられなくなって仕事をやめざるをえなくなると、彼らは彼がパンを食べるのを非難した……彼はそのパンを働いて獲得したのではないと彼らは言い、彼もそれを泣きながら認めて、ひたすら死を待ち望んでいた。」

かしかなりの数の老人は積極的な役割を果たした、たとえば、ティエールが一八七三年に初代の大統領に選ばれたときは七六歳だった。クレマンソーが一九一七年に権力を握ったのは七七歳のときだった。チャーチルは八一歳で、アデナウアーは八七歳で権力の座を去った。他の老人たち、スターリン、毛沢東、ホー・チ・ミンなどは、革命が勝利をおさめた国において権力を掌握しつつ老いていった。現在、開発途上国の指導者たちは若い人びとであるのが通例だが、ハイレ・セラシエ皇帝は唯一の例外であり、彼はド・ゴールより一歳年が若いだけだ。そうでない諸国ではド・ゴール、フランコ、ティトー、サラザールのようにしばしば高齢である。* しかし彼らは自分より若い人びとに補佐されており、たとえばフランスでは大臣の平均年齢はそれほど高くない。一九六八年には、下院議員の平均年齢は五五歳で、上院議員のそれは六三歳だった。国家と同様に政党の内部でも、青年は一般にあまり影響力をもたないので、老人と壮年者のあいだで権力の配分が行なわれている。

　私は後章で詳しく再論するつもりであるが、ここでとりあえず指摘する必要のある顕著な事実がある。それは経験ということが以前ほど価値あるものと思われなくなったために、老年の威信がひじょうに低下したということである。今日の技術主義的《テクノクラシー》社会では、知識は年月とともに集積されるのではなく、時代おくれになる（失効する）と考えられている。高齢は失格を惹起するのだ。高く評価されるのは、若さと結びついているもろもろの価値なのである。

　老人たちの現在の状況についてわれわれが所有する参考資料は膨大な数にのぼるので、文学が提供するものは二義的な興味しかない。それはかなり貧弱でもある。プルーストは、その本質的な主題が、失われそして見いだされた時にかかわるものであるだけに、老いについて多くを、またきわめてみごとに語った。しかしこれは例外である。『贋金つくり』のなかでジィドは老ペルーズに次のように言わせている。「書物のなかで老人が問題にされることがひじょうに稀なのはなぜだろうか？ わたしが思うのに、それは、老人たちはもうこのことについて書くことができず、そして若い人は彼らに関心がないという事実によるのだろう。老人などにはもうだれも興味をもちはしないのだ。」事実、もしその主体性において彼をとらえるならば、老人は小説のすぐれた主人公ではない。彼はすでに完成し固定しており、彼にはもはや期待も希望もない。彼にとって勝負は終わったのであり、死がすでに彼に住みついている。したがって彼に起こりうる何事ももはや重要ではない。一方、小説家は自分よりも若い人間に同化することはできる、なぜなら自分もその年齢を経てきたから。しかし彼は老人については外側からしか知らない。したがって老人には一般に二義的な役割しかあたえず、その肖像もしばしば大ざっぱで型にはまったものである。二〇世紀は先行する諸世紀から常套的な考え方を受けついだ。一方、時の経過につれて、社会学、心理学、生理学等の諸領域で、老化現象についての知識は豊富になった。それなのに種々の月並な考えがひきつづき残った。それらが互いに矛盾していても問題ではなく、あまりにも使い古されたものであるので、人びとは無関心にそれらをただくりかえしている。老年は、熟した果実に富む秋であるが、寒さや雪や霜を連想させる不毛な冬でもある。それは美しい夕方の甘美さをもつが、また薄暮《たそがれ》どきの暗い悲哀でもあるのだ。「温和な老人」と「気むずかしい老人」のイメージが仲よく同居している。われわれの時代にとくに発達した一つの神話がある、すなわち、高齢に特有の超俗《デタシュマン》という神話だ。事物や人間との関係においてつねに高所から距離をおいたような態度をとってきたモンテルランは、『死せる王妃』の王に、この超俗という性格をあたえた、それは「人間的なものからゆっくりと離れてゆく」老人である、と著者はその注釈のなかで言う。彼はフェラントの明晰な無関心には偉大さがあるとする、

「わたしにとっては、すべてがくりかえしと、やりなおしと、決まり文句なのだ。わたしはすでにやったことを始めからやりなおし、しかも前よりはへたにやりなおすことで、毎日を送っている。わたしが成功したこと、失敗したこと、すべては今日のわたしにとっては同じ味わいに感じられる。それに人間たちもまた互いにあまりにも似ているように思われるのだ……物事は一つ一つわ

** 〔二四三頁〕ジュール・グレヴィは一八八七年に八〇歳で引退し、ルネ・コティは一九五八年に七七歳で辞職、ポール・ドゥメルは一九三二年に七五歳で暗殺され、ファリエールは一九一三年に七二歳でその任期を終えた。マク＝マオンは一八七九年に七一歳で大統領の職を去った。

* この文章は一九六八年に書かれた。

たしを見捨ててゆく。」

「わたしの知性の弓は撓んでしまった。自分の書いたことも、『これはいったいだれが書いたものだ？』と尋ねる始末だ。わたしが理解していたことも、いまでは理解できなくなった。わたしが学んだことも、忘れてしまった。わたしはもうじき死ぬが、すべてはこれから為されなければならないように思われる。そしてわたしは二〇歳《はたち》のころと同じ状態にあるような気がする。」

「わたしは自分がまだ何か感じると思いこませるようにも努力しなければならない、しかし実はもうなんにも感じられないのだ。世界はただわたしをかすめて通るだけだ。」

「わたしの年齢になると、もう他人に心をつかう興味はない。いまのわたしにとって世界を大きくおおっているのは、『それがわたしにとってなんだというのだ！』という叫び以外の何物でもない。」

ロジェ・ヴァイヤンの小説『掟』の立役者は、人びとから尊敬される七二歳の富裕な地主ドン・チェーザレである。彼は多くの本を読み、古美術品を所有し、彼が住んでいるイタリアの地方にかつて存在した古代ギリシアの一都市の歴史を書いている。すばらしい健康にめぐまれ、彼はその地方のもっとも腕のよい狩猟家であり漁色家である。彼は村のほとんどすべての処女を己れのものにし、女たちにとりまかれて暮らし、その一人が彼とベッドをともにする。だが久しい以前からすでに彼は関心を失うすべを知った。彼の後継者たちを苦しめてももはや楽しくない、というのも、人間の卑屈には限りがないことを知っているからだ。外見上は、彼の生活は以前と同じである。彼はエルヴィールの傍に寝るが、話しかけもしないし、身体に触れることもめったにない。彼は狩猟をするが、「その眼ざしは輝くことさえない。」彼は話をするが、「彼の言葉は反響のない世界に鳴りひびくだけだ。」彼はまだ古美術品を眺めるが、もうノートはとらない。彼には愛も憎しみも欲望もない、そして、毎日腕組みをして村の広場にいるあの「何もすることのない連中」に自分がそっくりだと感じる。これを書いたときヴァイヤンはまだ若かったが、おそらく自分自身のこととして、人間の「美質」のしるしと彼に思われる、あの「無関心」を実感しはじめていたのであろう。

「不条理の演劇」と呼ばれたもののなかに老いが占め

るきわめて特殊な地位を指摘しなければならない。われわれはイヨネスコの『椅子』のなかで、年老いた夫婦が自分たちの過去の――理想化され、錯乱した――思い出のなかに閉じこもって、それを甦らせようと努力するのをみる。彼らはだれ一人来ないレセプションをひらき、見えない招待客たちを迎え、彼らを客間に案内し、彼らのあいだを動きまわり、彼らにぶつかったりするが、そのあいだ舞台は空の椅子でいっぱいになる。彼らの迷妄をとおして空しいものとしてあらわれるのは、彼らが喚起する現実そのもの――きらびやかな夜会、社交界のパーティー――なのだ。そして最後に彼らが窓から身を投げるのは、彼らの人生が意味をまったく失うことによって、これまでも意味をもっていなかったことを彼らが悟るからなのである。

ベケットにおいても同様に、生存の悲惨な終局的解体による生存への異議中立てがみられる。『勝負の終り』のなかで、過ぎ去った幸福と愛をゴミ箱からゴミ箱へと想い起こしてゆく老夫婦は、すべての愛、すべての幸福への断罪をあらわしている。『クラップの最後のテープ』や『しあわせな日々』において、残酷に扱われている主題は、記憶、したがってわれわれの背後にある人生全体の風化なのだ。追憶は、寸断され、ぼろぼろに崩れ、まるで見知らぬもののように、混乱した姿を見せる。それはあたかも〔はじめから〕何事も起こらなかったかのようであり、この空虚から浮かびあがる現在の時は耄碌状態の無為の生活にほかならない。もっとも滑稽なのは、このような壊滅をつうじて、人物たちが、年を取ることは利口になり進歩することであるという神話にしがみついている姿だ。真実は、老いるということは、「……このみじめな不幸のすべてを……まるで……それがはじめからなかったかのように……思い出しながら、あの世へと静かに転げ落ちてゆくこと」なのである。*

小説『モロイ』のなかでは、物語のはじめですでに老いていた主人公は、しだいに速力をまして崩壊してゆく。彼のまともなほうの足もこわばり、足指の半分を失くす。最初、彼は不具にもめげずなんとか自転車に乗って走る。やがてもうできなくなり、松葉杖で足をひきずって歩く。最後には這ってゆくしかない。この解体のあいだ、彼の

* 『すべて倒れんとする者たち』。中断符は作者のものである。

主要な関心事は追憶を呼び起こすことである。しかし思い出は風化してぼろぼろになる、それらは雲のように曖昧模糊とし、支離滅裂で、おそらくは虚妄なのである。人生、それはたんにわれわれがそれについてもっている記憶であり、そして記憶は無なのだ。この無が時間を占有し、時間は流れ、どこへも行きつかない。われわれは絶えず動きまわり、この行先のない旅のあいだ、われわれは不動なのだ。老いの照明を受けることによって、われわれは人生の真実を発見するのであるが、それは要するに、金ぴかものの下に隠された老いにすぎないのだ。老いは、イヨネスコやベケットにおいては人間の境涯の極限としてあらわれるのではなく、『リア王』のなかでのように、最後に仮面を剝がされた人間の境涯そのものなのだ。彼らは老人そのものに関心をもつのではなく、人間についての彼らの観念を表現するための手段として用いるのである。

*

はじめに予告しておいたように、この章でわれわれは老人の歴史を素描したわけではない。われわれはたんに、歴史上の社会が老人に対してとったさまざまな態度と、それらの社会が老人についてつくりあげたイメージを述べたまでである。われわれに知られているすべての文明は、搾取階級と被搾取階級の対立によって特徴づけられている。それゆえ老いという語は、人がそのいずれを考慮するかによって、深く異なる二種類の現実を意味するのだ。展望をあやまらせるのは、老齢に関する省察や作品や証言が、つねに上流階級者《エウパトリデス》の身分を反映していることである、すなわち、彼らだけが語っており、しかも一九世紀にいたるまでは、自分自身についてしか語らないのだ。われわれがここでまず手短に再論するのは、これら特権者の状況に関してである。

少数で非生産的である彼らの運命は、活動中〔現役〕の多数者の利害に左右されてきた。後者がその構成員のあいだの無秩序な対立を回避し、既成の秩序を維持しようと望むとき、仲介者、審判者あるいは代表者として、〔彼らとは〕異なった種類に属ししかもその権威についてはみなが同意できるような人びとを選ぶことが望まれた、そして、老人たちはそれにまったく適任であったのだ。* ときには彼らは実際に権力を掌握したし、ときには、ある種の数学上の計算で想像上の数が演ずるような役割、すなわち、演算の展開には必要で欠くことができないが、結果がひとたび得られると消去されてしまう、そういう数のような役割を果たした。階級制的で世襲制的なシナや、スパルタおよびその他のギリシアの寡頭政治や、キリスト紀元前二世紀までのローマでは、老年には大きな権力があった。しかし変化、拡張、革命の時期には、老年はいかなる政治上の役割も果たさなかった。所有権が制度化された時期には、支配階級は、その所有物と同一視されたかぎりにおいて所有者を尊重した。高齢はべつに失格ではなかった。生涯にわたって不動産や商品あるいは貨幣を蓄積することにより、老人たちは、富裕であるかぎり、公私両面の生活において大きな勢力をもっていたのである。

　支配階級のイデオロギーは、自己の行為を正当化することを目的とする。この階級が老齢の者に支配あるいは影響されているときは、老齢に対して価値をあたえる。哲学者やエッセイストは、老いの概念と有徳のそれを結びつけ、老いが授ける経験をほめ讃えた。老年は言葉の二重の意味において、人生の成就となるであろう、すなわち、それは生の終りであり、その最高の完成なのだ。誰であれ生の年月を数多く蓄積した者は、すぐれた意味における生者であり、いわば存在者のエキスを意味するであろう。それゆえ人びとは老いをそれ自身として尊崇する。老齢は、ある種の顕職や称号に近づくための資格付与である。老いをほめ讃えること、それが、とくにドイツにおいて、きわめてひんぱんに行なわれる〔結婚、在職などの〕五〇年《ジュビリー》式典の意味なのだ、そして音楽家や哲学者の七〇歳、八〇歳の生誕記念式典は荘重な宴楽の機会となる。

　とはいえ、社会秩序が安泰していて、より若い世代が旧世代に対して政治上あるいは経済上の権威を認めざるをえないときでも、若い世代はしばしば焦燥をもってそれに服従しているのだ。自分自身のために恐れている肉体的衰退に敏感な若い世代は、老人を攻撃し、嘲弄する。**

* 未開民族においては、彼らはしばしばこの仲介者、仲裁（審判）者の役割をする。

** このような愛憎併立《アンビヴァレンス》はある種の未開民族のあいだでもすでに見てきた。

年月の積み重ねによって豊饒となった高齢者という神話に対し、ティトノスあるいはティブルスの巫女のように、縮まり干からびて皺だらけになった老人という神話が対立する。その実質が空《から》になった彼は、諸機能の衰えた、毀損された人間なのである。

　他方、黙過されてきたとはいえ、年老いた被搾取者たちの境涯は特権者たちの考え方に強い影響をおよぼした。老いた被搾取者たちの境涯についてわれわれは漠然とした知識しかもっていない。彼らの数は中世および一八世紀まではきわめて少なかったようである、というのは、田舎や都会で労働者たちは若いうちに死んだからだ。生きながらえた者たちは家族の重荷となったが、家族は一般に彼らを養うにはあまりにも貧しすぎた。それで彼らは公共の慈善、領主や修道院の慈悲に頼っていたが、時代によってはこれらの手段さえ拒否されたことがあった。彼らの境涯は、資本主義が生まれた清教徒時代のイギリス、そして産業革命時代の一九世紀において、とくに苛酷であった。彼らは売らねばならぬ労働力をもはやもっていなかったから、社会はけっして彼を直接には搾取しなかったが、それにもかかわらず彼らが搾取の犠牲であったことにかわりはない。若いときも働きざかりのときも、支配階級は彼らにその生活を再生産するのに必要なものしかあたえなかったのであり、ひとたび課業《しごと》に使い古されると、彼らは無一物で放り出されたのである。

　役に立たず、邪魔になった老人たちの境涯は、未開社会における彼らの場合に似ていた。それはなによりも家族の意志に左右された。情愛あるいは世論への配慮から、彼らに気づかいを示すか、少なくとも正当にとり扱う者もいた。しかし多くの場合、彼らはなおざりにされ、救貧院に遺棄され、追い払われ、さらには秘密裡に撲殺されたのである。

　支配階級はこれらの悲劇に無関心に立ち合っていた。貧しい老人たちを救うための彼らの努力はつねにとるにたらぬものだったのだ。一九世紀以来、貧しい老人たちの数は多くなり支配階級は彼らを無視できなくなった。自分の野蛮な無関心を正当化するため、支配階級は貧しい老人たちの価値を貶めざるをえなかった。世代間の相克にもまして階級間の闘争が、老いの概念に〔一方では敬うべきものとし他方では軽蔑すべきものとする、というような〕その矛盾する観念の併立《アンビヴァレンス》をもたらしたのである。

第四章　現代社会における老い

誰でも知っているとおり、今日、老人たちの境涯は言語道断なものである。それを細部にわたって検討する前に、なぜ社会がかくも安易にこのような状態を黙認するのか、その理由を理解しようと試みる必要がある。一般に社会は、その均衡が脅かされないかぎり、悪弊やスキャンダルや悲劇については眼をふさぐものだ。社会は、親に捨てられた子供たち、不良化した若者や身体障害者などの境涯に対しても、老人のそれと同じ程度しか気にかけない。しかし老人に関する場合、社会の無関心はア・プリオリにいっそう驚くべきものに思える、なぜなら、社会の各構成員はこの場合自分の未来が問題にされていることを知っているはずだし、また、ほとんどすべての者が幾人かの老人と個人的に密接な関係をもっているはずだからだ。いったい、彼らの態度はどのように説明すべきであろうか？　老齢の人びとの社会的処遇を決定するのは支配階級であるが、しかし現役の大衆全体がこれに共謀しているのだ。私生活において、子供や孫たちはあまり自分たちの父母や祖父母の境涯を和らげようとは努めない。したがって年取った世代に対する成年や若者の態度が一般にどのようなものであるかをまずみることにしよう。

社会とは、一つの非＝全体化された全体である。その構成員はばらばらだが相互関係によって結ばれている。人びとが互いに理解しあうのは、それぞれ抽象的人間としてではなく、彼らの多種多様な実践《プラクシス》をつうじてなのである。「理解の基礎はあらゆる企てとの原則的連累関係《コンプリシテ》である。それぞれの目的は、それが意味されるやいなや、すべての人間的目的の有機的統一から浮き出るのだ。*」サルトルによれば、相互性は次のことを含んでいる、㈠私が《他者》が一つの超越的目的の手段であること、㈡私が私の全体化的投企に他者を客体《オブジェ》として組みいれると同時に彼を実践として認めること、㈢私が私の諸目的に向かって自らを投企する運動のなかに、他者が彼の諸目的に向かう運動を認めること、㈣私が他者の諸目的の客体および道具としての自分を見いだすのは、私の諸目的のために客体的道具として他者を構成する行為そのものによること、以上である。このような関係においては、各自は他者から現実の一様相を盗みとり、他者《かれ》にその諸限界を認識させるのである、たとえば知識人は手を使う労働者を前にするとき、知識人としての自己を認識する。

　相互性は要するに、私が自分の目的論的次元から出発して他者のそれを理解することを要求する。人格喪失の病理学的症例において、患者が自分自身の目的との紐帯をもたなくなるとき、彼にとって人間たちは、異質な種族の代表者のように思われるのである。成年と老人の関係の場合に起こることはこの逆である。老人は――例外を除いて――もはや何事も行なわない。彼はプラクシス〔実践〕によってではなく、エクシス〔状態〕によって定義される。時間は彼を一つの目標《フ》〔終末《ァン》〕――死――に向かって運ぶが、それは彼の目標《ファン》ではない、つまりなんらかの投企によって措定されたものではない。それだからこそ、彼は現役の人びとにとって、彼らがそのなかに自己を認めない「異種族」のごときものとみえるのである。老いが人に生理学的嫌悪を起こさせることはすでに述べた。人は一種の自己防御から、老いを自分の遠くへ投げ棄てるのだ。しかしこのような〔老いの〕除外が可能なのは、あらゆる企てとの原則的連累関係が老人の場合はもはやはたらかないからこそなのである。

　このような老人の境涯は、成人がそれともまた相互性のかかわりをもたない子供の境涯に、ある程度まで似ている。家庭のなかで、「年齢のわりに並はずれの」子供と、「年齢のわりに並はずれの」老人がよく話題となるのも、偶然ではない。並はずれということは、まだ人間ではないか、あるいはもはや人間ではないのに、彼らが人間らしく振舞うからである。前述《さき》にみたように、いくつかの未開社会ではこの両者が同じ年齢階級に属し、また歴史をつうじて両者に対する成人たちの態度はだいたい似ているのである。ただ子供は未来の現役であるから、社会は彼に投資することによって自分自身の未来を保証するのに反し、老人は社会からみれば猶予期間中の死者にすぎないのである。

　しかし非＝相互性ということだけでは、老齢者に対する成人の関係を積極的に定義するのに不充分である。この関係は両親に対する子供の関係に依拠し、そしてとくに――われわれは男性的世界のなかで生きており老いはなによりもまず男性の問題だからであるが――息子たちが母親をつうじて父親に対してもつ関係に依拠する。

　この息子の父親に対する関係は、フロイトによれば愛《アン》憎併立《ビヴァランス》という特徴をもつ**。息子は自分の父親を尊敬し、崇拝し、彼と同化すること、さらには彼にとってかわることをさえ希望するが、この最後の欲望が憎しみと恐れを生む。神話の英雄たちは、つねに父親に反逆し、ついにはこれを殺す。現実においては、殺害は象徴的なものである。つまり父親のイメージはその威信を剝ぎとられる、そしてそのとき息子は彼と和解することができるのだ。しかし和解は、現実には彼が父親の位置を奪ったときにのみ達成される。したがって、フロイトが言うように、キリスト教においてはこの和解は、キリストが前面にでることによって、父の罷免にまで行きついたのだ。対立が存在するあいだも、それは相互的ではなく、息子においては攻撃性と怨恨の形で生きているが、ふつう父の側にはあらわれない。おそらくこの攻撃的＝性的な怨恨は、そのなかで若年者の老齢者に対する一方的な関係が展開する枠ぐみを提供しているのであろう（後者の前者に対する怨恨は、たとえ存在するとしても副次的な反応にすぎない）。人はその価値を貶めることによって父親を殺すわけであり、そのためには、老年そのものの価値を低下させることが望ましい。

　成人の老齢者たちに対する実際的態度を特徴づけるのは、その偽善性（二枚舌的性格）である。前述《さき》にみたように過去数世紀にわたって確立された道徳は老人を尊敬するように命じるのだが、この公認の道徳に成人はある程度まで服従する。しかし彼の利益は、老人たちを劣った存在として扱い、彼らにその権威失墜を信じさせるこ

＊　サルトル『弁証法的理性批判』
＊＊　『トーテムとタブー』『モーゼと一神教』

とにある。彼は父親にその欠陥や不手際を痛感させるように仕向け、その結果、老人が彼に仕事の管理を譲り、助言をもつつしんで受動的な役割にあまんじるようにする。たとえ世論の圧力によってやむをえず年老いた両親の世話をするとしても、彼は自分の思うままに彼らを支配することを望む。そしてその場合、年老いた両親が人手をかりずに身を処すことができないと彼が思うならば、それだけ彼は身勝手に彼らを扱うことができるのだ。

成人は自分に依存する老人に対して、陰険なやり方で圧制をふるう。彼はあえて大っぴらに命令しようとはしない、なぜなら、彼は服従を要求する権利はないからだ。彼は正面から攻撃することを避け、あやつろうとする。彼が、当人のためになるから、という論法を用いることはいうまでもない。そして家族全体が共犯者となる。人びとは老人の抵抗をすりへらすように努め、やたらと労りを押しつけて彼を無力化し、皮肉をまじえて親切にあしらい、ばか者扱いをしながら話しかけ、さらに彼の頭ごしに眼くばせをかわしあったり、つい口がすべったようなふりをして傷つけるような言葉をもらしさえするのだ。もし説得や術策によって彼に譲歩させることに失敗すれば、嘘をついたりあるいは暴力に訴えることをためらわない。たとえば、一時的に養老院へはいるように説きふせておいて、そこへ遺棄する。成人の男性に経済的に依存して生きる女性や青年は、老人よりも防衛手段をもっている。妻はベッドでの務めや家事などの奉仕を行なうし、青年はやがて大人となって恨みをはらす可能性がある。ところが老人は衰弱と死に向かって下降するしかなく、無益な、たんなる厄介物にすぎず、人びとが望むことは、できれば彼を端数として片づけることなのである。

この闘争に介入する利害は、たんに実際的次元のものだけではなく、精神的次元に属するものもある。老人たちは、社会が彼らについてつくりあげたイメージに合致するように要求される。衣服上の制限やつつましい挙動、つまり世間態を尊重することが、彼らに課せられる。抑圧がおよぶのは、とくに性の領域である。『未成年』のなかで老公爵ソコールスキーが再婚を考えると、家族の者はいっせいに彼のまわりを警戒するが、それは財産問題のためでもあるが、再婚という観念がスキャンダルになるという理由からでもあるのだ。彼は精神病院に入れるぞと脅かされ、ついには隔離され、そのために死ぬ。現世紀においても、ブルジョワ家庭でこれに類似した悲劇がいくつかあったのを私は知っている。

母親に対しても、娘たちはしばしば怨恨をいだいており、彼女たちの態度は息子の父親に対するそれと類似している。愛憎併立《アンビヴァレンス》がもっとも少ないのは、娘が父親に、息子が母親にいだく愛情である。彼らが深く愛している直系尊族が年老いたとき、彼らはこの父なり母なりに献身する可能性が多い。しかし彼らが結婚していれば、配偶者の影響が彼らの寛大な心を制限することがしばしばある。

成人は個人的なつながりのない老人たちに対しては、嫌悪のまじった軽蔑を示す。何世紀ものあいだどれほど喜劇作家たちがこの感情を開発してきたかは前章《さき》にみてきた。若い人間にとって老人は自分のカリカチュアとみえるので、笑いによって彼との絆を断ったために、戯画化して面白がるのだ。この嘲弄のなかにはときどきサディズムがまじっている。ニューヨークのバワリー地区にある有名なキャバレーで、ぞっとするような八〇歳の老婆たちがスカートをまくって歌ったり踊ったりするのを見て、私は茫然としたことがある。観客たちはどっと笑っていたが、こういった爆笑は正確には何を意味していたのだろうか?

今日では、成人たちは別の仕方で老人に関心をもっている。それは搾取の対象なのだ。とくにアメリカにおいて、しかしフランスにおいても、金を持っている老人たちにできるだけ高価に支払わせる療養所や隠居所や住宅、そして町や村さえ増加しているのであり、そこで彼らが受ける設備や世話はしばしば不充分なのである。*

極限的状況においては、老人たちはどっちみち敗者となる。彼らは彼らの身の上《ステータス》の矛盾ゆえに損害をうけるのだ。死の強制収容所において最初に選ばれる犠牲者は彼らだった。作業能力がゼロだったので、いかなる幸運《チャンス》もあたえられなかった。しかしヴェトナムにおけるアメリカ人が、成人に対するのと同じぐらい容赦なく老人たちを「訊問」するのは、彼らもまた同程度に情報をあたえうるからである。

青年やティーンエイジャーたちの老人に対する関係は、彼らと父親とのそれよりも、祖父との関係を反映してい

* 付録Ⅱ、下巻三二一頁参照。

る。前世紀末以来、祖父と孫とのあいだにはしばしば相互的な情愛が存在する。成人に反抗する青少年たちには、老人も自分と同様に抑圧された者だと思われ、それで彼らと結ぶのである。チェコスロヴァキアにおいて、一九六八年一月以後、老年のために義憤のキャンペーンを組織したのは、若者たちであった。また、ある種の若い女性たちが表明する老人好みは、祖父のイメージの固定化によって説明できる（これは、青年においては起こらない。病理学的ケースを別にして、若者は性的パートナーのなかに、しばしば母親を求めるが、祖母を求めることはない）。とはいえ、もし祖父母たちが家庭にとって重荷である場合、彼らの生存を延長するために自分に犠牲を課さねばならないということを、若者たちは不当と思うだろう。残酷だが魅力のあるスペイン映画『コチェシート』のなかでは、若い娘は祖父が死ぬのをいらいらしながら待っているが、それは彼女が彼の部屋を欲しいからなのだ。こういった恨みはしばしば老人全体を対象にひろがる。若者は老人たちの経済的あるいは社会的特権に嫉妬しており、彼らは廃物にされるべきだと考える。成人より偽善的でないので、若者はその敵意をもっとあけすけに表明する。

　多くの子供たちは祖父母を愛しており、*また老人たちを敬うように教えられる。しかし下層階級に属していれば、子供は老人たちを嘲笑う傾向がある。つまり、失墜し老衰した、この異様な成人をだしにして、自分を抑圧する成人の世界全体に復讐するのだ。私は、子供のころ、ラ・グリエールで従兄弟たちが――妹や私もその尻馬に乗ったのだが――どんなに彼らの老家庭教師をばかにしたかを、思いだす。家庭教師の社会的地位が低かったので、大人たちは叱りもせずにわれわれのなすままにさせていた。ボリス・ヴィアンが『心臓をえぐる』のなかで老人の売立て市を想像したとき、彼は真実からそれほど離れていなかった、すなわち、貧しい老人たちが競売に付され、両親はそれで遊ぶようにと子供たちに老人をお土産にするのだ。

*

「今日のあらゆる現象のうちで、もっとも異論なく確実に進行し、長期間の予測がもっともたやすく、しかもおそらくもっとも重大な結果をもつのは、人口の老齢化である」とソーヴィは書いた。

古代以来、人間の生きうる平均年数は増大の一途をたどっている。ローマ時代では一八歳であり、一七世紀では二五歳であった。当時は、父親が死ぬときの「息子の平均年齢」は一四歳であった（近い将来、それは五五歳あるいは六〇歳になるであろう）。一〇〇人の子供のうち、二五人は一年たたないうちに死に、他の二五人は二〇歳になる前に、さらに二五人は二〇歳と四五歳のあいだで死んだ。約一〇人だけが六〇歳に達した。八〇歳の老人――それを伝説は一〇〇歳の翁としたのだが――は驚くべき例外であり、彼は神託を告げる者とみなされ、彼が所属する共同体は彼を誇らしげに見せびらかした。一八世紀のフランスにおいて人の望みうる年齢は三〇歳であった。何世紀というあいだ、六〇歳以上の人が占める比率はほとんど変わらず、約八・八パーセントであった。人口の老齢化は、フランスでは一八世紀の終りにはじまったが、それから少し後に同じ現象が他の諸国にもあらわれてきた。一八五一年にフランスでは六〇歳以上の老人は一〇パーセントとなり、現在では約一八パーセント、つまり九四〇万人であって、その約半数が田舎に住んでいる。ということは、一八世紀以来人口における老人の比率が二倍になったことを意味する。六五歳以上の人は、フランスにおいて、一九六九年一〇月現在で六三〇万を数えるが、これは人口の一二パーセント以上であって、その約五分の三は女性である。** 一九六七年九月に作製された報告によると、《ヨーロッパ共同体》E・Cの六ヵ国において六五歳以上の老人の比率は、一九三〇年から一九六二年にいたる期間に七・六パーセントから一〇・六パーセントとなり、スカンジナヴィア諸国とイギリス本国、アイルランドを含む全体では、七・八パーセントから一一・五パーセントになっている。アメリカ合衆国では、六五歳以上の老人が一六〇〇万人も数えられ、これは全人口の九パーセントを示すが、一八五〇年ではこの比率は二・五パーセント、一九〇〇年では四・一パーセントであった。八〇歳の老人の比率はフラン

* 『私生児』のなかに述べられた祖母フィデリーヌに対するヴィオレット・ルデュックの愛を参照。孫の祖父母に対する関係については後章でさらに詳しく述べる。

** これ以前のある調査では、六五歳以上の男性は二〇〇万人、女性は三三〇万人を示した。

スでは、今世紀の初頭以来二倍となり、一〇〇万人を数え、その三分の二が女性である。こうした老齢化現象は一九八〇年にいたるまで増加することが予想され、その時点ではフランスで六〇歳以上の人が一九パーセント、六五歳以上が一四パーセントになるだろうという。一九八〇年には、出生率が一九四六年以来上昇しているので、比率は安定すると考えられている。もし、最近二〇年間における多数の国外亡命者が住民の若い要素を減少させた東ドイツの場合を別にするならば、人口の老齢化がもっとも顕著なのはフランスとスウェーデンである。これはいたるところで、幼児死亡の低下と出生の減少という同一の原因をもっている。幼児死亡率は一世紀のあいだに四〇パーセントから二・二パーセントにまで減少した。フランスにおいて平均寿命を男は六八歳、女は七五歳に、アメリカにおいて男は七一歳、女は七七歳にまでひきあげたのは、この事実にほかならない。しかし、成年に達した人間は、自分の前に彼の先祖よりもはるかに長い未来をもっているわけではない。五〇歳のフランス人は、一八〇五年にはさらに一八年を望むことができたが、現在では二二年である。それゆえ人口の老齢化は、生命の限界が大幅に延長したことを意味するのではなく、高齢者の比率がはるかに増加したということなのである。この変化は若年層の人口比率の減少によって生じたのであり、成人の人口比率はほとんど固定したままである。つまり、ソーヴィの言によれば、あたかも人口が中心軸のまわりで半回転したかのごとくに万事が起こったのだ、そして若年層が老年層にとってかわられたわけである。こうした現象はほとんどすべての西欧諸国でみられ、人口の絶対的増加と結びついている（ただしアイルランドは別で、人口が減少している）。

低開発国はこれとは逆に若年者の国である。これらの国の大部分では、幼児死亡率はいぜんとしてきわめて高く、これが減少している国でさえ、食糧不足、医療の不足、全般的な物質的条件などが、長命の妨げになっているのだ。ある国では、人口の半分が一八歳以下である。インドでは三・六パーセントの老人しかいないし、ブラジルでは約二・四五パーセント、トーゴーランドでは一・四六パーセントである。

資本主義的デモクラシーの諸国では、人口の老齢化は新たな問題を提起している。それは「現代の社会問題におけるエヴェレスト山」であると、イギリスの保健相イヤン・マクラウドは言った。高齢者の数が昔よりはるかに多くなったばかりでなく、彼らがもはや自然に社会に組みいれられなくなったからである。社会は彼らの社会的地位を決定することを迫られているが、その決定は政府レベルでしか行なわれえないのだ。現在、老年は政治の対象となった。

事実、本質的に農民と職人によって構成されていた昔の社会においては、職業と生活とのあいだには正確な一致があった。働く者は自分の仕事の場所で暮らしたし、生産の仕事と家庭の仕事はいりまじっていた。高度の熟練を要する職人たちの場合、彼らの能力は経験、すなわち年月とともに増大した。老齢とともに能力が衰えた職業においては、経営の内部で労働の区分が行なわれ、その結果、各自の能力に応じて仕事を配分することができた。完全に無能力になると、老人は彼の生活を保証する家族のなかで暮らした。彼の境遇が必ずしも羨むべきものでなかったことは、前章《さき》にみたとおりである。しかし共同体としては彼のことを気にかける必要はなかったのだ。

今日では、労働者は純粋に個人の資格で、ある場所に住み、別の場所で働く。家庭は彼の生産的活動とは無縁である。そして家庭は、まだ自分の生活費をかせぐことができない子供たちをかかえた一組あるいは二組の夫婦に縮小され、彼らの貧しいかせぎでは、年老いた両親の扶養を保証できないのである。しかしながら、労働者は昔よりもはるかに早く活動の停止を余儀なくされる、なぜなら、彼がその専門家となった業務は彼の一生をつうじて同一であり、あらゆる年齢に適するわけではないからである。

すでに述べたように、一九世紀の終りでは、年老いた労働者が職を追われるとき、悲劇的にも自分自身に頼るほかはなかった。共同体はこの問題をとりあげざるをえないはめになったが、それをするのに多くの抵抗を示した。

はじめ、年金は報償と考えられた。一七九六年にすでにトム・ペインは、五〇歳の労働者に報償として年金をあたえることを示唆した。ベルギーとオランダにおいて、年金は一八四四年以降、官公職の者にあたえられた。フランスでも、一九世紀に、軍人と官公吏がやはり最初に年金を受けとるようになったが、第二帝政はつづいて、坑夫、船員、兵器廠の工員、鉄道従業員にもこれをあたえた。危険な職業においては、長期にわたる誠実な勤務の報償を年金が果たすと考えられたのだ。年金の給付は、長期の労働と一定の年齢という二つの条件のもとに、組織化され、慣習となった。

ドイツは一九世紀の終りに、資本主義の急速な上昇と産業の高度の伸長をみたが、それと並行して、社会主義的活動も拡大し強固になった。ビスマルクは、これをせきとめるためにプロレタリア階級に最小限度の安定を保証することが必要であることを理解した。一八八三年から一八八九年にかけて、彼は社会保険制度を創設し、これは一八九〇年から一九一〇年にかけて補足され拡張された。本質的には労働事故の危険を償う目的であったが、それはまた高齢による不具廃疾に対しても賃金労働者を保護したのだ。政府の補助金は場合によって支出される方針であったので、年金の積立ては雇傭者と労働者の両方から要求された。このタイプの制度は、つづいてルクセンブルク、ルーマニア、スウェーデン、オーストリア、ハンガリー、ノルウェーで制定された。退職年金についてはさらに他の考え方が存在する、それは、賃金労働者の保護が税金によってまかなわれる、という考え方である。この制度が一八九一年にデンマークで、一八九八年にニュージーランドで設定され、英国では一九〇八年に草案ができ、一九二五年に採用された。フランスにおいては、労働者や農民の年金に関する一九一〇年四月五日の法律が、部分的にしか適用されなかった、というのは、裁判所が賃金労働者にも雇傭者にも分担金を支払うように強制することをあえてしなかったからである。一九二八年四月五日の法律は、一九三〇年四月三〇日のそれによって修正されて、老齢の元労働者に年金を保証するための最初の真剣な努力を示した。これは資本化と分配との混合した制度であった。一九三三年に国際労働機構（I・L・O）が老齢者の退職年金についての第三五条から四〇条までの約定を採択したとき、すでに年金制度を設定していた国は、ヨーロッパ以外の六ヵ国を含めて二八ヵ国になっていた。一九四一年五月一四日、フランスにおいて、もっとも恵まれない労働者に特殊手当金をあたえる法律が発布された。養老保険〔老齢年金〕制度を創定したのは一九四五年一〇月一九日の法令であった。

年金は、はじめ商工業の企業にたずさわる賃金労働者にあたえられた。これは国民の総体に拡大されるべきであったが、この計画は俸給を受けない中産階級が反対したために挫折した。一九五六年には相互扶助国家基金が設立され、現在では八〇パーセントのフランス人が退職年金の給付を受けている。一九六四年には、I・L・Oを構成する一一二ヵ国のうち、六八ヵ国が退職年金制度をもっていた。国民社会保障の制度は、開発途上国にとってはー般に負担が重すぎる。アイルランドは社会保障ではなくて貧民救済だけを認めている。

国家は、働く者が退職する権利をもつ年齢を決定しているが、これはまた、公私の雇傭者たちが被雇傭者を解雇するために選ぶ年齢でもあり、したがって個人が現役のカテゴリーから退役のそれへ移行する年齢でもある。いかなる年齢でこの変化は起こるのか？　給付される収入はどれほどの額に達するのか？　これを決定するには、社会は二つの要因、つまり社会自身の利害と、年金を受ける者のそれとを考慮しなければならない。

資本主義国家のなかでは三つの国が、すべての国民に対して見苦しくない運命を保証することを至上命令と考える、すなわち、スウェーデン、ノルウェー、デンマークである。これらの国では人口が少ないので、政治生活はあまり大きな衝突もなく展開し、自由主義的資本主義制度のただなかに、一種の社会主義が築かれた。各人にできるかぎり完全な保護をあたえるために、高額の収入は重く課税され、贅沢な商品にはきびしい税金が課されている。高齢者たちは、これらの処置の恩恵を受けているが、とくにスウェーデンにおいてそれは著しく、同国には一二パーセントの老人がおり、平均年齢はヨーロッパでもっとも高く七六歳に達する。老年についての最初の立法がこの国で制定されたのは一九三〇年にすぎないが、社会保障制度は現在では国民の全体におよび、また絶えず改良がつづけられている。国民のすべては、収入いかんにかかわらず、定年に決められた六七歳以後、年金を支給される。最低の基礎となる額は個人あたり四五九五クローネンであり、＊夫婦あたり七一五〇クローネンである。一九六〇年には補助年金制度が実施され、全体として退職者は、彼が最高の給与を支払われていた十五

＊　一KS〔スウェーデン・クローネン〕は〇・九六フランに当たる。

年間を基準に計算された平均年額給与の三分の二を受け取る。官公吏や職業軍人は六五歳で活動をやめる。他の職業の労働者のなかにも同じ年齢で仕事をやめる者があり、その場合、二年間は個人的な私保険による給付を受ける。しかし一般には、仕事は種々の年齢に適応しており、けっして過度な努力を要求していないので、彼らは自分の職業を最後まで務めることのほうを好む。こうした状況は、定年が七〇歳であるノルウェーにおいても、また定年が男子では六五歳、女子では六〇歳から六二歳であるデンマークにおいても同様である。

　他の資本主義国家においては事情はまったく異なる。これらの国は、ほとんどもっぱら経済、すなわち資本の利益だけを念頭におき、人びとのそれをかえりみない。はやばやと労働市場からしめだされた退職者たちは、利潤を基礎とする社会がけちくさいやり方で引き受ける重荷となるのだ。労働者たちが可能なかぎり長く現役にとどまることができ、ついで彼らに見苦しくない生活を保障する、これが一つの正しい解決である。また、彼らに満足な生活水準を保証して早くから退職させることも価値ある方法である。しかしブルジョワ民主主義諸国は、各個人から働く可能性を奪うとき、彼らの大部分を窮乏に運命づけるのである。とくにフランスにおいては、老年に対して採用された政策は言語道断である。大戦後、出生率をひきあげるための努力がなされ、予算の大部分が家族手当にあてられ、老年は犠牲にされた。政府はこのことを認めて、ラロク氏を委員長とする老年問題研究委員会を一九六〇年四月八日に創設し、やがてこの問題について報告が提出されたが、それからはいかなる具体的結果も生まれなかった。

　定年退職の年齢はベルギー、西ドイツ、ルクセンブルク、オランダにおいては、男女両性とも六五歳である。オーストリア、イギリス、ギリシアにおいては、男子では六五歳、女子では六〇歳となっている。定年の年齢は一般に坑夫の場合はもっと低く、軍隊、憲兵（部分的に日本の警察の役目も兼ねる）、民間航空、運送業、初等教育などの分野においても、しばしば同様である。フランスでは、定年退職は警察関係者と小学校の教員については五五歳に決められているが、彼らはもし希望するならば六〇歳まで延長できる。大多数の官公吏、とくに中等教育以上の教職者については六〇歳であり、他の者たとえばセーヌ県庁に働く者については、六五歳である。多くの個人企業では、定年は内部規定によって六五歳に定められており、六〇歳の場合は九七パーセントに対する三パーセントという僅少な数である。ときに規定がない場合もあるが、基準はおよそ六五歳前後である。

いくつかの保障制度は、老齢は廃疾に等しく、退職年金は貧窮者にあたえられる救済に等しいという仮定にたっており、年金を受けとる者には、報酬が支払われる労働はすべて禁じられている。ベルギーでは一九六八年まで、年金受領者は報酬が支払われる労働に従事する権利は一カ月に六〇時間の割でしかなかったが、現在では九〇時間が許されている。他のいくつかの国では、老齢となった労働者の世話を引き受けることは共同体の義務であると考えられている。年金受領と〔有給〕労働の併立は、フランス、ドイツ、ルクセンブルク、オランダ、スイスでは無制限に許されている。退職者でそうすることが可能である者は、このような寛容処置を利用する。一九四六年七月にフランス国立人口統計学研究所によって行なわれたアンケートでは、対象者二五〇〇人のうち二九パーセントが、週平均二五時間、ときには彼らがかつて働いていた部門と関連のある職場で、働いていたことが確認されている。たとえば元教授はなんらかの授業を行ない、税務署の検査官は私人の資格で財政顧問となる。今日では、収支を合わせるために、六〇歳以上の老人の三分の一以上、六五歳以上の老人の四分の一がささやかな仕事に従事しており、とくに女性は派出婦の仕事をし、組合で定められた額より低い賃金で働いている。

総体的にいって、半世紀以来、高齢労働力の減少が認められる。一九三一年と一九五一年のあいだに、老人の比率はいたるところで増加しているのに、老年労働者の数は減少した。フランス——彼らの比率がもっとも高い国の一つ——では、その数は老齢人口の全体に対して五九・四パーセントから三六・一パーセントに、イタリアでは七二パーセントから三三パーセントに、スイスでは六二・五パーセントから五〇・七パーセントに変わった。現在、七〇歳代と八〇歳代の老人が以前よりもはるかに多数であることは事実だが、対象を六五歳から六九歳までの年齢層に限っても、働く者の比率の低下がみられるのである。現役として働いている老人は農民、商店主、小雇主、職人、自由労働者らのあいだに、また女性では農業、家事労働、衛生業務、商業などの領域に存在する。しかし産業部門においては、高齢は工員と同様、幹部や事務職員においても価値低下を招くのである。

雇傭者は高齢者に対して、ただ高齢であるという理由だけで不信をもつものであり、求人申込みの条項を調べればこのことは一目瞭然である。ほとんどすべての国で、そうした求人申込みは年齢の限界を四〇歳から四五歳までと定めている。アメリカにおいては、二三の州が年齢によるすべての差別を禁止する法律をもつが、しかし非公式の指示が雇主から職業紹介所にあたえられており、後者はこれを考慮にいれる。一九五三年にニューヨークで行なわれたアンケートによれば、九四の職業紹介所が、老齢の求職者を最悪の敵とみなしていた、「彼らは口かずが多すぎるし、何事も気にいらず、頑固で、規律と自己抑制に欠けている。」アメリカの八つの大都市で一九六三年になされた別のアンケートによれば、職業紹介所の五分の一が年齢の限界を三五歳に、そして三分の一が四五歳に定めていた。ベルギーとオーストリアでは、四〇歳以下の者に対してだけ募集を行なう公益事業が存在する。イギリスでは、職業紹介所に受理される求人申込みの五〇パーセントが四〇歳以下と年齢を指定している。フランスでは、あるアンケートが調査した四一〇〇〇の求人申込みのうち、三〇パーセントが四〇歳以下の者を、四〇パーセントが二〇歳から二九歳までを、三〇パーセントが五〇歳から六五歳までを対象としていた。アメリカの新聞では、九七パーセントの求人広告が四〇歳を限界と指定している。フランスでは、別のアンケートによると、求人広告の八八パーセントが四〇歳以下であることを要求していたし、ベルギーでは、八〇パーセントに同じ条項が見いだされた。この差別は、完全雇傭の時期においてさえ、ほとんどいたるところでみられることである。もちろん、二つの商社が合併するとか、何かの理由のためにある企業が雇傭者を減らすとき、解雇されるのは、四〇歳以上の技師や幹部や事務職員たちである。企業が大規模であればあるほど、仕事の速度《リズム》が速くなり、合理化と規格化が行なわれるので、老齢者を除くことを急ぐようになる。田舎に所在する工場は、都会の産業中心地区にあるものに比べて、労働者たちを長く職場にとどめている。老齢の女性は、生存見込み年数が男性より多いにもかかわらず、こうした差別待遇に苦しんでいる。

もっとも、この種の現象は今にはじまったことではない。一九〇〇年には、四五歳の女子や五〇歳の男子は仕事をみつけるのがきわめて困難だった。一九三〇年には、ニューヨークおよびアメリカ全体で、二五パーセントから四〇パーセントの企業が、一定の年齢以下でしか人を雇いいれなかったし、一九四八年には三九パーセントの企業が同様にふるまっていた。この事実はきわめて一般的なのだ。

したがって、定年〔年齢〕のはるか以前に、多くの人びとは失業している。経済恐慌の時期には、失業者の総数が増すので、高齢の失業者の比率は減るが、完全雇傭の時期には増大する。わずかに残る失業を高齢の労働者がひき受けるわけである。そして一度解雇されると、彼らはもう再就職の望みがない。ベルギーとイギリスにおいては、一九五五年に提出されたI・L・Oの報告によると、二四カ月以上にわたって仕事のなかった失業者は、平均五〇歳以上の者であった。失業の規模と適性とのあいだには必ずしも関連は存在しない。不熟練労働者と専門労働者がもっとも打撃を受けるが、しかしまた設備の近代化のために、高度の性能が要求される職場も削られてしまう、そして若い連中が事務の仕事を独占し、高齢の者には辛くて健康に悪い仕事しか残されない。年取った者は、給料とか仕事の性質や条件に関する要求を低くせざるをえない。彼らもはじめは甘受しないことがしばしばであるが、ついにそれに同意するとき、彼らは経済的、社会的、精神的に価値の低い者と化してしまう。

いったい雇主たちはどんな理由をあげるのだろうか？　そしてそうした理由は正当であろうか？　多くの調査がこれらの疑問に答えようと試みた。

フランスにおいて、フェルナン・ボヴラは総計六八七〇〇人の労働者を含む二五〇〇の企業を研究した。大多数の雇傭者の意見によれば、老齢は筋肉の力と視聴力の低下を招くとのことであり、少数者の意見では、以上のほか、不器用になることと、疲労や暑さや湿気や騒音や振動などに対する抵抗力の減少を招くという。一九六一年にフランス世論研究所《IFOP》によって行なわれた別のアンーケトによると、雇主たちの意見では労働者は五〇歳で「老人」になりはじめる、つまり彼はもはや種々の新しい状況に適応することができなくなるために能率が減少し、また体力と動作の敏捷さも減るという。これらの欠陥は、若い連中に比べて優れている経験や知識や職業的良心などによっても補われえない。女性の場合、能力は男性よりも早く衰える。老化の年齢は職業によって異なる。坑夫たちは他のすべての職種の者より早く、四六歳と四七歳のあいだで老いるし、会計係は他のすべての者より遅く、六〇歳ごろである。年取った管理職たちは若い者よりもダイナミックの点で劣る。あらゆる職業において、高齢者は新しいものに対する関心に欠けており、古いものへの慣れが彼らの能率〔生産高〕を害している。

イギリスの種々の調査によれば、労働者は五〇歳以後でも同一の能率を保ちつづけ、事故は減少する。しかし六五歳を過ぎると二五パーセントの男性（六〇歳を過ぎると四〇パーセントの女性）が、彼らの敏捷さに悪影響をあたえる病理学的症状に悩まされる（その半ばは心臓＝血管系統の疾病の結果である）。イギリスにおける最近の調査の結論によれば、その対象とした六五歳に達した退職者たちの八五パーセントは、たとえ彼らが反対のことを言い張った場合でも、仕事をつづけるのは事実上不可能な状態にあったという。

ハイデルベルクで一九六六年一二月に開催された、あるセミナーも類似の結論に達した。ある報告者の言によると、以前と同様な能率をあげ、以前と同じ仕事を遂行することの不可能な高齢労働者の割合が最近では増しているという。

しかし以上の点はしばしば否認された。六〇歳の男性の労働能力と五〇歳の男性のそれとのあいだには、あまり大きな差異はない。筋肉の力は二七歳で最大限に達し、六〇歳では一六・五パーセント減少はするが、これは四八歳から五二歳までの者との比較ではわずか七パーセント減るにすぎない。手の熟練に関していえば、その早さは一五歳から五〇歳まではほとんど変わらない。六〇歳と六九歳のあいだでは、作業に必要な時間は一五パーセント増す。

これらの数字が抽象的であることは事実であり、そうした調査は健康な者しか対象にしておらず、老齢はしばしば病理学的疾患を招来することを忘れてはならない。それゆえ、はっきり限定された人間の集団を対象とする調査の結果を考察するほうがいっそう興味ぶかい。一九五一年にノルウェーで、産業に従事する高齢の給料生活者五〇〇〇人を調査した結果、六〇歳から六四歳のあいだでは、八二・六パーセントが仕事を完全に行なうことが可能であり、七・三パーセントが軽い仕事、二・三パーセントが部分的な仕事が可能であり、七・七パーセントが退職すべきであると、医師が判断を下した。六五歳と六九歳のあいだでは、これらの比率は、それぞれ八一・五パーセント、七・七パーセント、二・一パーセント、八・七パーセントであった。七〇歳以上では八〇・七パーセント、四・一パーセント、一二・八パーセント、一二・四パーセントであった。スウェーデンでは、大部分の労働者と事務職員が六七歳まで満足すべき仕事を遂行している。バーミンガムで医師たちによって行なわれた調査によれば、絶対に労働不能な者の比率は、慢性疾患あるいは衰弱のため、七〇歳では二〇パーセント、六五歳では一〇パーセントにすぎなかった。

イギリスで行なわれたナフィールド財団によるきわめて重要な研究によれば、老年に由来する欠陥はその大部分が、かなり高齢まで補われ克服されるという。その好例はヨークシャーの織物工場によって提供されている。すなわち、糸を折りたたみ、それを孔にとおすことは精密作業であるが、これを多くの高齢の女性はその不自由な視力にもかかわらず申し分なく遂行しており、彼女たちの技術は指先の熟練にあるのである。

ある老年学者は次の事実を私に話してくれた。ある種の視覚テストによると、大型車の運転手たちはいくつかの視力調節の欠陥を示し、それは原則的には夜にヘッドライトの光を受けると運転をするのが不可能なはずである。ところが運転中の彼らを観察すると、試験所の実験のさいに適応性のあった者たちと同じくらい、いやもっと巧みにさえ、夜の運転を行なう者が多いことに気がついた。彼らは彼らなりの仕方で、目の眩《くら》みを避けたりほとんど無意識に方向を定めたりする能力があるのだ。職業的熟練や経験、彼らの欠陥を補うある種の方法が、そうした欠陥をないのと同じことにしている。実験室のなかで得られた結果が必ずしもつねに信用すべきものでない理由がここにある。実験室での状況と現場での状況は同じではないのだ。

一九四七年に、一一一五四人の六五歳以上の労働者を対象とした、あるイギリスの報告によると——坑夫のようにひじょうに苦痛な職業を別にすれば——五〇歳と五九歳の労働者のあいだ、六〇歳と六九歳の労働者のあいだには、それぞれほとんど能率の差がないことが確認された。能率はきわめて高度のまま保たれている。一九五四年にロンドンで開かれた老年学国際会議において、報告者の一人であるパターソンは、六〇歳の労働者たちをより若い労働者に比較して次のように結論した、「彼らの量的な能率はほとんど同一であり、質的にみれば彼らの仕事はいっそう優れている。退職の年齢としては七〇歳のほうが六〇歳より好ましいだろう。」また一方、一八〇〇〇人の事務職員を対象とする調査は、年齢とともに欠勤の数はふえるどころか減ることを証明した。

ナフィールド財団は、一五〇〇〇の高齢労働者の場合を検討して、第二次大戦中彼らの五九パーセントが、以前からの職をつづけ、六五歳以前と同様の仕事をしていたことを立証した。それによると、高齢の労働者たちが若年の者に比較してハンディキャップがあるのは、仕事の性質によって絶えず動きを変化させざるをえないものとか、仕事が力を要する場合とか、流れ作業におけるように時間が厳密に定められるときであるという。知識や念入りさを必要とし、一定の時間的余裕のある仕事こそ彼らに適している。彼らがなしとげる作業の質の高さは一般に産業界で認められている。彼らは〔若年の労働者よりも〕はるかに多くの職業的良心をもつのだ。年を取ると次の表のような現象がみられる、

増加するもの	減少するもの
仕事への嗜好――組織だったリズムの規則性――きちょうめん方法――集中的で細心の注意力――善意――規律――慎重――忍耐――仕事の念入りな仕あげ	視聴力――手先の力と正確さ――頑健さと柔軟性――リズムの速さ――記憶力、想像力、創意、適応性――分散的注意力――勤勉――エネルギー――発意《イニシャティヴ》――力動《ディナミスム》性――社交性

年取った人びとに困難なのは、新しい仕事を覚えることである、と一般に認められている。一九五〇年に行なわれたイギリスの調査によれば、彼らがそれまでに習熟した労働は骨のおれるものでさえきわめて巧みにやってのけるが、変化にはうまく適応できなかったことを示した。

しかしこの点についてもやはり議論の余地がある。

〔第二次〕大戦中、カナダ、アメリカ、イギリスは工場で多数の高齢労働者を雇用したが、その多くは彼らにとってまったく新しい仕事に直面したにもかかわらず、それらを申し分なくやってのけたのだ。多くの専門家は、彼らが新しい能力《コーリフィケーション》を獲得することが可能だと考えている。一九五三年にロンドンの南部で市街電車がバスにかわったとき、運転手は職業の転換をしなければならなかったが、五六歳から六〇歳までの者の九三パーセントがそれに成功した。彼らは若い者よりもわずか一週間ないし四週間多くかかっただけだったが、しかしそのうちの四四パーセントは若い者と同様、三週間で成功した。六一歳と六七歳のあいだでは、成功した者が六三パーセントあった。上述したヨークシャーの老齢の女工たちは、機械で合せ縫いをするのに必要な、敏捷な反射運動に容易に慣れた。

　とはいえ、新技術の習得期間には、年取った者はいくつかのハンディキャップを乗り越えなければならない。彼らは神経質になり不安を感じるので、記憶の欠落をひき起こし、これは彼らが若い者と競うときにはいっそうひどくなる。七二歳のある男性は、自分一人だけが受けると思っているかぎりは、三五歳の男と同じ程度にテストに合格したが、若い競争相手がいると知ると、劣等感のために失敗した。誤りをおかすのを恐れるあまり、年取った者は消極的な態度に固まってしまう。彼らは同じ過ちをしつづける傾向があり、既得の精神的構成操作《モンタージュ》によって無力化される。たとえば電気について知識のある労働者は、エレクトロニクスの講習についてゆくのに元炭坑夫以上の苦労をする、すなわち、電流と水の流れとの連想が彼らの障害となるのだ。年取った者はまたしばしば興味や好奇心に欠けている。前述《さき》にみたように、新しい態度——新しいセット——を採用することは、彼らにとって困難なのだ。最初、彼らは若者よりも決心するのが遅く、したがって彼らは反応するまでの時間が長い。だが彼らはしばしばこれらの困難を克服する。彼らに有利に作用するのは反復である。工場において彼らは習いおぼえた動作を終日くりかえし、ついに自動的に行なうにいたる。この場合においてもまた実験室で得られた結果を盲信してはならない、つまりそれらは必ずしもつねに日常の業務にそのまま当てはまるとはかぎらないのだ。

　老齢に起因する欠陥のうちあるものは容易に補われう

る、たとえば眼鏡を労働者にあたえるとか、立たないですわったまま作業することができるような椅子を置くといった方法を講ずることによって、彼をふたたび作業に適応させるのに充分なことがある。しかしそれを実施する企業は稀である。多くの場合、きわめてわずかな不手際をしただけで、労働者は職場替えをさせられる。彼は門衛、見張り人、帳簿係、検査員、器具配達係、倉庫係などに配属される。これは実際には位階の低下を意味するのだ。彼のかせぎは少なくなる。彼はこのために物質と精神の両面で苦しむ。さらにこれらの職場は機械化とともに減少しており、老齢の労働者は失業に運命づけられるのである。

さまざまな調査の総体とスカンジナヴィア諸国の例は、老人に課せられた退職は自然の宿命ではなくて、社会の選択の結果であることを立証している。技術の進歩は老齢の労働者を不適格者たらしめる。彼が四〇年以前に受けた職業的訓練では一般に不充分である、すなわち、適当な再訓練がなされていたならばそれを改善することができたはずなのだ。一方、病気や疲労のために彼が休息を望むとしても、それは老化の直接的帰結ではない。六五歳の者でも、もし過去において体力を適当にセーブしえたとすれば、現在彼がそうである老いて消耗した労働者にとっては負担が重すぎる作業を容易に成しとげることができるだろう。壮年期に、彼らに要求する努力と作業時間を現在より少なくし、六〇歳や六五歳で廃物にならないようにする社会を、人は想像しうるのだ。それはスウェーデンやノルウェーで部分的に実現されている。しかし利得しか考慮されないわれわれの社会では、企業家はむろん給料生活者たちを強度に搾取するほうを選ぶ。そして彼らが使いものにならなくなると、わずかな施しを彼らにあたえるのに国家を当てにして、彼らを放り出し、他の者を採用するのである。

というのは、もし退職者が充分な年金を受けとるとすれば、こういった議論はすべて無用となるだろうからだ。もしそうなれば、できるかぎり早く休息への権利が彼にあたえられることを祝福しなければなるまい。しかし彼が窮乏を余儀なくされている以上、解雇はむしろ働く権利の否認と考えられる。休息するどころか、これまでみてきたように、彼はしばしば辛い、報酬の少ない仕事を受諾せざるをえない。定年退職の年齢については、きわめて多くの意見が論拠をもっており、われわれは後でそれらを比較することにしよう。しかし年金の大幅な増額こそ、緊急な要請なのである。

現在、年金の配分制度に関して第一に顕著なことは、それが不公平な結果をもたらしていることである。というのは一九四五年に従来のままに維持された特殊な制度があって、一般的制度の傍にいくつかの補足的制度があるからである。一九六六年一二月七日の講演で、ラロック氏は次のように声明した、「現時点における諸制度間の不平等は言語道断なものである。いくつかの制度はひじょうに恵まれた年金をあたえ、別の制度は反対にひじょうに少額の年金しかあたえないが、このような差異には納得のゆく説明がなしえない。その理由は主として歴史的なものなのだ。しかしこれを改めることはきわめて困難である、というのは、もっとも潤沢な制度にすべての制度を合わせることは経済的に不可能であり、そうかといって潤沢な諸制度に対してそれらが認める利益を減少するように要求することは、心理的に不可能だからである。」

以下の表はこの制度の複雑さについて一応の概念をあたえるであろう。

老齢者の生活財源に関する概要

六〇歳に達した者は以下により保障されることができる、

——もしそれを受ける権利があれば《社会保障》によって、

——《社会保障》の権利がなければ（県や市・町・村役場等）公共機関によって、

《社会保障》は次の諸項について給付を行なうことができる、

1 老齢年金
2 老齢有給労働者手当
3 年金《ラント》
4 補助手当
5 寡夫あるいは寡婦年金
6 母親手当

老齢年金

給付の条件は《社会保障》に三〇年間にわたって分担金の払込みがなされたことであり、その場合は年金の全額が支給される。分担金を一五年間払い込んだ後に年金の支払いは開始されうるが、ただしその額は払込額に比例する。この年金は六〇歳の誕生日に至ってはじめて開始されうる。六〇歳を越えてからは年金の額が一年につき四パーセント増すため、一般には年金は六五歳のときに請求されている。

例　二〇パーセント　六〇歳で年金
　　二四パーセント　六一歳で〃
　　二八パーセント　六二歳で〃
　　三二パーセント　六三歳で〃
　　三六パーセント　六四歳で〃
　　四〇パーセント　六五歳で〃　etc

年金の計算

これは次の諸項によって定められる。

1°　保険の期間
2°　年間平均給与
3°　請求が申出される年齢

年間平均給与

年間平均給与の計算は
　六〇歳あるいは
　年金の請求が申出された日付

からさかのぼる一〇年間に払い込まれた分担金に基づく給与を基準とする。

それゆえ年金の額は請求者の年齢によって異なる。

年金の額は分担金払込みに当てられた給与にしたがって変化する。

老齢年金と退職年金は、毎年四月一日に一般給与の増額高を考慮しつつ再評価される。

年間最高金額　五四七二フラン　{六五歳　四〇パーセント

個人の財源〔収入〕の上限についての制限はない。

老齢労働者手当

給付の条件

1°　六五歳、あるいは労働に不適格な場合は六〇歳であること。

2°　フランス国籍の者、あるいはフランスと外交条約を交わした国に属していること。

3° フランス領土、あるいはかつてフランスの主権下にあった国家、あるいは海外の領土に住んでいる者。
4° 生涯にわたり二五年間の労働が証明されること。
5° もしこれらの就業年数が一九四四年一二月三一日以後のものであれば、《社会保険》に分担金を支払っている証明があること。

母親手当
給付の条件
1° 六五歳、あるいは労働に不適格であれば六〇歳であること。
2° フランス国籍の者、あるいはフランスと条約を交わした国に属していること。
3° フランス領土に住んでいること。
4° 少なくとも九年間にフランス国籍の五人の子供を育てたこと

注意 老齢労働者手当と母親手当に関しては、払い込まれた分担金が不充分であるという理由により、収入の上限が規定されるであろうこと。つまり、
夫婦についての収入の最高額は一年に五四〇〇フラン。独身者についての収入の最低額は一年に三六〇〇フラン（手当を含めて）。

補助手当――相互扶助国家基金は、上記に説明された二つの手当の場合に支払われる。年間の金額は八〇〇フラン。

最高額と最低額については上記と同じである。上限を越えてはならない。

老齢年金受領者であれ、退職年金受領者であれ、手当受領者であれ、老齢者は、医療および入院費用に関しては《社会保障》によって負担される。疾病の程度や期間にしたがって、負担額は七〇パーセント、八〇パーセントあるいは一〇〇パーセントとなる。割当金*は被保険者の負担とする。《社会保障》の《社会事業基金》は、割当金の払戻しの目的のために、また必要とあれば《生活保護課》の仲介にもとづく現金扶助受領の目的のために、請求することができる。

* これは、社会保障から支給されない額である。

社会保障年金《ラント》

給付の条件

1° 六五歳であること。

2° 五年あるいは一五年以下分担金を支払ったこと。

3° もし五年以下の分担金支払いであれば、請求者は分担金の償還しか要求できない。

年金の額。払い込まれた分担金の半額の約一〇パーセント。

注意。現在《社会保障》に分担金を支払うことなく働いたため、あるいは不定期的に働いたため、あるいは遺族に受給権を認める年金なしに配偶者を失い、あるいは多くの子供を育てたので働くことが不可能であったために、年金や手当を受けとる資格証明をなしえない老齢者たちが存在する。根本的な事実、それは《社会保険》には権利にもとづく請求の可能性がないということである。

次の各種の公益事業体がそれゆえ請求の対象となる。

1° 県

2° 市（町・村）役場

3° 厚生省社会援助局

4° 特殊慈善事業体

5° 私設慈善団体

供託局から給付される《老齢者特殊手当》

給付の条件

1° 《社会保障》による扶助を受けていないこと。

2° 収入の一定の上限を越えていないこと。

3° 土地所有者でないこと。

4° 育児手当を受領していないこと。

本特殊手当の金額。年間一三〇〇フラン

収入の上限（本特殊手当を含む）

独身者については年間三六〇〇フラン

夫婦については年間五四〇〇フラン

本予算が少額であるため、次のような補助手当が《社会援助局》から給付される、

1° 家賃の補助*（基本家賃の半額）

2° 暖房費補助（年間一五〇フランから一八〇フラン）

3° 現金による月額補助（五〇フランから一五〇フラン）

4° ガス・電気券——食品小包——老人食——運賃割引。

私設慈善団体からの援助。

5° 無料の医療援助

《社会保障》あるいは地方自治体によって給付される第三者**に対する年金、退職年金、諸手当の追加補助金

給付の条件

1° 六五歳であるか、六〇歳以上で労働に不適格と認められる場合。

2° 生活の日常行為を独力ではなしえない場合（種々の廃疾）

この追加補助金は老齢年金、退職年金、手当の額のいかんにかかわらず支払われる。

年間の金額　六七〇〇フラン

この追加補助金は受益者の存命中にのみ支給される。

医療補助は一〇〇パーセント許可される。

六五歳で支払われる補助退職手当

条件。同一の法人（商業・工業・自由業）に一〇年の就業年数があること。

雇主が当該法人の退職手当基金に加入していること（分担金は雇主と給与取得者の両者により払い込まれる）。

補助退職手当は、労働に不適格の場合は六〇歳で給付を受けることができる。

寡婦は五〇歳で補助退職手当を受けとることができる。

一定額の手当が未成年の子供に対して支給される。

補助退職手当の額は支払われた分担金の額にしたがって変化する。

管理職者の退職年金

1° 六五歳あるいは仕事に不適格の場合は六〇歳で給付を受けることができる。

2° 他は補助退職手当と同じ条件である。

このカテゴリーの老齢者には生活保護法は適用されない。これは管理職者の退職手当のほかに、社会保障老齢年金を含むので、予算はかなり豊富である。

* これは、住居が家具つきでなく、家賃が二〇〇フラン以下の場合にしか支給されない。

** 重病人が不断の看護を必要とする場合は、彼の保護を引き受ける機関は、その病人の世話をする人間――家族の者あるいは他の者――に年金を支給する。その人間は、病人と彼に年金を支給する機関が構成する両当事者に対して、「第三者」となる。

二つの点が強調されねばならない、すなわち、六五歳の退職者は給与の四〇パーセントしか受けとれないし、必ずしも最高ではない最後の一〇年間の収入を基準にして計算が行なわれることである。最高あるいはせめて平均収入を基準とすることが順当であろう。もし雇主が労働者をより適当な職務に移すという口実でその等級を落としたならば、退職のあかつきには年金の額が減ることになり、これは明らかに不当である。他方、年金の増加額は物価の上昇にとうていついてゆけず、一年に一〇パーセントでしかない。各職種共通最低保証給与額が一週に四〇時間労働の割で月額五六七・六一フランであるのに、老人に割りあてられる金額はその半分よりも低いのだ。『官報』に記載された最近の法令*は、老人の最低収入額は一ヵ月に二二五フラン、すなわち、一日に七・三〇フランであると報じている。老人のうち一〇〇万人がこの額の収入しかなく、それは普通法の留置人の扶養費の二・五分の一である。そして一五〇万人は一ヵ月に三二〇フラン以下で暮らしている。つまり老年人口の約半分が窮乏状態に追いやられているということだ。孤独な老人たちはもっと悲惨である。社会援助局が扱う者のうち、寡夫よりもはるかに多数である寡婦は、経済的困窮者の七〇ないし八〇パーセントを占めている。五〇歳**から九四歳までの六二三四人の退職者を対象とする、アルプス地方の各職種共通労働基金のある調査は、独身者については一ヵ月に二八〇フラン、夫婦については三八〇フランの平均収入額を示しているが、退職者のなかのある者はアルバイトの仕事に従事していてこの数字なのである。この収入額は彼らの五分の一の者の場合は二〇〇フランまで下がっており、また一五パーセントの者は新聞さえ高価すぎるので買えないのである。

子供たちはきわめて稀にしか両親を助けない、そして三分の二の老人が子供からいかなる援助も受けていない。ときどき老人たちは扶助手当を獲得するために子供を法廷に訴えることがあるが、たとえ彼らが裁判に勝っても、それが支払われないことが多い。このような国家の怠慢は年老いた両親をはなはだしく苦しめる、なぜなら、その子や孫が彼らを扶養できる資力があると認定されると、生活扶助手当が支給されないからである。これもまた言語道断のことである、というのは、子供たちが実際に両親にあたえるものではなく、あたえうるものが考慮されているからだ。

典型的な例が、一九六八年一一月一七日付の『ル・ジュルナル・デュ・ディマンシュ』紙に載った、「一ヵ月三一七フランでパリに住む七五歳の孤独な老女」という見出しの記事である。*** R夫人はさまざまなレストランで給仕や皿洗いをしていた。彼女は仕事がきつくなりすぎたので六八歳でやめた。旧雇主たちは《社会保険》に彼女を加入させていなかったので、彼女は三ヵ月ごとの退職年金一八〇フランを手にしただけであった。彼女は蓄えのおかげで四年間はもちこたえた。それから、一月当たり六〇フランで暮らさなければならないのに絶望して、彼女はヴォージュ広場のベンチで隣の婦人にそのことを話し、その婦人から社会福祉家庭訪問員に会うことをすすめられた。相談係は、退職年金の支払請求によって三ヵ月ごとに八七〇フランと一ヵ月八〇フランの住居補助費が受けとれるようにしてくれた。彼女はマレー地区のある下宿で屋根裏住まいをしているが、そこは立派な階段を四階上がって、それからは狭くて高い段々を二階半上がったところである。ごく小さい彼女の部屋にはガスも電気もなく、石油で灯火をつけ、暖をとっている。水道栓は一段高くなった壁の凹みの奥にあって、あまり壮健でない者がそこからバケツをもって降りるのはまさに軽業である。便所は家の別の端にあって、半階を降りまた別の半階を昇り、さらにけわしい一五の階段をよじのぼらなければならない。「これはわたしにとって悪夢です」とR夫人は言う。「冬によくあることですが、元気でないとき、わたしは壁によりかかったまま、首尾よく降りることができるかどうかと自分にたずねるのです。」三ヵ月ごとに彼女は家賃を一五〇フラン払う。「これが肝心なんです。というのは隣の人たちがわたしの部屋をとりかえしたがっていて、わたしを救貧院へ送りこもうとしているからです。でもそれくらいならわたしは死んだほうがましです。」彼女には月あたり二四〇フラン残るわけだが、これは一日に八フランということだ。彼女はほとんど部屋を暖めない。冬になると遅くまでベッドにいて、昼間はデパートや教会で過ごす。ときどき彼女は

* この文章は一九六九年末に書かれた。
** 労働が不可能の場合は定年退職をこれより以前にとることができる。
*** アニー・クードレーによって行なわれた調査。

映画館に行く、それは午後一時前なら比較的安い入場料ではいれる映画館の一つで、二、三回分そこにいつづける。地下鉄で行って、帰りは歩く。衣服のためにはほとんど出費をせず、一〇年も使い古した外套を春ごとにクリーニングさせる。彼女は靴のために二回、スカートのために一回「補助金」をもらった。そして一足九フランの九〇サンチームの木綿の靴下を一年に三足買うだけだ。彼女はきわめて少量しか食べず、一週間に二フランのビフテキを三片れ、グリュイエール・チーズを三フランか四フラン、そしてじゃがいもを二キロ食べる。彼女は少しの砂糖とバターをつけたじゃがいもでよく夕食をする。それから一月に二リットルの葡萄酒と、一週に一ポンドのコーヒーを飲む。彼女には幼いとき援助してやった三人の甥がいる。しかし彼らは地方に住んでいて、全然会っていない。ほとんど毎日曜日に彼女はある女友達の家で昼食をとる。彼女は小さなお菓子を持参し友達は――本物の料理用レンジをもっていて石油コンロのうえではつくれない料理をこしらえることができ――料理の余りを彼女にくれる、そして彼女は次の日にそれを温めなおす。わたしは退屈はしない、と彼女はいう。散歩をたくさんするし、新聞店の前に張りだしてある新聞の見出しを読み、隣人たちは前日の新聞をまわしてくれる。できるかぎりパリで行なわれるいろんな儀式に参列する。彼女はシャルル・ミュンシュの葬儀に出かけていったが、古い外套のために内部《なか》へはいる勇気がなかった。彼女の生活でいちばんいやな点は住居なのだ。知人がマントにある彼らの家に台所付きの二部屋をとっておくと約束してくれた。彼女はよくそれについて夢想した。けれども彼らは死んでしまい、子供らは他の借家人にその小さなアパルトマンを貸した。

この具体的なケースを知った後では、一九六七年にある社会福祉家庭訪問員によって作製された次表の予算〔生活費〕の意味がよく理解されるであろう。〔次頁参照〕

食費、衣料費、暖房費を含めて一日七フランから一〇フランでやりくりすること、それは栄養失調や寒さ、それに付随するあらゆる病気に運命づけられるということであり、みじめな行動に追いこまれることだ。たとえば市場の立つ広場で、小売商人たちの影が消えた広場を清掃人らが掃いている一方、小ざっぱりした様子の老婆が屑のあいだを捜しまわって買物籠をいっぱいにしている。

いくつかの予算の例　F＝フラン

〔ここで利便設備《コンフォール》と記したのは、暖房、水道、電気、ガス等の設備をいい、明確な定義はない。〕

医療は《社会保障》または《社会援助》によって負担される

年齢	状況	年金	住居構成	家賃	社会扶助
六三歳 重病人	独身(女性)	(一ヵ月)二六〇F	台所つき一部屋。利便設備なし。水洗便所	(一ヵ月)七〇F	一ヵ月一〇〇F 一日平均九・〇F
七六歳 重い心臓疾患	寡婦	二一〇F	台所つき一部屋 利便設備	九〇F	一ヵ月一二〇F 平均八F
八二歳 七七歳まで仕事	独身	二三〇F	一九三〇年以来 下宿の一部屋	八〇F	一ヵ月一五〇F 平均一〇F
七八歳 精神機能減退	独身(女性)	一八〇F	アルジェリア人専用下宿、一部屋	一〇〇F	一ヵ月一五〇F 平均七・六六F
夫七二歳 妻七四歳	夫、不治の病	二つの年金 四六〇F	台所つき二部屋	九〇F	一ヵ月一〇〇F 一人当り一日平均七・八三F
夫七〇歳 妻六九歳 子供三人	妻、半身不随	六九〇F	二部屋、利便設備	二〇〇F	子供からの補助一ヵ月一五〇F 一人当り一日平均一〇・六六F
七二歳 家事使用人五〇年	独身(女性)	二八〇F	台所、便所つき一部屋 一度立ち退きを命じられ、後に再入居	一三〇F	家賃補助六〇F、生活補助一〇〇F 一日平均一一・三三F
八二歳	第一次大戦による寡婦	三二〇F	二部屋、利便設備なし	一〇〇F	一ヵ月九〇F 平均一〇F
六四歳	独身 骨に不治の病	一六〇F	一部屋 物入れ、台所つき	六〇F	一ヵ月一五〇F 平均八・三三F
七〇歳 不治の精神疾患をもつ四〇歳の息子あり	独身	母親手当二一〇F 子供手当一八〇F 合計三九〇F	二部屋、利便設備中位	八〇F	一ヵ月一五〇F 一人当り一日平均七・六六F

老人の数が多いニースではこうした光景はとくに目立ち、小さな老婆たちが雲霞のように半ば腐った果物や野菜めがけて集まるのだ。独り暮しの老人についてマルセイユとサン＝テチエンヌで行なわれた調査報告の示すところによれば、一〇パーセントの男性と一九パーセントの女性が「飢餓状態に近い」という。数千人もの老人が毎年パリとその周辺で飢えのために死んでいる、とブルリエール教授は語っている。さらに毎冬、新聞は寒さで凍え死ぬ老人の例をいくつも報道している。

　生き残る者も、陰惨な窮乏だけでなく、彼らの不安定な状態に苦しんでいる。生活費はつねに不足がちであり、そのため彼らは絶えず社会援助局に訴えざるをえなくなるのだ。彼らが救済を求める役所は理解を欠き、しばしば屈辱的な調査の対象にさせられる。彼らはお役所風のしちめんどうな書類に書きこみをさせられ、まごつく有様である。

　老年を主題とするエリアーヌ・ヴィクトールの放送番組*のなかで、隠しカメラは老女たちの生活保護司との対話を記録した。保護司は最善をつくして彼女らに応待していた。しかし老女たちが書類の書きこみに困惑し、むなしく記憶を捜し、状況を理解するために絶望的な努力を重ねるのをみるのは、ひじょうに痛ましかった。しかしさらに痛ましいのは、彼女らの卑下であり、哀願するような打ちひしがれた態度だった。老人たちは自分が物乞いをしているように感じており、その多くはこの状態に甘んじていない。相互間に金額の差はないのに、社会保障の加入者の場合は四〇パーセントの者が世話を受けているのに対し、社会援助制度に所属する老人たちはその二〇パーセントしか世話を受けていない。このことは、彼らが社会援助〔貧民救済〕という原則を拒んでいることを示すものだ。いずれにしろ、〔この制度で定められた〕定期的援助は姑息な手段にすぎず、彼らは明日を思い煩って暮らしている。

　状況は、ベルギー、イギリス、西ドイツそしてイタリアにおいてもほとんど同じである。資本主義社会は、偽善的な世間体への顧慮のため、「穀つぶし」たちを厄介払いすることはせずにいる。しかし、死とすれすれの線で維持していくだけのものしか彼らにあたえないのだ。「死ぬには多すぎるが生きるのには充分じゃない」と、ある定年退職者は悲しげに言った。さらに別の退職者は、

「われわれは働けなくなると、くたばるほかはないのさ」と語った。

管理職者の状況は、これほど苦しくはないが、満足すべきものではない。彼らのなかには特別に恵まれたカテゴリーの者がおり、それは技師や高級管理職者、高級官僚、自由職業の従事者などであるが、そのなかには、労働者の給料の二五倍も収入のある者がいる。しかし中位の管理職や小官公吏や技術家の場合は、収入ははるかにつつましいものであり、とくに女性の給料は低い。彼らは解雇と失業に脅かされている。定年退職は彼らの大部分にとって、社会的地位の喪失と生活水準の低下を招く。一九六〇年に公刊された『彼ら自身からみた定年退職の管理職者たち』によると、八〇パーセントは収入が充分だと表明しているが、七七パーセントは「充分すれすれ」と思っており、つまり二パーセントの者だけがあり余っていると主張しうるわけだ。一九パーセントは不安定な物質的状況におり、とりわけ女性はそうだ。六人の寡婦のうち一人は月当り二五〇フランしか自由にできず、五八パーセントは五〇〇フラン以下である。総体的に、管理職の定年退職者の八パーセントは二五〇フラン以下であり、三二パーセントは二五〇から五〇〇フラン、三二パーセントは五〇〇と一〇〇〇フランのあいだ、二五パーセントが一〇〇〇フラン以上である（幾人かの者は答えなかった）。彼らの半数にとっては、退職年金が収入の全部であり、二六パーセントの人にとっては収入の半分以上である。全部ができれば倍額あるいは三分の二余計に受けとりたいと希望している。年齢が何歳であろうと——六五歳から七五歳のあいだの者だが——二人のうち一人は自分の職務をつづけたかったと言う。しかしながら三分の二は現況に適応していると言い、ただ三分の一が——とくに病弱者と貧しい人たちが——新しい状況に苦しんでいる。二〇パーセントは再就職したが、そのうち五二パーセントの場合が収入をふやすためであり、一六パーセントにとっては気をまぎらすため、二六パーセントにとっては以上二つの理由が組みあわさっていた。もはや働かない者のうち、八三パーセントは休息したいからである。だれ一人老人ホームに行くことは望まず、自分の家にとどまることを願っている。

定年退職をとくに好まない職種があるが、それは技術

＊『陽のあたる場所での老年』

管理職〔工事監督者など〕であり、彼らにとっては収入の大幅な減少となるのである。彼らは閑暇に適応できない。それで、ほとんど偏執的なまでに補足的な職場を捜す。しかし職業の転換はきわめて困難である。

資本主義は利得をふやすために何をおいても生産性の増大を求める。生産物が豊富になるにつれて、このシステムはますます能率の向上を要求する。高齢の勤労者は労働者に課せられる速度に適応することができない。彼らは失業に追いやられ、社会は彼らを賤民《パリア》扱いする。これは資本主義社会のなかでもっとも繁栄し、福祉の文明を自称する社会であるアメリカの場合を考察すれば、一目瞭然である。

一八七〇年には、年取った人間の七〇パーセントが報酬のある職についていたが、現在では、わずか三〇〇万人、つまり人口の二〇パーセントだけが給料を受けとっている。二〇〇万人が男性で一〇〇万人が女性である。一般に彼らの報酬は僅少だ。すでに、四五歳と六五歳のあいだになると、職をみつけるのがむずかしくなる。彼らはきわめてけちくさく彼らにあたえられる退職年金によってのみ生存しうるのだ。

長いあいだ社会援助〔救貧〕はアメリカにおいてはイギリスと同一の方法で実施されていた。まだ壮健な老人たちは、扶養するのに最少の金銭を要求する家族に割りあてられた。身体のきかなくなった者は、郡《カウンティー》の救済院に収容された、これは同時に病院、精神病院、孤児院、老人や廃疾者の収容所の役割をする施設であった。人びとは働く能力のない老人がなんであれ権利をもっているとは考えず、彼らを怠け者、落伍者、屑として扱った。彼らを扶養する義務は本質的に家族に帰属するのだ。

一八五〇年ごろのカリフォルニアでは、多くの労働者は、東部からやってきた家庭をもたない開拓者だった。いくつかの友愛団体《フラターニテイー》が形成され、老齢者のために政府の補助金を獲得するのに成功した。一八八三年以降、カリフォルニア州政府は、養老院を経営する郡《カウンティー》に、ついで貧窮者をその住居で援助する郡に補助金を授与した。しかしいろいろな弊害が起こったために一八九五年にこの制度は廃止され、カリフォルニアは州政府の施設以外には援助をしなくなった。

一九世紀末になって、各種の統計がどれだけの数の貧窮者が老人のなかに存在するかを示し、世論が同情しはじめた。アラスカでは一九一五年に、州政府が六五歳およびそれ以上のある種の老人に毎月一二・五ドルの補助をあたえる法律が通過した。類似の法律がその他いくつかの州政府においても採択された。

一九二七年に、カリフォルニア州は連邦政府の《社会福祉局》に対し州のなかで調査を行なうことを許可し、その結果、六五歳およびそれ以上の住民のわずか二パーセントしか補助を受けていないことが判明した。つねに老齢者救済を心がけていた「荒鷲友愛会」は同年に、老人に対して連邦政府が責任をもつべきであるという考えを普及させるために大きな努力をはらい、それほど有名でない他の諸団体もこれを支持した。しかし個人主義と自由主義の観点から、そしてあらゆる「社会主義」への嫌悪から、世論の大部分はこの考え方を嫌った。「荒鷲」によって提起された計画は、それにもかかわらず二四の州政府で研究された。カリフォルニア州は一九二九年に、困窮状態にあるすべての老人に救済をおよぼす法律を採択した。一九三〇年には、一三の他の州政府がこれに倣った。一九三四年には、三〇の州政府がなんらかの形の社会援助プログラムをもっていたが、その全額を負担する州はわずか一〇州にすぎず、援助は受けるのにきわめて困難であり、しかも不充分であった。博愛家や労働組合や教会もまた、老人たちのための施設を建てはじめた。老人たちの状況は、三〇年代の大不況の影響を受けて悲劇的となった、すなわち彼らは失業に追いこまれたのである。諸州政府は彼らを扶養する能力がないことを露呈し、大多数の老人は自分の貯蓄がたちまち消え失せるのをみ、住居から追立てをくった。この悲惨な状態の結果、《社会保障法》が成立して、老人たちの世話をひき受ける州政府に連邦政府からの贈与金が許可されることになった。各地の州政府はそのプログラムをつづけ、第二の原則、つまり保障という原則が実施の段階にはいった。しかしその恩恵にあずかるものはきわめて少数であり、彼らが受けとる額は貧弱だった。

一九四三年には、扶助金を受けとる老人は二三・四パーセントだったが、退職年金が支払われる者はわずか三・四パーセントにすぎなかった。彼らの生活水準の低さはいぜんとして悲劇的であり、それは誰の目にも明白であった。そこで彼らを助けるためにいろいろな事業が発達した。一九五〇年以降、アメリカの国会は給付される補助金の額をひきあげ、受益者の数をふやした。しかし一九五一年には、老年人口の大多数の者は最低生活に必要な額よりはるかに低い給付しか受けず、私的な団体からの援助もまったくなかった。老年問題を研究するために数かずの会議が開催された。一九五〇年から一九五八年にいたるまでに、《社会保障》の受益者の数は殖え、それまでは老年人口の四分の三でしかなかったのが、一〇分の九に達し、また年金の額もひきあげられた。しかし、一九五七年にスタイナーとドルフマンによって行なわれたアンケートによれば、六五歳以上に達した夫婦の二五パーセント、男性独居者の三三パーセント、女性独居者の五〇パーセントが最低生活費を得ていないことが示された。

「わが国の老人たちの貧窮はもっとも恒久的で困難な問題の一つである」と、マーガレット・S・ゴードンが書いている。現在、一六〇〇万人の老人のうちで、極貧の者は八〇〇万人以上もいる。もっとも高額の分担金を支払った後に六五歳で退職した男性は、彼および彼の妻のために一ヵ月一六二ドルを受けとるにすぎず、もし独身であれば一〇八・五〇ドルである。一九五八年には、「人口調査局《ビュロー・オブ・ザ・センサス》」の統計が示すところによれば、六五歳以上の老人たちの六〇パーセントが一年に一〇〇〇ドル以下を受けとっていたが、この額は生活費がもっとも安い都市では二〇パーセント、そして高い都市では四〇パーセントも最低生活費より少ないのだ。子供あるいは友人たちからあたえられる援助は、収入を一〇パーセントふやすにすぎず、比較的安定した状況にある老人たちだけがこの恩恵に浴している。独り暮しの老人たち――フランスにおけると同様、寡婦の数は寡夫のそれよりも多いので、とくに女性たち――はもっとも悲惨である。四分の一は一年に五八〇ドル以下で生活し、農林省が作製した最低の食費予算をかろうじて上まわっている程度である（そのうえ彼らには衣服と住居と暖房の費用が必要なのだ）。

M・ハリングトンはその著『もう一つのアメリカ』のなかで、貧窮状態にある数百万の老人が「下方に向かう竜巻」の犠牲となっていることを示している。貧しい人びとは他の者よりも病気になることが多いが、それは彼らが不健康な陋屋に住み、食事が充分でなく、ほとんど暖房をとることもできないからである。しかし彼らは医療を受ける金がなく、病気は重くなって働くことを妨げ、いっそう貧困を強めるのだ。自分の悲惨を恥じて、彼らは家に閉じこもり、あらゆる社会的接触を避ける。彼らは自分が貧民救済金で生活をしていることを隣人に知られたくなく、その結果、隣人がかわりにしてくれるかもしれないささいな奉仕や最小限の世話にも事欠いて、ついには寝たきりの病人になってしまう。老年について調査を行なった上院委員会を前にして、ある証人は、社会のこれら賤民《パリア》は「悪い健康と窮乏と孤独という三重の悪循環」の犠牲者であると断言した。彼らのある者は、その労働に対する正当な報酬を受けた正常な生活を過ごした後、「貧窮の新兵」となる。年齢が増すにつれて彼らの能力は少なくなり、技術の面で時代おくれとなるので、もはや職を見いだすことができない。田舎でさえ、機械化によって高齢者たちは仕事から除外される。そして退職は彼らの収入の急激な低下を意味する。しかし困窮者の大部分は、はじめから貧しかったのだ。彼らは若いうちに田舎から都会へ出てきたが、成功しなかった。他方、農業労働者は《社会保障》の対象とはならない。これらすべての赤貧者――不充分な収入の定年退職者、あるいは退職年金のない労働者――は社会援助に頼らねばならない。州のなかには、たとえばミシシッピーのように、財政がきわめて貧しいため、支給される救済金がとるにたらないところもある。そしていたるところにおいて調査官は懇願者たちに対して非友好的であり、要求の半分は拒絶される。彼らは書類を提出するように強制されるが、大多数はそんなものはもっておらず、半ば文盲であることが多いし、また英語がほとんど話せない者さえいる。彼らは福祉局の手続きや複雑な機構に恐れをなす。こうした冷やかで無能な官僚主義は、彼らの要求を助けずに、ただ彼らを辱しめるだけなのである。社会援助制度――いわゆる《福祉国家《ウェルフェアー・ステイト》》――は逆の機能を果たしている。保護や保障や援助は、弱者に向けられずに、強者や組織をもつ者にあたえられる。医療をもっとも多く必要とする人びとがもっとも少なく受けとる有様なのだ。彼らの孤独は彼らの境涯をいっそう悪くする。貧民街《スラム》の若者たちは街へとびだして徒党をつくる。高齢者は片隅で暮らす。そして、〔相互の〕距離や生活のリズムが互いに出会うことをほとんど許さず、主として電話で意志疎通をはかるしかないこの国において、五〇〇〇万人もの者が電話をもっていない。フィラデルフィアの公衆衛生局のリンデン博士は次のように書いている、「わが国の老齢の市民たちにおける精神的問題の増大をもっとも助長する要素として、彼らが対象となる社会的村八分《オストラシスム》、友人の僅少、深い孤独状態、〔対世間的〕体面の低下と喪失、そして自分自身についての嫌悪感をあげねばならない。」

豊かな社会のみが多数の老人をもちうるのだ、とハリングトンは結論する、しかし、この豊かな社会は豊饒さの果実を彼らには拒否するのである。この社会は彼らに「かつかつの余命」をあたえるだけで、それ以上は何もあたえない。

高齢者の住宅問題は、家族の細分化、社会の都市化、老人たちの哀れな収入という事実によって、先鋭な仕方で提起されている。イギリスは八〇パーセントが都市化され、ドイツは七〇パーセント、アメリカは六五パーセント、日本とカナダは六〇パーセント、フランスは五八パーセントとなっている。家長中心的家庭は日本では堅固な伝統のために残存してきたし、西ドイツでは、住宅不足のために多くの両親が子供たちといっしょに暮らしている。アメリカでは、二五・九パーセントの老人が子供たちと生活をともにしているが、そのうち二二・六パーセントが家長として、三・三パーセントは若い世代の家庭の一員としてである。フランスでは二四パーセントの高齢者が、とくに田舎において子供たちと生活をともにしており、そこにだけ、いまなお四世代が同一の屋根の下に集まっているのがときとしてみられる。この種の解決法はそれなりに利点がある。まず費用がかさばらない、それから世代間の接触が保たれ、若夫婦に両親が援助することができる。けれどもこれには重大な不都合がある。家と土地の所有者が父親である場合――現在のフランスではきわめて多いケースだが――彼は近代的方法を採用するのを拒むし、子供たちは彼の権威に我慢できないことが多い。プロドゥメの村落に関する研究*のなかで、モランは世代間の争いを強調している。「苛酷な争いが、若い成人たちと彼らがいっしょに生活して働く、父親とを対立させる。」二八歳のある屋根師は言った、「近代化をしたいんだが、いつも老人たちがいすわっているからな。」息子は三〇歳あるいは三五歳になるまで父親の譲位を待ち、一〇年間は焦って悩む。老人たちも苛立つ。「あいつらはこれまで聞いたこともないようなことを喋くって、おれたちを無視してなんでもやりたがる」と彼らは若者について言う。

都会をめざして出てゆく若い農民が多く、その結果、田舎には、老人たちしか住まない部落や村までもが存在することになり、彼らは土地を時代おくれの方法で耕し、そして孤独に悩む。もし逆に父親あるいは母親が子供たちの家庭に住むと、冷遇されるか、でなくてもなおざりにされるおそれがある。いずれにしても彼らは従属状態に苦しむ。彼らは自分が家族のほかの者たちから搾取されているか、あるいはいじめられていると感じる。そして両方にとって、相手の存在が夫婦の関係をまずくする。多くの離婚はこの同居生活が原因なのだ。いくつかの農村社会は「距離をおいた親密さ」という形式を選んだ。スイス、ドイツ、オーストリアの農村地帯では、老齢の夫婦が家族の家を去って、主家《おもや》には近いが独立した「離れ家」に住む。フランスの田舎でもこれに似た慣習がみられるところがある。六〇歳ごろに父親は耕作を息子に委ね、村の一軒家で暮らすようになる。彼は自分の土地に関心を示しつづけ、仕事に加わり、忠告をあたえる。一〇〇〇人以上の老人を対象として一九六二年にウィーンで行なわれたアンケートは、彼らが同居生活や孤独よりも「距離をおいた親密さ」のほうを好むことを示している。

この住居の問題は、都会では別の様相を帯びている。フランスではきわめて憂慮すべき状態である、というのは全般的な住宅不足の危機があり、建物は古く、建設の速度は緩慢だからである。また、新しい住宅が建っても、経済力の弱い者には手が出ない、家賃の高い集団住宅がとくに多いこともその原因である。いわゆる経済的弱者は、家賃が一ヵ月一九〇フランを越えない、家具付きでない住居に住んでいれば、住宅補助金が支給される。したがって老齢の借家人を望まない建物所有者は、毎月の家賃を二〇〇フランに定めさえすればよく、** 老人は補

* 『フランスの地方自治体《コミューン》』『プロドゥメの変貌』

** この法規の不当とばかばかしさは明らかである。一九〇フランの家賃の場合は、老居住者は九五フランの援助を受けられる。彼は九五フランだけ払えばよい。二〇〇フランの家賃の場合は、彼は二〇〇フラン払わねばならない。

助金を受けとれないのでそこに住むことは不可能となるだろう。このやり方は、定年退職者が多数集まってくるニースにおいてとくに普及している。いたるところで老人たちは「陋屋生活に運命づけられ」ている、とある社会学者は語った。フランス世論研究所の調査によると、定年退職者は南フランスの小さな家に住みたいという夢をもっているにもかかわらず、大部分の者は昔からの住居にとどまっている。夫婦者の六八パーセントは少なくとも二部屋と一つの台所をもっているが、それは水道も暖房もない、あるいは不健康そのものの荒廃した古い住居である。C・N・R・O*——一八〇万人の加入者と三四万人の手当金受領者を含む——によって、一九六八年に行なわれた調査の指摘によると、建築業関係の定年退職者のわずか一五・五パーセントだけが、水道、ガス、電気、それに屋内のシャワーと便所のついた住居に住んでいる。老人の三四パーセントは、エレベーターのない古い建物の屋根裏部屋に住んでおり、五階ないし七階まで歩いてのぼらなければならない。ときには子供たちが独立してしまうとアパルトマンは広すぎるものとなり、その維持が困難となる。多くの場合、老人たちの住居は彼らの能力と釣合っていない。水道、暖房、エレベーターなどの欠如は、弱った肉体にとって極度に疲れる原因なのだ。老人のうち二人に一人は自分の住居の所有者であるが、ここに引用した統計は農民たちを含んでいるから、この割合が高いのである。三分の一は借家人であり、残りの者は無料で住んでいるか、あるいは一つの住居を分けあっている。

住居の問題は孤独の問題に結びついている。アメリカでは、年老いた男性の三分の二が配偶者とともに暮らし、独り暮しは一六・二パーセント、老人ホームで暮らすものは、三・五パーセントである。年老いた女性の場合はその三分の一だけ夫が存命であり、独り暮しの者は三分の一で、かなりの数の者が子供たちと暮らし、老人ホームで暮らすのは四・三パーセントである。フランスでは、老齢者の三五パーセントが配偶者とともに暮らし、独り暮しは三〇パーセントであるが、このなかにはとくに女性が多く数えられる。九パーセントは友人、兄弟あるいは姉妹と暮らしている。建築および建設業関係の定年退職者についての、一九六八年に作製された報告によれば、四三パーセントの者はごく近所に家族がおり、二三パーセントがかなり近くに住む家族を、そして二五パーセントが遠くに住む家族をもち、九パーセントが完全に孤立している。そうした家族との交流度は、距離と直接に比例する。

しかしこれらの数字は、家族あるいは友情の絆が現実にはどの程度に重要なものであるか、ということについてはほとんど教えてくれない。この問題に関して行なわれた調査は、かなり矛盾した、そしてしばしば議論の余地のある結果を示した。ミラノでは、質問された男性の一〇パーセントと女性の一三パーセントが「ひじょうに孤独だ」と言い、二〇パーセントの男性と二二パーセントの女性が「ときどき孤独だ」と感じており、孤独感は年齢とともに増大している。カリフォルニアでは、配偶者と暮らしていない老人の五七パーセント、そして夫婦で暮らしている老人の一六パーセントが、「ひじょうに孤独だ」と答えた。

この種のアンケートは、とくにイギリスにおいて多く行なわれた。タウンゼント、ヤングとウィルモット、J・M・モジー、E・ボットなどの調査が示すところによれば、語のきわめて広い意味での家族は、社会関係そして相互扶助の単位として大きな役割を果たしてきたのであり、とくに祖母、娘、孫娘で構成されている母系的家族はそうだった。男たちはどちらかといえば珈琲店へ行ったり、友人と外出したりする。「男たちには友達があり、女たちには親戚がある。」ロンドンの東部ベスナル・グリーンで、タウンゼントが一九五七年に行なったアンケートは、とりわけ重要であった。彼が質問した老人のうち、五パーセントは「ひじょうに孤独だ」と答え、二五パーセントは「ときどき孤独だ」、七〇パーセントは「孤独ではない」と言った。彼によると真に孤立している老人はごく少数であり、ある者には一三人もの親戚がいて、近所に住んでいた。特記すべきことは、両親から一マイル以内のところに住む一人あるいは二人の子供たちが、必ず存在したことである。ベスナル・グリーンにおける祖父母たち——とくに祖母たち——は熱心に孫の世話をしていた。学校へ連れて行き、散歩させ、お守《も》りをし、食事の世話をしてやるのだった。質問された老人の四分の三は、少なくとも一日に一人の親戚に会い、その世話を受けていた。シェルドン《王立病院》の医

＊「退職労働者国立基金」

長）の調査の結論によれば、老齢者の五分の一は、心をひきさくほどの孤独に苦しむという、とくに寡夫の場合がそうであり、寡婦よりもはるかに多い。独り暮しの老人のうち、約三分の一が半マイル以内のところに親戚をもち、四〇パーセントが自分の子供たちとの良好な関係のおかげで、幸福だと考えていた。しかしこれらの結論はうのみにはできない。アメリカ人の別の調査者は、老人の九二パーセントは子供から敬われ愛されていると言っているが、一般のこととして子供たちが両親を愛し敬っていると思うと答えたのは、六三パーセントにすぎなかったことを指摘した。つまり、こうした返答の多くには、自分への嘘とか誇りがはいりこむらしいのである。人は自分が一人ぼっちであるとか無視されているとは言いたくないのだ。また一方では、経済的弱者の老人においては、家族の絆は心を元気に保つことの助けとはならないことが確かめられた。暮しの安楽な老人たちの場合は、友人のほうが家族より大切なのだ。兄弟、姉妹、従兄弟などが近くに住んでいても、老人が生きるうえで助けとはならない。彼にとって大切なのは、配偶者と子供たちにほとんど限られるが、配偶者といっしょでも二人暮しの孤独に悩むこともあるのである。このことを、最近、パリ第一三区でバリエ博士とL・H・セビヨット博士が行なったアンケートが明らかにしている。夫婦者は、寡夫であれ独身者であれ独り暮しの者よりもいっそうかたく彼らの家のなかに閉じこもる。彼らが互いにいだく、しばしば嫉妬心のつよい、偏執的で専横な愛着は、彼らのまわりに真空状態をつくる傾向があるのだ。一九六八年に、パリの人口稠密な地区で行なわれたアンケート*は、老人の三分の一はいかなる社会的絆もすでになく、一通の手紙も受けとらず**、訪問することもされることもなく、どんな知り合いもいないことを明らかにした。

　安楽のなさと孤独に対して老人を物質面でも精神面でも保護する目的で、彼らのために集団住宅の建設が考えられた。この点について、ヨーロッパでは北方諸国と南方諸国のあいだには驚くべき対照が存在している。イタリアやフランスにおいては、ほとんど何も実現されなかった。最近、フランスでは退職労働者国立基金がいくつかの集団住宅を建てたが、それらは住居人たちが島流しにされていると感じないように、大都会のごく近くに位置している。それらは水平あるいは半水平型――最大限五階――か、垂直型――九階以上――で、きわめて合理的に設計、設備されている。最初のは一九六四年一二月にボルドーの周辺に落成し、健康者、半病人を含めて約一〇〇人の人間を住まわせている。それ以来、五つか六つの同種のものが建てられ、それぞれ平均一二〇人の居住者がいる。定年退職者たちは満足しているが、ただ彼らは収入の一〇パーセントしか手元に残らず、あとは家賃と生計費を払うのに使われることが不平なだけだ。しかし、量的にいえば、これまでに実現した成果はまだとるにたらない。スイスと西ドイツは老人のためにもう少し多く建て、オランダとイギリスではさらに多くのことがなされた。一九二〇年ごろ、ロンドン郊外のある公園に老人のためにホワイトレー・ヴィレッジという村が建てられたことがある。「老人福祉のための委員会」は、ロンドンやハックニー、その他の場所にも同様のものを建てた。一九四〇年には、イギリスではほとんどすべての陋屋には老人たちが住んでいたが、その多くは彼らのためにとくに建てられた新しい住居に移転させられた。

もっとも大きな努力を払ったのは、スカンシナヴィア諸国である。コペンハーゲンには、一九一九年に設立された一九五五年に現代化された、有名な「老人の町」があるが、これは一六〇〇のベッドをもち、長いあいだ模範的な成功とみなされてきた。スウェーデンでは、一九四〇年にはまだわずかに残った陋屋に老人たちが住んでいたが、ことごとく移転させられた。こうした「老人の町」のなかにはひじょうに設備のゆきとどいたものがある。スウェーデンでは、一九四七年以来、四五〇〇〇人を収容する一三五〇戸の老人ホームを建てた。また別の種類の特殊な住居、年金受領者専用のマンションに住む恵まれた老人もいる。ある者はまた、一般のアパルトマンにかなり高い家賃を払う補助として「地方自治体の補助手当」を支給されている。

アメリカでは、一九五〇年にトルーマン大統領が老年の問題に公衆の注意を喚起し、その研究のために八〇〇人から成る委員会を招集したことがあった。しかし大した結果は生まれなかった。老人たちはしばしば、たとえばセント・ルイスにおけるように、一種のゲットー〔貧

* 『フランス・ソワール』紙、一九六八年一一月八日号参照。

** 官庁からの通達のほかは。

しいユダヤ人密集居住区」にたむろしていた、つまり古い一軒建ての家を家具付きの部屋やひどく小さいアパルトマンに細分し、そこに老人たちが詰めこまれたのだ。幾つかの老人たちの団体――「化石人」とか「八〇歳の人間」、「幸福な寡婦たち」、「五〇歳の若者」など――が結成され、老人ホームをいくつか建てたが、三食付き家賃の平均は一カ月一五〇ドルである。ある種の集団住宅が政府の貸付けのおかげで建てられているが、利潤がまったくないか、あってもごくわずかにすぎない。他の集団住宅は民間の組織によって建てられている。価格は大部分の定年退職者にとっては高嶺の花であり、もっとも有名なマンションの一つである「イザベラ・ハウス」では、最低の家賃は一カ月七五ドルである。

サン・アントニオにある「ヴィクトリア・プラザ」*の、残念ながら例外的な、成功について記す必要がある。大きな現代的なビルディングが建てられ、住宅に恵まれない老人たちをここに住まわせた。三五二人の志願者から二〇四人が選ばれた。約六〇パーセントは独り暮しで、他の者は配偶者や親類あるいは友人と暮らしており、多くの者はそれまで貧民街に住んでいた。移転させられる前に彼らはこのアパルトマンに連れて行かれ、驚嘆した。一年後にも、彼らはなお驚嘆しつづけていた。そこには――図書室やさまざまな遊戯設備のついた――クラブがあって、彼らの九〇パーセントがひんぱんに利用した。彼らは一月に二八ドルを払っており、これは一般的に彼らの以前の家賃よりも少し高かったが、空間と快適さに恵まれているので、値段は安いと考えられている。彼らの生活様式は一変した。それまでのように室内装飾や身なりをおろそかにはせず、家具や衣服を買ったので、彼らは収入の不足をいっそう感じた。しかし余暇とそれを充たす多くの方法がみつかったので大喜びだった。彼らは種々のグループに加入し、新しい友情を結んだが、これは古い友情をあたためたり、しばしば家族と電話で話すことをさまたげはしなかった。古い住居に居残った同世代の者は自分を老けたとか老人だとか思っていたのに対し、彼らは自分が以前よりも健康であり「中年」だと考えるようになった。彼らの日常生活や感情生活は充実し、ほとんどすべての者が幸福だと思っている。老人の全般的状況におよぼす住宅の影響は、このヴィクトリア・プラザの経験や他のいくつかの経験から考えても、ひじょうに重要であることがわかる。したがって彼らの住居が一般にはきわめて惨めな状態にあることはまことに嘆かわしい。

現在さかんに論議されている問題は、老人たちにとって彼らのあいだだけで暮らすのはいいことかどうか、という問題である。ヴィクトリア・プラザの成功の理由の大部分は、それが都会の中心に位置しており、居住者が家族から切りはなされていないことにある。アメリカには高い生活水準の老人たちだけがもっぱら住む、多くの「太陽の都市」が存在している。発起人や管理人たちは、老人は自分たちだけで暮らすのが幸福なのだと語っている。しかしこの場合は莫大な利潤をもたらす企業であり、それから利益を受ける者が自分の商品を自慢することは当然である。一九六四年に『ニューヨーカー』誌のためにこれらの《都市》の一つを対象とするルポルタージュを行なったカルヴィン・トリリンは、そこで支配的であるとされている「幸福」に関して、きわめて懐疑的であるようだ。そこに住む人びとは、多くの金を投資し、いわば背水の陣をしいて家を買ったのだから、そこに居残るほかはない。大部分の者はなんとかやっているが、もしやりなおせるとしたら彼らが同じ選択をするかどうかは確かではないという。

現在、高く評価されているのは、ブリュージュのそれに似た「ベギーヌ修道院式老人ホーム」の創設であるが、これは独立した小家屋の集りであって、都市の中心に位置しているため、老人たちは子供の身近にいることができる。しかしさらに、あらゆる年齢の者が住む集団住宅の中に、独立してはいるがいくつか他の年齢の者と共通の施設（食堂、その他）を含む老人住宅＝ホームをつくることが、いっそう望ましいであろう。

もはや肉体的にも経済的にも自分で自分の世話ができなくなるとき、老人たちの唯一の頼りは救済院《オスピス》である。大部分の国では、これは完全に非人間的である、それはただ死を待つための場所、そして最近ラ・サルペトリエールについての放送で言われたように、「死のための場所《ムーロワール》」にほかならない。

フランスでは、老人の一・四五パーセントが救済院で

＊　カープの『老年者のための未来』のなかで叙述されている。

暮らしている。平均年齢は七三歳から七八歳までである。養老院《メーゾン・ド・ルトレート》で暮らしているのは二パーセントである。あるアンケートによると、老人の七四パーセントは養老院《アジル》にはいることを嫌がっているが、一五パーセントの者は、老廃者であるので、それもやむを得ないと考えている、という。全国で二七五〇〇〇のベッドがあるが、現在では、収容されたいと願っても場所のみつからない老人の数は一五〇〇〇〇人から二〇〇〇〇〇人に達している。老人たちに入院の申込みをさせる四つの主要な理由がある。まず第一は彼らの収入が不充分であること。大きな救済院では在院者の四分の三が社会扶助を受けている者である、というのは、退職年金受領者は民間の小さな施設のほうを選ぶからだ。第二の理由は、住宅をみつけることが不可能であること、あるいはそれを自分で維持するさいの疲労である。第三は、家庭的な理由であり、子供たちが老人の世話をするのを拒むか、あるいは重荷からまぬがれることを決心する場合だ。ラ・サルペトリエールの「死のための場所《ムーロワール》」についての放送（一九六八年一月）のさい、院長は、家族がバカンスに行くために老人を病院へあずけたまま引きとるのを忘れることがしばしばあると、義憤をもって報告していた。最後に、医療を必要とする老人たちの場合である。一般に、彼らは居住地の県の救済院にはいる、ある者は貧窮者として、他の者は居住費の一部を負担して、はいる。また、しじゅう救済院を変える「ジプシー」と呼ばれる者もいるが、彼らはその合間は放浪したり酒を飲んだりする。いくつかの施設は病気の老人を拒むが、一方、たとえ若くても病人を受けいれる施設もある。

　ある救済院において、一九五二年にドロール氏によって行なわれたアンケートは、女性の数が男性の二倍であることを示した。一〇〇人の女性のうち、七四人が寡婦、二二人が独身、四人が結婚していた。六五人が壮健で頭《あた》脳《ま》がはっきりしており、三五人が無能力者あるいは老衰者であった。救済院にはいる以前は、八〇人の者はアパートの管理人あるいは普通の居住者として、一部屋ないし二部屋の住居に暮らしていた。これらの場所の二一は陋屋であり、とくに独房のような小部屋であった。彼女たちは一ヵ月に八〇〇〇から一五〇〇〇フラン支給され、*二四人の元管理人はアルバイトをしていた。彼女たちの一人の部屋で、三〇キロの砂糖と担粉と米が戸棚のなかに隠してあるのが発見された。門番をしていた別の女性の部屋には、それぞれ異なった場所に二〇万フランが隠されていた。彼女たちは子供や遠い親類や友人や隣人と親しい関係にあった。四五人の寡婦には子供があって、そのうち三二人は子供と仲が良かった。三〇パーセントの場合が、入院許可書に「ひどい身体障害《ミゼール・フィジオロジック》」あるいは「社会的失格者《カランス・ソシアル》」と記されていた。

現在ではもはや八〇以上のベッド数の養老院を建てることは禁止されており、独身あるいは夫婦者を対象とした個室に分けられることが規定されている。最近数年間には、こうした規準に合わせたかなりの施設が建てられ、ベッド数は三五〇〇〇となった。しかしこれではとるにたらず、いぜんとして悲しむべき状況にある。

保健衛生相が公式の報告書のなかで最近明らかにした「フランスの救済院のきわめて悲惨な状態」については、あらゆる証言が一致して認めている。以前と同様に今日でも、ここはまったく「浮浪者収容所」である。ラロック氏は認めている、「過去において知られていた救済院の方式とは、最低の宿泊の世話をするだけで、老廃者や寝たきりの病人や健康な老人をいっしょくたに詰めこみ、しばしば言語道断な男女の混淆と最小限の食事という状態だった。この方式は不幸にもいまなお広い範囲にわたって適用されている。」一九六〇年に保健衛生相は書いた、「健康管理が充分に行なわれている救済院と養老院は稀である。多くの場合は、誇張ではなく文字どおり医学的遺棄状態《ほったらかし》にあると言うことができよう。」同じ年に保健監査官は次のように報告した、「監督と医療的処置は大多数の救済院と養老院においてひじょうに不充分である。寝たきりの老人たちは、全般的と思われる無関心さのなかで生涯を終わる。このような状況は、半身不随患者の身体運動の再教育が満足すべき結果をもたらし、寝たきりという状態が多くの場合に避けられることが現在知られているだけ、いっそう容認しがたい。」

フランスにおいては、救済院《オスピス》と施療院《オピタル》〔あるいは公立病院〕のあいだには嘆かわしい混同が行なわれている。大部分の救済院では、あらゆる年齢層の廃疾者と病人が収容されている。老人に割り当てられた二七五〇〇〇のベッド――その二五パーセントが民間経営に属する――

＊ これは一九五二年のフランである。〔現在のフランになおせば約その百分の一に当たる。〕

のうち、運動不随者や廃疾者などの若い人が一七パーセント、寝たきりの病人が二五・一パーセントを占めている。

逆の場合もある。公立病院に預けられたまま、ひきとられない祖父《おじい》さんたち以外に、「X氏（あるいはX夫人）は独り暮しで老齢のため施療されるべきである」という医者の一通の手紙をつけて、多数の老人たちが応急処置の扱いで送りこまれてくる。病院は彼らをけっして追い返さない。ラ・サルペトリエールやビセートル〔養老院兼病院〕においては、五〇のベッド数がある「大部屋—腐敗室《プリソワール》」で、二四年来死を待っている老人たちがいるのだ。* サン・タントワーヌ病院には物置用の広間が三つあり、そこで老人たちは他の者が死ぬのを待っているが、その、他の者たちとは、設備はいいが一日の値段が五一フランもするパリの周辺に新設された病院にいる人たちで、彼らが死ねばそのあとへはいるためである。「急病人」の占領から諸施設を解放するには、少なくとも一六〇〇〇のベッドを新設しなければならないだろう。

救済院または公立病院の約一七八〇〇〇のベッドは、一〇〇年も以前に建てられた古い建物のなかにある。それらはしばしば、昔の病院や城館や兵営や牢獄であって、その新しい機能にまったく適合しない。多数の階段があるが、エレベーターがないことが多く、そのため自分の階から離れることができない老人たちがいる。共同寝室——一九五八年以来禁止されたが、実際には大多数のベッドはここに並べられている——では、病人や寝たきりの老人たちが一日じゅう横になったままだ。ベッドのあいだにはしばしば衝立《ついたて》がないし、個人専用のナイト・テーブルも戸棚もない。老人は自分だけのものとしてわずかの空間さえもっていない。男女は分けられており、老夫婦は情容赦もなく隔てられ、夫と妻が別々の救済院に入れられることも珍しくない（一九六七年春に八〇歳の老夫婦が、別々にされたためにセーヌ河に投身自殺をした）。救済院に個室があっても、一般に扶養料を払う定年退職者にとっておかれる。扶養料が払えなくなると、彼らは個室から共同寝室へまわされるが、これは新たな地位低下なのだ。古い建物であるため、部屋は一般にきわめて暗い。食堂にはふつう大きなテーブルと腰掛けがそなえつけてあるが、共同居間のかわりをすることが多いし、居間があるとしても、小さすぎて設備は劣悪である。しばしばひじょうに寒く、全館暖房設備がないか、あったとしても部分的にしか機能しない。洗濯場や台所は一般により近代的な設備をそなえているが、献立は一律であって、個人個人に望ましいような食養生はまったく念頭におかれていない。衛生設備は欠陥があり、大部分の建物には、浴室はなく、シャワーだけがあるが、それを在院者は一週に一回、あるいは一ヵ月に一度しか使えない。「医学的遺棄状態《ほったらかし》」は言語道断の有様である。ふつう三五〇人の在院者に対して一人の医者がいるが、わずか一人の医者だけで九六五人の在院者を受けもつことさえある。救済院の医療費は、重い病状の者がおびただしく存在するにもかかわらず、予算総額の二・七パーセントを占めているにすぎない。

このような状況であるから、救済院への入院は老人にとって悲劇であることが理解されよう。男性よりもはるかに深く家庭に根をおろす女性にとって、心理的ショックがとくにはげしい。彼女たちは不安を表明し、恐怖に捉えられる。多くの者は少しずつ諦める。たまには、入院が老人に生きる意欲をとり戻させることがあるという、すなわち、以前よりは孤独でないように感じ、友達もできるからだ。また一種の競争心によって、以前よりは自暴自棄でなくなる。しかしこれはきわめて稀である。

プキニョ博士によって作製された統計――そして私は多くの証言によってそれが事実であることを確認した――は、ある救済院に入院を認められた健康な老人のうち、

八パーセントが最初の一週間に死ぬ、そして
二八・七パーセントは最初の一月に
四五パーセントは最初の六ヵ月に
五四・四パーセントは最初の一年に
六五・四パーセントは最初の二年に

死亡していることが明らかにされている。

つまり、老人の半ばは入院の最初の一年間に死んでいるのだ。養老院の条件だけがそれに責任があるわけではなく、老人たちにおいては、移住〔転居〕は、それがど

＊ 一九六八年四月に『フランス・ソワール』紙に掲載されたルポルタージュのなかで、マドレーヌ・フランクは書いている、「こうした嫌悪すべき部屋は姿を消しつつある。ラ・サルペトリエールにはもはや数室しか残っていない。そしてビセートルの病院＝救済院では、ミュジエール院長の努力によって、この一年半のあいだに彼が『汚物―ベッド』と称ぶもの一三〇〇のうち五〇〇を廃止することに成功した。」

のようなものであろうともしばしば死をもたらすのだ。しかし嘆くべきは、むしろ生き残った者の運命である。多くの場合それは次の数語に要約されうるであろう、すなわち、放棄、隔離、老衰、錯乱、死、である。

入院者はまず従わざるをえないさまざまな拘束に苦しむ。規則はきわめてきびしく、しきたりは厳格で、起床と就寝は早い。自分の過去と環境からきり離され、たいていはユニフォームを着せられて、彼は個性をすっかり失い、もはや一個の番号でしかない。一般に、訪問は毎日許されており、家族はときには面会にくるが、稀であり、場合によっては皆無である。救済院はしばしば辺鄙なところにあり、親類や友人たちは日曜しか訪れることができず、この旅行が多くの時間を必要とするため彼らの気持はくじけてしまう。ナンテールの県立養老院についてもこのことは顕著であり、パリの中心からは、地下鉄やバスを利用してそこへ行くには二時間も必要とするのだ。わずかしかない余暇を犠牲にするには真の愛情が必要である。したがって老人は見捨てられたままになる。ニースのある大きな養老院の院長は、テレビのインタヴューのなかで、入院者の二パーセントだけが訪問を受けていると言った。一般に外出は自由ではなく、ナンテールでは入院者は週に一度だけ午後外出することが許される。彼は毎日をどう過ごしていいか判らない。彼はときとして救済院の内部でささいな仕事をひきうけて、わずかの金をかせぐが、女性のある者は洗濯場か台所の仕事に使われる。しかし彼らは作業に身がはいらない。彼らの大部分は知的能力が低く、わずかしか読まず、ラジオもほとんど聞かない。テレビ――それがあるとしても――は彼らの眼を疲労させる。トランプ遊びですら彼らを楽しませない。物事に対する興味はゼロに近く、一日じゅう何もしないでじっとしている。あるいは、朝食の後、すぐまた寝てしまうか、ほとんどすべての時間をベッドで過ごす者さえいる。彼らは病気や死についての昔からの想念を反芻する。ブルリエール教授によれば、集団生活をする老人たちの興味をひきうるものは、手仕事だけだという。ロンドンには、ある救済院付属の工房《アトリエ》が存在するが、そこでは、その集団に属する手足の不自由な者のための種々の器具――松葉杖など――を製作している。彼らは自分が役に立つという感情を味わうのだ。地方のいくつかの数少ない救済院には、田舎であるため果樹園が付属しており、在院者のなかには庭仕事をするのを喜ぶ者もいる。しかしそうしたケースは稀である。何もせず、物品同様の状態におちいって、救済院の老人は急速に老いぼれてゆく。外出を許された日には、ただ一つの気晴らしぐらいしかない、すなわち、酒を飲むことである。下戸で入院して、一月たらずのうちにアルコール中毒になる老人たちは多い。彼らにあたえられる小づかいと、*アルバイトでかせぐ金とが、ことごとくアルコール類に費やされることはしばしばである。救済院の門ともっとも近い酒類販売店のあいだは、少なくとも二〇〇メートル離れていることが、規則によって要求されている。ナンテールではぶどう酒以外のアルコール飲料を老人に提供することは禁止されているが、ぶどう酒だけで充分なのだ。夏、救済院に近いナンテールの往来は、あるいは地面に横たわり、あるいは坐り、壁にもたれて、胸にぶどう酒の瓶をかかえ、酔いつぶれて死んだようになった男女の老人たちがあふれている。彼らの衰えた肉体はこうした痛飲に耐えられないので、彼らは救済院へとよろめき、わめき、嘔吐しながら帰ってゆくが、このような連中のそばにいることは、清潔と静穏を好む在院者にとっては耐えがたい苦痛である。一瞬、彼らの悲惨をつぐなう、偉大になったという錯覚を、酒は起こさせるのだ。酒はまた性を解放し、しばしば酩酊のなかで、異性間であれ同性間であれ、自分たちの欲望をなんとかしてみたそうとするカップルが形成される。

共同生活は大部分の在院者にとってきわめて耐えがたい。不幸で、不安で、自分自身のなかに閉じこもっている彼らは、どのような社会生活も彼らのために組織されないまま、すし詰めの状態になっている。彼らの傷つきやすい心、要求が多くてときおり偏執狂的になる傾向は、ひんぱんに闘争的反応をひき起こす。老人がかかりやすいあらゆる病理学的症候が、養老院の内部で、急速に進行する。

養老院の生活は、ヤコバ・ヴァン・ヴェルデの『大部屋』のなかできわめて巧みに叙述されているが、この小説は疑いもなく真摯な個人的観察の結実である。** 作者は

* 一カ月につき二五フラン。

** シモーヌとアンドレ・シュワルツ＝バール夫妻の著書『青バナナの豚用料理』はこれと同じ主題を扱っているが、資料としての価値は劣る。

一人の新入院者をとおしてオランダの女子養老院を描いている。親切だが彼女の世話をするだけの金銭的余裕をもたない娘に連れてこられ、「新入り」はこれからは一瞬でも一人だけの時間はもてないと考えて不安に苦しめられる。「わたしはいつも、他人がわたしに注意をはらうことが嫌だった。視線が自分に注がれることは、わたしには苦痛だった！」これ以後、彼女の人生のあらゆる行為は、死までも、数かずの証人の前で行なわれるであろう、しばしば悪意のある、少なくとも批判的な彼らの眼の前で……。「わたしたちはけっして一人でいることはない。じつに厭なことだ、いつも自分のまわりに人がいるなんて！」と別の養老院の在院者が彼女に言う……「そして養老院の人たちはわたしたちをまるであらゆる老齢者が例外なく幼児に戻るかのように扱う。彼らはまるであなたが一歳か二歳の赤ん坊のように話しかける。」物質的な苦労以上に、老婦人は私生活がまったく否定されることと、人びとが彼女に押しつける、この人間存在からたんなる物体への変身に苦しむのだ。

私ははいることを拒絶されたので、ナンテールをみることはできなかったが、パリの中央のよい場所に位置している社会福祉局管理の救済院を訪れた。それは男女合わせて約二〇〇人を収容している。建物は樹と花でいっぱいな広い庭にとりまかれており、秋晴れの日で、陽の光はどの部屋にも充分にさしこんでいた。床も壁もシーツも、ことごとく注意がゆきとどいた清潔さを保っていた。私はそこで、注意ぶかい医者や若くて親切で献身的な看護婦と会った。しかし、この問題についてはすでに充分承知していたにもかかわらず、そのときの経験の恐ろしさをいまだに忘れることができない。私は人間存在が完全な屑に還元されているのを見たのだ。

高い住居費を払うことができる数人の恵まれた者は、個室に住み、他の何人かは四つか五つのベッドがある中部屋に住んでいる。しかし大多数の者は共同部屋に詰めこまれている。各人が自由にできるのは一つのベッド、ナイト・テーブル、肘掛椅子、それとベッドの足元に置かれた小さな食器戸棚である。二つのベッドのあいだの空間は、だいたい二つのナイト・テーブルの幅であるが、在院者たちが毎日を過ごすのはそこにほかならず、共同食堂さえも彼らにはない（男子用の共同部屋の先につづいている食堂を除いては）。彼らは食事をベッドの傍の小さいテーブルの上ですます。彼らは共同の居間をもっておらず、ただ小さい部屋が一つあるが、それもひじょうに居心地の悪い場所なので、訪問者に会うためでさえそこへはけっして行かない。誰一人私にその理由を説明することはできなかったが、奇妙で不合理と思われたことに、健康な者が一階に、半ば健康な者が二階に、寝たきりの病人が三階に住んでいる。この最後の人たちは身体を動かすことができないので、食べさせてもらったり、赤ん坊のように拭いてもらう。しかしそうした失禁〔耄碌〕《ガーチスム》状態はけっして安らかなものではなく、私が会った老婆たちの顔は、恐怖と絶望に痙攣し、一種の痴愚と嫌悪のなかに凝固していた。おそらく彼女たちのためにはもはや何もしてやれないのだろう。しかし誰の眼にも明らかなスキャンダルは二階である。半ば健康な者のうち、多くは共同部屋の一方の端から他の端まで移動することができるし、外出も禁じられてはいないだろうが、彼らは階段が降りられない、そしてエレベーターがないので、彼らは文字どおり閉じこめられている。したがって庭へさえも彼らには行くことができない。状況をいっそう悪くするのは、彼らを、身体の自由がもはやきかないので中央に穴のあいた椅子に腰かけて毎日を過ごす老人たちと、いっしょに生活させていることだ。彼らはそのような人びとと部屋をともにして、悪臭のただよう空気のなかで暮らすように強いられている。一階はそれほど悪臭はなく、息苦しくもないが、救済院の生活がもたらす無気力さをみると、胸がしめつけられる。この無気力さは実に徹底しており、とくに男性の場合、健康であるにもかかわらず、ベッドのなかで用便をすませる、と医師が私に言った。社会が彼らを引き受けたのだから、自分を完全に社会に委ねて、受動性を極端にまでおしすすめるのです、と彼は私に説明した（そして私の推測だが、彼らは恨みの気持で生活しており、その行為で意趣返しをするのではないだろうか）。一日じゅう、彼らは肘掛椅子にもたれたままでなんにもしない。私は、一人の男がベッドに横になって編物をしているのと、別の一人がベッドに腰かけてトランプをしているのを見た。それだけだ。新聞を読むのは二〇人のうち一人だけだという。数人が少しラジオを聞く。何か気晴らしを提案しても、彼らはひどい無感覚状態におちいっているので、それを断わる。四〇人ばかりの女性に、パリの周辺を観光バスでドライブしようという提案がなされたことがある。承諾したのはわずか二人だった。彼らの唯一の気晴らしは口論であり、とりわけ女性はおしゃべりをし、言い争い、グループをつくり、同盟を結んだり、またこわしたりする。男性のなかには攻撃的な、さらには暴力的な者さえいる。ナンテールと同じように、そしてあらゆる救済院と同じように、それができさえすればすぐに彼らは酒を飲む。住居費を払うために取っておかれる年金の残りを、彼らは赤ぶどう酒（フランスでいちばん普通の安い酒）を買うためにはたいてしまう。街にはキャフェーや酒の小売店があふれているから、これは困難なことではない。夏になると、彼らが赤ぶどう酒の壜を腕にかかえて、近くの大通りのベンチに腰をおろしている姿が見られる。女性たちもまた酒を飲む。夜、多かれ少なかれ酔って帰ってくると、彼らは他の者とけんかをはじめる。

水曜日ごとに入院志願者が面接と診断を受けにくるが、彼らがだいたいにおいて健康でなければ入院は認められない（入院後に病気になった場合はそのまま滞在できる）*。彼らが入院を許されたときの苦悩をみるのは心が痛むことだ、と医師は私に語った。彼らは自分が生者たちの世界を去って、死を待つ以外なんの見通しもなくここにはいるのだということを、よく知っている。女性は、境遇の変化による不安を克服した後は、男性よりも少しは適応する力がある。彼女たちはより社交性があり、おしゃべりや策謀でいそがしいのだ。男性は孤独なままである。それに自分の失墜について痛いほどの自覚をもっている。「最初、わたしは彼らがここへはいる前に何をしていたかを尋ねました。彼らは地下鉄の改札係とか操車係とか答えて、涙にかきくれました。そのころは働いていたし、人間だった……。わたしは彼らの気持がわかり、もう質問はいっさいしません」とあるインターンは私に語った。在院者の多数にはもはや家族がいない。いる場合は、一月に一回ないし四回の訪問を受ける。

大部屋に住む女性たちと個人専用の部屋に住む女性とのあいだには、驚くべき対照がある。私は後者のうち四人を見たが、彼女たちは身なりに留意しており、本を読んだり編物をしていた、そして医師と冗談をかわしていた。かなり広い、五つのベッドを置いた中部屋では、在院者たちはほとんど快活そうに見えた。その一人は、もと美容師で、強烈なメーキャップをしていたが、歯は一本しかなかった。三つのベッドが置かれた別の大きい部屋には、念入りに化粧して微笑を浮かべた一人の女性が、二つの小型の円卓を置き、窓のへりに花壇の庭をつくって、専用のコーナーをしつらえていた。もし自分だけのわずかな空間とくつろぎがもてるならば、それだけで彼女らの生活を一変させることができるだろう。

私にとって許すべからざることと思えたのは、管理者がこれらの人びとを精神的に救いのない状態に放置していることだ。もしも彼らに集まれる広間があり、気晴らしが提案され、カウンセラーが世話をするならば、彼らをたんなる有機体に変えてしまう斜面を、あのように恐ろしい速さで転落することはないだろう。一人の看護婦が私に語ったが、救済院の住居設備を向上し、いくつか広い居間をつくるなどの方策がその翌年にとられる予定であるという。ただ、そのとき住居費ははるかに高価になるだろう。現在の在院者たちにとって悲劇的なことは、彼らがたぶんパリ郊外のナンテールやイヴリー〔の既設施設〕に立ちのかされることである。

アメリカにおける状況も、これ以上によいものではない。社会学者たちの証言によれば、救済院と養老院は一九世紀以来ほとんど進歩していなかったとのことだ。一九五二年に、国民の保健衛生上の必要に関する調査委員会は、「現在の保健衛生施設は老人たちにとって全国いたるところ、質量ともにまったく不充分である」と言明した。一九六五年七月一〇日に、メディケア〔医療保護法〕と呼ばれる新しい立法が制定され、その数章は老人たちを対象にしている。医師会はこの国家の介入に対して不安をおぼえた。そして、この点について政府への協力を承知した有名な小児科医スポック博士を裏切り者とみなした。医師たちが反発する理由は、従来からアメリカが社会保障の諸手段を採用することをきわめて困難にした、あの個人主義と自由主義《リベラリスム》とにあるようである。**

現役の人間というカテゴリーから退役のそれへ荒々しく追い落とされ、老人というレッテルをはられること、そして収入と生活水準の点で茫然とするほどの減少を蒙

* 多くの盲人と聾者がいる。一人の女性は盲目で聾で、完全に自閉状態にある。医務室はあるが、病状が重いときは病人は病院に移される。

** 付録II〔下巻三二一頁〕を参照。

ることは、大多数の者にとって心理的ならびに精神的に重大な結果を招く悲劇である。それは主として男性を打ちのめす。女性はもっと長く生きるし、国民のなかでもっとも恵まれない層を構成するのは孤独な老婆たちである。しかし全体からみて、老齢の女性は彼女の夫にくらべてよりよく状況に適応する。主婦そして家庭婦人として、彼女の状況は昔の農民や職人たちのそれに等しい、すなわち、労働《しごと》と生活が混りあっているのである。外部からのいかなる決定も彼女の活動を荒々しく中断しない。彼女の活動は、成人した子供たちが家から離れたときに減少する。この危機は、一般にかなり早く起こるものであり、しばしば彼女を動揺させる。しかしそれでも彼女は完全に無為になったわけではなく、また、祖母としての役割が新しい可能性をもたらしもする。家庭の外で働く六〇から六五歳の女性の数はそれほど多くはない。一般に、いくつかの例外を別にすれば、彼女たちは自分の職業に対して男性ほど深入りしない。まだ若くても働かない女性の数は多いので、定年退職する女性も〔働かなくなったからといって〕自動的に一つの別の年齢層に投げこまれるわけではないのだ。しかも彼女たちは、家や家族のなかでいろいろな仕事に従事して自分の同一性《アイデンティティ》を維持することを可能にするような役割をもっている。家事の責任を受けもち、家族、とくに子供や孫との積極的な関係を保つのは、彼女たちなのだ。女性はこのとき夫に対して上位に立ち、しばしばこの優位性によって復讐をしたという気持になる。ある者はそのとき攻撃的な態度にでて、男性をその男性的特質において辱しめようと努める。年取った人たちはこの役割の交替を自覚している。課題統覚検査〔絵を見せて被験者に自由に物語をつくらせる心理テスト〕で使用される一つの絵は、老若二人の男性と、老若二人の女性を表わしている、そしてこの図を解釈する被験者たちが若い人びとである場合は、老齢の女性に重要な役割をあたえないが、彼らが年取っている人である場合は、図の老齢の男性は影のうすい、従順で、妻の尻にしかれた存在であると考える。そして妻のほうを支配者とみなす、すなわち、法律《おきて》を体現するのは彼女なのだ。この解釈は、平均的夫婦が年月とともにたどるふつうの姿を反映している。

男性の人生においては定年退職は根元的な不連続性をもたらすものであり、過去との断絶があるのだ。彼は新しい身分に適応しなければならず、それはいくつかの利益——休息とか娯楽——をあたえはするが、重大な不利益、貧困化と社会的失格をもたらすのである。

「人にとって最悪の死とは」、とヘミングウェイが書いた、「自分の生の中心を形づくり、自分を真に自分たらしめるものを失うことだ。隠退という言葉はこの世でいちばん厭わしい言葉だ。自分が選ぶにせよ、運命がわれわれを強いるにせよ、隠退して自分の仕事——われわれをしてわれわれたらしめる仕事——を放棄することは、墓へ降りることに等しい。」

彼が自殺したことは周知のとおりであり、おそらく他の理由もあったであろうが、いずれにしろそれは彼が書きつづけることができないと感じたときのことであった。仕事が自由に選ばれたものであり、自己の完成への道であるとき、これを断念することは事実、一種の死に等しいのだ。仕事が強制であったときには、それからまぬがれることは解放である。しかし、実際は、仕事というものはほとんどつねに両義的性格をもつのである、すなわち、隷属や疲労であると同時に、興味の源泉、均衡の要素、社会への統合の要因でもあるのだ。この両義性は定年退職のなかにも反映され、これを長い休暇と考えるか、あるいは廃物化《スクラップ》とみなすか、人にはこの両方が可能なのである。

この二つの観点のどちらを選ぶか、あるいはこの二つがどのように組み合わせられるかは、多くの要因に左右される。まず第一は当人の健康である。種々の産業組織体や官僚たちは、一般的法則によって定年の年齢を定めた。ところで生理的年齢が年数のうえの年齢と必ずしも合致しないことは前述《さき》にみたとおりであり、疲れて消耗した勤労者は、身心ともに元気で退職する者と同じ反応はもたないであろう。多少とも早く退職する自由をもつ教職者たちは、その決定をするさい、一般に彼らの健康状態に左右される。彼らは医者の診察をうけ、時期の選択は診断に影響される。

サン-テヴルモンは一六八〇年に書いた、「隠退を熱望することほど老人にとって当然なことはないし、また隠退した人のなかでそれを後悔しない者ほど珍しいものもない。」前半の部分は多くの人には真実であるが、全部の人にとってそうであるわけではない。長年の願望がやっとかなえられるであろう「奇蹟《すばらしい》の定年退職」というイメージはひろくゆきわたっているが、それと反対に、「破局の定年退職」のイメージも存在する。懸念をもって定年を想定するからこそ、多くの勤労者はそれを考えることを避けるのだ。建設業労働者を対象に行なわれたあるアンケートは、定年退職する一年前でも、五パーセントの者は自分の収入がどうなるかをまったく知らないということを示した。C・N・R・Oが、希望者には必要な情報を提供する文書を送ろうと彼らに提案した。六四歳の者の九五パーセントがそれを請求し、六〇歳の者では四〇パーセントが請求したが、それ以下ではほとんど皆無だった。そのようなわけだから、退職は勤労者のうえにギロチンの刃のように落ちてくるのだ。「わたしは仕事を止めるなんて考えたことがなかった。その前に死ぬと思っていた。わたしはそれほど疲れていたのだ」と、ある倉庫管理人は言った。「わたしは仕事を止めるなんて少しも考えていませんでした。わたしには見通しが欠けていたのです」と、ある女中さんは言った。「ある朝眼をさますと、定年になっていた」と、イギリスのある労働者は語った。「火曜日の夜七時半にはわたしはまだ働いていた、翌朝眼をさますと、もうなんにもすることがなかった」と、他の労働者は言った。ムアーによって一九五一年にアメリカの教職者について行なわれたアンケートによると、四一パーセントは定年を待ちこがれていたが、五九パーセントは無関心あるいは否定的だった。衣料労働者を対象とするあるアメリカのアンケートは、五〇パーセントが退職を望んでいたが、しかしこれは他の理由によるよりも、むしろ働きつづけることができないと自分で感じたからだ。手工業労働者を対象とする他のアメリカのアンケートは、四分の一だけ、あるいはせいぜい半分だけが働くのを止めるという考えを明るい気持で受けとっていた。

　最近、定年になる二カ月前に、セーヌ県の九五人の小学教員に質問が発せられた。退職後はもっと急速に年を取ることを心配しているか、という質問である。五五パーセントはそうだ《ゥイ》と答えた、つまり彼らは未来を陰気に想定していたのだ。他の者は否《ノン》と答えたが、その答え方があまりにもそっけなかったので、彼らもまた定年を恐れているのだと考えることができよう。「そうなったら、わたしは自分の年齢を自覚するでしょう」と彼らの多くが語っていた。彼らは自分の職業を愛しており、児童たちとの接触が彼らを若く保っていた。退職後は退屈したり、陰気くさくなることを彼らは心配していた、そして自分たちが「廃物化」するのだと感じていた。社会的に役に立たなくなると、生きることも無用になるように彼らには思われるのだ。孤立することを彼らは恐れていた。年齢が上の者ほど、年老いたという気持が強かった。このグループでもっとも打撃を受けていたのは独身の女性たちだった。しかし、ある場合では、配偶者をもつ者はそのためにいっそう不安を感じていた、それは配偶者が状況に耐えきれないのではないかという心配のためだった。子供たちがあるということも、未来を直視する助けにはなっていなかった、ただ子供たちが未来の定年退職者とともに暮らしている場合は別で、そういう人は老いることを恐れていなかった。孫のある六〇歳の男性たちは、それがない者より自分が老けていると感じていた。一定数の小学教員は、休息できるからむしろ若返るだろうと、本心からの様子で答えていた。彼らは退職後は田舎で暮らし、さまざまな事物に興味をもつことをあてにしていた。またある人びとは年を取ることには関心がないとだけ言った。質問された女性の小学教員の幾人かは、結婚していたにもかかわらず、職業的使命感と、慣習的な女性の境涯を拒否するために、働いていた。彼女たちは退職後はそうした境涯へ落ちこむのではないかと考えて嫌がっていた。

ひとたび定年退職となったときも、態度はいろいろである。ここで注意すべきことは、定年退職を迎えるときの気持は、後にそれを生きるときの態度と相関関係にあることだ。一定数の退職者たちが、定年について予想していたことと現在それについて考えていることについて質問された。予想していたよりも快適であると考える者が二九パーセント、苦痛だと考える者が三一パーセントだった。前者のうち五一パーセントは定年を楽観的な先入感をもって期待していた者であり、後者の六六パーセントはこれを恐れていた者だった。一般に、もし人が厭世家《ペシミスト》なら、定年後に彼のこの性向は確固となり、いっそう強められる。楽天家《オプチミスト》の場合も同じことが起こるのである。

多くの場合、勤労者が働くのをやめるのは、雇主から解雇されるのだから、強制によるわけであり、そうでなければ健康上の理由、仕事に不適格となったためである。

彼は新しい状態をほんとうに望んだのではない。* ときには種々の計画を立てながら彼は定年退職の準備をした。いま、彼はそれを実行に移しはじめる。彼がもし都会に暮らしていたなら、田舎に住むだろう。彼は旅に出る。しかしこれは必ずしも状況への適応を助けるとはかぎらない。ときには計画そのものが硬化してしまい、いざ実行に移すときにはもうそれほど魅力がなくなっている。

また、〔退職後に〕生活を変えたことが重大な誤ちであったと認める場合もしばしばある。たとえばパリ地区の多くの建築労働者は退職すると生まれ故郷へ帰るが、やがてすぐに退屈してパリへ戻ってくる。また退職者の多くは子供たちの近くで暮らすためにそれまでの住居を離れるが、子供たちは彼らにかまってはくれず、結局むだに自分の生活習慣を犠牲にしたことになる。あるいは南仏地中海沿岸《コート・ダジュール》に行くが、そこの気候が彼らのリューマチに悪いことを発見する。彼らはまた家賃が高すぎるので、やがて救済院にはいらざるをえないということを発見する。また彼らは誰一人知り合いもなく、孤独に悩む。たとえ計画そのものはよかった場合でも、それを実現してしまうと、人はふたたび手ぶらとなるのだ、つまり、ただ再適応の時期を延ばしただけのことになる。真の人生計画といいうるものを予測することのできた者は稀である。それ以外の者にとっては、「ギロチン的定年退職」は重大な試練であり、ほとんど再起できない者もある。** アメリカのプレイリー・シティで行なわれたアンケートによれば、〔退職後も〕働きつづける人びとの緊張度《トーヌス》は引退者のそれよりはるかに強く、暇は少ないけれども、彼らの余暇活動と社会的活動ははるかに豊かなのだ。

この理由と、とくに生活の必要から、前述《さき》にみたように多くの退職者は報酬のある仕事をふたたびみつけようと努める。しかし少数の者が成功するだけであり、また以前の職業があたえてくれたような満足感を新しい職業に見いだすこともない。そのときまで抑圧せざるをえなかった天職が閑暇によって開花するという例はきわめて稀である。一般は、これとは逆に、それまで従事していた職業にくらべて質的にも劣り、報酬も少ない仕事に甘んじているのだ。それが心に慰めをもたらすことはほとんどない。

自分の職業的環境からひき離された退職者は、時間の振りわけとあらゆる習慣を変えなければならない。大部分の老人に共通する自己の価値低下という感情は、いっそう強められる。事実、彼は以前よりはるかに少ない金額を受けとるだけでなく、それはもはや稼いで獲たものではないのだ。もし彼らに先鋭な政治意識があれば、退職年金を自分の労働によって獲た権利とみなすだろう。しかし多くの者はほとんど施しのようなものとしてそれを受けとっている。もはや自分の生計費を稼げないということは失墜と思われるのだ。人は、己れの職業と給料によって自分の身分（自分が何者であるか）を定義するのであり、隠退することによってそれを失う。かつて「一人の技術者」であった者がもはやそうではなくなる、――彼はもはや何者でもないのだ。「定年退職者の役割とは、もはや役割をもたないことである」とバージェスは言った。したがってそれは社会のなかでの自分の場所を失うこと、つまり自己の尊厳と、そしてほとんど自己の現実性とを失うことなのだ。そのうえ、彼は自分の閑暇をどう扱ってよいかわからず退屈する。「現役から退職への移行は、事実、給料取りの危機の瞬間《とき》である」とバルザックは『小市民《プチ・ブルジョワ》たち』のなかで書いている。「自分が辞《や》めた職業にとってかわるものをみつけるすべを知らない、あるいはそれをすることのできない退職者たちはひどく変わってしまう。ある者は死ぬ。多くの者は魚釣りに没頭するが、これはその空虚《むなし》さにおいて、事務所における彼の（かつての）仕事に似た気晴らしである。」

ブリュッセルで身分証明書発行事務局が行なったアンケートによると、八七パーセントの退職者が、少なくともときどきは、働くことを望んでいた。パリで行なわれた別のアンケートによると、退職者の三分の二は飽きあきして「もうがまんができない、退屈だ」と不平をこぼしている。デパートの女店員だったある女性は、「わたしはときどきかつての同僚に会いに行きます。四〇年のあいだわたしの人生だった、そしてそれなしではすまされない、あの雰囲気にまたひたりたいのです」と言った。

＊　一九五五年にトレアントンが行なった調査によれば、二六四人の対象者のうち四七パーセントは健康上の理由によって仕事をやめ、二二パーセントは解雇され、ただ四パーセントの者だけが自分の意志で退職した（答えなかった者もいた）。

＊＊　デニュジエールがその著書『港に着いた喜び』のなかで語っているが、定年退職したある駅長は毎日プラットフォームへ行って列車が通るのを悲しげに眺めていた。六ヵ月ののち彼は死んだ。

総体的にいって、退職を残念に思う気持は、「ホワイト・カラー」よりも手工業労働者のほうに多い。

トレアントンのアンケートによれば、定年退職一年後の二六四人の被調査者のうち、四二・五パーセントが不満であり、二八・五パーセントが満足しており、一六パーセントが休息できる点では満足だが、収入は不充分だと考えていた。満足している者はとくにかつてのホワイト・カラー族にみられたが、これは彼らの〔退職年金等による〕生活水準が高いからである。無為は苦しいが、不満の主な理由は貧困なのである。手工業労働者がその職業に対する愛着ではホワイト・カラーより少ないのに、仕事から離れたことをとくに残念がる理由はそのためだ。

また別のアンケートは、少し異なった結果を示した。退職して間もない老齢者のグループに対して、これからも働くことを考えているかどうかが尋ねられた。半数はそのつもりだと答えたが、定年の年齢をひきあげることを望んだ者は、わずか一六パーセントだった。別の退職者グループにその経済的状況について質問したところ、半数は満足していないと答えた。しかし三九パーセントは定年の年齢をひきあげることに反対しており、とくにホワイト・カラーがそうで、手工業労働者はそれほどではない。後者の四分の一は、〔現在の年金額より?〕五〇パーセント多く収入が得られるという条件なら、五年は定年を延ばすことを承諾すると言った。一九六八年に建築業労働者のあるグループにおいて行なわれたアンケートによると、六五歳前に経歴書類の清算を〔退職のために〕要求した者が三分の一あった（しかし八パーセントは六五歳後でも、定年の権利を主張せずに働きつづけている）。八二・五パーセントの者は定年の年齢が六〇歳に定められることを望んでいた。定年退職後に報酬を受ける仕事をするという考えには、みなが反対だった。彼らは健康状態を理由に隠退することを望んでいた。

以上、さまざまなグループにおいて得られたさまざまな返答の矛盾、少なくとも不確定性は、勤労者の二重の要求に由来するのだ、すなわち休息することと、人並の生活をすること、である。ところが、その一方あるいは他方を犠牲にするように彼らは強いられる。手工業労働者の場合はもう働かなくてもよいので満足しているが、金銭や健康や住宅の問題を心配している。ホワイト・カラーの人びと以上に、彼らは経済水準の低下によって余儀なくされる孤独に悩むのだ。「わたしにお金がなくなった以上、いったい誰がわたしに関心をもつだろうか？……貧乏になると人はもう誰一人〔友達は〕みつからない。……わたしはもう人から招待してもらいたくない。なぜなら返すことができないだろうから。……わたしは招待されるとき、断わるための理由がいつでもみつかる、というのはお返しをすることができないことをよく知っているからだ。」この種の考えが数多くトレアントンによって収録されている。

退屈、価値低下の感情、といった特徴は、ナフィールド財団によってロンドン東部で行なわれた調査でもまた明白に示されている。いまだにアルバイトの仕事をしていた七〇歳のある退職者は、憂鬱そうに言った、「わたしはまだ片隅にじっとして他人が働くのを眺める状態にはなっていないが、まもなくそうなるだろう。」同じ状況の他の一人は言った、「わたしは一〇〇歳までも働きたい。人が年老いたとき、仕事は空虚を充たしてくれる。休息するときがくるのを待っていた時期もあったが、いまでは働くことに満足しており、それが空虚を充たしてくれる。」四年前に退職した男性についてタウンゼントによって行なわれたアンケートのなかで、彼らの一人は嘆いて言った、「わたしはこうしてここにすわったままでいたくない。わたしの足がよくて、また働きに行けたらいいのだが。」他の一人、「わたしはもううんざりした。わたしにはもうすることが何もない。妻が家庭をとりしきっている。わたしが何かすると、やりかたがまずいと彼女は言う。」ある女性は、夫が定年退職になった日のことを次のように話している、「あれこそまさに決定的瞬間でした！　彼は泣き、子供たちも泣いていました。」そして夫はそれにつづけて言った、「わたしにはもうどうしていいかわからなかった。まるで軍隊で営倉にぶちこまれたときのようだった。わたしはこの四つの壁にとりかこまれてしまった。むかしは土曜日の晩には仲間や婿たちといっしょに外出したものだが、いまではもうできない。わたしはまるで貧民だ。ポケットには一ポンドもないから、自分の勘定《ぶん》を払えないだろう。退職してしまうと人生はもう生きる価値がない。」絶えずくりかえされる主題は、「わたしが妻にあたえるものはとるにたらない。……まったくゼロに等しい。わたしは恥ずかしい……」退職者はもはや家計を維持するのに充分なお金をもっておらず、妻や子供に依存している。彼は自分がなんの役にも立たず、価値が下がったと感じており、だらだらと日を送り、ちょっとした手伝いをしようとするが、たいがいは妻にうるさがられて散歩に追いだされてしまう。ある女性は調査担当者に言った、「夫が家にいるのはやりきれませんわ。彼は人がすることが気になって、いろいろ口を出すんです。」また別の女性は、「あたしたちのようなところでは、男たちは働くのをやめたが最後、何もすることがありません。庭がある人たちとはわけがちがいますからね。仕事をやめるがはやいか、死んだも同然です。あたしは夫に自家《うち》にいてもらいたくありません。」

一般に、女性は夫が退職することを恐れている。生活水準が下がり、お金の心配をしなければならず、夫はつねに重荷となるだろうし、家のなかでしなければならない仕事は多くなるだろう。ごく裕福な階層の場合だけ、これからは夫といっしょにいることが多くなると考えて喜ぶ妻がいるのだ。一般には、夫は自分がうるさがられていると感じている。彼は妻の前でひけめを感じる、そして彼よりも近代的生活によく適応し、その社会的地位が自分より上である息子たちの前でもしばしばそうなのだ。家庭の暴君が定年の翌日から急に臆病になり、自分のためにパン一片切るにも許しを乞うようになるのは、よくある光景だ。そのほか憂鬱症におちいる者もいる。

こうした状況は、健康にどんな影響をおよぼすだろうか？　意見は分かれている。フランスの老年学者たちの大部分は、有害だとみなしている。彼らの言うところによれば、死亡率は退職の最初の一年間が他のいかなる時期よりもはるかに高い。装われたオプチミスムをあくまで主張するアメリカの老年学者たちは、これは退職が自分で望んだ場合にのみ真実であると答えている、つまり健康が悪かったからこそ退職という結果になったのであって、けっしてその逆ではないと言うのだ。良好な健康状態の人の場合は、強制的な定年退職も健康を変えないし、彼に休息や睡眠を充分にとらせるから、健康はいっそう良くなることが多い、と。しかし精神と身体の緊密な関係は万人に認められている。そして、アメリカにおいてもまた、高齢者の気力《モラル》が年齢とともに急速に低下すること、しかもとくに定年直後である六五歳と六九歳のあいだで、そしてとりわけ経済的地位が保証されていないときに、それがひどいことが認められている。身体の状態がこれによって影響されることは必至なのだ。

定年によってひき起こされる苦悩はときとして永続的な鬱病にまでなることがある。ブラジャン＝マーカス博士によると、このような鬱病にはさまざまな要素が重なり合っている、すなわち、定年退職を喪、そして追放と感じる人間は、それ以前に、はっきり見分けるのは困難であるが、うまく解決されなかった悲嘆、両親への依存、陰気な気質、そしておそらく血液循環と腺組織系統の疾患などを背景としてもっているという。いいかえれば、過去によって一定の仕方で刻印された者は、退職の打撃に完全に打ちのめされるということを意味する。それは、愛する者を失った結果としての別離の悲しみ、自分が見捨てられ、孤独で無益であるという感情を甦らせるという。

あらゆる面において有害である無気力から自分を守るには、老人は活動をもちつづけることが必要であり、そうすれば、それがどのような性質のものであろうと、彼の肉体的機能の総体が改善されるであろう。ブルリエール教授は一〇二人の自転車走行《サイクリング》をする老人のグループを調査したことがあるが、彼らの知的水準は同じ年齢の者の平均的水準をはるかに越えていた。ブルゴーニュ地方の驚くほど若わかしい八〇歳代の老人四三人を対象とする、F・クレマンとH・サンドロンによって行なわれた調査は、彼らの健康が彼らの活動と密接に結びついていることを示した。彼らの平均年齢は八六歳で、三四パーセントは以前からの職業を完全につづけており、四〇パーセントは子供たちといっしょに、あるいは副次的な職業をして、働いていた。二六パーセントはもう職業的活動をやめていたが、しかし本を読んだり庭仕事などをしていた。全体の六一パーセントはかつて一度も自分の仕事を骨が折れると感じたことはなかった。彼らはみな正常な社会的生活をいとなんでいた。いちばん元気なグループは平均八七歳の者であり、平均八三歳のグループはそれより少し活気がなかった。前者は、サイクリングとか競歩とか狩猟といった肉体的活動を多く行なっていた。後者の人びとのうち二五パーセントは新聞をも含めてまったく読書をしなかった。残りの者は時勢に明るかった。全体では、一八パーセントは何よりも読書を、一四パーセントは狩猟を好んでいた。七パーセントの者だけが気晴らしをもっていなかった。

老人たちにとっては、それゆえ、何か従事することをみつけることがきわめて重要なのだ。アメリカで行なわれたアンケートによると、彼らの四〇パーセントから六〇パーセントが、アメリカで趣味《ホビー》と呼ばれているものをもっており、五〇歳から七〇歳までのあいだは、こうした趣味に以前よりも多くの時間をあてるが、その後は離れてしまう。七〇歳以上の老人が自分の時間をどのように過ごすかはあまり知られていない。全体では、熟練と大胆さを要求する活動、たとえば読書やものを書く嗜好をなくし、とくに自分の関心事を多様にする気持を失う。七〇歳以上の老人三八一人を対象としたモーガンの研究によると（一九三七年にアメリカで行なわれた）、おもな活動の種類は次のごとくである、――三二・九パーセントにとっては家事、三一・五パーセントにとってはゲームや知的な気晴らし、一三・六パーセントにとっては散歩や訪問であり、九・六パーセントは陽なたぼっこをしたり窓から外を眺めることで満足し、八・一パーセントは庭仕事をしたり家畜の世話をして楽しみ、四・三パーセントが報酬のあるささやかな仕事についていた。


個人の知的水準が高ければ高いほど、彼の活動は豊かで変化にとんだ状態をつづける。しかし、退職した手工業労働者たちは何もしないで多くの時間を過ごす。老人で完全な無為の状態で暮らしている者は高いパーセンテージを示している。そしてこの点についても「下方へ向かう竜巻」〔急激な転落〕という表現を適用することができる。無為は病的な無感覚をひき起こし、それが活動への意欲を完全に殺《そ》いでしまうのだ。カレルの観察によれば、閑暇の過剰は若者にとってよりも老人にとってははるかに危険であり、多くもてばもつほどそれを充実させることができなくなるという。倦怠感が彼らから気晴らしをしようという気持を奪うのだ。救済院の在院者たちについて「彼らはともかくトランプで遊ぶことぐらいできるだろう」と言った人に対し、ブルリエール教授は答えた、「何かやろうと思えばできるのに、何もしなくなるということ、それがほんとうの倦怠なのです。」この観察は救済院の内部にいる者と同様、外部にいる者にも当てはまる。

『遅い訪れ』という小説のなかで、イギリスの作家アンガス・ウィルソンは、かつてホテルの支配人であり、きわめて活動的だった六五歳の女性が、退職者としての状況にうまく適応できない場合《ケース》を詳細に分析した。彼女は子供たちの家に行って住むが、彼らが彼女をまったく必要としないことを彼女自身よく知っている。「彼女の新しい人生がこれから毎日ただ白紙によってのみ成りたつだろうと考えて、彼女は恐慌に似た気持を一瞬感じた。」彼女はみなの役に立ちたいと願うのだが、台所に設備された電気器具を操作することがどうしてもできない。自分の不器用さが彼女を不安にし、その不安が習得をさまたげる。息子は彼女に対しては成人特有の態度で接する、つまり親切で礼儀正しいが、しかししばしば苛苛した様子が顔にでて、つっけんどんな口調になる。彼女はわずかな仕事しか委されず、きたるべき不毛な年々を思って恐怖をおぼえる。彼女は子供たちの生活に加わることができず、そういう試みもほとんどしない、なぜなら自分は異邦人《よそもの》であり余計者だと感じるからだ。しだいに陰鬱な気持に捉えられ、彼女はテレビや読書だけにかろうじて興味をもつ。彼女は昼間《ひるま》眠り、夜は夕食をとらずに寝たり、一種の麻痺状態におちいって機械的に散歩する。あるとき、自分が役に立ったという気持を味わった出来事があり、それが契機で彼女は流れに負けまいと努力をはじめる。そして生きることへの意欲をわずかながらふたたび見いだしたときから、多くの事物に対して関心をもちはじめる、とくにそれまで誤解していた息子の仕事に対して。彼女はもう寄生者として生きるのはやめようと決心して、老人たちのための村へ引っ越してゆく。この、気弱に示された楽天的な結末にもかかわらず、この小説のなかで印象的なのは、それが出口のない状況を描いていることだ。

無為に過ごす者たちを孤独と倦怠から守るために、イギリスとスウェーデン、とくにアメリカでは、彼らに種種の団体に加入することをすすめる。いくつかの団体はあらゆる年齢層の人を集めている。また老人だけのための団体もアメリカで、老人自身の手で、あるいはより若い人びとによって特別につくられた。そこではゲームとかピクニックとか演劇活動などの気晴らしが催されている。また、「昼間活動センター」という、フランスでは類似のものが見当たらない方式のものもつくられており、最初のいくつかは第二次大戦中に開設され、現在ニューヨークには四〇も存在している。一定の区域の定年退職者たちがそこで顔を合わせるのだが、このことによって彼らは社会生活をもち、またいろいろな活動を行なうことができるのだ。彼らは有用な仕事に従事し、音楽を自分で演奏したり聞いたりし、またピクニックや討論会も催される。教会や労働組合も類似のセンターをつくった。そうしたクラブのメンバーであったりセンターを利用する者は、他の者よりも幸福だと感じている。しかしまた、そうした組織を好んで利用するのは彼らが他の者より幸福だからでもある。われわれは同じ悪循環につねに出会うのだ、すなわち、物質的あるいは精神的悲惨があまりひどいと、それを和らげる手段《ちから》さえ人から奪い去るのだ。生活水準が高くなればなるほど、社会生活への個人の参加の度は活発となる。しかしこれはつねに年齢とともに低下する。老齢者の半分が、さまざまなアンケートのなかで、五〇歳を越えてから彼らの社会生活の度が減少しはじめたと言っており、増加したと言った者はわずか一パーセントにすぎなかった。オーランドーでは、高齢者の半分はいかなる団体にも所属しておらず、パーム・ビーチでは三分の二がそうであった。老年の陰気な受動性を克服するには、現在の状況を根本的に変革するよりほかないだろう。ヴィクトリア・プラザの実験はそれを示している、そこへ移住させられる前は、未来の住人の大部分はぼんやりと、なんにもしないで腰かけたまま長い時間を過ごしていたのだ。ひとたび彼らの好みどおりの住居を得て、一つの共同社会に組み入れられると、彼らは本を読み、テレビを見、社会的活動に加わることをはじめた。しかしこうした成功は、ごくわずかの個人にかかわるにすぎない。

フランスについては、グルノーブル老人福祉協会（O・G・P・A）によって三年以来つづけられてきた実験を特記しなければならない。この協会は、有給の二人の専門家と約五〇人の無給の篤志家によって運営される、二三の余暇利用クラブを創設した。約二〇〇〇人の会員は――そのうち熱心な者が一五〇〇人を占める――教養、手仕事、健康に関する種々の活動を行なっており、八〇歳以上の男女が体操の講習を受けている。協会はまた定年退職のための準備センターも開設した。この企画は興味ぶかいものだが、ここでもまた恩恵にあずかるのはごくわずかの少数者にすぎない。大多数の者の状況は、パリの第一三区に最近つくられたある余暇利用クラブが提起したスローガンによって要約される、「定年退職、それは閑暇の時期《とき》であるが、また退屈の時期《とき》でもある。」

「定年退職に核家族化が加わって、老人の境涯を孤独、無益、陰惨にする」と、フランスのある社会学者が書いた。資本主義諸国——スカンジナヴィア諸国は別だが——、とくにフランスにおいて、老人たちに課された状況はわれわれにはまさにそのように思えるが、この非難されている二つの原因（定年退職と核家族化）がこのように不幸な結果をひき起こすのは、その社会的背景《コンテクスト》によるのだ。もし彼らに当てられる予算が現在のようにばかばかしく不充分でなければ、老人たちの境涯はそれほど悲惨ではなくなるだろう。もう友人と酒をくみかわすことさえできず、自分だけの落ちつく場所も、耕すべき庭の片隅も、新聞を買う手段も、何一つもたない定年退職者は、閑暇の過剰よりも、それを利用することの不可能と社会的失格とに苦しむのだ。まっとうな年金と住居があれば、彼は意気阻喪をともなう屈辱感からまぬがれ、最小限の社会生活が可能となるであろう。

しかし、安定した境遇の老人でさえ自分が無用の者であるということに苦しんでいる。われわれの時代の矛盾は、老人たちが昔よりも良い健康状態に恵まれており、いっそう長いあいだ「若い」ままでいるにもかかわらず、彼らの無為はそのためいっそう重くのしかかるという点にあるのだ。すべての老年学者によると、人生の最後の二〇年を良好な健康状態で、しかしなんら有用な社会活動もなしに過ごすことは、心理学的観点からいっても社会学的な観点からいっても不条理なことだという。これら生き残りの人びとに生きる理由をあたえねばならない。「ただ生きているだけの余生」は死よりも悪い。「定年退職の状態にあって生きるということは不可能だ」と、あるかつての技術者は彼の行為を説明するよう求められたときに断言したが、彼は明確な理由もなく一人の警官に発砲して重傷を負わせたのである。*

漸進的退職のほうがたしかに「ギロチン的退職」よりも苦痛は少ないだろう。その証拠に、自立勤労者たちは——急病の場合を除いて——少しずつ多くの閑暇を利用するようにしてゆくが、長期間にわたって、少なくともわずかな分量は働きつづけるのだ。給料生活者について

＊　これはアメリカのフェニックスで、一九六四年のはじめに起こった。

も、段階を追って実行することが示唆された。たとえば、必要とされる努力の度合いにしたがって職場を数種のカテゴリーに分け、勤労者はもっとも困難なものからより容易なものへとゆるやかに移行できるようにする。あるいは一日の働き時間を少なくしてゆく。重い廃疾者や病人を別にすれば、こうした解決法は大部分の人を満足させるであろう、なぜなら完全な無為は彼らにとって耐えがたいからだ。ただこうした解決策は社会の根元的変化を必要とするであろう。まず、退職年金を最高の給料に基づいて計算すべきであり、この条件の下においてのみ、勤労者は、人生の終りに近づいた時期に、疲労が少なく報酬も少ない仕事をするという方式を受けいれることができるであろう。次に、このことによって若者や成人が失業に脅かされないようにする必要があろう。

定年退職の年齢を幾歳とすべきか、という問題ほど今日のフランスで異論の多い問題はない。老年学者たちは、老人が無為を強制され、その結果、彼らの老衰が早められることを嘆いている。しかし組合活動家たちは定年の年齢をひき上げることに反対し、下げることとさえ要求する。彼らの第一の論拠は、年老いた労働者が休息を必要とするということである。なるほど、と彼らは考える、過剰な閑暇は危険であるかもしれない。しかし労働の条件が現在のような状態であるかぎり、労働者の活動を延長することはさらにいっそう危険だという。一九六七年に『ル・モンド』紙においてエスコフィエ＝ランビオット博士が報告した、パリの労働者に関するアンケートは、彼らが平均的パリ市民より心身ともにはるかに悪い状態にあることを示している。ある大自動車工場のカード箱からアット・ランダムにとりだして、一〇二人の熟練工が調査された。五五歳になる前に、彼らの血圧は平均よりも高く、心臓の鼓動は早く、筋力の弱化は著しく、心臓＝血管系統の障害は数が多く、睡眠障害もひんぱんであった。また彼らの知的能力の早期の衰えも指摘されている。近代社会においては、筋肉の力を必要とする度合いが少ないという点では、仕事は以前よりも苦しくないが、作業の極度の細分化と結びついたリズムの加速化によって消耗の度合いは増大している。こうした機能の衰退は老化の自然な結果ではなく、労働の管理の仕方に原因があることは前述《さき》にのべた。しかし、管理体制が変革されないあいだは、ともかく老齢の労働者の休息への権利は守らなければならない。

他方、組合活動家たちは、利潤に基づく経済においては、〔定年の年齢をひき上げることによって〕雇主側にさらに搾取され、労働闘争の効力をはるかに弱くする、一種の亜プロレタリア、安売りの労働力予備軍をつくることを考えてはならない、と反論している。これらの議論は決定的である。社会が現状のままであるかぎり、それは言語道断な選択を強いる、すなわち、何百万という若い者を犠牲にするか、何百万という老人を悲惨な無為の状態に置くかという選択である。第一の解決策を欲しないことは万人の同意するところであり、それゆえ第二の道しか残らない。老人たちにとってはたんに施療院や養老院だけでなく、社会全体が一つの巨大な「死のため《ムーロワ》の場所《ール》」にほかならないのだ。

老人たちに向かって、彼らの望みは働きつづけることか、それとも引退することか、と人が尋ねるとき、その答を聞いて痛ましく感じることは、彼らが述べる理由がつねに消極的なものであることだ。彼らが働きつづけることを選ぶとすれば、それは貧困への恐れからであり、止《や》めることを選ぶとすれば、健康をいたわるためである、すなわち、二つの生活様式のいずれも満足の積極的源泉としては考えられていないのである。労働のなかにも閑暇のなかにも、彼らは自己の成就を見いだせない。両方とも自由なものではないのだ。

ゴルツは『困難な社会主義』のなかで、強制された労働には受動性としての消費が対応する、と鋭く指摘した。「分子《モレキュル》のごとき個人」は彼の労働においても消費においても主人ではない。ところで老年は非《ノン》＝労働であり、たんなる消費である。全生涯にわたる数かずの「受動的閑暇」は定年退職という一つの大きな「受動的閑暇」に到達するほかはなく、人は死を待ちつつ無為に日を過ごすのである。

老年の悲劇は、人間を毀損する、このような人生のシステム全体への根元的断罪である。このシステムはその構成員の圧倒的多数者にいかなる生存理由《いきがい》をもあたえない。労働と疲労がこの〔生存理由の〕欠如を隠蔽している、そして定年の瞬間にそれがあらわになるのだ。これは退屈よりもはるかに重大である。年を取ると、勤労者はもはや地上に自分の占めるべき場所をもたない、しかし実はそれは、彼が一度としてそのような場所をあたえられたことがなかったからなのだ。ただ彼はそれに気がつく暇がなかったのだ。それを悟るとき、彼は一種痴呆的な絶望におちいる。

　このような現実と突き合わせるとき、あらゆる種類の「老年への賛辞」は、かつては「貴族《エウパトリデス》」と呼ばれていたような人びとのためだけの御用学者的言辞のようにみえる。何世紀ものあいだ、作家たちは彼らのことしか気にかけていなかった。わずかにキケロとショーペンハウアーが短い文章のなかで、老いて貧しいということは、賢者にとってさえも耐えられる状況ではないことを認めただけである。しかし彼らはすぐにそんなことは無視して先へ進み、老齢は人を情念から解放すると言って自らを祝福している。現在では、「老いて貧しい」という表現はほとんど、冗語法《プレオナスム》だということをわれわれは知っている。人を情念から解放するとしても、老年は最低必要物への要求を激化させる、なぜならそれらを満足させることができないからであり、老人たちは飢え、寒さに凍え、そしてそのために死ぬのだ。そのときはじめて虚無が彼らを肉体から「解放」してくれる、が、それまでは苛酷にも肉体は欲求不満および苦悩として存在するのだ。いかなる主題においても、われわれがその遺産を受けついでいる文化の破廉恥さが、これほど公然と露呈されていることはない。

　老人たちのかなりの数は、自分がおかれている状況を耐えがたく感じるあまり、「生きる責苦」よりも死を選ぶ。老年は他をひきはなして自殺がもっとも多い年齢である。自殺者のパーセンテージが四〇歳から八〇歳まで増加してゆくことを示す統計表を最初につくったのはデ

年齢	男 独身	男 夫婦者	男 寡夫	女 独身	女 夫婦者	女 寡婦
40－50	975	340	721	171	106	168
50－60	1434	520	979	204	151	199
60－70	1768	635	1166	189	158	257
70－80	1983	704	1288	206	209	248
80以上	1571	770	1154	176	110	240

ュルケムであった。その調査によれば、フランスにおいて、一八八九年から一八九一年にいたる期間、年齢と戸籍上の身分によるグループにわけると、一〇〇万人につき自殺者の数は次のようであった〔前頁図表参照〕。

自殺者の数は女性よりも男性のほうがはるかに多いことがわかる。他の諸国で作製された統計もデュルケムのそれと一致している。また後にハルブワックスによって作製された統計も、一九五七年『リヨン医学雑誌』に掲載されたそれも、同じ結果を示している。

いくつかの新しい統計は、老人の自殺がフランスでは自殺者の四分の三を占めていることを明らかにしている。五五歳までは、一〇万人に対して五一人である自殺者が、五五歳を過ぎると一五八人となる。一九六〇年の世界保健機構《O・M・S》の報告によれば、イギリス、フランス、イタリア、ベルギー、オランダ、ポルトガル、スペイン、スイス、オーストラリアにおける男性の自殺者のもっとも高い率は、七〇歳およびそれ以上の年齢なのだ。女性の自殺者の最高数はその一〇歳下であるが、これは男性に比較すればきわめて数が少ない。カナダ、そして北米合衆国のアフリカ系アメリカ人、ノルウェー、スウェーデンにおいては、最高数は六〇歳と六九歳のあいだである。老人における自殺は、多くの犠牲者を出している肺疾患よりも重要な死亡原因である。自殺者数は全体としては第一次大戦以来減少している（アメリカでは比率は三分の一になっている）のに、六〇歳以上の老人ではこのような減少はほとんどない。アメリカでは、S・デ・グラジアによると、四〇歳代の自殺者の割合は一〇万人に二二人であるが、年齢とともにこの比率は増して、八〇歳代では六九七人という数に達している。高齢の自殺者の若干は、どうしても治癒されなかった神経症的鬱病に続いて起こるが、大多数の場合は、耐えがたいものとして経験された、もとへ戻しようのない、絶望的な状況に対する、正常《ノーマル》な反応なのである。グリュールはその著作『老年における自殺』（一九四一年）のなかで、精神障害が老人の自殺の原因となっていることは稀にしかないと断言している。自殺を説明するのは、心身の衰退、孤独、無為、不適応、不治の病気といった、社会的ならびに心理的要因にほかならない。彼によれば、自殺は意気消沈の単一なある出来事の結果ではけっしてなく、彼の一生の歴史《みのうえ》の結果なのだ。

老人たちがおかれた状況の絶望的様相の一つは、この状況を修正することが彼らには不可能だということにある。フランスでは二五〇万の貧しい老人たちが散らばって暮らしていて、相互にどのような連帯ももっておらず、また国家の経済生活にもはやどのような積極的役割も果たしていないため、圧力をかける手段をもたない。ニースには多数の老人が集中しており、彼らは人口の二五パーセントを占め、彼らの投票は選挙のさいに重要な役割を果たす。しかし彼らは互いに見知らぬ者であり、集列体〔ばらばらの存在〕のままである。社会の変化という考えは彼らを怯えさせる、なぜなら彼らは何事においても悪い事態を想定して恐れるからだ。彼らは保守的な候補者に投票する。アメリカでは、老人たちはときには一定の政治的な力をもつ。定年退職になると、彼らはフロリダやカリフォルニアに好んで住み、場所によっては——とくにフロリダのセント・ピータースバーグでは——きわめて数が多く、選挙民の重要な部分を構成している。他方、アメリカの政治生活という背景《コンテクスト》のなかで、老人が影響力をもついくつかの新しい政治・経済組織がつくられもした。しかし以上の指摘は特権的な恵まれた老人たちのことにすぎない。貧窮した老人たちは暖かいフロリダに移住することもかなわず、政治的影響力もない。彼らは弱者であり、打ちひしがれた者、無力者なのである。*

* 社会主義諸国における老人の境涯については、付録III〔下巻三三二頁より〕を参照。

老《お》い 上巻［新装版］

2013年10月30日　初版第1刷発行
2024年 5 月10日　初版第8刷発行

著　者　ボーヴォワール

訳　者　朝吹三吉

発行者　渡辺博史

発行所　人文書院

〒612-8447　京都市伏見区竹田西内畑町9
電話 075-603-1344　振替 01000-8-1103

装　幀　田端 恵 ㈱META
印刷所　モリモト印刷㈱

落丁・乱丁本は小社送料負担にてお取り替えいたします

ISBN 978-4-409-23054-1 C0010

ジャン・ポール・サルトル著　鈴木道彦訳

嘔吐（新訳）

二〇九〇円

港町ブーヴィル。ロカンタンを突然襲う吐き気の意味とは……

一冊の日記に綴られた孤独な男のモノローグ。

表示価格は総額　2024 年 5 月現在